El libro de los nombres

Josep Maria Albaigès

El libro de los nombres

Ediciones Luciérnaga

Primera edición: noviembre de 2004

Ediciones Luciérnaga
Peu de la Creu, 4
08001 Barcelona (España)
correu@grup62.com

Fotocomposición: Víctor Igual, S.L.
Impreso por Liberdúplex, S.L.

ISBN: 84-89957-69-X
Depósito legal: B. 43.812-2004

a Maria Dolors

PRÓLOGO

Los avances y descubrimientos de la ciencia, por habituales, tienden a suscitar hoy una ingrata indiferencia, tanto más cuanto más alejados los vemos de nuestra vida diaria. Los agujeros negros, el quark o las aventuras del hombre de Atapuerca merecen apenas una apresurada ojeada al artículo de periódico que los comenta, para ganar un precioso tiempo que emplearemos en nuestras experiencias vitales más próximas.

Una de estas actividades apremiantes es incorporar las cosas nuevas a nuestro mundo dándoles nombre. Dice la Biblia (Génesis, 2,19-20) que el hombre bautizó a todos los seres vivos, y siempre hemos pensado que esta «segunda creación» es quizá más importante que la primera, pues éstos alcanzan verdadera existencia sólo cuando el hombre los conoce y les otorga un nombre. ¿Qué no será, pues, dar nombre a una nueva persona? Por ello en todas las sociedades ha sido considerado éste un derecho sagrado de los padres, a cuya semejanza está hecho su hijo, como la primera pareja lo había sido de Yahvé. El nombre es algo estrictamente privado en algunas sociedades, cuyos miembros consideran un gran honor comunicarlo a alguien, y ese conocimiento confiere a sus poseedores una clave directa hacia la existencia y la intimidad de la persona nombrada.

Imponer nombre al recién nacido es por tanto un acto de enorme responsabilidad, la primera de las obligaciones paternas, que a menudo se revela complicada, engendradora de insomnios y de discusiones. En estos críticos momentos, generalmente es bien recibida una ayuda, y ello me ha animado en otras ocasiones a poner al alcance de los padres estudios onomásticos desprovistos de su complejidad teórica y erudita. Desde 1980, en que empecé a desbrozar este camino, entonces inédito en España y los países hispanoamericanos, he publicado unos doce diccionarios con hasta doce mil nombres de pila, más que suficientes para cualquier progenitor, por exigente que sea.

Normalmente, el campo de búsqueda paterna es infinitamente más reducido que esos doce mil nombres, ya que desdeña por igual los arcaicos, que tienden a provocar hilaridad, y los demasiado exóticos, que identifica con los ridículos. Siguiendo la moda actual, la decisión suele centrarse en los eufónicos, históricos o sugerentes, cuando no en los que nos transmiten las cambiantes modas del cine o la televisión. Nombres como por ejemplo Procopio, Atenógenes y Policarpo de uso habitual antiguamente, quedan desdeñados, y a cambio aparecen nombres como Heidi, Davinia o Pamela, que serán poco después substituidos, en vertiginosa sucesión, por Álex, Kevin o Cintia.

Por eso, en cada una de las entradas de este diccionario se registran no solamente el nombre correspondiente, con sus formas masculina y femenina cuando existan ambas, sino sus derivados y formas hipocorísticas (familiares). La onomástica, de celebración tan enraizada en las culturas hispanas, se ha tenido muy en cuenta y naturalmente también se consigna el día del santo cuando éste existe. Pero no olvidemos que muchos nombres son *adéspotas*, es decir, sin santo patrón al no haber sido canonizado por la Iglesia nadie así llamado. Estos casos se indican con la abreviatura S/o., aunque siempre que exista experiencia al respecto se indica el nombre cristiano al que suele asimilárseles.

Y no se ha descuidado indicar siempre el sexo del nombre, lo que, aunque pudiera parecer superfluo en la mayoría de los casos, mi experiencia me dice que ahorrará algunas chocantes confusiones.

Sólo con estos datos, el diccionario alcanza los cinco mil nombres distintos, que serían varias veces esa cantidad si contamos las formas que toma el nombre en las cuatro lenguas españolas oficiales (a menudo, cuando de él se tienen datos, se incluye también la asturiana) y las europeas más frecuentes.

Un nombre es un ejemplo lanzado hacia las aspiraciones del recién nacido. «Te llamas Pedro, procura tener las virtudes de san Pedro», parece ser la tácita recomendación de los padres hacia su hijo. Lo mismo cabe decir de los Marx, las Judit o los Horacio: en cada caso se reflejan en el nombre impuesto los gustos de los padres, revolucionarios, bíblicos, clásicos, etc. Por ello se ofrecen también, junto a cada nombre, ejemplos de personalidades descollantes que lo llevaron, desde los héroes de la Antigüedad hasta los deportistas de hoy.

Quizá el aspecto más importante del estudio sobre el onomástico es su origen y significado, que sin duda aclarará muchas preferencias o a veces hará desechar el que no se avenga con los gustos paternos. Conocer el significado de nuestro nombre es saber algo más sobre nosotros mismos, nuestra proyección y la historia que nos ha precedido.

Josep M. Albaigès

ABREVIATURAS

cf.	Confróntese	C.	Catalán	Fi.	Finés
v.	Véase	E.	Euskera	D.	Danés
m.	Masculino	G.	Gallego	Esc.	Escocés
f.	Femenino	B.	Asturiano	Nor.	Noruego
on.	Onomástica	F.	Francés	Ch.	Checo
hip.	Hipocorístico (forma familiar)	In.	Inglés	Rum.	Rumano
		A.	Alemán	Ir.	Irlandés
s/o.	Sin onomástico	It.	Italiano	Lit.	Lituano
scc.	Suele celebrarse como	Hol.	Holandés	Gr.	Griego
		Por.	Portugués	16/5	16 de mayo
s.	Siglo	Ar.	Árabe		
a. de C.	Antes de Jesucristo	Gae.	Gaélico		
		Hun.	Húngaro		
d. de C.	Después de Jesucristo	R.	Ruso		
		S.	Sueco		

ABREVIATURAS EN EL SANTORAL

ob.	obispo	pr.	presbítero	vg.	virgen
dr.	doctor	ab.	abad	re.	religioso
pa.	papa	ca.	cardenal	ap.	apóstol
mr.	mártir	er.	ermitaño		

A

C. **Aaró, Aaron/Aarona**; G. **Aarón/Aarona**. La forma árabe, Harún, es famosa por el emperador de *Las mil y una noches*. Aarón, en la Biblia el hermano de Moisés, continuador de la tarea de éste en la Tierra Prometida.

Aarón/Aarona *1/7 m/f*
Nombre hebreo, aunque probablemente de origen egipcio. Se han propuesto multitud de interpretaciones para su significado: «luz», «iluminado», «montañés», «alto», «instructor». Prácticamente sólo es usado en países anglosajones. Var. Aharón.

Aashta Orora, niña declarada oficialmente número mil millones de la India, nacida el 11/05/2000.

Aashta *f*
Nombre indio. Del indi *aashta*, «fe». Es también una población cercana a Bhopal, en el estado de Madhya Pradesh.

Abar/Abarne *Domingo de Ramos m/f*
Formas vascas masculina y femenina de Ramos.

Mohamed Abd el-Krim, caíd de la cábila de Beni Uryagel (1882-1963)

Abd/Abda *27/10 m/f*
«Servidor» en árabe. Partícula muy frecuente en nombres compuestos. La forma femenina lo es también de Abdón.

C. **Abdal·là**. San Abdalá o Servus-Dei, santo en la Córdoba musulmana (s. IX).

Abdalá *m*
«Servidor de Alá» en árabe (v. Abd; *Allah*, hipóstasis de *ahl*, «lo alto, la divinidad»).

Abdelaziz *m*
Del árabe *Abd-al'Aziz*, «servidor del poderoso».

Abd al-Rahman I de Córdoba, emir independiente (731?-788). Abd al Rahman III, Califa de Al-Andalus 891-961

Abderramán *m*
«Servidor de la misericordia» en árabe (v. Abd). Adoptado entre los cristianos por alusión a los célebres emires y califas de Córdoba. Var. Abd al-Rahman.

C. **Abdies.**
Abdías, uno de los profetas menores (s. VII a. de C.). San Abdías, sacerdote y mártir en Mesopotamia (s. IV).

Abdías *18/11 m*

De origen hebreo, *obad-iah*, «servidor de Dios», aludido metafóricamente con la partícula teófora *-iah* (v. también Abd).

C. **Abdiel.**

Abdiel *m*

Del hebreo *obad-iel*, con el mismo significado que Abdías (v.), esta vez con la partícula teófora *-iel*, equivalente a *-iah*.

C. **Abdó**; G. **Abdón.**
Abdó Terradas, político republicano catalán (1812-1856).

Abdón/Abdona *30/7 m/f*

Del hebreo o árabe *abd*, «siervo» (sobreentendiéndose «de Dios»). Hip. catalán: Non (*Sant Nin i sant Non*, san Senén y san Abdón, santos muy populares en Barcelona).

Abdülhamit, sultán otomano (1842-1918).

Abdülhamit *m*

Del árabe Abd-al-Hamed, «servidor de Alá», aludido metafóricamente como *hamid*, «alabado». Modificado de acuerdo con la fonética turca.

Invariable en la mayoría de las lenguas.
Abel, patriarca bíblico. Abel Bonnard, escritor y periodista francés (1883-1968). Abel Gance, cineasta francés (1889-1981). Abel Antón Rodrigo, atleta español (1928).

Abel/Abelia *5/8 m/f*

Del hebreo *hevel*, «fugacidad, vanidad». Otros lo estiman del asirio *habel*, «hijo». Nombre del segundo vástago de Adán y Eva, asesinado por su hermano Caín. De bastante auge en la Edad Media, quizá su portador más paradójico sea un rey de Dinamarca, que asesinó a su hermano Eric II para arrebatarle la corona. Derivado: Abelardo (v.).

C. F. **Abelard/Abelarda;** G. **Abelardo/Abelarda;** It. **Averardo/Averarda.**
Pedro Abelardo, filósofo y teólogo francés (1079-1142). Abelardo Montalvo, político ecuatoriano, presidente de su país en 1933.

Abelardo/Abelarda *5/8 m/f*

Adaptación medieval de Abel mediante el sufijo germánico *hard*, «fuerte, duro», presente en numerosos nombres masculinos, e incluso apellidos (Velarde). Confundido a menudo con Adelardo y con Eberardo, debe su fama al monje Abelardo, trágico amante de Eloísa.

Abiatar, en la Biblia, hijo de Ahimelek I (Samuel, 22,20).

Abiatar *m*

Nombre hebreo que significa «el padre es sobreabundante». Var. Ebiatar.

C. F. **Abigail;** In. **Abigail** (hip. Gail); It. **Abigaille.** Abigail, bíblica esposa de Nabal. Abigail Lozano, poetisa venezolana (1822-1866). Abigail Smith Adams (1744-1818), esposa de John Adams, presidente de Estados Unidos.

Abigail *f*

Del hebreo *ab-ghilah*, «alegría del padre», o quizá «fuente de alegría». Corriente en los países anglosajones, especialmente por el hip. Gail.

C. **Abili/Abília;** E. **Abilli/Abille.** San Abilio, gran apóstol de Egipto y su Pentápolis, obispo de Alejandría.

Abilio/Abilia *22/2 m/f*

Del adjetivo latino *habilis*, «experto, hábil».

Abla *f*

Nombre árabe (*Ablah*, «la perfectamente formada»).

Abra, hija de san Hilario, obispo de Poitiers (s. IX).

Abra *16/3 f*

Nombre resultante de la concurrencia de varios, entre ellos *Abaris*, portado por un sacerdote de Apolo, o el germánico *Abrea* (éste de *eburin*, «señor»), y portado por una santa hija de san Hilari. Hoy es considerado como la forma femenina de Abraham (v.).

C. G. F. **Abraham/Abra**; In. **Abraham** (hip. Abe); It. **Abramao;** Hol. **Bram**; Por. **Abrâo**; Ar. **Ibrahim.** Abraham Lincoln, político estadounidense (1809-1865). Abraham Noam Chomsky, lingüista estadounidense (1928). Abraham Olano, ciclista español (1970).

Abraham/Abra *15/6 m/f*

Según el Génesis, el primer patriarca en abandonar Ur para instalarse en Palestina se llamaba *Abrah* o *Abram*, «padre excelso», cambiado posteriormente por Jahvé en *Abhamon*, «padre de multitudes», tras el legendario espisodio del sacrificio de su propio hijo Isaac (v.). De Abraham derivan las principales religiones monoteístas: de su primer hijo, Ismael, descenderían los árabes (*ismaelitas*), y del segundo, Isaac, los israelitas, y a través de éstos los cristianos.

C. **Abril/Abrília**.

Abril/Abrilia *m/f*

Era costumbre de los antiguos romanos asignar el nombre del mes en curso a un recién nacido. Uno de los más populares era Abril, nombre dado por *aprire*, «abrir», refiriéndose al inicio del buen tiempo con la llegada de la primavera. Más frecuente hoy como apellido. Var. Abrilio.

C. **Absaló**, **Absalom**; A. **Absalom.** Absalón, hijo de David, muerto al rebelarse contra éste (Samuel II, 13-19). Absalón, arzobispo de Lund (Dinamarca), reformador (s. XII).

Absalón/Absalona *m/f*

Nombre del Antiguo Testamento, originado en el hebreo *ab-scialom*, «paz de Dios» (v. Salomón). Otros lo interpretan como «el Padre (Dios) es prosperidad». Var. nórdica Axel (v.).

Abu Bakr, compañero del profeta Mahoma (s. VI-VII).

Abubéker *m*

Nombre árabe: «el que hace el bien». Var. Abubákar.

C. **Abundi/Abúndia**; It. **Abbondio.** San Abundio de Córdoba, mártir en defensa de las persecuciones contra los cristianos (?-854).

Abundio/Abundia *11/7 m/f*

De las palabras latinas *ab-undo*, «fuera de onda», es decir, «que se desparrama», surgió el nombre *Abundus*, «pletórico, abundante», utilizado especialmente por los primeros cristianos para referirse al estado de gracia. Son de la misma familia Abundino, Abundancio.

C. **Acaci/Acàcia**; G. **Acacio/Acacia.**

Acacio/Acacia *1/4 m/f*

En griego, *kakós* es «malo, ruin» (recordemos el célebre malhechor Caco). Con la partícula privativa *a-* se forma *a-kakós*, «no malo», o sea «bueno». Era el sobrenombre de Hermes (v.), perenne benefactor de la humanidad.

C. **Acadèmia.**

Academia *2/10 f*

Nombre abreviado de la advocación mariana Nuestra Señora de la Academia. Esta palabra deriva a su vez del griego *Akademeia*, nombre de un jardín (por *Akademos*, su propietario) donde enseñaba Platón.

Acaimo *m*
Nombre guanche que significa «moreno, negro».

Acelin *m*
Nombre náhuatl, usado por los aztecas. Significado: «conejo».

Acerina *f*
Topónimo guanche. Sin traducción.

Achimenchía *m*
Nombre guanche. Sin traducción.

C. **Acilí/Acilina.**

Acilino/Acilina *17/7 m/f*
Nombre derivado del latín *Acilius*, portado por una familia romana (*acies*, «agudo», a su vez del griego *ake*, «punta»). Concurrente con la forma germánica Azzo.

G. **Acisclo.**
El nombre es muy popular en Cataluña bajo la forma hip. de *Iscle*.
Acis, pastor mitológico siciliano amado por Galatea.

Acisclo/Aciscla *17/11 m/f*
Encontramos en este nombre una de las más antiguas raíces indoeuropeas: *ak*, «punta», que dio el latín *ascia*, «hacha, azada». De ahí el diminutivo *acisculus*, «pico de picapedrero», por el que se designaba a su portador, el cantero o lapidario. Var. por concurrencia. Acis.

C. **Acràcia.**

Acracia *f*
Nombre alusivo a los ideales anarquistas, propio de épocas revolucionarias. Del griego *a-kratos*, «sin gobierno», o sea «libre».

C. **Actè, Actea.**
Actea, liberta del emperador romano Nerón.

Actea *16/6 f*
Nombre romano, procedente del antiguo nombre de Ática. Var. Acté. Sin relación con Actínea (del griego *aktinos*, «que lanza rayos, resplandeciente»).

Adabella *Scc. Ada f*
Nombre de fantasía, formado por Ada (v.) con el sufijo -bella, que repite etimológicamente el significado.

C. **Adalberg/Adalberga**; A. **Adalberg**.

Adalbergo/Adalberga *9/12 m/f*
Uno de los más característicos nombres germánicos, formado con la raíz *athal*, «noble» (v. Adela), con el sufijo *-berg*, «protección». Para otros, sería simple derivación de *heriberg*, «albergue».

C. **Adalbert/Adalberta**; G. **Adalberto/Adalberta**. Adalbert von Chamisso, escritor alemán (1781-1828).

Adalberto/Adalberta *22/4 m/f*
Nombre germánico, compuesto de *athal*, «noble», y *berht*, «brillante, famoso»: «famoso por la nobleza». Uno de los más extendidos nombres de origen germánico, como prueba la enorme cantidad de equivalentes y derivados: Adelberto, Alaberto, Alberto (v.), Aldaberto, Auberto, Edelberto, Etelberto, Oberto.

C. **Adalgís/Adalgisa**. Adalgiso o Algiso, rey lombardo rival de Carlomagno (s. VIII). Adalgisa, personaje de la ópera *Norma*, de Bellini.

Adalgiso/Adalgisa *m/f*
De las voces germánicas *athal-gisil*, «noble por la lanza» (cf. Adelardo y Gisleno). Corriente en Italia bajo la forma Adelchi o Algiso.

C. **Adalia**.

Adalía *f*
Es propiamente un nombre compuesto, aglutinación de Ada y Lía, pero existe también el nombre persa Adalia (v.).

C. **Adali/Adàlia**; A. **Adalia**.

Adalio/Adalia *m/f*
Nombre persa, portado por una diosa del fuego.

C. F. **Adam**; G. **Adán**; It. **Adamo**; Por. **Adâo**. Adam Mickiewicz, poeta polaco (1798-1855). Adam Smith, economista escocés (1723-1790). Adán Cárdenas, político nicaragüense, presidente de su país en 1883-1885.

Adán *29/7 m*
Nombre del primer humano, según el Génesis. El hebreo *adam* significa, literalmente, «terrifacto», aludiendo a su origen fangoso, relacionado con el color de la arcilla: *adamah*, «rojo». Otros intérpretes ven simplemente en él la palabra «hombre».

C. **Adaia**.

Adaya *m*
Nombre bíblico del Antiguo Testamento. De *ada-ahu*, «adorno de Jahvé» (cf. Ada). Aunque el nombre es en realidad masculino, por concordancia es casi siempre usado como femenino.

C. G. **Adela**; F. **Adèle**; In. **Ethel**; It. **Adele**; A. **Ada**. Se usa en árabe la forma homófona *Adala*, «trenzas». En Libia se hace derivar de la raíz *Adisl*, «fuerza».
Adela Dalto, cantante estadounidense de jazz latino (1952).
Adèle Filleul, escritora francesa (1761-1836).
Adèle o Alix de Chammpagne (s. XII-XIII), esposa del rey francés Luis VII *el Joven* y madre de Felipe Augusto.

Adela/Adelio *8/9 f/m*

Entre la familia de compuestos germánicos formados alrededor de *ald*, «viejo, caudillo», figura *athal*, «noble», presente aquí como nombre con virtualidad propia, pero usado también como hip. de otros con el mismo componente: Adelaida, Adeltrudis, etc. La Tierra Adelia, en la zona antártica, fue bautizada así en 1840 por el explorador francés Dumont-Durville en honor de su esposa Adelia. Var. Adelia, Adelina, Adila, Edel, Edelia, Ethel. Esta última forma es moderna. Se usan a veces como equivalentes otras formas que en realidad son nombres distintos: Aleta, Aleteia, Alicia, Alina, Delia.

C. G. **Adelaid/Adelaida**; F. **Adelaïde**; In. **Adelaide** (hips. **Ada**, **Addy**); A. **Adelheid** (hip. Heidi); It. **Adelaida**.
Adelaida Ristoria, actriz teatral italiana (1822-1906).
Adelaida Zamudio, poetisa y novelista boliviana (1854-1928).
Adelaida García Morales, novelista española (1946).

Adelaido/Adelaida *16/12 m/f*

Del germánico *adelheid*, «de estirpe noble» (*athal*, «noble», v. Adela); *heidus*, «estirpe, clase», cf. con el *-heit* alemán o el *-hood* inglés). Semánticamente equivalente a Adelino. El portador más famoso del nombre no es una persona sino una ciudad, capital del estado de Australia meridional, fundada en 1836 en honor de la «buena reina Adelaida», esposa de Guillermo IV de Inglaterra. Var. Adelasia. (v. también Heidi).

C. **Adelard/Adelarda**; G. **Adelardo/Adelarda**.
Adélard de Bath, filósofo escolástico, pionero del «Renacimiento del siglo XII» (1070-1150).

Adelardo/Adelarda *2/1 m/f*

Del germánico *athal-hard*, «noble y fuerte» (v. Adela y Abelardo).Var. Adalaro, Adalhardo, Alardo.

San Adelelmo o Lesmes (?-1218?), ayudante burgalés de peregrinos en el Camino de Santiago.

Adelelmo/Adelelma *Scc. Lesmes m/f*

Forma originaria de Lesmes (v.).

C. **Adelf/Adelfa**.
San Adelfo, obispo en Metz (s. IX).

Adelfo/Adelfa *29/8 m/f*

Nombre de origen griego: *a-delphos*, literalmente «sin matriz», es decir, «hermano» (*delph'ys*, «matriz»), presente en otros nombres como Diadelfo, Filadelfo (v.), etc.

C. **Adelgund/Adelgunda**; G. **Adelgundo/Adelgunda**. Santa Adelgunda, fundadora de la abadía de Mauberge (Francia), s. VII.

Adelgundo/Adelgunda *30/1 m/f*

Del germánico *athal-gundi*, «famoso por su nobleza» (v. Adela). Var. Aldegunda, Adelgundis.

Adelia *8/9 f*

Variante de Adela (v.).

C. **Adelí/Adelina**; G. It. **Adelino/Adelina**; F. In. **Adeline**. Virginia Adeline Woolf, novelista y crítica inglesa (1882-1941). Adelina Patti, cantante italiana (1843-1919).

Adelina/Adelino *3/2 f/m*

De la forma *Adelinus*, gentilicio de Adela (v.) o, directamente, de la forma germánica *athal-win*, «afín, amigo, de estirpe noble». Por ello es considerado equivalente a Adelvino, y la forma femenina, también a Adelinda (v.). Var. Adalvino, Adelvina, Etelvina, Ethelvina, Alina (v.).

C. **Adelmar/Adelmara**; G. **Ademar**.

Adelmaro/Adelmara *24/3 m/f*

Del germánico *athal-maru*, «insigne por la nobleza» (*athal*, «noble», cf. Aldo; *maru*, *mir*, «insigne»). Var. de Edelmiro o Adalmiro. Hip. Dalmiro.

C. **Adelm/Adelma**; I. **Aldhelm**. San Adelmo, obispo de Sherborne, primer inglés en escribir versos en latín (s. VII-VIII).

Adelmo/Adelma *25/5 m/f*

Antiguo nombre anglosajón, derivado de *ald-helm*, «yelmo noble», o sea, figuradamente, «protector noble» (*ald*, «antiguo», de donde «gobernante, noble», y *helm*, «casco, yelmo»).

C. **Adeltrud/Adeltrudis**; G. **Adeltrudo/Adeltruda**. Adeltruda, abadesa de Mauberge (s. VII), hija de san Mauger.

Adeltrudo/Adeltrudis *18/6 m/f*

Del germánico *athal-trud*, «amado, apreciado por su nobleza» (v. Adela y Gertrudis). Presenta otras formas similares, como Ediltrudis, Edeltrudis, o Edeltruda. También, impropiamente, Aldetrudis.

C. **Adelví/Adelvina**; A. **Adelwin**.

Adelvino/Adelvina *25/1 m/f*

Nombre germánico, *athal-win*, «noble por la victoria» (cf. Adela). Es considerado equivalente a Adelvisa, que en realidad es distinto (*athal-wise*, «de casta sabia»). Var. Etelvina (v.).

C. **Ademar/Ademara**; G. **Ademaro/Ademara**.

Ademaro/Ademara *29/5 m/f*

De origen germánico, *hathu-maru*, «famoso

San Adhemar, primer obispo de Paderborn, en Westfalia (s. VIII-IX).

en el combate» (*hathus, hilds,* «lucha»; *maru,* «insigne»). Es también variante de Adelmaro y de Azemar o Azemaro.

C. **Adeodat/Adeodata**; It. **Adeodato**. Adeodato (s. IV), hijo natural de san Agustín de Hipona. Adeodato II, papa (s. VII).

Adeodato/Adeodata *19/6 m/f*

Del latín *a Deo datus,* «dado por Dios», fórmula natalicia de buen augurio. Var. Deodato. Sinónimos: Teodoro, Teodosio, Natanael, Donato, Godiva.

C. G. It. **Adina**. Adina, personaje de la ópera *L'elissir d'amore,* de Donizetti.

Adino/Adina *Scc. Ada m/f*

Nombre hebreo. Significa «gentil». Es usada también como variante de Ada (v.).

C. G. **Ada**. Ada, en la Biblia, primera esposa de Esaú. Ada Negri, poetisa y novelista italiana (1870-1945). Ada Byron, matemática británica (1815-1852), hija de lord Byron.

Ado/Ada *4/12 m/f*

Nombre hebreo, portado por la primera esposa del patriarca Esaú. De *adah,* «ornamento, belleza», aunque es más usada como hip. de otros nombres como Adela (v.) o Adelaida (v.). También de Hada, nombre de fantasía alusivo a los seres fabulosos de la literatura infantil.

C. A. **Adolf**; G. **Adolfo**; F. **Adolphe**; In. **Adolphus**. Adolf Hitler, dictador alemán (1889-1945). Adolfo Marsillach, actor, autor, director teatral y cinematográfico catalán (1928). Adolfo Suárez González, presidente del gobierno español (1932). Adolfo Bioy Casares (1914-1999), escritor argentino.

Adolfo/Adolfa *30/6 m/f*

En traducción libre, «guerrero noble». Por el germánico *athal,* «noble» (v. Adela), y *wulf,* «lobo», animal sagrado en las mitologías germánicas, interpretado figuradamente como «guerrero». Son formas derivadas Ataúlfo (v.) y Adulfo.

C. **Adonaïs**.

Adonais *f*

Del griego *adonaios,* «relativo a Adonis», aplicado a Afrodita, su amante. No debe confundirse con el hebreo *Adonai,* «señor mío», que por ósmosis vocálica convirtió el impronunciable Jahvé en Jehová. En ambos nombres, la raíz originadora es la misma: *ado,* «señor». Var. Adonaí.

Adonay *Scc. Manuel* *m*
Nombre caló, equivalente a Manuel.

C. **Adonis**.
Adonis, divinidad mitológica.

Adonis *m*
Nombre mitológico. Portado por un dios semita adoptado por el panteón romano, con mito similar al de Orfeo. En la mitología griega, Adonis era un joven famoso por su belleza. De la raíz semítica *ado*, «señor» (análoga a *atta*, contenida en Atila, v.), o *athal*, presente en muchos nombres germánicos (v. Adela).

C. **Adoració**.

Adoración *6/1* *f*
Nombre evocador de la festividad de la Epifanía. Del latín *adoro* (*ad*, «respecto a»; *oro*, «plegaria oral»). Forma parte de los innumerables nombres femeninos alusivos a misterios religiosos del Nuevo Testamento, como Visitación, Purificación, Salutación, Transfiguración, etc.

C. **Adrià/Adriana**; G. **Hadrián**, **Hadriano/Hadriana**, **Adrián/Adriana**, **Adrán/Adrana**, **Adrao**; F. **Adrien**; In. It. **Adrian**.
Adriana Basile, cantante italiana (1580-1640).
Adriano Celentano, actor y cantante italiano.
Publio Elio Adriano, emperador romano (76-138).

Adrián/Adriana *8/9* *m/f*
Nombre gentilicio de la localidad de Adria o Hadria. En tiempos del Imperio romano era puerto del mar Adriático, al que dio nombre, pero los acarreos fluviales la han situado hoy 20 km tierra adentro (a su vez, el nombre del lugar procede del latín *ater*, «sombrío, negro como el carbón»). El emperador Adriano, constructor de una famosa muralla en Inglaterra, popularizó el nombre. Var. Adriano, Adrión, Hadrián.

C. **Afra**.
Santa Afra, quemada viva en 304, durante la persecución de Diocleciano.

Afra *24/5* *f*
Del latín *afer*, «afro, africano» (v. África).

C. **Afrani/Afrània**.
Lucio Afranio, comediógrafo romano (s. II a. de C.).

Afranio/Afrania *Scc. Afra* *m/f*
Procedente de *Afranius*, gentilicio del nombre Afro.

C. **Àfrica**; G. **África**.
África Abreu, modelo española (1973).

África *5/8 f*

El nombre del continente africano, conocido desde los más remotos tiempos, ha dado lugar a abundantes especulaciones sobre su significado: del griego *aprica*, «expuesto al sol»; o de *aphriko*, «sin frío, cálido»; o por la tribu *aourigha*, una de las primeras que entró en contacto con Roma. En cualquier caso, el nombre se ha popularizado en España especialmente a través de la Virgen de África. Derivados: Afra (v.), Africano, este último sobrenombre del militar romano Escipión, que derrotó a Aníbal.

C. **Afrodisi/Afrodísia**; G. **Afrodisio/Afrodisia**.
San Afrodisio, prefecto de Egipto, cristianizado y mártir (?-70).

Afrodisio/Afrodisia *14/3 m/f*

Nombre griego derivado del adjetivo *aphrodisios*, «amoroso» (cf. con la palabra afrodisíaco), a su vez del nombre de Afrodita (v.). Sinónimo de Agapito (v.).

C. G. **Afrodita**.
Afrodita, diosa del amor en el panteón griego.

Afrodita *f*

Nombre mitológico, posiblemente alusivo a la leyenda relativa al nacimiento de su portadora, ocurrido de la espuma (*aphrós*) del mar.

Afur *m*

Topónimo guanche. Sin traducción.

Agá *m*

En realidad se trata de un título: del turco *agá*, «caballero, señor».

C. **Agamèmnon**.
Agamenón, legendario rey de Argos, caudillo de la guerra de Troya.

Agamenón *m*

Nombre mitológico griego. De *agaménos*, «admirable, constante, firme».

C. **Agapit**; G. **Agapito**.
San Agapito I, papa de 535 a 536.
Agapit Vallmitjana, escultor catalán (1828?-1919)

Agapito/Agapita *6/8 m/f*

Del griego *aga'pitós*, «amable», por *agape*, «caridad», que acabó designando los convites fraternales de los primeros cristianos. Sinónimo, por tanto, de Amable, Afrodfisio, Agapitón, Erato, Filandro, Lioba, Pancario y muchísimos más.

C. **Àgata, /Àgada**; F. **Agathe**; In. **Agatha**; It. **Agata**. San Agatón, papa de 678 a 681. Agatha Christie escritora inglesa (1891-1976).

Ágata/Agatón *5/2 f/m*

Nombre femenino, alusivo a la piedra preciosa y a la flor homónimas. También, como éstas, directamente del griego *agathós*, «bueno», o sea sinónimo de Águeda.

C. **Agatàngel**. San Agatángel, misionero en Alepo y Etiopía, mártir (?-1638).

Agatángel *23/1 m*

En griego, literalmente, «buen ángel» (*agathos*, v. Ágata; *aggelos*, v. Ángel).

C. **Agenor/Agenora**. Agenor, mitológico rey de Fenicia, padre de Cadmos y de Europa. Agenor, personaje de la *Ilíada*, rival del Aquiles.

Agenor/Agenora *m/f*

Nombre griego, muy presente en la mitología. De *agan-aner*, «muy hombre, muy viril».

C. **Ageu/Àgia**. Santa Agia, monja en Mons (-707).

Ageo/Agia *4/1 m/f*

Nombre bíblico, portado por un profeta menor del Antiguo Testamento. De *haggay*, «nacido en día festivo» (cf. Domingo). En la Edad Media concurrió con la raíz germánica *ags*, «espada», formadora de abundantes nombres.

C. E. G. **Agila**. Agila, rey visigodo (?-555)

Agila *30/8 m*

Nombre germánico, derivado de *ag-hild*, «espada del guerrero», o «espada de combate» (cf. Hildebrando). Latinizado en Agileo, Agilulfo y similares. Var. Agilo.

C. **Aglaè**. Aglaé, una de las tres Gracias o Cárites, divinidad de la belleza.

Aglaé *f*

Variante de Aglaya.

C. **Aglaia**.

Aglaya *f*

Es el nombre de una de las tres Gracias de la mitología griega (con Talía y Eufrosina). De *Aglaía*, «resplandor, resplandeciente», al igual que Actínea, Fulgencio, Lucidio, Panfanero, Radiante y Rútilo. Var. Aglaia, Aglaé, Eglé.

Agrario, personaje de Lope de Vega en *La pastoral de Jacinto* (comedia pastoral).

Agrario *m*

Nombre de fantasía, creado por Lope de Vega. Equivalente a Jorge (v.). Del latín *agrarius*, «agricultor», derivado de *ager*, «tierra, campo».

C. **Agrícola**. Agrícola, general romano.

Agrícola *17/3* *m*

Uno de los nombres de familia más frecuentes en Roma, por su significado: «que trabaja la tierra, agricultor» (*ager*, «campo», *colo*, «recolectar»).

C. G. **Agripina**. Agripina, disoluta madre del emperador romano Nerón. Agrippina Vaganova, bailarina rusa (1879-1951).

Agripino/Agripina *23/6* *m/f*

El nombre romano *Agrippa* significa, según Plinio, «el que nace con los pies hacia fuera», o sea «nacido de parto difícil, con dolor de la madre» (avéstico *agro*, «primero», y latino *pes*, «pie»). Como gentilicio de este nombre surge *Agrippinus*. Sinónimos: Poliemo, Salvado, Sozón.

Aguahuco *m*

Nombre guanche. Sin traducción.

G. **Ádega**; C. **Àgueda**; E. **Agate**; F. **Agathe**; In. **Agatha**; A. **Agatha**; It. **Agata**. Ágata, santa siciliana martirizada en tiempos de Decio (?-251). Agatha Christie, escritora inglesa (1891-1976)

Águeda *5/2* *f*

Esta es la forma más común del nombre, aunque son también corrientes Ágata y Agacia (en masculino, Agacio y Agatón). En la Edad Media se usó Gadea (v.), célebre por el nombre de la iglesia burgalesa en que el Cid tomó juramento al rey Alfonso VI. Procede del griego *agathós*, «bueno». Es quizás uno de los nombres con más sinónimos, como por ejemplo Acacio, Benigno, Bono, Dimna, Epagato, Eusebio, Goda, etc.

C. **Aguinald**. Francisco Aguinaldo (1869-1964), patriota filipino, caudillo de la guerra de independencia contra España.

Aguinaldo *m*

Del germánico *agin-wald*, «el que gobierna por la espada» (v. Ageo y Waldo). Casi desaparecido como nombre, es común hoy en Filipinas por el apellido de uno de sus padres de la patria. Var. Aguilando.

Agustín/Agustina *28/8 m/f*

Agustín de Hipona, ob. y dr., 24/4 y 28/8
Agustín de Canterbury, ob., 27/5

El latín *Augustus*, «consagrado por los augures», fue siempre un nombre ilustre en Roma. Dignificado al máximo con Octavio Augusto, primer emperador romano, llegó a convertirse en un título más, expresivo de la dignidad imperial. Gentilicio suyo es *Augustinus*, «de la familia de Augusto», en que se originó Agustín. La forma femenina ha ganado fama por la barcelonesa «Agustina de Aragón».

G. **Agostiño**; C. **Agustí/Agustina**; E. **Augustin, Austin**; F. **Augustin**; In. **Austin, Austen**; A. **Augustin**; It. **Agostino**. San Agustín, padre de la Iglesia latina (354-430). Agustina Saragossa i Domènech, llamada *Agustina de Aragón*, que se distinguió en la defensa de Zaragoza en 1808, durante los sitios napoleónicos.

Ahmed *m*

Del árabe zahmed, «el más alabado», título aplicado fundamentalmente a Mahoma y extendido posteriormente a importantes personalidades. Var. Ahmet.

Ahmed Ben Bella, político argelino (1916). Ahmet III, sultán otomano (1673?-1736).

Aicardo/Aicarda *15/9 m/f*

Del germánico *agl-hard*, «espada fuerte», que da origen también a Agloardo o a Eginardo.

C. **Aicard/Aicarda**. San Aicardo, abad normando (s. VII).

Aída *2/2 f*

Variante de Ada o de Adelaida. Probablemente se inspiró en Haydée (v.) el libretista Piave para el nombre del personaje de la ópera de Verdi, momento a partir del cual se originó la gran difusión del nombre. La escritura Aida puede inducir a confusiones sobre la pronunciación correcta.

C. **Aïda**; G. It. **Aida**. Aida, heroína de la ópera homónima de Verdi.

Aidé *f*

V. Haydée.

Ailén *f*

Nombre araucano mapuche. Significa «brasita».

Ailín *f*
Nombre araucano. Es considerado como variante de Ayelén (v.), aunque algunos autores ven en él el significado de «transparente, muy clara».

C. **Ainabel**.

Ainabel *Scc. Ana o Isabel* *f*
Nombre de fantasía, formado por la aglutinación de Aina e Isabel. Var. Aynabel.

Ainara *f*
Nombre vasco, originario de Vizcaya. Sin traducción.

Aina Moll, escritora y política mallorquina (1930).

Aina/Aino *26/7* *m/f*
Forma balear de Ana.

Ainhoa Arteta, cantante de ópera española (1962).

Ainoa *15/8* *f*
Nombre de la Virgen de este santuario, en la localidad homónima del País Vasco. Significado desconocido. Var. antigua: Ainhoa.

Aintzane *Scc. Gloria* *f*
Forma vasca de Gloria.

Aioze *f*
Nombre vasco. Parece una derivación de *(h)aitz*, «peña», partícula presente en muchos topónimos.

Aitana Sánchez-Gijón, actriz española (1962).

Aitana *Scc. Gloria* *f*
Nombre vasco femenino, deformación de Aintzane, forma vasca de Gloria.

Aitor, protagonista de la leyenda de Agustín Chao (s. XIX).

Aitor *Scc. Atón* *22/5* *m*
De enorme popularidad en el País Vasco. En 1845 Agustín Chao publicó en la revista *Ariel* de Bayona una leyenda donde el bardo Lara cantaba las glorias de Aitor, «el primer nacido entre los éuscaros». Se inspiró en la voz vasca *aita*, «padre», que hallamos también en el germánico *athal*, «noble» (v. Atilano). En 1879, Francisco N. Villoslada retomó el nombre para su novela *Amaya*.

C. **Aixa**; In. **Aisha**. Aixa, segunda esposa de Mahoma (614?-678).

Aixa *Scc. Isa 4/7 f*
Nombre árabe frecuentísimo, quizá relacionado con el hebreo *ixa*, «mujer». Fue habitual también en la España cristiana tras los árabes, hallándolo en obras de Pedro de Alarcón y Francisco Villaescusa.

Aja *f*
Topónimo guanche. Sin traducción.

C. **Akenaton**. Akhenaton, faraón de la XVIII dinastía (1379-1362 a. de C.)

Akenatón *m*
Nombre adoptado por el faraón Amenhotep (o Amenofis) IV al emprender su reforma religiosa monoteísta. Literalmente, «resplandor del sol».

Akira Kurosawa, director cinematográfico japonés (1910).

Akira *m*
Nombre japonés. Probable derivación de *áki*, «otoño».

Akuena *f*
Es el nombre del lago de la Vida Eterna (cf. Akene). En la vida de ultratumba es un importante lugar de paso para iniciar el viaje de los Shamanes (v. Medatia).

C. **Aladí**. Aladino, protagonista de uno de los cuentos de *Las mil y una noches*.

Aladino/Aladina *Scc. Heladio 28/5 m/f*
Del árabe *Ala-ed-din*, «sublimado de la fe». Se identifica, por su semejanza fonética, con Heladio.

Alán/Alana *14/8 m/f*
Nombre germánico, gentilicio de los pertenecientes a una tribu bárbara (quizá procedente del céltico *alun*, «armonía»). Var. Alano. La forma femenina se identifica con Naila (v.).

C. F. **Alaric**. Alarico I, rey visigodo (370-410). Alarico II, rey visigodo (?-507).

Alarico/Alarica *30/6 m/f*
Nombre germánico. De *athal-ric*, «noble y poderoso» (v. Adela y Enrique).

C. G. **Alba**.

Alba *2/2 f*

Aunque siempre ha existido la Virgen del Alba, el nombre ha alcanzado una difusión extraordinaria sólo en los últimos años. Del latín *albus*, «blanco», y de allí «el alba, la aurora», por contraste con la oscuridad nocturna. Son sinónimos los nombres Aurora (v.) y Helena (v.).

Albanio, personaje de Lope de Vega en *La pastoral de Jacinto* (comedia pastoral).

Albanio *Scc. Albano m*

Nombre de fantasía, utilizado por Lope de Vega. Variante de Albano.

C. **Albà/Albana**; F. **Alban/Albane**. San Albano, primer mártir inglés (?-287). Alban Berg, compositor austríaco (1885-1935).

Albano/Albana *22/6 m/f*

Del latín *albus*, «blanco», palabra relacionada con la antigua raíz *alp*, que hallamos en los Alpes, las montañas blancas por excelencia. También puede ser gentilicio de Alba Longa, antiguo nombre de Roma.

C. **Alberic/Alberica**; F. **Albéric**; In. **Aubrey**; A. **Alberich**; It. **Alberico/Alberica**. Albéric Magnard (1865-1914), compositor francés.

Alberico/Alberica *26/1 m/f*

Nombre germánico, de significado discutido. Se ha propuesto *athal-bera*, «oso noble», aunque parece más probable que el primer componente sea *alb*, una de las formas de la palabra *elf*, «elfo, duende de los bosques» (por su color blanquecino, v. Alba). Un derivado famoso es Oberón (v.). En árabe, *alberic*, «frondoso», es un topónimo muy corriente, que ha engendrado también onomásticos (la población de Alberique, por ejemplo).

C. **Albertí/Albertina**; G. **Albertino/Albertina**. Albertina, personaje del ciclo *En busca del tiempo perdido* de Marcel Proust.

Albertino/Albertina *31/8 m/f*

Gentilicio latinizado de Alberto/Alberta: *Albertinus*, «relativo, de la familia de Alberto».

C. **Albert/Alberta**; F. In. A. **Albert**; G. **Alberte/Alberta**; It. **Alberto/Alberta**. Albert Camus, escritor francés (1913-1960). Alberto Moravia («Alberto Pincherle»), escritor italiano (1907-1990).

Alberto/Alberta *15/11 m/f*

Alberto el Grande, ob. y dr.

Se trata de la variante más difundida de Adalberto (v.), que ha superado en popularidad a la forma original. Formas femeninas: Alberta, Albertina. V. también Albrecht.

Albiniano *Scc. Albino* *m*

Albiniano, personaje de Lope de Vega en *Los locos por el cielo*.

Nombre de fantasía, utilizado por Lope de Vega. Derivación de Albano (v.).

Albino/Albina *1/3* *m/f*

C. **Albí/Albina**.

Albinus, nombre de familia muy corriente en Roma, gentilicio de *Albus*, del latín *albus*, «blanco», por el color del pelo o de la piel.

Albrecht *m*

Albrecht Dürer, pintor y grabador alemán (1471-1528).

Hip. germánico de *Adalbrecht*, y éste a su vez de Adalberto (v.). Es decir, también de Alberto (v.).

Alceo/Alcea *m/f*

C. **Alceu**; It. **Alceo**. Alceo, sobrenombre griego del mitológico Hércules, el héroe de la fuerza y el vigor.

Nombre de la mitología griega. De *alké*, «fuerza».

Alcestes/Alcestia *m/f*

C. **Alcestes/Alcèstia**. Alcestes, protagonista de la comedia de Molière *El misántropo* (1666). Alcestis, en la mitología, esposa de Admeto, que ofreció la vida por su amado.

Nombre de la mitología griega, portado por la esposa de Admet, que ofreció la vida por su amado. Del griego *alké*, «fuerza», que encontramos en otros nombres como Alcámenes, Alceo, Alcibíades, Alcides (v.), Alcina, Alcmena.

Alcibíades *2/6* *m*

C. **Alcibíades**. Alcibíades, político ateniense (450?-404 a. de C.). Alcibíades Arosemena, político panameño, presidente de su país en 1951-1952.

Estratega y político ateniense (s.v. a. de. C). *Alkibíades*, derivado de *alké*, «fuerza » (v. Alcestes), y *bios*, «vida»: «de vida fuerte, vital».

Alcides *m*

C. **Alcides**; It. **Alcide**. Alcide de Gasperi (1881-1954), político italiano. Alcides Arguedas, escritor y político boliviano (1879-1946).

Nombre romano, equivalente a «descendiente de Alceo», es decir, de Hércules, así llamado por su gran fuerza (griego *alké*, v. Alcestes).

Alcuino/Alcuina *19/5* *m/f*

C. **Alcuí**. Alcuino, polígrafo, pedagogo y teólogo anglosajón (735-804)

Del germánico *alk-win*, «amigo del templo». Por *ahls*, «lugar cerrado, templo», y *win*, «amigo». Latinizado en *Alcuinus*.

C. **Aldemar**.
Aldemar (s. XI), dramaturgo y monje en el monasterio de Monte Casino.

Aldemar/Aldemara *24/3 m/f*

Aunque suele ser considerado como una transliteración de Adelmaro (*athal-maru*, «insigne y noble»), podría ser también un nombre con entidad propia, o bien procedente del germánico *ald-maru*, «caudillo insigne». Var. Aldemaro.

C. **Aldetrud/Aldetruda**.

Aldetrudo/Aldetrudis *25/2 m/f*

Del germánico *ald-trudi*, que significa «caudillo fuerte». Es usado también como variante de Adeltrudis.

C. G. It. **Aldo/Alda**; In. **Aldous**.
Aldo Manuzio, *el Viejo*, humanista y editor italiano (1449-1515).
Aldous Huxley, escritor inglés (1894-1963).
Aldo Moro, político italiano (1916-1978).
Aldo Rossi, arquitecto italiano (1931-1997).

Aldo/Alda *10/1 m/f*

Del germánico *ald*, «crecido, viejo, mayor», y, por analogía, «importante, caudillo». Nombre popularísimo en Italia (recordemos al político Aldo Moro y al actor Aldo Fabrizi), y también se trata de un nombre muy común en Inglaterra.

C. **Aldonça**.
Aldonza Lorenzo, «Dulcinea del Toboso», personaje femenino en la novela *El ingenioso hidalgo don Quijote de la Mancha*, de Miguel de Cervantes.

Aldonza *f*

Nombre femenino popularizado en su época por el escritor Miguel de Cervantes. Compuesto de *ald*, (v. Aldo) y *gundi*, «famoso», o, para otros, «guerra».

C. **Alegrança**.

Alegranza *f*

Del latín *alacris*, «vivaz, alegre» (cf. Alegría, del que es considerado variante). Conocido por una isla del archipiélago canario.

C. **Alegria**.

Alegría *f*

Nombre cristiano, tomado de jaculatorias a la Virgen, especialmente en las Letanías (v. Leticia). Del latín *alacritas*, «alegría, regocijo». Forma masculina: Alegre.

C. A. **Aleida**.

Aleida *11/6 f*

Nombre griego, «similar a Atenea, que es como Atenea». Derivado de *Alea*, sobrenombre de esta diosa, y el sufijo *eydos*, «similar a, con forma de». Var. Aleyda, Aleidis.

Aleix *Scc. Alejandro m*

Forma catalana de Alejo.

C. **Alexandrí/Alexandrina**; G. **Alexandrino /Alexandrina**. Alexandrine Tinné, exploradora holandesa (1839-1869).

Alejandrino/Alejandrina *m/f* *Scc. Alejandro*

Gentilicio de Alejandro/Alejandra, con la desinencia latina *-inus*, «relativo, de la familia de».

C. **Alexandre/Alexandra**; F. In. A. **Alexandre**; G. **Alexandre**; **Alexandro/Alexandra**; E. **Alesander**; It. **Alessandro/Alessandra** (hip. **Sandro**); Gae. **Alastair**, **Alister**; Hun. **Sándor**; R. **Aleksander** (hip. Sasha, muy popular en Francia). Alessandro Manzoni, escritor italiano (1785-1873). Alexander Fleming, bacteriólogo británico (1881-1955). Alexandre Dumas, novelista y autor dramático francés (1803-1870).

Alejandro/Alejandra *3/5 m/f*

Alejandro era en la mitología griega un sobrenombre de Paris, encargado de proteger las tropas contra los ladrones, lo que explica la etimología del nombre (*alexo-andros*, «el que rechaza al hombre», es decir, al adversario). Su universalidad se deriva fundamentalmente de Alejandro Magno (s. IV a. de. C), creador de uno de los mayores imperios de la historia, cantado en la Edad Media en un célebre romance compuesto en versos *alejandrinos*. Son sinónimos del nombre Antonio, Avertano, Emeterio y Paráclito, entre otros. Var. Alejo, Alexis. Hip. Sandro.

C. **Aleix**; G. **Aleixo**; It. **Alessio**; R **Alexis**. Alejo Carpentier, novelista cubano (1904-1980).

Alejo *17/2 m*

Variante de Alejandro (v.). Es corriente su forma rusa Alexis (v.).

Álex de la Iglesia, realizador y guionista de cine español (1965). Álex Crivillé, piloto motociclista español (1970). Álex Corretja, tenista español (1974).

Álex/Alexia *17/2 m/f*

Forma derivada de Alejo (también Alexis, forma rusa), nombre de un santo virgen en el matrimonio, a su vez de Alejandro (v.). También es derivación directa del griego *a-lexios*, «defensor».

San Alexis Falconeri, uno de los siete fundadores de la Orden de los Servidores de María.

Alexis *12/2 m*

Forma rusa del mombre Alejo, considerada como un nombre independiente por san Alexis Falconeri.

C. **Alfeu**; It. **Alfeo**. Alfeo, personaje mitológico, hijo de Océano y Tetis. Alfio, personaje de la ópera *Cavalleria rusticana*, de Ponchielli.

Alfeo/Alfea *26/5 m/f*

Es un nombre que procede del griego *alpheios*, que significa «excelente, primero», como derivación de *alpha*, primera letra del alfabeto griego. Var. Alfio, Alfío.

C. **Alfonsí/Alfonsina**; G. **Alfonsino/Alfonsina**. Alfonsina Storni, poetisa argentina de origen suizo (1892-1938).

Alfonsino/Alfonsina *Scc. Alfonso m/f*

Gentilicio de Alfonso: «pariente, relacionado con Alfonso». La forma femenina es usada como variante de Alfonsa más a menudo que ésta.

B. **Alifonso/Alifonsa**; G. **Afonso/Afonsa**; C. **Alfons/Alfonsa**; E. **Albontsa/Albontse**; F. **Alphonse**; In. **Alphonso**; A. **Alfons**; It. **Alfonso**. Alfonso I de Aragón, rey de Aragón y Navarra (1073?-1134) Alfonso XII rey de España, (1857-1885). Alfonso XIII, rey de España (1886-1941). Alfonso Guerra, político español (1940).

Alfonso/Alfonsa *1/8 m/f*

Nombre de origen germánico. Compuesto por las palabras *hathus*, «lucha»; *all*, «todo, total», y *funs*, «preparado»: *hathus-all-funs*, «guerrero totalmente preparado para el combate». Es el nombre más repetido en las casas reales españolas. Var. Alonso, Ildefonso (v.). Forma femenina: Alfonsa, aunque es más utilizada la forma moderna Alfonsina (que, en rigor, es un gentilicio de Alfonso).

C. **Alfred/Alfreda**; F. **Alfred**; E. **Alperda/Alperde**; In. **Alfred** (hip Alf); A. **Alf**; It. **Alfredo/Alfreda**. Alfred Hitchcock, director cinematográfico inglés (1899-1980) Alfredo Kraus, tenor español (1927-1999). Alfredo Di Stefano, futbolista (1927).

Alfredo/Alfreda *26/8 m/f*

Del germánico *athal-frid*, «pacificador noble» (*athal*, «noble», v. Adela; *fridu*, «paz, pacífico, pacificador»). Nombre muy extendido en todas las épocas. Var. Aldofrido, Alefrido, Alfrido. Por similitud fonética, se usó como tal el egipcio Farida (*Al-farid*, «la incomparable»).

C. **Alí**.
Alí (?-661), primo y yerno de Mahoma y su sucesor.

Alí *m*
Conocidísimo nombre árabe. Deriva de la voz *al* o *el*, «alto, sublime, excelso», de donde procede también el nombre del dios islámico, Alá.

G. **Alicia**; C. **Alícia**; G. **Alicia**; F. **Alice** (hip. Alix); In. It. A. **Alice**.
Alice Liddell, protagonista de las novelas *Alicia en el país de las maravillas* y *Alicia a través del espejo*, de Lewis Carroll.
Alicia Alonso, bailarina cubana (1923).
Alícia de Larrocha i Lacalle, pianista catalana (1923).
Alicia Koplowitz, empresaria española de origen judeoalemán (1952).

Alicia *16/12 f*
Se trata de un verdadero microcosmos onomástico, por la diversidad de corrientes que concurren en este nombre. De una parte, el germánico *Adalheidis* (v. Adelaida), a través de las sucesivas contracciones *Adalis* y *Aalis*. Por otra, el griego *alethos*, «real, verdadero, sincero». Pero además, por similitud fonética, fue identificado posteriormente con variantes de Eloísa y Adela. Ello explica su universal popularidad, consagrada por el famoso personaje de Lewis Carroll. Var. Aleta, Aleteia, Aleth, Alina, Altea.

C. **Alid**; In. **Alida**.
Alida Valli («Alida Maria Altenberger»), actriz cinematográfica italiana (1921).

Alida *28/5 f*
Variante del Hélida, gentilicio del Peloponeso (*Helis*), a través de la forma dórica *A'lis*. Identificado con Alda.

Alima *f*
Del árabe *halimah*, «gentil, paciente».

C. **Alina**; In. **Aline**.
Aline Pons, cantante francesa (1904-1976).

Alino/Alina *16/6 m/f*
Hip. de Adelina y de Alicia.

Alirio *Scc. Lira 8/6 f*
Nombre femenino, protético de Lirio, alusivo a la flor de lis (latín *lilium*), símbolo de la pureza y muy presente en la heráldica real.

Alisa, personaje de la ópera *Lucia de Lamermoor*, de Donizetti.

Aliso/Alisa *Scc. Alejandro m/f*
Nombre de fantasía italiano, formado por analogía con Alessio (Alejo, v.) y Alicia (v.).

C. G. In. **Alma**.
Alma Mahler (s. XIX), esposa del músico Gustav

Alma *f*
Aunque parece aludir al latín *alma*, «espíritu vivificador» (*alo*, «alimentar»), en rea-

Mahler, después de W. Gropius y de F. Werfel.

lidad se puso en boga en Inglaterra tras la batalla de *Alma*, en la guerra de Crimea (1854). En hebreo existe la palabra *alma*, «doncella», a la que ha sido asimilado también posteriormente.

Almanzor o al-Mansur, caudillo de la España musulmana (?-1002).

Almanzor *m*

Forma castellana del nombre árabe *al Mansur*, «el victorioso». V. Mansur.

C. **Almansor**, **Al-mansur**. Almanzor («Abu Amir Muhammad ibn Abi Amir al Mansur»), caudillo musulmán cordobés (940-1002).

Almanzor/Almanzora *m/f*

Nombre popularizado por el guerrero musulmán del s. x, azote de los reinos cristianos. Era en realidad un título honorífico, que significaba «el victorioso». Sinónimos: Aniceto, Berenice, Droctoveo, Esteban, Eunice, Laureano, Lauro, Nicanor, Nicasio, Niceas, Nicetas, Niké, Segene, Sicio, Siglinda, Suceso, Víctor, Victricio.

C. **Almodís**. Almodis de la Marca, condesa de Barcelona, esposa de Ramón Berenguer I (?-1071).

Almodis *18/9 f*

Nombre medieval, de uso hoy renacido en Cataluña. Del germánico *all-mods*, «completamente animosa».

Almudena Grandes, escritora española (1955).

Almudena *19/2 f*

Una de las muchas advocaciones marianas españolas, popularizada por pertenecer a la Virgen patrona de Madrid. El nombre deriva del árabe *al-madinat*, «la ciudad».

C. **Al·lodi Al·lòdia**; E. **Allodi/Alode**. Santas Alodia y Nunnilo, ejecutadas en Barbastro en 851.

Alodio/Alodia *22/10 m/f*

Nombre germánico, quizá con el mismo significado que el término jurídico: *all-od*, «tierra íntegra, libre». Para otros es más probable *all-audo*, «gran riqueza, gran valor».

C. **Aloïs/Aloïsia**; A. **Aloysius**. Alois Jirasek, escritor checo (1851-1930).

Aloísio/Aloísia *Scc. Luis m/f*

Forma provenzal de Luis. Var. Aloíso, Aloíto.

C. **Aloma**.

Aloma *Scc. Alomnia 3/6 f*

Nombre de fantasía, creado a partir de

Alomnia, del griego *alaomenos*, «que va de aquí hacia allá, vagabundo» (*alaomai*, «vagar»). Es también considerado como el femenino de Alomar o Alomario (v.).

C. **Alomar/Alomara**, **Alomari/Alomària**.

Alomar/Alomara *Scc. Alomnia m/f*

Nombre germánico: *Athalmar*, «insigne por la nobleza» (*athal*, «noble»; *maru*, «insigne»). O también por Aldomar, de *ald*, «noble»: «gobernante famoso». Var. Alomario/Alomaria.

C. **Alons**; G. **Alonso**. Alonso Quijano, protagonista de la novela *Don Quijote de la Mancha*, de Miguel de Cervantes. Alonso Berruguete, escultor y pintor castellano (1490?-1561).

Alonso/Alonsa *30/10 m/f*

Variante de Alfonso, usada por influencia portuguesa. Siempre famoso, aumentó su fama por el protagonista de la novela *Don Quijote de la Mancha*.

B. **Altina**; C. **Altagràcia**.

Altagracia *6/1 f*

Forma abreviada del nombre de la Virgen dominicana Nuestra Señora de la Altagracia.

C. **Altair**.

Altair *f*

Estrella que forma parte de la constelación del Águila, usada a veces como nombre femenino. Significa en árabe «águila en vuelo».

Altan Khan, soberano de Mongolia (1507?-1583)

Altan *m*

Nombre tártaro. Parece derivado de la voz *alt*, «supremo».

C. **Àlvar/Àlvara**. Alvar Núñez Cabeza de Vaca, explorador y conquistador castellano (1507-1559). Álvaro Cunqueiro, escritor gallego (1911-1981). Alvar Aalto, arquitecto finlandés (1898-1976). Álvaro Mutis, escritor colombiano (1923).

Álvaro/Álvara *19/2 m/f*

Nombre germánico, identificado usualmente con Alberico. Más probablemente, del germánico *all-wars*, «totalmente sabio, precavido». Muy popular en Castilla durante la Edad Media. Asimilado a Alberico. Var. Alvar, Alvero.

C. **Alví/Alvina**.

Alvino/Alvina *Scc. Alvisa m/f*

Del germánico *alb-win*. Los *alb* o *elfos* eran unas divinidades de los bosques (elfos, v. Elba); la voz *win* es «amigo». Cf. Alvisa. Sin relación con Albino/Albina.

C. **Alvisa**. Alvise Badoero, personaje de la ópera *La Gioconda*, de Ponchielli.

Alvisa *Scc. Luis m*

Forma parte de la constelación de nombres asimilados a Luis (v.). Del germánico *all-wise*, «completamente sabio».

San Amable, *chantre* en Clermont (s. v.).

Amable *18/10 m*

Del lat. *amabilis*, «amable, amoroso, que ama».

C. **Amadeu/Amadea**; F. **Amédée**; It. **Amedeo**; Por. **Amadeu**. Wolfgang Amadeus Mozart, compositor austríaco (1756-1791). E.T. Amadeus Hoffmann, novelista y compositor alemán (1776-1822). Amadeo I, rey de España (1845-1890)

Amadeo/Amadea *31/3 m/f*

Del latín *ama-Deus*, «que ama a Dios, devoto». Una variante medieval, Amadís, dio nombre al más famoso héroe de novelas caballerescas, A. de Gaula. Extendido también en Alemania y especialmente en Italia. Hoy está en decadencia. Sinónimos: Pío, Rogacio, Lemuel.

C. **Amat/Amata**; G. **Amado/Amada**; F. **Aimé** (hip. **Anouk**); It. **Amato/Amata**. Amado Nervo, poeta mexicano (1870-1919). Anouk Aimée («Françoise Sorya Dreyfus»), actriz cinematográfica francesa (1932).

Amado/Amada *Scc. Amadeo m/f*

Del latín *amatus*, «amado». usado en la Edad Media por árabes conversos por el parecido fonético con *Ahmet*, «laudable». Sinónimo de Agapito (v.). V. también Amy.

C. **Amador/Amadora**. San Amador (s. I), ermitaño, identificado posteriormente por la leyenda con Zaqueo y convertido en esposo de Verónica.

Amador/Amadora *30/4 m/f*

Del latín *amatore*, «que ama, que quiere bien» (v. Amadeo).

Amai *9/6 m*

Forma masculina de Amaya (v.).

Amalarico/Amalarica *m/f*

Scc. Manrique

C. **Amalaric**; A. **Amalrich**. Amalarico, rey de los visigodos (502?-531).

Del germánico *amal*, nombre de una tribu, con el sufijo *rich*, «poderoso».

Amalio/Amalia *10/7 m/f*

C. **Amàlia**; G. **Amalia**. Amalia Avia, pintora española (1930). Amalia Jenks Bloomer, diseñadora de modas y sufragista estadounidense (1818-1894). Amàlia Rodrigues, cantante portuguesa de fados (1920).

Del griego *amalós*, «tierno, débil, suave», aunque en la Edad Media concurrió con el germánico *Amalvinus*, formado con las raíces *Amal*, nombre de un dios, y *win*, «amigo». Sin relación con Amelia.

Amaluiye *m*

Nombre guanche. Sin traducción.

Amán *m*

Amán, personaje de Lope de Vega en *La hermosa Ester*.

Nombre de fantasía, creado por Lope de Vega. Variante de Amando (v.).

Amancio/Amancia *10/2 m/f*

C. **Amanci/Amància**. San Amancio, inglés que llegó a obispo de Como (Italia), (?-446). Amancio Prada, cantautor español.

Del latín *amans*, «amante». En la práctica, sinónimo de Amado.

Amando/Amanda *6/2 m/f*

C. **Amand/Amanda**; E. **Amand/Amande**; F. **Amand/Amandine**; A. **Amandus/Amanda**. San Amando, «el apóstol de Flandes» (590-680). Amanda Coetzer, tenista sudafricana (1971).

Concurren en este nombre dos fuentes de origen muy diverso. De un lado, el latín *amandus*, «amante, digno de ser amado», y, por otro, el germánico *ald-mann*, «hombre ilustre, caudillo famoso». Var. Amante. Derivado: Amandina.

Amane *Scc. Maternidad f*

Forma vasca de Maternidad, advocación mariana (v.). Derivado de la voz *ama*, «madre».

Amaranto/Amaranta *7/11 m/f*

C. **Amarant/Amaranta**. San Amaranto, portugués que murió martirizado en Albi (Francia), s. III.

Del latín *amarantus*, a su vez del griego *amárantos*, «inmarcesible».

Amarilis *f*

C. **Amaril·lis**; A. **Amaryllis**. Amarilis, pastora de las églogas virgilianas. Retomado por los autores de novelas pastoriles.

Nombre mitológico. Inspirado en el de la misma flor (*amarakon* en griego, derivación de *amarysso*, «brillar»).

San Amaro (s. VI), discípulo de san Benito de Nursia.

Amaro/Amara *10/5* *m/f*

Variante portuguesa de Mauro, popularizada por el santo discípulo de san Benito de Nursia. También es usado como variante de Audomaro, especialmente en Burgos, donde se venera un san Ámaro, peregrino francés del s. XIII.

Amaury *m*

Forma francesa de Amalrico o Amalarico, nombre germánico portado por un rey visigodo español. La voz *amal*, «trabajo», originó la tribu de los *Amal*, que daría lugar al nombre mediante la adición del sufijo *ric*, «poderoso». Variante gráfica: Amorí.

C. E. **Maia**. Amaya, personaje de la leyenda del caballero vasco Teodosio de Goñi, supuesto origen de la devoción a san Miguel, patrón de País Vasco. Amaya Uranga, cantante vasca, vocalista del grupo *Mocedades* (1944).

Amaya *f*

Nombre corriente en el País Vasco, especialmente desde la novela del mismo título de Francisco Navarro Villoslada (v. Portadores). Significado incierto: a raíz de esta novela es corriente afirmar, equivocadamente, que significa «principio del fin». La variante Amaira es más frecuente como apellido. Nada tiene que ver con Maya, nombre de la mitología griega adaptado del de una diosa sánscrita (*maya*, «ilusión»).

Amayra *Scc. María* *f*

Nombre de fantasía, formado por prefijación de Maira (v.).

C. **Ambròs/Ambròsia**; G. **Ambrosio/Ambrosia**; F. **Ambroise**; In. **Ambrose**; A. **Ambrosius**; It. **Ambrogio**; Galés **Emrys**. San Ambrosio, obispo de Milán (339-397). Ambrosio Montesino, poeta español (1448-1512).

Ambrosio/Ambrosia *7/12* *m/f*

De origen griego, *an-brótos*, «no mortal», o sea «de naturaleza divina» (de aquí la ambrosía, manjar de los dioses). Famoso por el santo obispo de Milán, por lo que en Italia el adjetivo «ambrosiano» equivale a «milanés». Sinónimos: Atanasio, Kaled.

C. **Amèlia**; G. **Amelia**; F. **Amélie**; In. A. It. **Amelia**. Amelia Bloomer, reformista y feminista estado-

Amelia *19/9* *f*

Es en realidad un hip. de Amelberga, nombre formado con la voz germánica *amal*, «trabajo» (que dio nombre a una tribu, los amalos), y *berg*, «protección». Var. Amelberga, Amalberga, Amalia (esta última injertada del griego *Amalós*, «dulce»).

unidense (1818-1894). Amelia de la Torre, actriz española (1905-1987). Santa Amelia, martirizada en 177.

Américo/América *m/f*

El nombre del famoso explorador, que acabó pasando al continente descubierto por Colón, no tiene su origen claro. Para unos es un gentilicio de América, ciudad de la Umbría (Italia), pero es también una variante de Almárico, a su vez forma transliterada de Amalrico o Amalarico (por *amal*, «trabajo» y *rik*, «rico, poderoso»).

C. **Amèric/Amèrica**. Americo Vespucci, navegante y mercader italiano (1454-1512).

Amiel *m*

Nombre hebreo. Reiterativo: *ammi-el*, ambas partículas significan «Dios». Para otros intérpretes, «Dios es mi pueblo». Popularizado por el escritor suizo. Son innumerables los reiterativos divinos en nombres hebreos: Abdiel, Abdías, Adonías, Abimélec, Joel, Elías, Eliú, Jehú, Jeremías.

C. **Ammiel**; F. **Amiel**. Henri Fréderic Amiel (1821-1881), poeta, escritor y filósofo suizo, autor del célebre *Diario íntimo*.

Amílcar *m*

Nombre portado por algunos caudillos cartagineses, el más famoso el padre de Aníbal, que indujo a éste a jurar odio eterno a los romanos. En lengua prúsica significa «don de Melkar» (divinidad benefactora de los tirios). Var. Hamílcar.

C. **Amílcar, Hammílcar**; F. **Amilcar**. Amílcar Barca, general cartaginés (228? a. de C.). Amilcare Ponchielli (1834-1886), compositor italiano.

Amín/Amina *m/f*

Nombre árabe: «fiel».

Amina, personaje de la ópera *La sonámbula*, de Bellini.

Amiro/Amira *m/f*

Del árabe *amir*, «jefe, gobernante», que hallamos también en *emir* y en *almirante*. Amira o Emira (v.) es «la princesa».

Amneris *f*

Nombre para la ópera *Aida* por el libretista Piave. Sin significado conocido, inspirada en la fonética egipcia.

C. **Amneris**; It. **Amnèris**. Amneris, personaje de la ópera *Aida* de Verdi, hija del faraón.

C. **Ammó**, **Ammon**, **Amon**; E. **Amon**.
Amón, dios del Egipto antiguo.
San Amón (?-250), martirizado por Decio.

Amón/Amona *26/1 m/f*

Se trata de una concurrencia de diversos nombres. Por un lado, el personaje bíblico que violó a su hermana Tamar. En esta variante, procedería del hebreo *amnon*, «leal». Por otro, nombre del dios egipcio símbolo de la naturaleza y sus renovaciones (*aman* o *amem*, «oculto, misterioso», en egipcio). Posteriormente fue adoptado por Roma, donde llegó a ser identificado con Júpiter, e incluso por los cristianos. En la Edad Media, finalmente, se fundió con el germánico *agemund*, «espada ilustre».

C. **Amor**; E. **Maite**.

Amor *8/10 f*

Del latín *amor*, «amor, afecto». Derivado: Amoroso.

Amorepa *f*

Nombre de la tribu de los apalai, en el Amazonas. Significa «el que enseña».

C. **Empar**; G. **Amparo**.
Amparo Dávila, poetisa mexicana (1928).
Amparo Larrañaga, actriz española (1959).
Amparo Rivelles (1925), actriz española.

Amparo *11/5 f*

Nombre muy popular en toda España, pero especialmente en el País Valenciano, cuya capital tiene por patrona la Virgen de los Desamparados. Del latín *manuparare*, «tender la mano, proteger» (cf. con la terminación germánica *-mund*, «protección». presente en nombres como Edmundo, Segismundo). Otros nombres sinónimos: Albercio, Elmo, Egidio, Munda, Patrocinio. Var. Desamparados.

Amy Frazier, tenista estadounidense (1972).

Amy *Scc. Amado f*

Hip. francés e inglés de Amada.

B **Anaonda**; C. **Anna**; G. **Ana**; E. **Ane**; F. **Anne** (hips. **Annette**, **Nanette**, **Anouk**, **Anaïs**); A. It. **Anna**; In. **Hannah**, **Ann**, **Annie** (hip, **Nancy**).
Ana de Austria, reina de España, esposa de Felipe II (1549-1580).

Ana/Ano *26/7 f/m*

Del hebreo *hannah*, «benéfica, compasiva», coincidente en significado con Abderramán, Misericordia, Mercedes, Pantaléemon. Se trata de uno de los nombres más universalmente utilizados. Desde la madre de la Virgen María hasta escritoras, reinas y princesas de todos los países. Forma mascu-

Ana Maria Matute, escritora catalana (1926). Anna Matveievna Pavlova, bailarina rusa (1885-1931). Annie Leibowitz, fotógrafa estadounidense (1950).

lina: Ano, usado sólo en México (impropiamente se usa en España Anisio). Derivaciones: Anabel, Arabela, Anabella, Anita, Anaís.

C. **Annabel**. Arabella Estuardo, hija de Carlos Estuardo y pretendiente al trono inglés (1575-1615). Anabel Alonso, actriz cinematográfica española (1964).

Anabel *Scc. Ana f*

Adaptación castellana del nombre escocés *Annabel*, en realidad anterior a Ana, pero considerado hoy como una variante de este nombre. Var. Anabella, Arabella, Mabel, Ainabel, Aynabel.

Anacaona, reina taína en Santo Domingo, ajusticiada por los españoles tras intervenir en una conspiración (?-1504).

Anacaona *f*

Versión castellana del nombre de una reina santodominicana. En su lengua, significa «flor de oro». Muy extendido hoy en Hispanoamérica. Equivalente: Crisanto.

C. **Anaclet/Anacleta**. San Anacleto, tercer papa (?-99).

Anacleto/Anacleta *13/7 m/f*

De origen griego, *anakletos*, «llamado, solicitado», y también, metafóricamente, «resucitado». Corriente en los primeros siglos del cristianismo.

Anahí *f*

Nombre caribeño, quizás adaptación hipocorística de Ana, nombre importado por los conquistadores. Para otros, se relaciona con el nombre indígena de la flor del ceibo.

Anaida *f*

Nombre de fantasía, formado con Ana (v.) y la terminación griega *-eidos*, «forma, con forma de».

C. **Anaís**; F. **Anaïs**. Anaïs Nin, escritora estadounidense (1903-1977).

Anais *Scc. Ana f*

Nombre femenino, variante de Ana. Muy corriente en Francia.

Anak *m*

Uno de los muchos nombres quechuas (tribu andina) en torno a *Pacha*, «el Universo». El Anakpacha es el universo entendido como totalidad.

C. **Analia**.

Analía *Scc. Ana* *f*
Nombre de fantasía, aglutinación de Ana (v.) y Lía (v.).

C. **Annanies**. Ananías, personaje bíblico, uno de los compañeros de Daniel.

Ananías *25/1* *m*
Del hebreo *hannah*, «compasión» (v. Ana), con la partícula *-iah*, que alude figuradamente a Jahvé, cuyo nombre era impronunciable por respeto. *Hannan-iah*, «Dios se apiada» (los mismos elementos, en orden inverso, forman el nombre Juan).

Anarda, personaje de Lope de Vega en *La Arcadia*.

Anarda *Scc. Ana* *f*
Nombre de fantasía, creado por Lope de Vega. A partir de Ana (v.), con el sufijo germánico *-hard*, «fuerte».

B **Nastasio/Nastasia**; C. **Anastasi/Anastàsia**; G. **Anastasio/Anastasia**; E. **Anastasi/Anastase**; F. **Anastase/Anastasie**; In. **Anastasius/Anastasia**; Anastasio Somoza, *Tachito*, dictador nicaragüense (1925-1980).

Anastasio/Anastasia *5/12* *m/f*
Del griego *anastasimos*, «el que tiene fuerza para resucitar», entendiendo por «resurrección» la nueva vida en el seno del cristianismo, por lo que era frecuente en conversos, en los primeros tiempos del cristianismo.

Anatilde *f*
Nombre compuesto, aglutinación de Ana y Matilde.

C. **Anaxàgores**. Anaxágoras, pensador griego (500?-428? aJC)

Anaxágoras *m*
Del griego *anax*, «príncipe, señor», y *agorein*, «hablar»; «príncipe de la palabra, elocuente».

Anaya *f*
Nombre de la tribu chymaka, en Jamaica. Sin relación con el vasco Anaia (v.).

Ander *5/1* *m*
Forma euskera de Andrés (v.).

Andoni *Scc. Antonio* *m*
Forma eusquera de Antonio (v.).

B. **Andrisin**; C. **Andreu/Andrea**; G. **André**; E. **Ander**; F. **André**; In. **Andrew** (hip. **Andy**); It. **Andrea**; A. Hol. **Andreas**; R. **Andrej**.
André Gide, escritor francés (1869-1951).
André Malraux, escritor y político francés (1901-1976).
Andy García, actor de cine estadounidense de origen cubano (1956).
Andy Warhol, artista y cinasta estadounidense de origen checo (1928-1987).

Andrés/Andrea *30/11 m/f*

Del griego *andros*, «hombre, viril, valiente», portado por uno de los apóstoles, cuyo martirio dio nombre a la cruz en forma de X. También de este onomástico procede la voz inglesa *dandy*, inicialmente un diminutivo del mismo. Aunque en los últimos años su popularidad declina, sigue siendo uno de los nombres más universalmente extendidos. Comparte el significado con otros muchos: Arsenio, Carlos, Marón, Favila, Virilio. Formas femeninas: Andrea, Andreína, Andresa.

C. **Andròmac/Andròmaca**.
Andrómaca, personaje mitológico, esposa de Héctor.

Andrómaco/Andrómaca *m/f*

Nombre mitológico griego, más conocido por su forma femenina por la esposa de Héctor, representación del amor conyugal sereno y fuerte. De *andromakos*, «el que lucha como un hombre, viril en la contienda».

Andronio, personaje de Lope de Vega en *Los locos por el cielo*.

Andronio *m*

Nombre de fantasía, creado por Lope de Vega. Por el griego *andros*, «varón», adjetivado con el sufijo latino *-nius*.

Àneu *8/9 f*

Nombre de una virgen en un santuario de la población de Esterri d'Àneu, en el Pirineo Catalán. Nombre de difícil interpretación por ser una voz céltica o precéltica: *ave*, quizás con el significado de «debajo», aplicado a un topónimo.

Anfiso, personaje de Lope de Vega en *La corona derribada*.

Anfiso *m*

Nombre de fantasía, creado por Lope de Vega. Por el griego *amphys*, «por ambos lados», o sea «total, entero, íntegro».

Anfriso, personaje de Lope de Vega en *La Arcadia*.

Anfriso *m*

Nombre de fantasía, creado por Lope de Vega. Variante de Anfiso (v.).

Ángel/Ángela *5/5 m/f*

B. **Anxel/Anxela**; C. **Àngel/Àngela**; G. **Anxo**; E. **Aingeru, Gotzon**; F. **Ange/Angèle**; In. **Angel**; It. **Angelo, Angiolo**; A. **Angelus**.
Michelangelo Buonarroti, artista italiano del Renacimiento (1475-1564).
Miguel Ángel Asturias, escritor guatemalteco (1899-1974), premio Nobel de Literatura en 1967.

El nombre, inicialmente portado en Bizancio (griego *aggelos*, «mensajero», inspirado en los relatos bíblicos), trascendió a todos los países cristianos, originando multitud de derivados: Ángelo, Ángeles, Angélica, Angelina, Angelines. y dando nombre incluso a una populosa ciudad de EE.UU., en California. Comparte el significado con Hermes, Malaquías, Nuncio y Telesforo.

Ángeles *2/10 f*

C. **Àngels**.
Ángeles Mastreta, periodista y escritora mexicana (1949).

Abreviatura de la Virgen de los Ángeles. Var. Angelines.

Angélico/Angélica *Scc. Ángel m/f*

C. **Angèlic/Angèlica**; G. **Anxélico/Anxélica**; A. **Angelika**.
Angelica Catalani, soprano italiana (1780-1849).
Anjelica Huston, actriz estadounidense (1951).
Fra Angelico («Guido di Pietro»), pintor italiano (1387?-1455).

Latinización (*Angelicus*) del griego *aggelos* (v. Ángel). La célebre novela caballeresca *Las lágrimas de Angélica* fue una de las pocas salvadas en el escrutinio practicado por el cura y el barbero en *El ingenioso hidalgo don Quijote de la Mancha*.

Angustias *15/8 f*

Advocación mariana granadina, alusiva a la aflicción de la Virgen durante la Pasión de su hijo. Del latín *angustus*, «angosto, difícil» (cf. con el castellano *angosto* o en alemán *angst*). Sinónimo de Dolores.

Aniagua *f*

Nombre guanche. Sin traducción.

Aniano/Ania *17/11 m/f*

C. **Aniol, Annià/Ànnia**.
San Aniano, obispo de Orleans y defensor de la ciudad contra los hunos (s. v).
Annio Vero Verísimo, nombre de nacimiento del emperador romano Marco Aurelio (121-180).

El masculino, cuyo precedente más remoto es un *Sanctus Andeoli*, deriva del latín *Annianus*, y éste de *Annius*, masculinización de *Annia*, por la diosa Annia Perena, «la diosa del año», que originó una *gens* romana.

C. **Hanníbal**; G. **Aníbal, Haníbal**; F. **Annibal**; In. **Hannibal**; It. **Annibale**.
Aníbal, militar cartaginés (247?-183 a. de C.).
Anibale Sermattei Della Genga, papa italiano con el nombre de León XII (1760-1829).
Aníbal Cavaco Silva, político portugués (1939).
Aníbal Pinto, político chileno, presidente de su país (1825-1884).

Aníbal *m*

Nombre fenicio-cartaginés. *Hanan-Baal*, «gracia, beneficio de Baal», dios púnico. Inmortalizado por el caudillo vencedor de los romanos en Italia y vencido al fin por Escipión. Con todo, su fama en EE.UU. se debe al nombre del pueblo natal (Hannibal) de Samuel Longhorne Clemens, más conocido por Mark Twain. Var. ortográfica: Haníbal.

C. F. **Anicet**; E. **Niketa**; It. **Aniceto**.
San Aniceto, papa de 155 a 166.

Aniceto/Aniceta *12/8 m/f*

Del griego *a-niketos*, «invicto» (*a*, partícula privativa; *niké*, «victoria», v. Niké). Una forma similar es Niceto, que significa «victorioso».

Aniol/Aniola *Scc. Aniano m/f*

Forma catalana, que significa Aniano, por el primer portador conocido, un *Sanctus Andeoli* (s. III). Para algunos, masculino de Ana.

C. **Anira**, **Aníria**.

Anira *m*

En la mitología japonesa, es uno de los doce *daï-tho* que presiden las horas. Es pues nombre masculino, aunque, por concordancia, puede ser usado también como femenino, y aún extendido a la forma inventada Aniria.

C. **Anisi/Anísia**, **Anisa**.

Anisio/Anisia *30/12 m/f*

Del griego *anysios*, «cumplidor». Por su parecido, la forma masculina es considerada también como la de Ana. Var. femenina Anisa.

C. **Anscari/Anscària**.
San Anscario, obispo de Hamburgo (?-865).

Anscario/Anscaria *3/2 m/f*

Del germánico *ans-gair*, que significa «lanza de Dios». Es la versión tradicional de la forma Oscar (v.), barrida en los últimos años por ésta.

C. **Anselm/Anselma**; G. It. **Anselmo/Anselma**; F. **Anselme**; In. **Anselm**; A. **Anselm**.
Salma Hayek, Actriz cinematográfica mexicana (1968).
San Anselmo de Canterbury, teólogo y filósofo anglofrancés (1033-1109).
Selma Lagerlöf (1858-1940), novelista sueca, premio Nobel de Literatura en 1909.

Anselmo/Anselma *21/4 m/f*

Formado con las voces germánicas *ans*, nombre de un dios, y *helm*, «casco», y, figuradamente, «protección». La invocación a Dios como protector aparece en todas las culturas: cf. con Ananías, Juan, etc.

C. **Anstrud/Anstruda**.
Santa Anstruda, abadesa del monasterio de Notre-Dame en Île-de-France (s. VII).

Anstrudo/Anstruda *17/10 m/f*

Nombre germánico. De *Ans-trud*, que significa «fuerza de Dios» (*Ans*, nombre de un dios germano; *trud*, «fuerte, querido», v. Gertrudis). Sinónimos: Azarías, Israel, Ezequías, Ezequiel, Gabriel, Gotardo, Hieroteo.

Antar *m*

Nombre árabe (también Antarah). Sin significado conocido. Algunos, erróneamente, lo identifican con la estrella Antares, descrita por Ptolomeo como la *anti-Ares*, es decir, «rival de Marte», por su color rojizo.

C. **Antenor/Antenora**.
Antenor, en la mitología griega, uno de los ancianos de Troya, consejero de Príamo.

Antenor/Antenora *m/f*

Del griego *anti-aner*, «que combate a los hombres, guerrero».

C. **Anter/Antera**; G. **Antero/Antera**; E. **Anter**.
San Antero, papa (?-236).

Antero/Antera *3/1 m/f*

Nombre de un mitológico genio vengador del amor despreciado. Del griego *anti-eros*, literalmente «que va contra el amor», pero, en otras interpretaciones también comunes, sería «el que refleja el amor, que supera el amor».

Santa Antía, mártir (?-130).

Antía *Scc. Antonio f*

Forma gallega de Antonia (v.).

Antígona *27/2 f*

Nombre griego mitológico. Quizá de *antigonos*, «contra la raza», o, mejor, «que supera la casta» (*anti*, «contra, reflejo»; *gonos*, «origen, casta»).

C. **Antígona**; A. **Antigoni**. Antígona, personaje mitológico, hija de Edipo y Yocasta, báculo de la vejez trágica de su padre cuando éste se autocastigó tras su parricidio e incesto.

Antolín/Antolina *2/9 m/f*

Deformación de Antonino. También es hip. de Antonio.

C. **Antolí**; E. **Andoni**, **Antton**. San Antolín, picapredero sirio iconoclasta, patrón de Pamies (País de Foix) y de Palencia (s. IV).

Antón/Antona *Scc. Antonio m/f*

Hip. de Antonio. Es también su forma griega, identificable con Antimo (*anthimos*, «florido»).

C. **Anton**; G. **Antón**. Anton Chejov, narrador y dramaturgo ruso (1860-1904). Anton van Dyck, pintor flamenco (1599-1641)

Antonino/Antonina *30/9 m/f*

Nombre latino, gentilicio de Antonio: «relativo, de la familia de Antonio».

C. **Antoní/Antonina**; G. **Antonino/Antonina**. Antonín Dvorák, compositor bohemio (1841-1904)

Antonio/Antonia *13/6 m/f*

Antonio de Padua (o Lisboa), pr., dr., 13/6; Antonio, ab., 13/6;

La familia romana *Antonius* intentó explicar de muchas formas el origen de su nombre, al que atribuyó pintorescos significados: «el floreciente» (por el griego *anthos*, «flor»), «el enemigo de los burros» (*anti-onos*, «antiasnos»), «el inestimable» (*anti-onios*, «sin precio, que no se puede comprar»), «el defensor» (*anteo*, «que se opone»); pero la realidad es que la voz es muy anterior, seguramente etrusca, y su significado se nos ha perdido quizá para siempre. Queden sin embargo las tentativas expuestas como muestra poética y de imaginación popular. Innumerables santos y personajes célebres han llevado este nombre, como atestiguan sus numerosas variantes: Tonio, Toño, Antón.

B. **Anton/Antona**; G. **Antón/Antona**; C. **Antoni/Antònia**; E. **Andoni/Andone**; F. **Antoine**; In. **Anthony**; A. **Antonius**; It. **Antonio/Antonia**; Antoine de Saint-Exupéry, escritor y piloto francés (1900-1944). Antonio Agustí i Albanell, eclesiástico, jurista y humanista aragonés (1517-1587). Antonio Banderas, actor cinematográfico español (1960). Antonio Machado, poeta andaluz (1875-1939). Marco Antonio, triunviro romano, amante de Cleopatra (82-30 a. de C.) San Antoni Maria Claret, eclesiástico catalán, fundador de los claretianos (1807-1870).

C. **Anunciació**; G. **Anunciación**; It. **Annunziata, Nunziata.**

Anunciación *25/3 f*

Nombre mariano, evocador de la Anunciación de la Virgen María. Del latín *annuntitio*, y éste de *ad-nuntio*, «informar hacia, anunciar». Es muy usada la variante Anunciata, tomada de la forma latina.

Muhammad Anwar al-Sadat, político egipcio (1918-1981).

Anwar *m*

Nombre árabe. Significado literal: «rayos de luz».

C. **Aparici/Aparícia**; G. **Aparicio/Aparicia.**

Aparicio/Aparicia *6/1 m/f*

Nombre cristiano. Del latín *apparitio*, «aparición, comparecencia» (*ad-pareo*, «aparecer, ser visible»). El famoso aceite de Aparicio, mentado en el *Quijote* (II, 46, 174) quizá no nada tenga que ver con este nombre, sino que derive de *hypericum*, una planta. Nada tiene que ver con Aparición, alusivo a las apariciones milagrosas de la Virgen.

C. **Apel·les**; E. **Apel.** Apel·les Fenosa, escultor catalán (1899-1988) Apel·les Mestres, dibujante, músico y escritor catalán (1854-1936)

Apeles *22/4 m*

Nombre griego, portado por un famoso pintor. Quizá «consejero del pueblo». Sin relación con Apelio (griego *a-pelos*, «no oscuro», es decir, «de piel clara»).

C. **Apol·linar/Apol·linara.** Guillaume Apollinaire de Kostrowitsky, poeta francés (1880-1918).

Apolinar/Apolinara *23/7 m/f*

Derivación de Apolo (v.).

C. **Apol·lo, Apol·ló**; G. **Apolo.** Apolo, la divinidad romana de la luz del sol, y protector de las artes.

Apolo *21/4 m*

Nombre de la mitología romana. Del griego *Apollon*, de *apo*, «lejos», y *ollymi*, «perecer»: «el que aleja la muerte», nombre dado en agradecimiento por haber salvado la divinidad a Atenas de una peste. Otros intérpretes lo relacionan con el verbo *apollumi*, «destruir», e incluso con la voz germánica *apfel*, «manzana». El nombre dio una gran cantidad de derivados como consecuencia de su fama: Apolíneo, Apolino, Apolodoro, Apolófanes, Apolonio y Apolinar o Apolinario, «consagrado, relativo a Apolo».

C. **Apol·loni/Apol·lònia**; E. **Apoloni/Apolone**; A. **Apollonius**. Apolonio de Rodas, poeta, matemático y filólogo alejandrino (295?-230? a. de C.).

Apolonio/Apolonia *14/2 m/f*

Adjetivo relativo a Apolo, divinidad romana de la luz del sol (v.).

C. **Apuleu**. Apuleyo, novelista romano (125-170). San Apuleyo, martir romano (s. II).

Apuleyo *7/10 m*

Nombre latino, seguramente gentilicio de la Apulia, región italiana (*Apuleus*). Los Apuleyos eran una *gens* plebeya, lo que explicaría el origen.

C. **Aquil·les**; F. **Achille**. Aquiles, personaje mitológico griego de la guerra de Troya. Achille Occhetto, político italiano (1936).

Aquiles *7/1 m*

La etimología tradicional lo hace derivar de *a-cheileia*, «el carente de labios», aludiendo a que el personaje mitológico de este nombre no fue amamantado o a que comprimía sus labios en la lucha. Ha sido también relacionado con el río *Achéloos*, o con *achlio*, «oscuro», análogo al *aquilus* latino (v. Aquilino). Pero quizá el nombre sea pregriego y por ello de casi imposible clasificación. Las «cóleras aquilianas» fueron célebres por las del personaje, que mató a Héctor en una de ellas.

C. **Aquil·lí/Aquil·lina**; G. **Aquilin/Aquilina**; F. **Aigline**; It. **Achillino/Achillina**. San Aquilino, obispo de Évreux (s. VII). Santa Aquilina, mártir en el s. III a los doce años.

Aquilino/Aquilina *16/6 m/f*

Del latín *aquilinus*, «como el águila», aludiendo a su poder. Es también gentilicio de Aquiles (v.). Derivados: Áquilas, Aquilón, Aquilio, Aquilesio.

C. **Arabel·la**; In. A. **Arabella**.

Arabela *f*

Nombre femenino, variante de Anabel. O directamente del latín, significando «servicial».

C. **Aràbia**.

Arabia *f*

Topónimo resultado de aplicar a la península arábiga el nombre de sus habitantes, los árabes (griego *arabos*). Se ha conjeturado que significa «el nómada que vive bajo la tienda».

Aracate *m*

Nombre de origen caló, equivalente a Custodio

C. G. **Araceli**. Araceli Segarra, alpinista española (1971).

Araceli *2/5 f*

Invocación a la Virgen: latín *ara coeli*, que significa «altar del cielo», popularizado, especialmente en Italia, por un santuario de este nombre que se halla en la cima del monte Capitolio, en Roma, en la antigua ubicación del templo pagano de Júpiter Capitolino.

Aragonta, segunda esposa de Ordoño II, rey de León (s. x).

Aragonta *f*

Nombre de origen medieval renacido últimamente en el antiguo reino de León. Según los autores de la época, equivale a Urraca.

C. **Aram**.

Aram *m*

Nombre de origen bíblico, muy popular en Armenia. Su etimología es incierta, quizás «aliado». Epónimo de los arameos.

C. **Aran**; E. **Aran**.

Arán *m*

Nombre-topónimo, inspirado en el valle de Arán (Lleida), o en el vasco *aran*, cuyo significado es «valle».

Arantxa Sánchez-Vicario, tenista catalana (1971).

Arantxa *9/9 f*

Forma hipocorística de Aránzazu (v.).

E. **Arantzazu**.

Aránzazu *15/8 f*

Forma castellana de una advocación vasca de la Virgen: Nuestra Señora de Arantzazu, apelativo compuesto de *ara-antz-a-zu*, «sierra de abundantes picos», topónimo que corresponde a la realidad geográfica de Oñate (Guipúzcoa), sede del santuario. La etimología popular traduce el nombre por *arantz-an-zu*, «tú en el espino», aludiendo a la forma en que se apareció milagrosamente la Virgen. Var. Aranzazu.

Araso *m*
Topónimo guanche. Sin traducción.

Arata Isozaki, arquitecto japonés (1931).

Arata *m*
Nombre japonés, derivado de *arasói*, «combate».

C. **Arcadi/Arcàdia**; G. **Arcadio/Arcadia**; F. **Arcadius**; It. **Arcadio/Arcadia**. Arcadio I (377?-408), hijo de Teodosio I, que recibió en herencia el Imperio Romano de Oriente.

Arcadio/Arcadia *12/1* *m/f*
Gentilicio de la Arcadia, provincia griega del Peloponeso, tierra de gran feracidad que mereció el sobrenombre de «feliz». Allí se veneraban diversas deidades, como Pan y la ninfa Aretusa.

Arcano, personaje de Lope de Vega en *La vuelta de Egipto* (auto sacramental).

Arcano *m*
Nombre de fantasía, creado por Lope de Vega. Del latín *arcanus*, «secreto, reservado, misterioso».

C. **Arquimbau**; F. A. **Archibald**; In. **Archibald** (hip. **Archie**); It. **Arcibaldo**. Archibald Vivian Hill (1886-1977), fisiólogo inglés, premio Nobel en 1922. Archibald Alexander Leach («Cary Grant»), actor estadounidense de origen británico (1904-1986).

Archibaldo/Archibalda *27/3* *m/f*
Forma anglosajona del antiguo nombre *Erquembaldo*, hoy abandonado, aunque presente en otros derivados, como Aribaldo. Del germánico *ercan*, «sincero, genuino», y *bald*, «valiente, audaz» (cf. con el inglés *bold*). Popular en la Edad Media y luego abandonado, conoce en nuestros días una importante revitalización.

Ardenio *m*
Nombre de novela pastoril: «ardiente», por el latín *ardens*.

Ardiñipén *Scc. Natividad* *f*
Nombre caló, equivalente a Natividad.

C. **Arduí/Arduina**; F. **Hardouin**; In. **Hardwin** (hoy desaparecido, sobreviviente en el apellido *Harding*); It. **Arduino/Arduina**. San Arduino, eremita (?-811).

Arduino/Arduina *20/4* *m/f*
Nombre típicamente germánico, formado con la palabra *hard*, «fuerte, duro». Cf. el inglés *hard*, el alemán *hart* y aun el francés *hardi*, «valiente». Sufijo *-win*, «amigo», o simplemente el latín medieval *-inus*, adjetivación gentilicia. El adjetivo «fuerte» es uno de los más corrientes en nombres

masculinos. Así por ejemplo en Alceo, Afila, Bricio, Cabiro, Calístenes, Estilicón, Eurico, Ezra, Indalecio, Pancracio, Robustiano, Sansón, Vigor y muchísimos más.

Arecida *f*

Topónimo guanche. Sin traducción.

B. **Gento**; C. **Argentí/Argentina**.

Argentino/Argentina *m/f*

De la palabra latina *argentum*, «plata», que da el adjetivo *argenteus*, «plateado». En femenino designa directamente la república de ese nombre, bautizada como referencia al Río de la Plata.

C. **Argimir/Arginira**, **Argemí**; G. **Arximiro**. San Argimiro, mártir a manos árabes en Córdoba (?-856).

Argimiro/Argimira *21/7* *m/f*

Del nombre germánico *Argimir*, derivación de *harjis-meris*, «ejército famoso». O quizá de *ercanmir*, «de origen célebre, insigne, de noble cuna». Var. Argemiro. También es considerado como tal Argiro, aunque en realidad procede directamente de *harjis*, «ejército».

Aristotelis Onassis, «Ari», armador griego (1906-1975).

Ari *m*

Hip. de Aristóteles, usado en Grecia.

C. **Ariadna**. Ariadna, mitológica hija de Minos y Pasifae, desdichada amante de Teseo, que dio a éste un ovillo para poder orientarse en el laberinto del Minotauro.

Ariadna *17/9* *f*

Del griego *ari-adné*, «muy santa». El uso de este nombre está hoy en fuerte apogeo, a menudo confundido con Ariana, de origen similar (de Ares, nombre griego del dios de la guerra, Marte para los romanos). Sinónimos: Santos, Helga, Panacea.

C. **Arià/Ariana**. Ariane Mnouchkine, directora de teatro francesa (1939).

Ariano/Ariana *7/3* *m/f*

Nombre procedente de la latinización (*Arianus*) de Ario, a su vez derivación del nombre de Ares o Marte, dios de la guerra. La forma femenina es distinta de Ariadna (v.), pero suele confundirse con ella.

C. **Ariel/Ariela**; F. **Ariel/Arielle**. Ariel, ángel caído del

Ariel/Ariela *m/f*

Hebreo, citado por Esdras (VIII, 16), «león de Dios», sinónimo de «héroe», o «valien-

Paraíso perdido de Milton.
Ariel, espíritu etéreo que acompaña a Próspero en *La tempestad* de Shakespeare.

te», uno de los nombres de Jerusalén según Isaías (Is 29, 1-7). En el personaje de *La tempestad* de Shakespeare se alude al italiano *aria*, «aire».

C. **Aristeu/Aristea**.

Aristeo/Aristea *3/9 m/f*

Nombre de origen griego. Por *aristos*, «grande, el mejor, selecto». Cf. Arístides.

C. **Arístides**; F. **Aristide**; It. **Arìstide**.
Arístides, general ateniense rival de Temístocles (s. VI-V. a. de C.).

Arístides *31/8 m*

Nombre griego. De *aristos-eidos*, «el mejor, el más valiente».

C. **Aristòbol/Aristòbola, Aristobul/Aristobula**.
Aristóbulo, nombre de dos reyes de Judea en los s. II y I a. de C.

Aristóbulo/Aristóbula *15/3 m/f*

Nombre de origen griego. *Aristoboule*, «buen consejo», nombre de una diosa.

C. **Arístocles**.
Platón (Aristocles), filósofo de la Antigüedad griega (426-347 a. de C.).

Arístocles *23/6 m*

Del griego *Aristokles*, por *aristos*, «el mejor», y *kleos*, «gloria».

C. **Aristòfanes**.
Aristófanes, comediógrafo griego, máximo exponente de la comedia antigua (445-388 a. de C.).

Aristófanes *m*

El griego *aristos*, «selecto», y *phanein*, «brillar»: «el que brilla por su calidad».

C. **Aristòtil**.
Aristóteles, filósofo de la Antigüedad griega (384-322 a. de C.).
Aristotelis Onassis, armador griego (1906-1975).

Aristóteles *m*

Nombre inmortalizado por la filosofía. De *aristos*, «selecto, mejor», y *telos*, «finalidad»: «el que se propone el mejor fin».

Arjuna, héroe del Baghavad Gita, uno de los libros sagrados de la religión hindú.

Arjun *m*

Nombre indio. Del indi *arjuna*, «brillante, famoso». Var. Arjuna.

C. **Arlena**; F. **Arlène**; In. **Arlene**.
Arlene Dahl, actriz cinematográfica estadounidense.

Arlena *Scc. Arlet f*

Variante de Arlet, popular en Francia y los países anglosajones.

C. **Arlet**; F. In. **Arlette**. Arlette, amante de Enrique II Plantagenet (s. XII). Arlette Léonie Bathiat («Arletty»), actriz francesa (1898-1992).

Arlet *17/7 f*
Nombre medieval francés (*Arlette* o *Herlève*), llevado por la madre de Guillermo el Conquistador (s. XI). Seguramente es derivación de un gentilicio de *Arelate*, antiguo nombre de la ciudad de Arlés. O, quizá, metátesis del antiguo inglés *alrett*, «bosquecillo de alisios». También existe la hipótesis germánica, que lo relacionaría con *hari*, «ejército». V. también Arlena.

C. **Armand/Armanda**; F. In. A. **Armand**; G. It. **Armando/Armanda**. San Armando, uno de los santos patronos de los Países Bajos (?-1164).

Armando/Armanda *8/6 m/f*
Del germánico *hard-mann*, «hombre fuerte» (v. Arduino). De gran popularidad en el presente siglo. La forma femenina es Arminda, influida por el sufijo *-lind* (v. Linda).

C. **Ermengol**. Ermengol d'Urgell (992-1010), fundador de la dinastía condal urgellense.

Armengol *3/11 m*
Nombre popular en Cataluña bajo la forma Ermengol. Del germánico *Ermin-gaud*, nombre de dos divinidades.

Armida *m*
Nombre de un personaje de la *Jerusalén libertada*, de Ludovico Ariosto. Quizás es una contracción de Ermenfrida, compuesto de *ermin* (v. Erminia) y *fried*, «pacífico, pacificador» (v. Frida).

C. **Arminda**; F. **Armin**; A. **Armida**.

Armindo/Arminda *Scc. Armando m/f*
Variante y forma femenina de Armando.

C. **Harmonia, Armonia**; G. **Harmonia**. Armonía, mitológica ninfa, hija de Marte y Venus, poseedora de un collar portador de maleficios.

Armonía *f*
Nombre mitológico griego. De *harmonia*, «ayuda, concierto, armonía». Var. Harmonía.

C. **Arnald/Arnalda**; F. **Arnaud**; In. **Arnold**; It. **Arnoldo/Arnolda**. V. Arnold.

Arnaldo/Arnalda *10/2 m/f*
Nombre germánico (*arin-ald*, «águila gobernante», o figuradamente «caudillo fuerte», por las virtudes simbólicas del águila), en desuso en la edad moderna y resucitado hoy. Confundido a veces con Arnulfo. Var. Arnoldo.

Arnau de Vilanova, médico, reformista espiritual y escritor catalán (1240?-1311)

Arnau *Scc. Arnaldo m*
Forma catalana antigua de Arnald o Arnaldo, de gran popularidad en los últimos años por alusión al emblemático *Comte Arnau*, figura del folclore catalán.

C. **Arnold/Arnolda**. Arnold Melchtal, personaje de la ópera *Guillermo Tell*, de Rossini. Arnold Schönberg, compositor austríaco (1874-1951).

Arnoldo/Arnolda *Scc. Arnaldo m/f*
Variante de Arnaldo (v.).

C. **Arnulf/Arnulfa**; A. **Arnulf**. Arnulfo, obispo de Vic (s. XI-XII). Arnulf Överland, poeta noruego (1889-1968).

Arnulfo/Arnulfa *18/7 m/f*
Germánico, de *arin-wulf*, «águila-lobo». Hace alusión a fuertes cualidades guerreras, simbolizadas en esos dos animales de la mitología germánica.

Arny *Scc. Ernesto m*
Variación anglosajona de Arno, a su vez forma checa de Ernesto.

Aroa *5/7 f*
Nombre germánico, resucitado en los últimos tiempos tras un largo período de olvido. De la voz *ara*, «de buena voluntad, buena».

C. **Arquimedes**; F. **Archimède**. Arquímedes, físico y matemático de Siracusa, antigua Grecia (287-212 a. de C.).

Arquímedes *m*
Nombre griego, famoso en el mundo de la Física. Compuesto de *archi*, «gobernante», y *metis*, «inspiración»: «de gran inspiración, eminentemente inspirado».

Arrene *Scc. Oración f*
Forma vasca del nombre Oración.

C. **Arrià/Arriana**; G. **Arriano/Arriana**. Arriano, militar e historiador romano (95-175).

Arriano/Arriana *Scc. Ario 3/8 m/f*
Del grigo *areios*, «consagrado a Ares» (Marte), el dios de la guerra, surge el lat. *Arrius*, y de éste *Arrianus*, su gentilicio.

C. **Arseni**; F. **Arsène**; G. It. **Arsenio**.

Arsenio/Arsenia *19/7 m/f*
Del griego *arsén*, «viril» (cf. Andrés). Muy popular en Francia.

C. **Artemi/Artèmia**; G. It. **Artemio/Artemia**. Artemio del Valle Arizpe, escritor argentino (1890-1870).

Artemio/Artemia *20/10* *m/f*

Derivación que prodede del nombre de la diosa Artemisa.

C. **Artemisi/Àrtemis**. Artemisa, diosa griega de la naturaleza y de la caza. Artemisa Gentileschi, pintora italiana (1597-1651).

Artemisio/Artemisa *m/f*

Nombre mitológico griego que significa «día-noche», por alusión a la diosa y también símbolo lunar. Otra interpretación que suele darse a su *artios*, «completo, exacto, perfecto».

G. C. A. **Artur**; F. In. **Arthur**; It. **Arturo**. Arthur («Harpo») Marx, actor cinematográfico estadounidense (1893-1964). Arthur Conan Doyle, novelista escocés (1859-1930). Arthur Miller, dramaturgo estadounidense (1915). Arturo Pérez-Reverte, periodista y escritor español (1951). Arturo Pomar, maestro ajedrecista español (1931).

Arturo/Artura *15/11* *m/f*

Nombre antiquísimo, adoptado por la cultura griega. Por su semejanza fonética se identifica con *arktos-ouros*, que significa «guardián de las osas» (por la estrella del mismo nombre de la constelación del Boyero, próxima a la Osa Mayor). El rey Arturo o Artús, celtarromano que combatió a los invasores sajones en el s. v, dio lugar a la famosa leyenda de los caballeros de la Tabla Redonda. La popularidad del nombre no ha cesado desde entonces hasta nuestros días.

C. **Artús**. Artús, héroe galés, nombrado en el poema *Gododdin* (el Rey Arturo) (s. VI)

Artús *Scc. Arturo* *m*

Forma gallega e inglesa antigua del nombre Arturo. Famosa por el protagonista de la leyenda artúrica de los caballeros de la Tabla Redonda.

C. **Arua**.

Arúa *f*

Nombre de origen árabe, derivación de *arwa*, cuyo significado es «cabra montesa». Var. Zulema.

C. **Ascensió**; E. **Egone**. Ascensión Villagrá, patinadora española (1952).

Ascensión *f*

Sexto jueves después de Pascua

Nombre cristiano, evocador de este misterio religioso. Procede del latín *ascendo*, y es «subir», derivado de *ad-scando*, que significa «trepar hacia».

Asclepio/Asclepia *15/9 m/f*

Scc. Asclepiodoto

Nombre griego original de Esculapio, el dios de la medicina. De *asklepias*, «asclepiadacia», planta con virtudes medicinales.

C. **Asclepi/Asclèpia**. Asclepio, dios de la medicina en la Grecia antigua. San Asclepio, obispo de Limoges (?-613).

Asdrúbal *m*

Del cartaginés *Hasdrubal*, «protegido de Baal», divinidad oriental primitiva. Var. Hasdrúbal.

C. **Hasdrúbal**. Asdrúbal, general cartaginés hermano de Aníbal (245?-207 a. de C.)

Ashley *m*

Del inglés antiguo *aescleah*, «madera de ceniza», topónimo inglés convertido en nombre.

Lord Ashley, reformador social inglés (s. XIX). Ashley Wilkes, personaje de la novela *Lo que el viento se llevó*, de Margaret Mitchell.

Ashraf *m/f*

Nombre árabe masculino y femenino, que significa «el más honorable».

Ashraf, intrigante hermana del sha de Persia Reza Pahlevi.

Asia *Scc. Eufrasia f*

Es hip. de nombres con esa terminación, especialmente Atanasia (v.), Eufrasia (v.), y también Aspasia (v.). Pero es usado a menudo como topónimo convertido en nombre, referido al continente (cf. Europa, África, América), que al parecer deriva de la voz asiria *aszu*, «lugar por donde sale el sol».

C. **Àsia**. Asia, protagonista de la zarzuela *Agua, azucarillos y aguardiente*, de Federico Chueca.

Asier *m*

Deformación de Asuero, nombre tomado de la transcripción griega (*Ahashverosh*) del persa *Khshajarsha*, o Jerjes, rey de Persia (s. V. a. de C.), nombrado en el Libro de Ester.

C. **Asier**.

Asim *m*

Nombre árabe que significa «el protector».

Aspasia *2/1 f*

Del griego *aspasía*, «bienvenida, deseada», posiblemente aplicado como fórmula natalicia de buen augurio (cf. Bienvenido).

C. **Aspàsia**; G. **Aspasia**. Aspasia (s. V. a. de C.), amante de Pericles, el político griego que dio nombre a la época de mayor esplendor cultural de su país.

C. **Astartè**.
Astarté, diosa del amor en Mesopotamia y Fenicia.

Astarté *f*

Antiguo nombre mesopotámico, transcrito de diversas formas: en sidonio, *Astaroth*, en la Biblia *Asthoret*, en griego *Astarod*. Significado desconocido.

C. **Aster**, **Asteri/Astèria**; E. **Asteri/Astere**; F. **Astier**.
San Asterio, senador romano (?-262).

Asterio/Asteria *3/3 m/f*

Del griego *aster*, «estrella». Sinónimos: Astío, Asteyo, Citlalli, Estrella, Estela, Esterizo.

C. **Astor**.
Astor Piazzola, compositor argentino, renovador del tango (1921-1992).

Astor *m*

Nombre medieval (*Astorius*). Posiblemente del germánico *Asthar*, derivado de *ast*, «rama», y, por extensión, «lanza».

Santa Astrid (s. X-XI), madre de Olaf II de Noruega.
Astrid (1905-1935), reina de los belgas, esposa de Leopoldo III y madre de Balduino I.

Astrid *2/1 f*

Forma nórdica de Anstruda, revitalizada por la popularidad de la reina Astrid de Bélgica.

B. G. **Asunta**; C. **Assumpta**; E. **Jasone**, **Yasone**, **Eragone**.
Asunción Bastida, diseñadora de alta costura española (1902-1984).
Assumpta Serna, actriz cinematográfica catalana (1957).

Asunción *15/8 f*

Popularísimo nombre hispano, inspirado en la conmemoración del tránsito de la Virgen María, «asumida» por Dios (latín *assumo*, «atraer hacia sí, asumir»). Es usado también como equivalente la forma Asunta. Ha dado nombre a la ciudad capital del estado de Paraguay.

C. **Assurbanipal**.
Asurbanipal, rey asirio (668-629 a. de C.)

Asurbanipal *m*

Nombre asirio, citado en el Antiguo Testamento. Literalmente, «el dios Assur ha dado un hijo».

Atahualpa (1500?-1533), último soberano inca, derrocado y ejecutado por Francisco Pizarro.
Atahualpa Yupanqui («Héctor Roberto Chavero»), cantautor argentino (1908-1992).

Atahualpa *m*

Nombre de un inca que gobernó en el imperio peruano al ser sometido éste por Pizarro (s. XVI), famoso por haber intentado comprar su libertad llenando una habitación de oro. Corriente hoy en toda Iberoamérica, especialmente la zona andina. Significa «pájaro de la fortuna» (quechua *atua-huallpa*).

C. **Atalanta**. Atlalanta, mitológica heroína, de trágico destino, famosa como cazadora.

Atalanta *f*
Nombre mitológico. De *attalos*, «joven, vigoroso».

C. **Atal/Atala**, **Atali/Atàlia**.

Atalo/Atala *31/12* *m/f*
Del latín *attalus*, y éste del griego *attalos*, «joven» (v. Atalanta). Var. Atalio/Atalia.

C. **Atanasi/Atanàsia**; G. **Atanasio/Atanasia**; F. **Athanase**. San Atanasio el Grande, patriarca de Alejandría y doctor de la Iglesia (?-373).

Atanasio/Atanasia *12/8* *m/f*
Del griego *a-thanatos*, «sin muerte, inmortal» (sinónimo de Ambrosio, v.).

C. **Ataülf**. Ataúlfo, rey visigodo (?-415), esposo de Gala Placidia y primer monarca español efectivamente independiente (s. IV-V.).

Ataúlfo/Ataúlfa *Scc. Adolfo* *m/f*
Variante antigua de Adolfo (v.), famosa en España por un rey visigodo.

Atavara *m*
Nombre guanche: «He aquí el orgulloso».

C. E. G. **Atenea**; Fr. **Athenée**. Atenea, diosa griega de la inteligencia, equivalente a la Minerva romana.

Atenea *f*
Nombre mitológico griego, portado por la diosa de la inteligencia, de la que tomó nombre la ciudad de Atenas. Origen incierto: quizá derivado de *athenion*, «privado de leche materna», aludiendo a que su nacimiento tuvo lugar de forma peculiar, directamente de la cabeza de Zeus.

Atenógenes *6/7* *m*
Del griego *Athenos-genos*, «de origen de Atenea, descendiente de Atenea», la famosa diosa de la sabiduría patrona de Atenas, llamada Minerva en Roma.

C. E. G. **Atila**. Atila, rey de los hunos (?-453), célebre caudillo bárbaro, terror de Europa.

Atila *Scc. Atilano 5/10* *m*
Significa «padrecito», por *atta*, «padre», raíz muy extendida que hallamos también en el vasco *aita* (cf. Aitor) y en las lenguas germánicas, dando en ellas lugar a *athal*, «noble» (cf. Alberto).

C. **Atilà/Atilana**; G. **Atilano/Atilana**. San Atilano, obispo español (s. IX).

Atilano/Atilana *5/10 m/f*

Procede de la raíz *atta*, «padre», que hallamos en el vasco *aita* y en las lenguas germánicas (cf. Atila, v. Adela). Var. Atiliano.

C. **Atlas, Atles**. Atlas, uno de los titanes en la mitología griega, que encabezó una rebelión contra los dioses, lo que le valió el castigo eterno de llevar sobre sus hombros la bóveda del cielo.

Atlas *m*

Atlas o Atlante, nombre de la mitología griega. Origen desconocido.

Atocha *10/7 f*

Nombre de una advocación mariana madrileña. La etimología popular sostiene que la imagen primitivamente llevada a Madrid fue venerada en una ermita contigua a unos atochales (campos de esparto, por el árabe *taucha*, «esparto»). Quizá sea más acertado suponer la palabra una deformación del nombre de Antioquía, supuesta procedencia de la imagen de la Virgen.

Atronense *Scc. Antón m*

Nombre caló, equivalente a Antón.

Atzimba, princesa purépecha mexicana (s. XVI).

Atzimba *f*

Nombre tarasco. Significado: «familiar del rey».

C. **Àudax**. San Áudax, mártir en Avelino (Campania), s. III.

Audaz/Audacia *9/7 m/f*

Del latín *audax*, «valiente». Var. Audacio, Audacto, Audas, Áudax.

Audrey Hepburn («Edda van Heemstra Hepburn-Ruston»), actriz cinematográfica belga-estadounidense (1929-1984).

Audrey *23/6 f*

Hip. anglosajón de Etelreda (v.). Es uno de los pocos nombres de origen anglosajón que sobrevivieron a la conquista normanda en Inglaterra.

C. **August/Augusta**; E. **Augusta/Auguste**; F. **Auguste**; In. **Augustus**; G. It. **Augusto/Augusta**.

Augusto/Augusta *7/10 m/f*

Nombre de familia romano (v. Agustín).

C. **Aulí/Aulina**.

Aulino/Aulina *m/f*

Su procedencia se remonta al latín *Aulinus*, «relativo a Aulo, de la familia de Aulo» (y éste, a su vez de *aula*, «patio de una casa»). Posteriormente concurrió con el germánico *ald-lind*, que dio la forma femenina *Audolendis*, «viejo y dulce». Por otra parte, es variante del nombre de origen griego Eulalia (v.).

C. **Aule/Aula**. Aulo Vitelio, emperador romano (15-69).

Aulo/Aula *29/3 m/f*

Es un nombre de origen latino. Tiene su origen en *aulus*, que significa «patio de una casa».

C. **Aura**. Santa Aura (?-666), segunda patrona de París.

Aura *4/10 f*

Variante de Oria o de Áurea (v.).

C. **Aurelià/Aureliana**. Aureliano («Claudio Lucio Domicio A.»), emperador romano (214-275).

Aureliano/Aureliana *16/7 m/f*

Gentilicio de Aurelio/Aurelia (v.).

C. **Aureli/Aurèlia**; F. **Aurèle** (más usado Aurélien); In. **Aurelia**; G. It. **Aurelio/Aurelia**. Marco Aurelio Antonino Vero, filósofo, escritor y emperador romano (121-180).

Aurelio/Aurelia *27/9 m/f*

Del latín *aurelius*, «de oro, dorado», como Áurea (v.). Derivado: Aureliano, portado por otro emperador romano años más tarde (214-275). Popular derivado catalán: Oriol (v.).

C. **Aurembiaix** Aurembiaix d'Urgell, última condesa de Urgell (1200-1231?)

Aurembiaya *f*

Nombre medieval. Su origen es confuso, aunque parece contener la raíz *aurus*, «dorado».

C. **Aure/Àurea, Auri/Àuria**; E. **Aur/Auria**; G. **Auria**. Santa Áurea, famosa mártir española degollada en Sevilla en el s. IX, conocida también por Oria y cantada por Gonzalo de Berceo.

Áureo/Áurea *16/6 m/f*

Del latín *aureus*, que significa «de oro, dorado», y, figuradamente, «encantadora, bella», por referencia a la diosa Venus, denominada con este apelativo por la riqueza que ostentaban todos sus templos. Derivados: Aurora, Aurelio, Orora. Var. Auria, Aurina.

C. G. **Aurora**. Aurora de Albornoz, poetisa y crítica literaria española (1926-1990). Aurora Königsmark (1662-1728), amante de Augusto, elector de Sajonia y después rey de Polonia.

Aurora *8/9 f*

Del latín *aurora*, nombre de la diosa del alba (v. Alba), por el color dorado (*ab auro*) que acompaña la salida del sol. V. también Áurea y Aurelio. Var. Orora.

C. **Ausiàs, Ausies, Auzias**. Ausiàs Marc, poeta valenciano (1397?-1459).

Ausias *4/7 m*

Aunque es considerado habitualmente como una derivación de los bíblicos Ozías o Eleázaro (ambos con el mismo significado etimológico, v.), parece que el nombre se popularizó a través del santo provenzal *Alzeas* (s. XIV). Muy frecuente en el País Valenciano.

C. G. **Auxiliadora**.

Autindana *m*

Nombre guanche. Sin traducción.

Auxiliadora *24/5 f*

Advocación de la Virgen creada y popularizada por san Juan Bosco, que se inspiró en la jaculatoria de las letanías *Auxilium Christianorum*, «auxilio de los cristianos», añadida por el papa san Pío V tras la victoria cristiana en Lepanto. Similar a otro tipo de advocaciones como Socorro, Sufragio, Amparo. Es usado como variante: Auxilio; y como hip. Dora.

Ava Gardner («Ava Lavinia Gardner»), actriz estadounidense (1922-1990).

Ava *Scc. Eva 6/9 f*

Nombre estadounidense de fantasía, inspirado probablemente en el de Eva.

C. **Avel·lí/Avel·lina**; G. **Avelino/Avelina**. Andrés Avelino Cáceres, político peruano, presidente de su país en 1886-1890 y 1894-1895.

Avelino/Avelina *31/5 m/f*

Apellido de san Andrés Avelino (s. XVII), que aludía a su ciudad natal, Avellino, de la italiana región de Abella (de donde se originó el nombre de las avellanas, o «nueces de Abella»).

C. **Averroes**. Averroes («Abu-l-Walid Muhammad ibn Rusd»), filósofo, médico y astrónomo árabe andalusí (1126-1198).

Averroes *m*

Nombre árabe: *Abd Rauf*, «hijo de Rauf» («misericordioso»).

Avicebrón *m*

Nombre árabe: *ben Qibr'n*, «hijo de Qibr'n» («grande»).

C. **Avicebró**. Avicebrón («Selomo ibn Gabirol»), poeta y filósofo judío andalusí (1020-1058?)

Avicena *m*

Del árabe *ben Kawlah*, «hijo de Kawlah» («el del nombre famoso»).

C. **Avicena**. Avicena («Abu Ali al-Hussayn ibn Sina»), filósofo y médico iraní (980-1037)

Avirón *m*

Nombre de fantasía, creado por Lope de Vega. Probablemente de *avironar*, «volver»: «el que vuelve, que regresa».

Avirón, personaje de Lope de Vega en *La corona derribada*.

Axel/Axela *22/4* *m/f*

Nombre escandinavo, usual en Suecia y Dinamarca desde el s. XII. Abreviatura de Absalón (v.). Llegó a ser tan popular en Dinamarca que los habitantes de este país eran denominados los *axelssönerna*, «los hijos de Axel».

C. In. **Axel**; F. **Axel/Axelle**. Han Axel de Fersen (s. XVIII), oficial sueco, amigo de la reina francesa María Antonieta y cómplice de la huida real en 1791. Axel Springer, magnate alemán de la comunicación (1912-1985).

Ayelén *f*

Nombre araucano mapuche, hoy en boga en Argentina. Significado: «alegre». Var. Ailín (v.).

Ayuda *8/9* *f*

Advocación mariana de la Virgen de la Ayuda (lat. *adiutum*).

C. **Ajut**.

Az *m*

Probablemente es nombre de fantasía, formado por abreviación del hebreo Azaz, a su vez abreviatura de *Azazyahu*. Se desconoce su significado.

Azael/Azaela *m/f*

Del hebreo *as'ah-el*, «hecho de Dios».

C. **Azael, Hazael**. Azael, rey de Aram y de Damasco (s. IX a. de C.) en la Biblia.

Azahara *f*

Nombre árabe («la libre», en otras interpretaciones, «flor»).

C. **Azahara**. Azahara, esposa de Abderramán III, en cuyo honor se construyó la ciudad de Medina Zahara, cercana a Córdoba.

C. **Azaries**. Azarías, compañero de Ananías y Misael, arrojado a un horno por negarse a adorar la estatua del rey Nabucodonosor.

Azarías *3/2 m*

Nombre hebreo, formado con la raíz *az* o *azaz*, «fuerte», y el sufijo *-iah*, «Dios» (v. Ananías): «socorro, auxilio de Dios» (cf. Anstruda).

C. **Azazael**. Azazael es en la Biblia el nombre de un demonio, un sátiro habitante del desierto.

Azazael/Azazaela *m/f 12/5*

Nombre hebreo del Antiguo Testamento, *Aza'-zel* (Levítico 16, 8.10.26). Significado: «macho cabrío, emisario».

Azemaro/Azemara *Scc. Ademaro m/f*

Variante de Ademaro/Ademara. En Alemania es corriente la forma Elmar.

C. **Assutzena**; G. **Azucena**. Azucena, personaje de la ópera *Il trovatore*, de Verdi.

Azucena *15/8 f*

Del árabe *açuçena*, «lirio», alusivo a la pureza por la blancura.

B

Bachanó *Scc. Sebastián* *m*
Nombre caló, equivalente a Sebastián.

C. **Bacus**; E. **Baka**. Baco, dios romano de la danza y el vino, identificado con el Dionisios griego.

Baco *7/10* *m*
Del antiguo dios frigio *Sabázios*, y éste del sánscrito *baksha*, «devorar», o del griego *bákchos*, «fuego», en alusión a la acción devoradora de éste en los sacrificios. De ahí pasó a tener connotaciones relativas a fiestas y bacanales.

Bají *Scc. Buenaventura* *m*
Nombre caló, equivalente a Buenaventura.

Bakan *m*
Nombre maya que significa «río».

B **Balba**; C. **Balbí/Balbina**; E. **Balbin/Balbiñe**; A. **Balbina**. Santa Balbina, mártir romana en el s. II. Balbino («Celio Calvino Balbino»), emperador romano (?-238).

Balbino/Balbina *31/3* *m/f*
Nombre de origen romano: *Balbinus*, «relativo, de la familia de Balbo» (éste a su vez de *balbus*, «tartamudo»).

C. **Baldiri/Baldíria**, **Boi**. Baldiri Reixac, pedagogo catalán (1703-1781).

Baldirio/Baldiria *Scc. Baudilio* *m/f*
Variante de Baudilio (v.), inspirada en la forma catalana *Baldiri*.

C. **Baldomer/Baldomera**; G. **Baldomero/Baldomera**. Baldomera Larra, hija del escritor Mariano José de Larra, amante de Amadeo de Saboya (s. XIX).

Baldomero/Baldomera *27/2* *m/f*
Del germánico *bald-miru*: *bald*, «audaz, valiente»; *miru*, «ilustre, insigne». Antaño muy popular, hoy algo en desuso. Hip. Baldo.

C. **Baldoví/Baldovina**.

Baldovín/Baldovina *15/7 m/f*
Nombre germánico. De *bald-win*, «amigo valiente». Var. Baldovino, Balduino.

C. **Balduí/Balduina**; F. **Baudouin**; A. **Baldvin**; It. **Baldovino/Baldovina**. Balduino I, rey de los belgas (1930-1993)

Balduino/Balduina *Scc. Baldovín m/f*
Variante de Baldovino.

Balma *8/9 f*
Advocación mariana de alguna de las numerosas vírgenes de la Balma, en Cataluña (en catalán, *balma*, voz de origen incierto, es «refugio», y numerosas imágenes han sido veneradas en lugares de este tipo).

C. G. **Baltasar**; F. **Balthazar**; In. A. **Balthasar**; It. **Baldassarre**. Baltasar Gracián, escritor aragonés (1601-1658). Baltasar Porcel, escritor mallorquín (1937).

Baltasar/Baltasara *29/3 m/f*
Nombre típicamente asirio. Pero el Baltasar por excelencia es el rey mago negro. No es válida la interpretación eslava del nombre: *beli-tzar*, «rey blanco» sino el asirio, *Bel-tas-assar*, «que el dios Bel proteja al rey».

Bandojé *Scc. Bernardo m*
Nombre caló, equivalente a Bernardo.

Bandojí *Scc. Bernardo m*
Nombre caló, equivalente a Bernardo.

Baralides *Scc. Berelendis f*
Variante antigua de Berelendis, hoy nuevamente en auge. Otra interpretación lo relaciona con las islas Baleares o *Balearides*.

B. **Bárbula**; C. **Bàrbara**; G. **Bárbara**; E. **Barbare**; F. **Barbare** (hip. **Babette**); In. **Barbara** (hip. **Babs**); A. It. **Barbara**; R. **Várvara**. Bárbara de Braganza (1711-1758), reina española, esposa de Fernando VI. Barbara Stanwyck, actriz cinematográfica estadounidense (1907).

Bárbara *4/12 f*
Del griego *barbaros*, «extranjero», palabra inspirada en la onomatopeya *bar-bar*, expresiva de las hablas no griegas. Adoptada por los romanos para referirse a las gentes ajenas al Imperio, adquirió progresivamente el sentido de «salvaje, inculto, rudo, brutal» que posee hoy.

Barsaly *Scc. Juan* *m*
Nombre caló, equivalente a Juanito.

Bartiqué *Scc. Bartolomé* *m*
Nombre caló, equivalente a Bartolomé.

B. **Bartolo**; C. **Bartomeu/Bartomea**; G. **Bartolomeu**, **Bartomeu/Batomea**; E. **Bartoloma**; F. **Barthélémy**; In. **Bartholomew**, **Bartlemy**; A. **Bartholomäus**; It. **Bartolomeo** (hip. **Bàrtolo**). Bartolomé de Las Casas, eclesiástico sevillano (1474-1566).

Bartolomé/Bartolomea *24/8* *m/f*
Nombre hebreo, procedente de adaptaciones de religiones de pueblos vecinos. La forma primitiva es *Bartolmai*, «hijo de Ptolomeo». En otra interpretación, «anciano» (literalmente, «con muchas arrugas»). En Francia es tristemente recordada la *Noche de san Bartolomé* de 1572 por la matanza de protestantes que en ella tuvo lugar. Hip. Bartolo.

C. **Baruc**. Baruc, profeta del Antiguo Testamento, secretario de Jeremías. Baruch de Spinoza, filósofo holandés de familia judía (1632-1677).

Baruc *1/5* *m*
Nombre bíblico. *Baruk*, «bendito».

C. **Basili/Basília**; G. It. E. **Basil**; F. **Basile**; In. **Basil**; A. **Basilius**; Ruso **Vassil**, **Vassili**. Basilio I *el Macedonio*, emperador de Bizancio (812-886). Vasili Kandinski, pintor ruso (1866-1944).

Basilio/Basilia *2/1* *m/f*
Del griego *basileus*, «rey». Muy difundido en el ámbito de la iglesia ortodoxa, especialmente en Rusia, donde Vassili es el nombre más popular tras Iván. *Basileia* era la capital de la imaginaria Atlántida platónica. Abundan los nombres con el mismo significado entre ellos, Regina, Regla, Vladimiro. Entre sus derivados están Basileo, Basiliano, Basilisco, Basílides, Basilisa.

Basim *m*
Nombre árabe: «el sonriente».

Bato, pastor mitológico transformado en roca por Hermes por haber sido indiscreto. Bato, personaje de Lope de Vega en *Los robos de Dina*.

Bato *m*
Nombre mitológico, tomado del griego *battarios*, «tartamudo». Por ello, en el lenguaje popular, un bato es un hombre rústico y de pocos alcances, con que en la escena que era aplicado comúnmente a pastores y gente del pueblo en general.

Baucis *f*

C. **Baucis**.
Baucis, mitológica esposa de Filemón, salvada del diluvio de los dioses por su hospitalidad.

Nombre mitológico griego, vinculado a la fábula *Filemón y Baucis*, de Ovidio, en que estos esposos fueron salvados de un diluvio por su hospitalidad con Zeus y Hermes. Origen desconocido, quizás en relación con *bauca*, «copa».

Baudilio/Baudilia *20/5 m/f*

C. **Baldiri**, **Baudili**, **Boi**; E. **Baudili**; It. **Baudilione**.
San Baudilio, Baldirio o Boi, mártir con su esposa en Nîmes a manos paganas (s. III).

Del nombre de san *Baudilius* (s. IV), de origen desconocido, quizá relacionado con *baudus*, «bobo» en latín arcaico. Parece innegable la presencia del céltico *bald*, «victoria», quizá por atracción fonética. Se trata de un nombre muy popular en Cataluña, bajo las formas de Baldiri y Boi. Y del mismo significado, admitida la hipótesis céltica, serían Almanzor, Aniceto, Esteban, Lauro, Nicanor, Siglinda y Víctor. Se usa todavía la forma antigua Baudelio, y, menos, Boy.

Bautista *2/6 m*

C. **Baptista**; G. **Bautista**; E. **Batista**, **Batita**, **Ugutz**; F. **Baptiste**; It. **Battista**.
Jean-Baptiste Say, economista francés (1767-1832). Leon Battista Alberti, aquitecto y humanista italiano (1404-1472).

Aunque de hecho es un simple complemento del nombre de san Juan *el Precursor* (griego *baptistes*, «el que bautiza»), con el tiempo ha acabado en nombre con entidad propia.

Beato/Beata *9/3 m/f*

C. **Beat/Beata**.
Beato de Liébana, monje de Liébana, autor de un comentario del Apocalipsis (750?-798).

Nombre cristiano, derivación del latín *beatus*, «feliz, bienaventurado». Muy corriente entre los primeros cristianos.

Beatriz *29/7 f*

C. **Beatriu**; G. **Beatriz**; E. **Batirtze**; F. **Béatrice**; In. A. **Beatrix**; It. **Beatrice**.
Beatriz Portinari (1265?-1290), dama florentina, amada de Dante e inspiradora de la *Divina Comedia*. Beatriz, reina de Holanda (1938).

El latín *beatrix*, «beata, feliz, bienaventurada», usado en sentido religioso, adquirió inmediatamente una popularidad que no ha decrecido con los siglos. Derivado: Beata. Hip: Bea. Sinónimos: Dora, Ariadna, Helga.

C. E. G. **Beda**. San Beda *el Venerable*, monje y escritor inglés (673-735).

Beda *25/5 m*

Del germánico *badu*, «lucha», de donde *Beda*, «el que lucha, el que exige».

Bedrich Smetana, compositor y pianista checo (1824-1884).

Bedrich *m*

Forma eslovaca de Federico (v.).

C. **Begònia**; A. **Begonia**.

Begonia *Scc. Begoña f*

Nombre femenino, tomado del de una flor traída a Europa por el botánico Bégon (apellido a su vez procedente de *bègue*, «tartamudo»).

C. **Begonya**; G. **Begoña**. Begoña Aranguren (1969), periodista, esposa del escritor José Luis de Villalonga.

Begoña *11/10 f*

Nombre vasco muy popular, compuesto de *beg-oin-a*, «lugar del cerro dominante», aplicado a la situación topográfica del santuario de la Virgen correspondiente. El nombre nada tiene que ver con Begonia (v.).

Béla Bartok, compositor, musicólogo y pianista húngaro (1881-1945).

Bela *Scc. Isabel 5/11 m/f*

Forma húngara de Alberto (v.). En los países de habla hispana, es hip. de Isabel.

Belardo, personaje de Lope de Vega en *La Arcadia*.

Belardo *m*

Nombre de fantasía, creado por Lope de Vega. Aféresis de Abelardo (v.).

C. **Bel·larmí/Bel·larmina**; G. **Belarmino/Belarmina**. Roberto Bellarmino, jesuita, sobrino de Maquiavelo y martillo de herejes (?-1621).

Belarmino/Belarmina *13/5 m/f*

Apellido de un san Roberto, apologético jesuita italiano. Ha sido asimilado a la expresión *bell'arma*, «alma buena», aunque verosímilmente no es más que una derivación de Guglielmo, Guillermo.

C. **Betlem**. Belén Rueda, actriz y presentadora de televisión española (1963). Belén Gopegui, novelista española (1963).

Belén *25/12 f*

Del hebreo *bet-lehem*, «casa del pan» (o «casa de Dios»), que dio nombre a la localidad palestina donde los evangelios sitúan el nacimiento de Jesucristo (hoy *Beit-el-lahm*). Utilizado como nombre de pila femenino.

Belicar *m*

Nombre guanche que significa «perezoso».

C. **Belind/Belinda**; G. **Belindo/Belinda**. Santa Belina, asesinada por el concupiscente señor de Landreville (s. XI). Belinda, esposa de Roldán, el famoso paladín franco (s. VIII). Belinda Washington, presentadora de televisión española (1963).

Belindo/Belinda *25/12 Scc. Belén* *m/f*

Nombre medieval, difundido por la esposa de Rolando, el célebre paladín franco. Derivación de Berlinda o Berelendis, en algunas zonas Baralides, nombre germánico compuesto de *bern*, «oso», y *lind*, «escudo» (o, en otras interpretaciones, «dulce», v. Linda). El significado del nombre sería, pues, «defensa del guerrero». Por influencia de los usos anglosajones, ha pasado paulatinamente a ser considerado como una variante de Belén, y, en España, también de Berlinda (de *bera*, «oso», famoso por un conde de Barcelona). Var. Belino/Belina.

Belino, personaje de Lope de Vega en *La vuelta de Egipto* (auto sacramental).

Belino *m*

Nombre de fantasía, creado por el dramaturgo Lope de Vega. Procede del latín *bellus*, «guerra», con el sufijo latino *-inus*. *Belinus*, «belicoso».

C. **Belisa**. Belis, en la mitología griega, hija de Dánao y sobrina de Belo.

Belisa *f*

Nombre latino, retomado por la literatura del Siglo de Oro. De *belis*, «esbelta», variación del nombre mitológico Belis, relacionada con Belo (*bélos*, «arquero»).

Belisarda, personaje de Lope de Vega en *La Arcadia*.

Belisarda *f*

Nombre de fantasía, creado por Lope de Vega. A partir de Belisa (v.), con el sufijo germánico *-hard*, «fuerte».

C. **Belisari**; G. **Belisario**. Belisario Betancur, político colombiano (1923). Félix Belisario Porras, político panameño, presidente de su país en 1912-1196, 1918-1920 y 1920-1924.

Belisario/Belisaria *m/f*

Nombre de uno de los dos más famosos generales del emperador Justiniano (s. VI), popularizado hace pocos años por una novela de Robert Graves. Derivado de *bélos*, «saeta»: «arquero, saetero» (v. Belisa). Cf. Gilberto. Variante gráfica: Belizario.

Belmaco *m*
Topónimo guanche. Sin traducción.

C. **Beltran, Bertran**; F. In. A. **Bertrand**. Bertrand Russell, filósofo, lógico y pacifista británico (1872-1970).

Beltrán *16/10 m*
Nombre germánico. *Beraht-raban*, «cuervo ilustre», esto es, «guerrero ilustre». El cuervo, símbolo del dios Odín, simbolizaba la inteligencia y la memoria. Var. Bertrán.

Ben *Scc. Benjamín m*
Hip. anglosajón de Benjamín, extendido también últimamente en los países latinos. También es hip. de Benedicto.

C. **Bendicte/Benedicta**; E. **Benedita/Benedite**; F. **Benoît/Benoîte**. Quince papas y dos antipapas, entre ellos: Benedicto XIII («Pero Martines de Luna»), antipapa (1328?-1422). Benedicto XV («Giacomo della Chiesa»), papa (1854-1922)

Benedicto/Benedicta *11/7 m/f*
Forma antigua de Benito (latín *bene dictus*, «bien dicho, aquél de quien se habla bien»).

C. **Benigne/Benigna**; E. **Beniñe**; A. **Benignus**; It. **Benigno/Benigna**. Benigno Aquino, líder político filipino (1932-1983).

Benigno/Benigna *13/2 m/f*
Del latín *benignus*, «benévolo». Nombre de familia muy corriente en la Antigua Roma.

Santa Benilda, mártir cordobesa (s. IX).

Benildo/Benilda *15/6 m/f*
Nombre germánico: de *bern*, «oso», con la terminación *hild*, «batalla». Interpretable como «oso (es decir, guerrero) valeroso». Var. femeninas: Benilde, Benildis, Ilde.

C. **Benet/Beneta**; G. **Bieito/Bieita**; E. **Benedita/Benedite**; F. **Benoît**; In. **Bennet**; A. **Benedikt**; It. **Benedetto/Benedetta**; Por. **Bento/Benta**. Benito Pérez Galdós, novelista y dramaturgo canario (1843-1920).

Benito/Benita *11/7 m/f*
Nombre de fuerte raigambre en el papado, simplificación del medieval Benedicto, a su vez del latín *benedictus*, «bendito», por *bene dico*, «decir bien» (de alguien).

Benjamín/Benjamina *31/3 m/f*

C. **Benjamí/Benjamina**; G. **Benxamín/Benxamina**; E. **Benkamin/Benkamiñe**; F. In. A. **Benjamin**; It. **Beniamino/Beniamina**. Benjamin Franklin, físico y político estadounidense (1706-1790). Benjamín Palencia, pintor fauvista español (1900-1980). Beniamin Netanyahu, político israelí (1949).

Duodécimo hijo de Jacob, cuyo alumbramiento costó la vida a su madre Raquel. Su nombre inicial, Benoni (*ben-onin*, «hijo de mi dolor»), fue posteriormente cambiado por su padre en *Ben-jamin*, «hijo de la mano derecha», o sea «hijo predilecto». Y en efecto el nombre ha pasado a designar genéricamente el último y predilecto hijo de una serie de hermanos. El Benjamín más célebre del mundo es un reloj... el Big Ben inglés.

Bentórey *m*

Nombre guanche. Sin traducción.

Beraba *f*

Nombre tupí (tribu en el Amazonas). Significado: «brillo, resplandor, luminosidad».

Berardo/Berarda *16/1 m/f*

C. **Berard/Berarda**; It. **Barardo/Bararda**. San Berardo, uno de los cuatro compañeros de san Acurcio, martirizados en Marruecos (?-1226).

Del germánico *bera*, «oso», con el sufijo *hard*, «fuerte», lo que lo asimila etimológicamente a Bernardo (v.). Otros ven sin embargo, como primer sufijo, la raíz *warin*, nombre de una tribu.

Berenguer/Berenguela *2/10 m/f*

C. **Berenguer/Berenguera**; F. **Bérenger**: It. **Bellingero**. Berenguela (1180?-1246), reina de Castilla y León. Berenguer de Palou, obispo de Barcelona (?-1241). Berenguer Ramon I, conde de Barcelona (1006?-1035). Berenguer Ramon II *el Fratricida*, conde de Barcelona (s. XI).

Forma catalana de Berengario, resucitada en los últimos años quizá en recuerdo de los primeros condes de Barcelona (s. XI-XII). Del germánico *berin-gari*, «lanza del oso», o sea «del guerrero». O de *warin-gari*, «lanza protectora». La forma femenina ha renacido por su vinculación con la historia española a través de una reina castellano-leonesa.

Berenice *4/10 f*

C. **Bereniç**; F. **Bérenice**; In. **Bernice**; A. It. **Berenice**. Berenice, hija de Herodes Agripa, cuya vida disoluta

Este nombre procede de la forma macedonia del griego *Phereníke*, que significa «portadora de victoria», asimilado posteriormente a Verónica (v.). Sinónimo de Ni-

inspiró una tragedia a los comediógrafos franceses Corneille y Racine.

céforo, nombre formado con los mismos componentes en orden inverso. V. también Verónica.

C. **Vermut/Vermuda**. Vermudo, nombre de tres reyes de Asturias y León, entre ellos: Vermudo II *el Gotoso*, rey de Galicia y León (?-999). Vermudo III (1016-1037), rey de León.

Bermudo/Bermuda *8/3 m/f*

Nombre germánico derivado de la forma *bern-mods*, «oso (o sea guerrero) valiente». Var. Vermudo (posible concurrencia con Veremundo).

B **Bernabel**; C. **Bernabè**, **Bernabeu/Bernabea**; G. **Bernabé**, **Barnabeu**; E. **Barnaba**; F. **Barnabé**. Bernabé, apóstol en el Nuevo Testamento.

Bernabé/Bernabea *11/6 m/f*

Sobrenombre que los apóstoles dieron a José de Chipre: «hijo de la consolación», o, más propiamente, «hijo de la profecía, profeta». En la Edad Media concurrió con el germánico *bern-bald*, «oso (o sea guerrero) audaz». Var. femenina: Bernabela.

C. **Bernat/Bernada**; G. **Bernal/Bernalda**.

Bernal/Bernalda *Scc. Bernardo m/f*

Forma antigua de Bernardo.

Augusto Bernardino Leguías, político peruano, presidente de su país en 1919-1934. Bernardino Rivadavia, político argentino, presidente de su país en 1826-27.

Bernardino/Bernardina *20/5 m/f*

Gentilicio latinizante de Bernardo (v.), que significa «relativo, de la familia de Bernardo».

B **Bernaldo/Bernalda**; C. **Bernat/Bernada**; G. **Bernal**, **Bernaldo/Bernalda**; E. **Beñardo**; F. **Bernard**; In. **Bernard**, **Barnard**; A. **Bernhard** (hip. **Benno**); It. **Bernardo**, **Berardo**; S **Björn**. Bernat Metge, escritor catalán (1346?-1413) Björn Borg, tenista sueco (1956).

Bernardo/Bernarda *15/6 m/f*

Del germánico *berin-hard*, «oso fuerte» (v. Ardión). El nombre se asocia a unos célebres perros de auxilio a las personas extraviadas en la montaña, por san Bernardo de Mentón, fundador de un asilo alpino. Derivados: Bernardino, Bernardette o Bernardita (célebre por la vidente de Lourdes).

C. **Bert/Berta**; G. **Berto/Berta**; A. It. **Berta**; F. **Berthe**; In. **Bertha**. Berta von Suttner, escritora pacifista austríaca (1843-1914), premio Nobel de la Paz en 1905. Berthe Morisot, pintora francesa impresionista (1841-1895). Berthe o Bertrade, «la del pie grande», esposa de Pipino *el Breve* y madre de Carlomagno (?-783).

Berto/Berta *4/7 m/f*

De la palabra germánica *berht*, «brillante, famoso», presente en bastantes nombres (Alberto, Roberto, Rigoberto, etc.). Nombre muy extendido, especialmente en Francia y Alemania, aunque su portador más célebre haya sido... un cañón de la primera guerra mundial, el más potente jamás fabricado, con el que los alemanes bombardeaban París. Fue bautizado así en honor de la hija de Hans Krupp, su constructor. La significación «famoso» está presente en innumerables antropónimos. Citemos sólo Aglaia, Clío, Eulampio, Gloria, Policleto. Son derivados Bertila, Bertín, Bertino, Bertibla. El nombre es usado también como hip. de otros con la misma terminación.

C. **Bertold/Bertolda**. Bertel Thorvaldsen, escultor danés (1770?-1844). Bertolt Brecht, dramaturgo alemán (1898-1956).

Bertoldo/Bertolda *21/10 m/f*

Nombre de origen germánico, procedente de la forma *berht-ald*, que significa «gobernante famoso».

Bertran/Bertrana *Scc. Beltrán m/f*

Forma catalana de Beltrán (v.).

Bertulfo/Bertulfa *19/3 m/f*

Nombre germánico derivado de *berht-wulf*, «lobo (es decir, metafóricamente, guerrero) famoso».

C. **Bet**; In. **Bettty**, **Betsy**; It. Al **Bettino/Bettina**. Bette Davis, actriz cinematográfica y teatral estadounidense (1908-1989).

Beto/Bet *Scc. Elisabet m/f*

Hip. de Elisabet. Var. Betino/Betina.

C. **Betsabé**; F. **Bethsabée**. Betsabé, personaje del A.T., esposa de Urías, que tras ser seducida por David fue causa involuntaria de la perdición de aquél.

Betsabé *f*

Nombre del Antiguo Testamento. Significado controvertido: para unos es *bat-seba*, «la opulenta», para otros *bet-sheva*, «la séptima hija».

Betty *Scc. Isabel 4/7 f*
Hip. anglosajón de Elisabet o Isabel.

Beverly Baine (s. XX), actriz del cine mudo. Beverley Nichols, novelista británica (s. XIX).

Beverly *f*
Topónimo (*Beverley*, en Yorkshire, Reino Unido) trasplantado a Beverly Hills, en Los Ángeles. Literalmente, «colinas de los castores». En boga tras el auge de Hollywood, cuyos actores residían en dicho barrio angelino.

Bianca, personaje de *La fierecilla domada*, de Shakespeare.

Bianca *Scc. Blanca 5/8 f*
Forma italiana de Blanca (v.). Adoptado en Inglaterra tras su utilización por parte de Shakespeare.

C. **Vivià/Viviana**. Bibiana Fernández, actriz y cantante española (1954).

Bibiano/Bibiana *Scc. Viviano m/f*
Variante de Viviano/Viviana.

Biel/Biela *Scc. Gabriel 29/9 m/f*
Forma catalana hip. de Gabriel (v.).

C. **Benvingut/Benvinguda**; G. **Benvido/Benvida**; F. **Bienvenu**; A. **Benvenuto**; It. **Benvenuto/Benvenuta**. Benvenuto Cellini, escultor, orfebre y escritor italiano (1500-1571).

Bienvenido/Bienvenida *22/2 m/f*
Del latín *benevenutus*, que significa «bien venido, bien nacido», usado como fórmula natalicia de buen augurio en la Edad Media.

Bilal *m*
Nombre árabe (*Bila'l*). Significado: «el almuédano del profeta, el que llama a la oración».

Bilkis, reina de Saba o Sebá, país citado en Génesis 10,7.

Bilkis *f*
Nombre legendario bíblico (*Bilqis*). Origen desconocido.

Bisnajura *Scc. Ventura m*
Nombre caló, equivalente a Ventura.

Bladimiro/Bladimira *Scc. Vladimiro m/f*
Variante gráfica de Vladimiro (v.).

C. **Blanca**; G. **Branca**; E. **Zuria, Zuriñe**; F. **Blanche**; In. **Gwen**; A. **Blanka**; It. **Bianca**. Blanca de Castilla (?-1252), reina de Francia, madre de san Luis.

Blanca *5/8 f*

Del germánico *blank*, «blanco, brillante» (sinónimo de Alba, Argentino, Berta, Fedro, Roxana). Popular en la Edad Media en Castilla, de donde pasó a Francia y a Inglaterra. El nombre conoce hoy renovado auge.

C. **Blanquerna**. Blanquerna, personaje de Ramon Llull en la obra homónima.

Blanquerna *m*

Nombre de un personaje creado por Ramon Llull, hoy en auge renovado. Parece derivado del latín *blandus*, «suave».

B. **Bras/Brasa**; C. **Blai/Blaia, Blasi/Blàsia**; E. **Balas, Bladi/Blade**; G. **Brais, Bras/Brasa**; F. **Blaise**; A. **Blasius**. Blai Bonet, novelista mallorquín (1926). Blas de Infante, político y escritor español líder del andalucismo (1885-1936). Blas de Otero, poeta español (1916-1979).

Blas/Blasa *3/2 m/f*

El griego *blaisos*, «zambo», varió ligeramente su sentido en el latín *blaesus*, «tartamudo», que daría *Blaesus*, santo del s. IV a quien martirizaron lacerando sus costillas con peines de hierro, motivo por el que es patrón de los cardadores. En Alemania lo es de los molineros y de los tocadores de instrumentos de viento (pues en esa lengua *blasen* significa «molinero»).

C. **Boabdil**. Boabdil («Muhammad Abu Abd Allah XI»), último rey de Granada (?-1527)

Boabdil *m*

Deformación fonética castellana del nombre del último soberano de Granada, *abu Abdala*, «el padre de Abdalá».

Bobby Fischer, ajedrecista estadounidense, campeón del mundo (1943). Bob Marley, cantautor jamaicano (1945-1981). Bob Dylan («Robert Zimmerman»), cantautor estadounidense (1941).

Bob *Scc. Roberto m*

Hip. inglés de Roberto (v.), por el camino Robert-Rob-Bob. Derivado: Bobby.

C. **Boeci**. Boecio, filósofo, teólogo y escritor (480-525) de la corte de Teodorico *el Grande*, injustamente ejecutado por éste. Autor de *De consolatione*

Boecio *27/5 m*

Derivado del griego *boetheia*, «ayuda, socorro»: «el que ayuda, servicial».

C. **Bogomil**; A. **Bogunil**. Bogomil, fundador, probablemente legendario, del bogomilismo, antecedente del movimiento cátaro.

Bogomil/Bogomila *10/6 m/f*

«Amigo de Dios» en las lenguas eslavas. Dio nombre a una secta herética en el s. x, los bogomiles o bogomilos, que perseguía una mayor autenticidad del espíritu evangélico.

Simón Bolívar, *el Libertador*, héroe de la independencia sudamericana (1783-1830).

Bolívar *Scc. Simón m*

Apellido de origen vasco (para algunos, de *bolu-ibar*, «molino de la ribera»; otros discuten esta etimología y lo refieren a *olo-ibar*, «campo de avenas»). Usado como nombre en Hispanoamérica por el libertador Simón Bolívar, cuyo padre era oriundo del pueblo vizcaíno de Bolívar o Bolíbar, cerca de Marquina.

C. **Bonifaci/Bonifàcia**; G. **Bonifacio/Bonifacia**; E. **Bonipagi/Bonipage**; F. **Boniface**; A. **Bonifacius** Nombre de nueve papas, entre ellos Bonifacio VIII («Benedetto Gaetani») (1220-1303).

Bonifacio/Bonifacia *5/6 m/f*

Nombre latino, abundantemente empleado por papas. Del latín *bonus fatum*, «buen augurio, buen destino».

C. **Borís**; F. In. **Boris**. Boris Godunov, príncipe y zar de Rusia (1552?-1605). Boris Karloff («Charles Edwin Pratt»), actor teatral y cinematográfico inglés (1887-1969). Boris Pasternak, escritor y traductor ruso (1890-1960). Boris Yeltsin, político ruso (1931).

Boris *24/7 m*

Nombre de origen ruso. Del eslavo *borotj*, «guerrero, combatiente» (para otros de *bogs* «de Dios»). Popular en Rusia, dio también nombre a la ópera de Músorgski *Boris Godunov*, inspirado en una obra de Shakespeare, donde se alude al yerno de Iván el Terrible. Var. Boriso.

C. **Borja**; G. **Borja**. San Francisco de Borja, virrey de Cataluña (s. XVI) quien tras la visión de la enfermedad y de la muerte cambió los honores de este mundo por la disciplina de la Compañía de Jesús.

Borja *3/10 m*

Abreviatura del nombre de Francisco de Borja. Del nombre de la casa de los *Borja*, de la que salieron, entre otros personajes, el papa Alejandro VI y san Francisco de Borja. Del catalán *borja*, «cabaña».

C. **Borrell**. Borrell II, conde de Barcelona (934?-992). Ramon Borrell I, conde de Barcelona (972-1017).

Borrell *m*

Nombre medieval, portado por varios condes de Barcelona. Parece deformación del francés *borreau*, «verdugo», aunque quizá esté derivado con la palabra «borra».

Bostán *Scc. Lino* *m*

Nombre caló, equivalente a Lino.

Bozena *8/9* *f*

Advocación mariana: nombre de la «virgen negra» polaca.

Brahma, dios creador en la religión hindú, miembro de la Trimurti (trinidad).

Brahma *m*

Nombre del más distante de los dioses en la religión hindú, el creador de todo, pero ausente de su obra creadora (v. Shiva, Vishnú).

C. **Brandà**; G. **Brandán**; F. In. A. **Brendan**. San Brandán (?-580), santo venerado en Bretaña. Brendan Behan, autor dramático y nacionalista irlandés (1923-1964).

Brandán *16/5* *m*

Nombre de origen céltico, *bren-finn*, «aire hediondo». Las leyendas sobre los portentosos viajes marinos de san Brandán por el Atlántico dieron lugar a variadas derivaciones, desde la fabulosa isla de san Borondón hasta la identificación del personaje con el dios mexicano Quetzalcóatl, que según la tradición desembarcó cerca de la actual Tampico en el s. VI y fue más tarde deificado. Convertido en patrón de los marineros por estos hechos, el nombre conoce numerosas variantes, como Brendán, Brendano, Brandano, Borondón.

Brandon/Brandy *m/f*

Frecuente topónimo inglés, «colina cubierta por la bruma» o en Irlanda, «descendiente de Brendán» (v.). Transformado en apellido y después en nombre. En gran boga en EE.UU. en los años treinta.

Brandy *f*

De la palabra inglesa *brandy*, «elaboración», referido especialmente a la de licores. Muy en boga entre las familias negras de EE.UU.

Braulio/Braulia *26/3 m/f*

C. **Brauli/Bràulia**; G. **Braulio/Braulia**; E. **Baurli/Baurle**; It. **Braulione**. San Braulio, discípulo de san Isidoro de Sevilla y arzobispo de Zaragoza (?-651). Braulio Arenas, escritor chileno (1913-1988).

No está claro el origen de este nombre. Se ha propuesto el germánico *brand*, «fuego, espada» (*brandila*, transformado en *braudila* por lectura errrónea de la «n», y también *brau*, «toro», a su vez del germánico *raw*, «cruel».)

Brenda *16/5 f*

Brenda, personaje de la novela *El pirata*, de Walter Scott. Blenda Blethyn, actriz cinematográfica y teatral británica (1946).

Nombre anglosajón, femenino de Brandán (v.), famoso santo irlandés del s. VI, protagonista de unos maravillosos viajes marinos. Procede del céltico *bre-finn*, «aire hediondo» (o de *bran*, «cuervo»).

Breogán/Breogana *25/7 m/f*

C. **Breogan**; G. **Breogán**.

Nombre céltico, frecuente en Galicia. *Gan*, indicativo de familia u origen; *breo*, quizá nombre propio (ha sido relacionado con Brandán, v., y con los brigantes).

Brian *m*

Brian Boroimhe, rey irlandés (926-1014). Bryan Donlevy, actor cinematográfico estadounidense (1899-1972).

De significado desconocido, probablemente con la componente «colina». Asociado con Irlanda donde es nombre real. Var. Bryan.

Briando/Brianda *m/f*

C. **Briand/Brianda**; F. In. A. **Brian**. Brian De Palma, realizador cinematográfico estadounidense (1940). Brianda de Acuña Vela, escritora y asceta española (1576-1630).

Del nombre bretón *Brjan*, corriente en Irlanda. Significa «colina». Var. masculina: Brián.

Briccio/Briccia *13/11 m/f*

C. **Bricci/Bríccia**. San Brice, obispo de Tours (?-444). Brice Parain, escritor y filósofo francés (1897-1970).

Los castellanos son llamados en Portugal *brígidos* por su mítico rey Brix o Brigus, a quien las leyendas medievales situaban como descendiente de Noé. El nombre es recogido por Camõens en *Os Lusiadas*, 5.

Brígida *1/2 f*

C. **Brígida**; G. **Bríxida**; E. **Birxita, Birkita, Birkide**; F. A. **Brigitte**; It. **Bridget**; It. **Brigida, Brigitta**; S **Birgitta, Brigitta**.
Bridget Fonda, actriz cinematográfica estadounidense (1964).
Brigitte Bardot, actriz cinematográfica francesa (1934).

Nombre antiquísimo, de origen discutido. Parece relacionable con la voz céltica *briga*, «población, colonia» (*Segobriga*, Segovia), quizás a su vez procedente del hebreo *hir*, «ciudad», o del caldeo *ur*, «valle». O del céltico *brigh*, «fuerza». En todo caso, *Brighid* era el nombre de una diosa gaélica del fuego, cuyos atributos fueron traspasados a la santa irlandesa del s. VI. La forma masculina es Bricio o Briccio (v.).

Briseida *f*

C. **Briseida**.
Briseida, mitológica hija de Briseo, sacerdote de Zeus, y esclava de Aquiles.

Nombre griego, quizá derivado de *brithos*, «el que lleva la carga».

Brono *Scc. Poncio m*

Nombre caló, equivalente a Poncio.

Brujalimé *Scc. Basilio m*

Nombre caló, equivalente a Basilio.

Brunildo/Brunilda *Scc. Bruno m/f*

C. **Brunild/Brunilda**; F. **Brunehilde**; In. **Brunhild, Brynhild**; A. **Brunhilde**; It. **Brunilde**.
Brunilda, heroína de las leyendas nórdicas, famosa por su trágico amor con Sigfrido, que dio tema a Wagner para una ópera.

Nombre de una valquiria, popularizado por una ópera de Wagner. De *brun-hilde*, «guerrero armado» (v. Bruno e Hildebrando). Son variantes Brunhilda, Brunequilda, Brunilde y Bruniquilda.

Bruno/Bruna *6/10 m/f*

C. **Bru/Bruna**; G. **Bruno/Bruna**; E. **Burnon**; It. **Bruno/Bruna, Brunone**.
Bruno Bettelheim, psiquiatra estadounidense de origen austríaco (1903-1990).
San Bruno de Colonia, fundador de los cartujos (1035-1101).

Nombre germánico. No procede, como parece obvio a primera vista, de *brun*, «rojo, moreno», sino de *prunja*, «peto, coraza», que entra como componente en muchos otros nombres (Brunardo, Burcardo). San Bruno (s. XI) fue el fundador de la orden cartuja y un famoso comentarista de salmos.

Buda *m*

C. E. G. **Buda**.
El Buda («Siddharta Gautama Sakiamuni»), religioso

En realidad es un título, «el iluminado», aplicado al fundador de una religión, con-

oriental, fundador del budismo (560?-480? a. de C.)

siderado como una encarnación del dios indio Vishnú.

C. **Bonaventura**; E. **Doatasun, Bonabendur**; G. **Boaventura**; F. **Bonaventure**; A. It. **Bonaventura**.

Buenaventura *m*
Nombre medieval de buen augurio, empleado como fórmula natalicia: «(Que tengas) buena ventura, felicidad».

Bujamí *Scc. Bartolomé*
Nombre caló, equivalente a Bartolomé.

Bujilimí *Scc. Basilio* *m*
Nombre caló, equivalente a Basilio

Bujoné *Scc. Prudencio* *m*
Nombre caló, equivalente a Prudencio.

Bujoní *Scc. Prudencia* *f*
Nombre caló, equivalente a Prudencia.

Burjachiquí *Scc. Bárbara* *f*
Nombre caló, equivalente a Bárbara.

C. **Burro/Burra**. Burrhus F. Skinner, psicólogo estadounidense (1904-1990).

Burro/Burra *m/f*
Nombre latino (*Burrhus*), portado por un preceptor de Nerón. Presente hoy sólo como apellido.

Buster Keaton («Joseph Francis Keaton»), actor y director cinematográfico estadounidense (1896-1966).

Buster *m*
Nombre adoptado por el actor cinematográfico estadounidense B. Keaton. Significado aproximado: «el que empuja, el que pasa adelante».

C

Cabeza
9/9 f

Santa María de la Cabeza, esposa del madrileño san Isidro y también beatificada (s. XII).

Simplificación del nombre de santa María de la Cabeza. De particular advocación en Andújar, donde tiene dedicado un santuario. Sin duda alude a un topónimo, «cabeza», aplicado a una colina o elevación aislada del terreno.

Caleb
m

C. In. **Caleb**. Caleb, personaje del Antiguo Testamento, el único de los doce exploradores que entró en la Tierra Prometida.

Nombre del Antiguo Testamento. Del hebreo *kaleb*, «perro», o para otros, «audaz».

Calígula
m

C. **Calígula**. Cayo Julio César Germánico, «Calígula», emperador romano (12-41).

Del latín *caligula*, diminutivo de *caliga*, nombre de un tipo de calzado. Dado como apodo en su infancia a un emperador romano, famoso por su crueldad, por vestirlo a menudo.

Calimero/Calimera
31/7 m/f

C. **Cal·limer/Cal·limera**; G. **Calimero/Calimera**. San Calimero, obispo de Milán y mártir (s. II).

Del griego *kalli-meros*, «de bellas partes del cuerpo», o sea «bien hecho, bello».

Calíope
8/6 f

C. **Cal·líop**, **Cal·líope**; E. **Klupe**; It. **Callìope**. Calíope, en la mitología la más eminente de las musas, protectora de la poesía y la elocuencia, madre de Linos y Orfeo.

Nombre mitológico. De *kallos-ops*, «la de la bella voz».

Calixto/Calixta
14/10 m/f

B **Calistro**; C. **Cal·lixte/Cal·lixta**; G. **Calixto** (hip Calistro); E. **Kalista**; F. **Callixte**;

Del griego *kállistos*, «bellísimo». El calificativo «bella» es probablemente el más extendido en nombres femeninos. Valgan como

In. A. **Callistus**; It. **Calisto**, **Callisto**. Calisto, hija de Licaón, rey de Arcadia y amante de Júpiter, transformada en la constelación de la Osa Mayor. Calisto, en la mitología, ninfa que retuvo largos años a Ulises por amor, el héroe de la *Odisea*

muestra Ada, Calimera, Ederne, Formosa, Ilona, Nefer, Rut. Variante femenina en ámbitos mitológicos: Calisto.

C. **Calòger**; It. A. **Calogero**. San Calógero, ermitaño siciliano del s. IV.

Calógero *19/5 m*

Nombre de origen griego: *kalós-geron*, «monje» (literalmente, «buen viejo»). Var. Calogerio.

Caluca *m*

Nombre guanche literario, inventado. Sin traducción.

C. **Calbó**. San Bernat Calvó, abad de Santes Creus y obispo de Vic (1180-1243).

Calvó *25/10 m*

Evocación de san Bernardo Calvó (*Bernat Calbó*). Deriva del Mas Calbó, su casa natal (por *calb*, «calva», esto es, «terreno pelado en un bosque»).

C. **Camèlia**; G. **Camelia**.

Camelia *f*

Nombre inspirado en el de la flor del Asia tropical bautizada *camellia* por Linneo en honor de su introductor en Europa, el jesuita italiano Camelli (s. XVIII). El apellido de éste procedía del latín *camellus*, «camello».

C. **Camil/Camila**; G. **Camilo/Camila**; E. **Kamil/Kamille**; F. **Camille**; In. **Camilla**; A. **Camill**; It. **Camillo/Camilla**. Camilla Parker-Bowles (1947), amante del príncipe Carlos de Inglaterra. Camilo José Cela, escritor gallego, premio Nobel 1989 de Literatura (1916).

Camilo/Camila *14/7 m/f*

Nombre derivado del mitológico *Camilos*, divinidad padre de los Cabirios. También era un sobrenombre de Mercurio. Del etrusco *casmillus*, «ministro» (Mercurio lo era de los dioses). El nombre pasó, con carácter sagrado, a algunas familias romanas, con el sentido de «sacerdote». Es sinónimo de Augurio, Auspicio y Calanico.

B **Cantiu**; C. **Canci/Cància**. San Juan Cancio, misionero polaco martirizado en Aquileya junto con sus hermanos Canciano y Cancianila (s. III).

Cancio/Cancia *31/5 m/f*

Nombre latín, derivado de *cantio*, «canción». Alude a san Juan Cancio, misionero polaco.

Candela Peña, actriz cinematográfica española (1966).

Candelaria *2/2 f*

Advocación mariana alusiva a la Purificación, en cuya fiesta se celebran procesiones con candelas encendidas (latín *candella*, de *candeo*, «arder»). De gran fama en las Islas Canarias. En la península, se usan más a menudo las variantes Candela o Candelas.

Candice Bergen, actriz cinematográfica estadounidense (1946).

Candice *f*

Título dinástico de significado desconocido usado por los reyes de Napata (Etiopía) hasta el s. IV (Plinio, VI-29). Trasplantado a Inglaterra como nombre femenino.

C. **Càndid/Càndida**; G. **Cándido/Cándida**; E. **Kandidi**; F. **Candide**; In. **Candida**; A. **Candida**; It. **Candido/Candida**. Cándido, héroe de un cuento filosófico de Voltaire (1759).

Cándido/Cándida *3/10 m/f*

Nombre popularizado desde la novela homónima. Del latín *candidus*, «blanco, inmaculado» (de donde *candeo*, v. Candelaria). Sinónimo de Blanca (v.).

Canroné *Scc. Clemente m*

Nombre caló, equivalente a Clemente.

C. **Canut/Canuda**; E. **Kanuta/Kanute**; G. **Canuto/Canuta**; F. **Canut**; In. **Knud**; D. Nor. **Knut**. Knut Hamsun, novelista noruego (1859-1952).

Canuto/Canuda *7/1 m/f*

Nombre germánico, portado por varios reyes de Dinamarca e Inglaterra. Tal vez relacionado con el antiguo alemán *kint*, «estirpe, origen, descendiente», a su vez de la raíz indoeuropea *gen*, «generar».

C. **Caracal·la**. Marco Aurelio Antonio Caracalla, emperador romano (186-217).

Caracalla *m*

El emperador romano de este nombre fue apodado *caracalla* por un chaquetón de cuero que repartió entre el pueblo.

Cardenio *m*

Cardenio, pardenio, personaje de Lope de Vega en *La Arcadia*. Cardenio, personaje de Cervantes en *El ingenioso hidalgo don Quijote de la Mancha*.

Nombre de fantasía, creado por Lope de Vega. Variante de Cárdeno, «de color amoratado» (latín *cardenus*).

Caridad *1/8 f*

C. **Caritat**; E. **Karitte**; G. **Caridade**; In. **Charity**. Santa Caridad, mártir en Roma junto con sus hermanas Fe y Esperanza (s. II).

Nombre cristiano, derivado del latín *charitas*, «amor».

Carina/Carino *7/11 f/m*

C. **Carí/Carina**; G. **Carino/Carina**. Karina («María Isabel Llaude»), cantante (1948). Karina Habsudova, tenista rusa (1979). Santa Carina, mártir (?-363). Carino, emperador romano (s. III).

Del griego *Xarinos*, «gracioso, chusco», personaje cómico de la comedia dórica. También gentilicio del latín *carus*, «caro, querido». Popular especialmente en Italia, y también en los países nórdicos, donde se ha fundido con *Katarina* (Catalina). Var. masculina: Carinos.

Cariso/Carisa *16/4 m/f*

C. **Carisi/Carísia, Crís/Carisa**; G. **Cariso/Carisa**. Santa Carisa, mártir en Corinto (s. III).

Del griego *charisios*, «que reconoce, que ama» (a su vez de *charis*, «amor»). Var. Carisio/Carisia.

Carlomagno *Scc. Carlomán 17/8 m*

C. **Carlemany**. Carlomagno, primer emperador de los francos (742?-814)

Variante de Carlomán, nombre germánico compuesto de *karl*, «hombre, viril» y *mann*, «hombre». Los latinistas lo convirtieron en Carlus Magnus, (literalmente Carlos el Grande) para designar al emperador de los francos.

Carlos/Carla *4/11 m/f*

B. **Carlinos**; C. **Carles/Carla**; G. **Carlos** (hip. Calros); E. **Xarles, Karla, Karol**; F. In. **Charles**; A. **Karls** (hip. Karlheinz); It. **Carlo/Carla**; Hun. **Károly**; S. **Kalle**; Fi. **Halle**. Carl Friedrich Gauss, matemático alemán (1777-1855).

La raíz germánica *karl* es «varón, viril», y aparece en nombres como Carlomán (*Karlmann*, «hombre viril»), latinizado *Carlomagnus*, «Carlos el Grande», título del gran emperador germánico (s. VIII). Inmensamente popular en todas las épocas y países, y frecuente en las casas reales. Por no citar más que España, ha sido llevado entre nosotros

Carl-Gustav Jung, psicólogo y psiquiatra suizo (1875-1961).
Carlos III *el Político*, rey de España (1716-1788).
Charles Chaplin, realizador y actor cinematográfico inglés (1889-1977).
Charles De Gaulle, militar y estadista francés (1890-1970).
Charles Dickens, novelista inglés (1812-1870).

por cuatro reyes (cinco si contamos el actual) y cuatro aspirantes más, que reforzaron sus pretensiones en la guerra de Sucesión y en las guerras Carlistas. Mencionemos también las islas Carolinas, bautizadas en honor de Carlos II, y los estados de EE.UU. de Carolina del Norte y del Sur, por Carlos IX de Inglaterra... Las formas femeninas son también muy populares: Carla, Carleta, Carlota (inspirada en el francés Charlotte), Carola, Carolina. Para sinónimos, v. Arsenio.

C. G. **Carlota**.
Carlota Bustelo, política y feminista española (1939).
Charlotte Brönte, escritora inglesa (1816-1855).

Carlota *Scc. Carlos f*
Forma femenina de Carlos, tomada del francés *Charlotte*.

B **Carmele**; C. **Carmel/Carmela**; E. **Karmel/Karmele**.
Carmel Navarro, escritor valenciano (1848-1893).
Carmelo Alonso Bernaola, compositor español (1929).
Carmelo Gómez, actor cinematográfico español (1962).

Carmelo/Carmela *Scc. Carmen m/f*
Nombre tomado del monte Carmelo, citado en la Biblia. Aunque la forma femenina es tomada como equivalente a Carmen, son en realidad nombres distintos. Derivado: Carmelina.

B. **Carmela**; C. G. **Carmel/Carme, Carmela**; E. **Karmele, Karmiñe**.
Carme Riera, escritora mallorquina (1948).
Carmen Martín Gaite, escritora castellana (1925).
Carmen Maura, actriz (1945).
Carmen Amaya, bailarina y coreógrafa (1909-1963).

Carmelo/Carmen *16/7 m/f*
Nombre de una Virgen, muy popular en Granada. En latín *carmen* es «canto, poema», pero el nombre está en realidad inspirado en el monte Carmelo, en la Galilea (*karm-el*, «viña de Dios»). Popularizado fuera de España por una ópera homónima de Bizet (1875). Var. Carmela, Carmina. Forma masculina: Carmelo.

Carmina *Scc. Carmen f*
Variante de Carmen (v.), con el sufijo adjetivador latino *-inus*. En realidad, el significado exacto es «relativo, pariente, allegado de Carmen».

C. **Car/Cara**. Caro (Marco Aurelio C.), emperador romano (?-283).

Caro/Cara *m/f*

Del latín *carus*, «amado», a su vez del griego *xarinos*, «gracioso».

C. G. **Carola**. Carole King, cantautora estadounidense (1941). Carole Lombard («Jane Alice Peters»), actriz cinematográfica estadounidense (1908-1942).

Carola *Scc. Carlos f*

Forma femenina de Carlos (v.), tomada de la forma latina *Carolus*.

C. **Carolí/Carolina**; G. **Carolina/Carolina**; A. **Carolina**. Carolina Grimaldi, princesa de Mónaco (1957).

Carolino/Carolina *Scc. Carlos m/f*

Hip. de Carola (v. Carlos).

Cary Grant («Archibald Alexander Leach»), actor cinematográfico estadounidense (1904-1986)

Cary *m*

Nombre de fantasía creado para el actor estadounidense, buscando una nueva combinación de las iniciales GC, hechas famosas por Gary Cooper y Clark Gable.

C. In. It. **Cassandra**; F. **Cassandre**. Casandra, personaje de la *Ilíada*, clarividente cuyas profecías (entre ellas la caída de Troya por causa de los guerreros ocultos en el interior del famoso caballo), siempre ciertas, no eran jamás creídas.

Casandra *Scc. Sandra f*

Del griego *Kassandra*, «protectora de hombres».

B **Casildro/Casildra**; C. **Casild/Casilda**; E. **Kasilda/Kasilde**. Santa Casilda, hija de Almamún, rey musulmán de Toledo, protectora de los cristianos (?-1007).

Casildo/Casilda *9/4 m/f*

Nombre de una virgen española de Burgos (s. XI), con origen polémico. Para algunos, es derivación del germánico *Hatuhild*, de *hathu*, «riña, combate», y *hild*, «batalla». En todo caso es chocante la coincidencia con el árabe *kassilda*, «cantar», con la que puede haber concurrido.

Cásim *m*

Nombre árabe: *qasim*, «divididor».

B. **Casumiru**; C. **Casimir/Casimira**; F. In. **Casimir**; G. It. **Casimiro/Casimira**; E. **Kasimir/Kasimire**; A. **Kasimir**. Cinco reyes polacos, entre ellos Casimiro III el Grande, restaurador del país (1310-1370). Casimir Malevich, pintor, diseñador y escritor ruso (1878-1935).

Casimiro/Casimira *4/3 m/f*

Nombre muy corriente en Polonia, donde ha sido llevado por varios reyes. Del polaco *Kazimierz*, «el que establece la paz, pacificador», latinizado posteriormente *Casimirus*. De la misma significación que Federico, Ireneo, Onofre, Salomón y Zulima.

C. **Cassi/Càssia**; G. **Casio/Casia**. Casio, uno de los asesinos de Julio César (s. I a. de C.).

Casio/Casia *10/10 m/f*

Del latín *Cassius*, nombre derivado de la voz *cassis*, «yelmo» (cf. Guillermo). Derivados: Casiano/Casiana.

C. **Casiodor**; G. **Casiodoro**. Casiodoro, político, monje y escritor romano (490?-580?)

Casiodoro *Scc. Cassi 15/5 m*

Del griego *kasios-doron*, «don del hermano», hecho famoso por un sabio de la corte deTeodorico.

C. **Castàlia**; G. **Castalia**. Castalia, en la mitología, ninfa que huyendo del acoso de Apolo pereció ahogada. Convertida en fuente, ésta fue después consagrada a las Musas.

Castalia *f*

Nombre griego. Del griego *kasteia*, «pureza», atributo en torno al cual se forjó la leyenda de la ninfa.

C. **Cast/Casta**; G. **Casto/Casta**; E. **Kasta**. San Casto, martirizado en África con san Emilio (s. III).

Casto/Casta *22/3 m/f*

Nombre cristiano, derivación del latín *castus*, «puro» (cf. Castalia).

C. **Càstor/Castora**; G. **Castor/Castora**; E. A. **Castor**; It. **Castore**. Cástor y Pólux eran los famosos gemelos Dioscuros, hijos de Leda y Zeus, que acompañaron a Jasón y los Argonautas en la expedición en busca del vellocino de oro.

Cástor/Cástora *28/12 m/f*

Nombre mitológico. Del griego *kástor*, derivado del hebreo, donde significa «almizcle». Equivale a «animal almizclado, oloroso». Var. Castor.

Catalino/Catalina *29/4 m/f*

Aunque la forma inicial es el griego *Aikatharina*, pasó al latín como *Katharina* por la atracción de la palabra *katharós*, «puro, inmaculado», lo que lo hacía sinónimo de Febe, Castalia, Inés y Pura. Hoy ha disminuido algo su predicamento, pero fue durante la Edad Media popularísimo en toda Europa (¡hasta ha dado nombre a una rueda de reloj, alusiva al tormento aplicado a la santa!). Var. Catarina.

B. G. **Catarina**; C. It. **Caterina**; E. **Katixa, Katarin, Katina, Katarine**; F. **Katherine**; In. **Katherine** (hips. Kathryn, Kate, Kitty); A. **Katharina**; D. **Karen**; S. **Karin**, R. **Ekaterina** (recordando la forma inicial). Catalina de Médicis (1519-1589), reina de Francia, esposa de Enrique II. Catalina la Grande, emperatriz de Rusia. Katharine Hepburn, actriz teatral y cinematográfica estadounidense (1909).

Cathaysa *f*

Nombre guanche. Sin traducción.

Catón *Scc. Cato, 19-1 m*

Nombre de una familia romana de los Porcios. El nombre posiblemente deriva de *catus*, «hábil, astuto», adjetivo aplicado por *catus*, «gato».

C. **Cató**. Marco Porcio Catón, *el Censor*, político, escritor y orador romano (234-149 a. de C.)

Catriel *m*

Nombre araucano, usado en toda Sudamérica.

Juan Catriel, cacique araucano (s. XVI).

Caupolicán *m*

Nombre usado especialmente en Chile. Significado desconocido.

C. **Caupolican**. Caupolicán, caudillo indio araucano (?-1558).

Cayetano/Cayetana *8/8 m/f*

Se ha querido ver en este nombre un gentilicio del latín *gaius*, «alegre», aunque más probablemente lo es de Caieta, puerto de la Campania (hoy Gaeta), así llamada según Virgilio por el nombre de la nodriza de Eneas, muerta y sepultada en aquella playa. Nombre muy popular en Italia, bajo la forma Gaetano.

C. **Caietà/Caietana**; G. **Caetán/Gaetana, Caetano/Caetana**. Cayetana Guillén Cuervo, actriz cinematográfica española (1965). Cayetana Martínez de Irujo, duquesa de Alba. Gaetano Donizetti, compositor italiano (1797-1848).

C. **Cai, Caius/Caia, Gaius/Gaia**; E. **Kaia/Kaie**; G. **Caio/Caia**; A. **Cajus**; It. **Caio/Caia**. Cayo Plinio Segundo, Plinio *el Viejo*, escritor romano, creador de la Historia natural (23-79). Cayo Julio César, político, escritor y militar romano (100-44 a. de C.).

Cayo/Caya *10/3 m/f*

Del latín *caius*, corrupción de *gaius*, «alegre», o del mismo origen que Cayetano (v.). Uno de los nombres más corrientes en la antigua Roma.

C. **Cebrià/Cebriana**. San Cebrián («Tascio»), obispo de Cartago (205?-258). Cebrià de Montoliu, urbanista y abogado mallorquín-estadounidense (1873-1923).

Cebrián/Cebriana *10/3 m/f*

Del griego *Kyprianus*, gentilicio de la isla de Chipre (Kypros). También relativo o gentilicio de Ciprina o Cipris, sobrenombre de Venus, por ser adorada en ese lugar. Var. Ciprián, Cipriano.

B. **Cecia**; C. **Cecili/Cecília**; G. **Cecío/Cecía** (hip. **Icia**); E. **Zezili/Koikille**; F. **Cécile**; In. **Cicely, Cecilia** (hip. **Cec**); It. **Cecilia**.

Cecilia/Cecilio *22/11 f/m*

La etimología popular de *Caecilia*, nombre de una familia romana, pretendía derivarla de *Coeculus*, «cieguecito», aunque la realidad es que el nombre es etrusco y su significado permanece ignorado.

B. G. **Cefirin/Cefirina**; C. **Ceferí/Ceferina, Zeferí/Zeferina**; E. **Tzepirin/Tzepiriñe, Keperin/Keperiñe, Xefe/Keperiñe**; A. It. **Zefirino/Zefirina**. San Ceferino, papa de 199 a 217.

Ceferino/Ceferina *22/8 m/f*

Nombre latino, derivado de *zepherinus*, «relativo al céfiro», viento de occidente originado en el griego *tsophos*, «oscuridad, occidente». Var. gráfica: Zeferino.

Cefora, personaje de Lope de Vega en *David perseguido*.

Cefora *f*

Nombre de fantasía, creado por Lope de Vega. Presumiblemente, variante de Séfora (v.),

B. **Celedon**; C. **Celdoni, Celedoni/Celedònia, Celoni, Saldoni**; E. **Zeledon, Kelidoni/Kelidoñe**. San Celedonio, soldado romano martirizado a principios del s. IV en Calahorra.

Celedonio/Celedonia *3/3 m/f*

Del nombre griego *Chelidonius*, procedente de *chélidonon*, diminutivo de *chélidon*, «golondrina».

C. **Celè/Celena**. Céline Seurre («Cécile Sorel»), actriz francesa (1873-1966).

Celeno/Celena *m/f*

Sobrenombre dado en la mitología griega a Cibeles (*kelenos*, «seductor»). Var. Celino/Celina.

C. **Celest**. Céleste Buisson de la Vigne (s. XVIII-XIX), esposa de Chateaubriand.

Celeste *17/5 Scc. Celestino f*

Nombre de una diosa púnica, Urania para los griegos. *Caelestis*, «del cielo, celestial», o sea «divino» (sinónimos: Divina, Gúdula, Senén, Helga, Wanda). Derivado: Celestino.

C. **Celestí/Celestina**; G. **Celestino/Celestina**; F. **Célestin/Célestine**; In. **Celestin**; It. **Celestino/Celestina**. Celestina, arquetipo de alcahueta, personaje de la *Tragicomedia de Calisto y Melibea*, por Fernando de Rojas (s. XV).

Celestino/Celestina *17/5 m/f*

Gentilicio de Celeste. Era dado como sobre nombre a Júpiter, rey de los dioses. Son del mismo grupo Celiano, Celina, Celio y Celso.

Celestio, personaje de Lope de Vega en *El divino africano*.

Celestio *m*

Nombre de fantasía, creado por Lope de Vega. Masculino de Celeste (v.).

C. **Celi/Cèlia**; G. **Celio/Celia**. Celia Amorós, filósofa y teórica feminista española (1944). Celia Cruz, cantante cubana (1919).

Celia/Celio *Scc. Cecilia f/m*

Del latín *Coelius*, nombre de una familia romana, de la cual se extendió a una de las colinas de su ciudad. Popular en Valencia, aunque más bien como hip de Cecilia (v.). Del etrusco *Celi*, «septiembre». Derivado: Celina.

C. **Celí/Celina**; G. **Celino/Celina**. Céline Dion, cantante canadiense (1960). Santa Celina, madre del apóstol francés san Remigio (s. IV).

Celino/Celina *21/10 m/f*

Del nombre latín *Caelinus*, «relativo a cielo o al Celio», una de las colinas de Roma. En femenino es también el hip. de Araceli.

C. **Cels/Celsa**; G. **Celso/Celsa**. Celso Cornelio, escritor y médico latino (s. I). Celso, filósofo platónico romano (s. II).

Celso *2/8 m/f*

Del latín *celsus*, «levantado, solemne», por el verbo *cellere*, «levantar». Derivados: Celsino/Celsina.

C. **Cenobi**, **Zenobi**; E. **Kenoba**.

Cenobio/Cenobia *20/2 m/f*

Del griego *Zenos-bios*, «vida de Zen», es decir, «descendiente de Júpiter», el dios de los dioses. El nombre adquirió posteriormente connotaciones cristianas al ser aplicado a los conventos (*koinos-bios*, «vida en común»). Var. gráfica: Zenobio/Zenobia.

C. **Cèsar/Cesària**; F. **Cèsar**; G. **César**; E. **Kesar**; In. **Caesar**; A. **Cäsar**; It. **Cèsare**. Cayo Julio César, político, escritor y militar romano (100-44 a. de C.). Claudio César Nerón, emperador romano (37-68). César Borja (Borgia), cardenal, hijo del papa Alejandro VI (1475-1507). Cesare Pavese, escritor italiano (1908-1950).

César/Cesaria *26/8 m/f*

De la antigua palabra latina *coesar*, «melenudo». Inmortalizado por el militar y político romano Julio César (s. I a. de C.), que lo convirtió en un título más, expresivo de la dignidad imperial, sobreviviente hoy en palabras análogas (el alemán *Kaiser* o el ruso *Zar*). Derivados: Cesarión (nombre de un hijo de Julio César y Cleopatra), Cesario, Cesáreo (la operación *cesárea* es denominada así porque, según la tradición, mediante ella nació el caudillo romano).

C. **Cesari/Cesària**. Cesáreo Guillermo, político dominicano, presidente de su país en 1879-1880.

Cesáreo/Cesárea *27/8 m/f*

Derivado de César (v.). Var. Cesareo.

Chaca *f*

«El grande» para los mayas.

Chachipira *Scc. Pura f*

Nombre caló, equivalente a Pura.

Chadli Ben Djedid, político y militar argelino (1929).

Chadli *m*

Nombre árabe, posible derivación de *shadi*, «cantador».

Chanorgú *Scc. Olvido f*

Nombre caló, equivalente a Olvido.

C. **Chantal**, **Xantal**; G. **Chantal**. Santa Jeanne-Françoise Frémyot, baronesa de Chantal, abuela de

Chantal *12/12 f*

Nombre de una localidad de Saône-et-Loire (Francia), convertido en onomástico femenino en recuerdo de santa Juana Francisca Frémyot, fundadora, con san Francisco de

madame Sévigné, (?-1641).
Chantal Akerman, realizadora cinematográfica belga (1950).

Sales, de la orden de la Visitación. El topónimo parece proceder de la antigua forma dialectal del occitano *cantal*, «piedra, hito». De uso exclusivamente francés hasta hace poco, se ha popularizado entre nosotros en los últimos años.

Cheryl Ladd, actriz de cine y televisión estadounidense.

Cheryl *f*
Nombre usado en EE.UU., posible derivación de Shirley (v.), a través de las formas Sherilyn, Cherilyn y Cherylene.

Chiang Kai-shek, militar y político chino (1887-1975).

Chiang *m*
Nombre chino común. Asimilado a «venerable»

Chimuclaní *Scc. Gloria* *f*
Nombre caló, equivalente a Gloria.

Chocoronú *Scc. Remedios* *f*
Nombre caló, equivalente a Remedios.

Chontal/Chontalli *m/f*
Del aztecha *chontal*, «tener un aire de misterio». Traducible como «la extranjera, la extraña, la misteriosa».

Chris Evert-Lloyd, tenista estadounidense (1954).

Chris *Scc. Cristina* *f*
Hip. angosajón de Cristina.

Chucarris *Scc. Angustias* *f*
Nombre caló, equivalente a Angustias.

Churima *f*
Nombre de una tribu india boliviana cerca de San José de Maharenos, en la provincia de Beni.

Chus Lampreave, actriz cinematográfica y teatral española.

Chus *Scc. Jesús* *m/f*
Hip. de Jesús y, sobre todo, de María Jesús.

Ciba *Scc. Maravilla* *f*
Nombre caló, equivalente a Maravilla.

C. **Ciceró**. Marco Tulio Cicerón, orador, escritor, político y filósofo latino (106-43 a. de C.), autor de las célebres *Catilinarias*

Cicerón *m*
Nombre de familia en Roma. Del latín *cicero*, «garbanzo», y, por analogía, «verruga», aludiendo a un rasgo físico, cosa muy habitual en Roma (cf. Blas, Claudio).

C. **Cincinnat/Cincinnata**. Lucio Quincio Cincinato (s. VI a. de C.), romano famoso por la austeridad de sus costumbres, que dejó el arado para convertirse en dictador a requerimiento de sus ciudadanos, retirándose posteriormente.

Cincinato/Cincinata *m/f*
Del latín *cincinnatus*, «de pelo rizado» (*cingo*, «ceñir»). La orden de los Caballeros de Cincinnatus alcanzó gran expansión en EE.UU.

Cindy Crawford, *top model* estadounidense, ex esposa del actor Richard Gere (1966).

Cindy *f*
Variante anglosajona de Cintia (v.).

C. **Cinta**. Mossèn Cinto (Jacint) Verdaguer, poeta y escritor romántico catalán (1845-1902).

Cinta *Sáb. antes del 1r dom. de septiembre* *f*
Alusión a la Virgen de la Cinta, muy común en la zona de Tortosa (Virgen preñada, o en-cinta). Es también el femenino de Cinto, hip. catalán de *Jacint*, Jacinto.

C. **Císntia**; A. **Cintia, Cynthia**. Laure Cinthie Montalant («Cinti Damoreau»), soprano francesa (s. XIX). Cindy Crawford, *top model* estadounidense, ex esposa del actor Richard Gere (1966).

Cintio/Cintia *m/f*
Derivación del griego *Kynthia*, a su vez de *Kynthos*, famoso nombre de Delos, donde nacieron Apolo y Artemisa. V. también Cindy.

B **Cibrán/Cibrana**; C. **Ciprià/Cipriana**; E. **Kipiren**; G. **Cibrán/Cibrana, Cibrao**; In. **Cyprian**; It. **Cipriano/Cipriana**. Cipriano de Rore, compositor flamenco (s. XVI).

Cipriano/Cipriana *16/9* *m/f*
Del griego *cyporianus*, gentilicio de la isla de Chipre (*Kypros*), donde se adoraba a Venus, llamada también por ese motivo Ciprina o Cipris. Var. Cebrián.

C. **Cirà/Cirana**. Savinien Cyrano de Bergerac, escritor francés (1619-1665).

Cirano/Cirana *4/12* *m/f*
Latinización (*Cyranus*) del griego *kyrios*, «señor».

Cireneo/Cirenia *1/11 m/f*

C. **Cireneu/Cirènia**; G. **Cireneo/Cirenia**. Cireneo, personaje bíblico que ayudó a Jesucristo a cargar con la cruz (Mt. 27,32; Mc. 15,21; Lc. 23,26).

Gentilicio griego de Cirene (*Kyrenaia*), nombre a su vez quizá procedente de *kyreo*, «objetivo, punto deseado».

Ciriaco/Ciriaca *19/6 m/f*

C. **Ciriac/Ciriaca**; E. **Kuireka/Kuireke**; G. **Ciriaco/Ciriaca**. San Ciriaco (s. II), quemado vivo en Asia Menor con su hermano Teódulo.

La palabra griega *kyrios* significa «señor», lo que da lugar a numerosos nombres: Ciriaco (*kyriakos*, «amor a Dios»), Ciriano, Ciricio, Cirilo, Cirenia... Se puede encontrar también la forma Ciríaco.

Cirilo/Cirila *18/3 m/f*

B **Cerilu**; C. **Ciril/Ciril·la**; G. **Cirilo/Cirila**; E. **Kuiril**; F. **Cyrille**; In. **Cyril**; A. **Cyrill**; It. **Cirillo/Cirilla**. San Cirilo de Alejandría, patriarca de Alejandría y teólogo (380-444). San Cirilo de Tesalónica, monje (826-869).

Del griego *kyrios*, «señor». A san Cirilo se debe la creación del alfabeto *cirílico*, utilizado por serbios, rusos y búlgaros. Son numerosos los sinónimos. Citemos Adonis, Domnio, Froilán, Ibor, Tiranio y Quirico.

Ciro/Cira *3/8 m/f*

C. **Cirus/Cira**; E. **Kuir/Kure**; In. **Cyrus**; It. **Ciro/Cira**. Ciro de Persia, *el Joven*, emperador persa, hijo de Darío II (424?-401 a. de C.). Ciro II, *el Grande*, emperador persa (?-529 a. de C.).

Nombre del fundador del imperio persa. En hebreo *kores*, quizá del elamita *kuras*, «pastor».

Citlalli *f*

Nombre femenino azteca, usado en México. Significa «estrella».

Clara/Claro *10/10 f/m*

C. **Clar/Clara**; G. **Claro/Clara**; E. **Argia**; A. **Clare**; It. **Chiaro/Chiara**. Claire Bloom, actriz cinematográfica inglesa (1931). Santa Clara de Asís, amiga de san Francisco y fundadora de la orden de las clarisas (s. XIII).

Del latín *clarus*, «limpio, claro, ilustre». Posiblemente por ello es invocada santa Clara como abogada de las enfermedades de la vista (es decir, para «ver claro»).

C. **Claramunda**.

Claramunda *f*

Variante del nombre Esclaramunda (éste, de origen germánico, procede de la palabra *gisclar-mund*, «que protege por la flecha»), simplificada por atracción del nombre femenino Clara.

San Antoni Maria Claret, confesor y arzobispo (1807-1870).

Claret *24/10 m*

Forma catalana de «Clarito», diminutivo de Claro, con entidad propia tras ser llevado como apellido por el célebre santo del s. XIX Antoni Maria Claret, arzobispo de Cuba, fundador de los Claretianos y confesor de la reina Isabel II.

Pau Claris, político y eclesiástico catalán (1586-1641).

Claris *m*

Nombre catalán, alusivo del apellido de Pau Claris, héroe nacional del s. XVII en la guerra contra Castilla. Del latín *clarus*, «ilustre».

C. **Clarissa**; G. **Clarisa**. Santa Clarisa religiosa de la segunda orden franciscana, fundada por santa Clara (s. XVII).

Clarisa *Scc. Clara f*

En principio es el apelativo de las monjas clarisas, orden fundada por santa Clara (v.). Con entidad propia desde santa Jacinta, más conocida por ese nombre.

Clark Gable («William Clark Gable»), actor cinematográfico y teatral estadounidense (1901-1960)

Clark *m*

Corriente apellido anglosajón, derivado del latín *clericus*, «clérigo». Convertido en nombre especialmente por el actor Clark Gable.

C. **Claudí/Claudina**; G. **Claudino/Claudina**; F. **Claudin/Claudine, Claudette**. Claudette Colbert, actriz cinematográfica estadounidense (1905-1996).

Claudino/Claudina *25/2 m/f*

Gentilicio romano de Claudio (v.). *Claudinus*, «relativo, de la familia de Claudio». También su diminutivo.

B **Clodio/Clodia**; C. **Claudi/Clàudia**; G. **Claudio/Claudia**; E. **Kauldi/Kaulde**; F. **Claude**; In. **Claud**; A. **Claudius**;

Claudio/Claudia *15/2 m/f*

Del latín *Claudius*, nombre de una familia etrusca. La etimología popular lo asocia con *claudus*, «cojo». Claudia de Francia (s. XVI, esposa de Francisco I), pasó a la

It. **Claudio/Claudia**. Claude Lévi-Strauss, antropólogo belga (1908). Claude Monet, pintor francés (1840-1926)

historia dando nombre a una sabrosa clase de ciruelas. Confundido a menudo con Clodio, que en realidad es distinto.

C. **Claustre**.

Claustro *9/9 f*

Nombre evocador de la Virgen de los Claustros. Del latín *claustra*, «cerrojo, cerradura».

San Pere Claver, apóstol entre los negros americanos (?-1654).

Claver *9/9 m*

Nombre abreviado del santo catalán Pere Claver. Del adjetivo catalán *claver*, «llavero, fabricante o vendedor de llaves».

C. **Cleli/Clèlia**; G. **Clelio/Clelia**. Santa Clelia, virgen romana entregada como rehén al rey de Porsena, que se salvó cruzando a nado el Tíber.

Clelio/Clelia *Scc. Celio m/f*

Forma etrusca de Celio (v.), hecho célebre por una *gens* romana.

B. **Clementi**; C. **Clement/Clementa**; G. **Clemenzo/Clemenza**; E. **Kelmen**; F. **Clément**; In. **Clemence**; A. **Clemens**; It. **Clemente**. Catorce papas y dos antipapas, entre ellos Clemente VII, establecido en Aviñón (s. XIV).

Clemente/Clemencia *23/11 m/f*

Nombre frecuente en el papado y muy popular en la Edad Media (del latín *clemens*, «dulce, benigno»). Sin embargo, su mayor popularidad hay que buscarla en un tipo de naranja o en la famosa canción del *far-west* estadounidense *Oh my darling Clementine*.

C. **Clementí/Clementina**; G. **Clementino/Clementina**. Clementina Arderiu, poetisa catalana (1889-1976). Clementine Churchill, esposa de Winston (s. XIX-XX).

Clementina/Clementino *1/12 f/m*

Derivación de Clemente a través del sufijo latino *-inus*: «relativo, de la familia de Clemente».

C. **Cleo/Clea**.

Cleo/Clea *11/10 m/f*

Hip. por apócope de diversos nombres: Cleopatra, Cleóbulo, etc. También, directamente del griego *kleos*, «glorioso».

C. **Cleòpatra**; G. **Cleopatra**. Cleopatra, última reina de Egipto (69?-30 a. de C.), amante de Julio César y esposa de Marco Antonio.

Cleopatra *11/10 f*

Del griego *kleo-patros*, «(hija) de padre famoso». Frecuente ya en la mitología clásica, adquirió universalidad por diversos reyes y reinas egipcios, y un lugar en el santoral.

C. **Clet/Cleta**. Cleto González Víquez, político costarricense, presidente de su país en 1906-1910 y 1928-1932.

Cleto/Cleta *26/4 m/f*

Nombre variante de Clío (v.). Como aquél, procede del griego *kleitos*, «famoso, célebre» También es hip. de Anacleto (v.).

C. **Clímac**. San Juan Clímaco, también apodado *el Escolástico, el Sinaíta* y *el Clímaco* (escalera) por su libro *La escalera del Paraíso* (?-649).

Clímaco *30/3 m*

Sobrenombre de un san Juan, autor de un libro titulado *Escalera del paraíso* (en griego, *klímax* es «escalera»).

Climena, nombre mitológico de la esposa de Helio y madre de Faetón.

Climena *f*

Del griego *klymenos*, «famoso, célebre». Var. Climene.

C. **Clio**. Clío, una de las nueve musas en la mitología, personificadora de la gloria y la reputación.

Clío *f*

Nombre mitológico. Del griego *kleitos*, «famoso» (*kleio*, «celebrar»).

C. **Clivi/Clívia**. Clive, personaje de Thackeray en *The Newcomes* (1835). Clive Sinclair, inventor e industrial británico (1940).

Clivio/Clivia *m/f*

Adaptación del nombre inglés Clive, de gran popularidad por el sobrenombre de Robert Clive, convertido en prenombre.

C. **Clodi/Clòdia**. Clodio *el Peludo*, jefe de los francos sálicos y antecesor de los merovingios (s. V). Clodia, amante del poeta latino Catulo (s. I).

Clodio/Clodia *Scc. Claudio m/f*

Del germánido *hlod*, «glorioso». Confundido con Claudio por monoptongación del diptongo «au». Var. Croyo.

C. **Clodomir/Clodomira**. Clodomiro, rey franco, hijo de Clodoveo y Clotilde (s. VI).

Clodomiro/Clodomira *m/f*

Nombre germánico, compuesto de *hlodmiru*, «gloria insigne».

C. **Clodoveu/Clodovea**; G. **Clodoveo/Clodovea**.

Clodoveo/Clodovea *7/9 m/f*

En realidad es una de las muchas variantes

Clodoveo I, primer rey de todos los francos (466?-511).

de Luis, por las raíces *hlod wig*, «lucha gloriosa». Otras variantes o nombres emparentados: Clovis, Clodovico, Ludovico, Aloíto, Aloísio, Alvito, Eloísa, Eloy, Lajos, Liuva, Alvisa.

C. **Cloe**; A. **Chloe**. Cloe, heroína de la novela *Dafnis y Cloe*, del griego Longo (s. II).

Cloe *f*

Nombre popularizado por la novela *Dafnis y Cloe*. Del griego *chloé*, «hierba verde», aplicado a la diosa Deméter, protectora de los campos. Var. Cloris.

Clórida, personaje de Lope de Vega en *San Segundo*.

Clórida *f*

Nombre de fantasía, creado por Lope de Vega a partir de Cloris (v.).

C. **Clorind/Clorinda**; G. **Clorindo/Clorinda**. Clorinda, personaje de la ópera *La Cenicienta*, de Rossini.

Clorindo/Clorinda *m/f*

Nombre cultista, procedente del griego *chloros*, «verde», y, por extensión, «jardín florido». Latinizado posteriormente en *Clorindus* y finalmente substituida su raíz latina *-ninus* («relativo a»), por el germánico *-indus*, del mismo significado.

C. G. It. **Clotilde**; F. **Clothilde**; In. **Clotilda**; A. **Chlothilde**. Clotilde Cerdà («Esmeralda Cervantes»), harpista española (1862-1925), hija del ingeniero de caminos Ildefons Cerdà. Clotilde, personaje de la ópera *Norma*, de Bellini.

Clotilde *24/6 f*

Nombre de la santa borgoñona esposa de Clodoveo, patrona de los notarios. Del germánico *hlod-hild*, «guerrero glorioso».

C. **Clotsend/Clotsenda**.

Clotsendo/Clotsenda *m/f*

Forma antigua de Clodosindo/Clodosinda (v.).

C. **Coceu/Coceia**. Marco Coceyo Nerva, emperador romano (30-98).

Coceyo/Coceya *m/f*

Nombre latino. Verosímilmente de *cocceum*, «rojo» (por *coccum*, «cochinilla»), alusión al color de la piel o del pelo.

Cojiñí *Scc. Rosa f*

Nombre caló, equivalente a Rosa.

C. **Coleta**; F. **Colette**; A. **Coletta**. Colette («Colette Willy»), escritora francesa (1873-1954), presidenta de la Academia Goncourt. Colette Duval, francesa campeona mundial de paracaidismo (1930-1988).

Coleta *6/3 f*

Nombre de una santa francesa de los s. XIV-XV. En francés *Colette*, aféresis de *Nicolette*, diminutivo de *Nicolle*, Nicolasa. También es diminutivo de Colea, nombre del mismo origen.

C. **Colom/Coloma**; G. **Comba**; F. It. **Colomba**; In. **Colum**, **Colm**; A. **Columba**. Colometa, protagonista de la novela *La plaça del diamant*, de la escritora catalana Mercè Rodoreda.

Colomo/Coloma *31/12 m/f*

Nombre popularísimo en España, variante no del todo exacta de Paloma (v.). Del latín *columba*, «paloma», aunque concurre con el Columbano irlandés. Cristóbal Colón (latín *Columbus*), aparte de descubrir América, ha dado nombre a la ciudad de Columbus (Ohio, EE.UU.), la república de Colombia, etc. Var. Columba, Paloma. Derivados: Columbano, Colombina (nombre del famoso personaje de la comedia italiana, versión femenina de Pierrot).

C. **Columbà/Columbana**; G. **Columbano/Columbana**. San Columbano (s. VI), deformado a menudo en Colman, es un apóstol irlandés muy venerado por su incansable espíritu fundador.

Columbano/Columbana *21/10 m/f*

Nombre latino: *Columbanus*, gentilicio de *Columbus*, Colomo (v.), nombre con el que ha concurrido. Var. Columbiano/Columbiana.

B. **Concha**; C. **Concepció**; G. **Concepción**; E. **Sorne**, **Sorkunde**, **Kontxexi**; It. **Concetta**. Concepción Arenal, socióloga, pedagoga y ensayista gallega (1820-1893).

Concepción *8/12 f*

Advocación mariana alusiva a la Inmaculada Concepción de la Virgen María (latín *conceptio*, «concepción, generación», por *cum-capio*, «con-tener»). Popularísimo en España. Hip. Concha, Conchita, Chita.

B **Concia**, **Conzia**; C. **Conxa**; G. **Concha**; E. **Kontxexi**. Concha García Campoy, periodista y locutora española (1955).

Concha *8/12 f*

Hip. de Concepción.

C. **Confuci**. Confucio (Kong Fuzi,

Confucio *m*

Latinización (*Confucius*) del nombre del cé-

«maestro Kong»), filósofo y reformador de costumbres chino (551?-479 a. de C.)

lebre reformador chino Kong Fuzi, «Kong el maestro» o «Kong el sabio» (Kong, nombre de familia).

C. **Conradí/Conradina**. Conradino I (1254-1268), rey de Sicilia y rey titular de Jerusalén, inductor de la entrada de los aragoneses en Sicilia.

Conradino/Conradina *m/f*

Gentilicio latino (*Conradinus*) de Conrado (v.).

B. **Conrao**; C. **Conrad/Conrada**; F. In. **Conrad**; E. **Korrada/Korrade**; A. **Konrad** (hip. **Kurt**); It. **Corrado/Corrada**. Konrad Adenauer, político alemán (1876-1967).

Conrado/Conrada *26/11 m/f*

Del germánico *kuon-rat*, «consejo del osado». Portado por diversos emperadores germánicos, llegó a ser tan popular en Alemania que es considerado allí como sinónimo de «persona corriente» (como el John inglés).

C. **Consell**. Consejo, personaje de la novela de Julio Verne *20.000 leguas de viaje submarino*.

Consejo *26/4 f*

Abreviatura de la Virgen del buen Consejo. Del latín *consilium*, «deliberación».

C. **Constanci/Constància**; G. **Constancio/Constancia**; F. **Constant**; A. **Konstanze**. Constant Permecke, pintor, diseñador y escultor belga (?-1952). Constanza de Aragón, hija de Jaume I y Violante (1239-1280?).

Constancio/Constancia *29/1 m/f*

Del latín *constans*, «constante». Femenino: Constancia, Constanza. Este último portado por una reina de Mallorca, esposa de Jaime III (s. XIV) y otra de Sicilia (s. XIV).

B F. A. **Constantin**; C. **Constantí/Constantina**; G. It. **Constantino/Constantina**; E. **Konstandin/Kostandiñe**; In. **Constantine**. Constantino I, *el Grande*, emperador romano (280?-337) Constantino Romero, actor español (1944). Konstantin Kavafis, poeta griego (1863-1933).

Constantino/Constantina *27/7 m/f*

Nombre latino, famoso por el emperador romano que instauró el cristianismo (s. IV). Gentilicio de Constancio. Al trasladar la capital del Imperio a Bizancio, ésta adquirió el nombre de Constantinopla (*Konstantinopolis*, «ciudad de Constantino»), hoy substiuido por un derivado turco de la misma palabra, Estambul.

C. **Consol**; E. **Atsegiñe, Pozkari**. Consuelo Álvarez Sierra, novelista española (1926). Consuelo Portella, *la Bella Chelito*, cantante de variedades española de origen cubano (1880-1960).

Consuelo *31/8 f*

Nombre simplificado de la Virgen de la Consolación (latín *con-solare*, «adivinar con»). Var. Consolación.

C. **Copèl·lia**. Coppelius, personaje de la ópera *Los cuentos de Hoffman*, de Jacques Offenbach, y en la ópera *Coppélia*, de Léo Delibes, ambas inspiradas en relatos de E.T.A. Hoffmann.

Copelia *f*

Nombre de una muñeca mecánica en una ópera de Léo Delibes, bautizada con el nombre de su inventor, el doctor Coppellius. El nombre de éste posiblemente procede de un diminutivo del nombre de la diosa latina Copia (*copia*, «abundancia»).

C. G. **Cora**. Cora Sandel, novelista noruega (1880-1974). Cora Vaucaire, cantante francesa (s. XX).

Cora *14/5 f*

Del griego *kóre*, «jovencita, doncella». Sobrepasado en popularidad por sus derivados Coralia y Corina, este último famoso y extendido por la amante del poeta Ovidio. Sinónimos: Atalanta, Fátima, Hebe.

Coraima *f*

Nombre de fantasía, creado a partir de Cora y Amada, en su forma francesa (*Aimée*).

C. G. **Coral**.

Coral *14/5 f*

Forma de Cora (griego *koré*, «doncella»), influida por el latín *coral*, «coral».

C. **Coràlia, Coràl·lia**; A. **Coralie**. Coraly Hinsch, fundadora de la Iglesia Evangélica hinschista en Nîmes (1831). Corallina, personaje de la *Commedia dell'arte* italiana.

Coralia *f*

Del griego *koralia*, diminutivo de *koré*, «niña, doncella». Influido también por nombres como Coral o Coralina, procedentes del latín *corallis*, «coral». Var. Coralina.

Cordelia, personaje de *El rey Lear* de Shakespeare.

Cordelio/Cordelia *Scc. Córdulo m/f*

Nombre latino, de origen distinto (*cor, cordis*, «corazón»; *cordelius*, «cerca del corazón, amado»). Confundido a menudo con Córdulo/Córdula (v.).

Córdulo/Córdula *22/10 m/f*

Nombre latino arcaico, *cordus*, «que viene fuera de tiempo», aplicado a hijos prematuros. A menudo confundido con Cordelio/Cordelia (v.).

C. **Còrdul/Còrdula**. Santa Córdula, virgen y mártir británica (s. IV).

Coridón *m*

Nombre de fantasía, creado por Lope de Vega. Formado a partir del latín *cor, cordis*, «corazón».

Coridón, personaje de Lope de Vega en *El inobediente*.

Corina *Scc. Cora f*

Variante de Cora, formado con la adición del adjetivador latinos *inus*, «relativo a».

C. **Corina**; In. **Corinne**; It. **Corinna**. Corinne Marchand, actriz francesa (1930). Corina de Tanagra, poetisa griega (s. v. a. de C.).

Cornado *m*

Nombre de fantasía, creado por Lope de Vega. Transliteración de Conrado (v.).

Cornado, personaje de Lope de Vega en *Belardo furioso* (comedia pastoral).

Cornelio/Cornelia *31/3 m/f*

Del gentilicio latino *cornelium*, «cuernecito», o *cornicula*, «choto», que designaba la familia de Publio C. Escipión *el Africano*, el vencedor de Aníbal. Derivado: Corneliano.

C. **Cornell/Cornella, Corneli/Cornèlia**; G. **Cornelio/Cornelia**; E. **Korneli/Kornelle**; F. In. **Cornelius**; It. **Cornelio/Cornelia**. Cornelio Tácito, historiador romano (55-120).

Coro *8/9 f*

Advocación mariana relativa a la Virgen del Coro.

Corpincho *Scc. Román m*

Nombre caló, equivalente a Román.

Cosme/Cósima *26/9 m/f*

Del griego *kosmas*, «adornado, bello» (presente en la forma medieval Cosmas y en la palabra moderna *cosmética*). Santos Cosme y Damián, martirizados en Arabia en el s. III son patronos de sus colegas médicos.

C. **Cosme/Còsima**; G. **Cosme/Cósima, Cosmede**; E. **Kosma/Kosme**; F. **Côme**; In. **Cosmo**; A. **Kosmas**; It. **Còsimo/Còsima, Cosma**. Cosimo Miglioratti, papa con el nombre de Inocencio VII (1336-1406).

Courtney *m*
Apellido de una familia aristocrática inglesa procedente de Courtenay (Francia). Significado relacionado con «patio, corte».

B. C. G. **Covadonga**.

Covadonga *8/9 f*
Nombre popularísimo en Asturias en evocación de la Virgen del Santuario homónimo, que recuerda la primera batalla victoriosa del rey don Pelayo contra los árabes, y el inicio de la reconquista asturiana. Probablemente se refiere al lugar donde fue encontrada una imagen de la Virgen, la *Cova-donna*, «Cueva de la señora».

Coyopa *f*
Nombre maya que significa «luminosa en la distancia».

Cozamala *f*
Nombre azteca. De *cozamalotl*, en la frase *ayauh cozamalotl*, «niebla de joyas de agua», forma poética de decir «arco iris».

C. **Crescenci/Crescència**; G. **Crescencio/Crescencia**; E. **Keslentzi/Keslentze**; A. **Creszenz**. San Crescencio, obispo de Florencia (s. IV). Santa Crescencia, monja y mística (?-1744).

Crescencio/Crescencia *15/7 m/f*
Del cristiano-romano *crescens*, «que crece», es decir, «vital, robusto». Posee numerosos equivalentes y derivados: Crescente, Crescenciano, Crescentiano, Crescentino.

C. **Crisp/Crispa**; E. **Kispa/Kispe**; A. **Crispus**; It. **Crispo/Crispa**. San Crespo, arquisinagogo de Corinto hasta su conversión al cristianismo por san Pablo (s. I).

Crespo/Crespa *4/10 m/f*
Nombre de familia romano, originado en el latín *crispues*, «rizado». Var. Crispo. Derivados: Crispín, Crispino, Crispiniano, Crispiano, Crispolo, Críspulo.

Cresques Abraham, cartógrafo judío mallorquín (?-1381).

Cresques *m*
Probable forma medieval de Crescencio (v.). Por el catalán *cresques*, «que crezcas», fórmula natalicia de buen augurio.

Crisaldo, personaje de Lope de Vega en *El robo de Dina.*

Crisaldo *m*
Nombre de fantasía, creado por Lope de Vega. Formado a partir del griego *krisos*, «oro», con la terminación germánica *-aldus*.

C. **Crisantem**.

Crisantemo *Scc. Crisanto f*
Nombre femenino (razón por la cual es usado también Crisantema), alusivo a la «flor de hojas doradas» (griego *krisanthos*, literalmente «flor de oro»).

B. **Clis**; C. **Crisant/Crisanta**; E. **Kirtsanda**; It. **Crisante/Crisanta**. San Crisanto, mártir en Roma (?-211).

Crisanto/Crisanta *25/10 m/f*
Nombre del mismo origen que Crisantemo (v.).

C. **Crisogon/Crisògona**; E. **Kirtsogon**. San Crisógono, mártir en tiempos de Diocleciano (s. IV).

Crisógono/Crisógona *24/11 m/f*
Del griego *krisos-gonos*, «engendrador de riqueza, de oro». Es también equivalente a Crisógeno, aplicado como apelativo a Perseo, que nació cubierto de oro.

C. **Crisòstom/Crisòstoma**; E. **Kisostoma**. San Juan Crisóstomo, elocuente orador (s. IV). Crisóstomo, personaje de *El Quijote*.

Crisóstomo/Crisóstoma *27/1 m/f*
Nombre de origen griego, aplicado a san Juan Crisóstomo, de modo que el nombre es sinónimo de «elocuente orador». Griego *krisos-stomos*, «boca de oro».

C. **Crispí/Crispina**; G. **Crispín/Crispina**. Santos Crispín y Crispiniano, hermanos zapateros martirizados en el s. IV (quizá se trate de un «doblete» de una sola persona).

Crispín/Crispina *19/11 m/f*
Gentilicio de Crispo, y éste del latín *crispus*, «crespo, de pelo rizado». Var. Crispino. Derivados: Crispo, Crispiano, Crispiniano, Críspulo.

Cristal *Scc. Cristóbal f*
Adaptación del inglés *Crystal*, a su vez hip. de *Christopher*, Cristóbal, alusivo al brillo y la luminosidad del cristal. Adoptado con entusiasmo en EE.UU.

Cristalina, personaje de Lope de Vega en *Belardo furioso* (comedia pastoral).

Cristalina *f*
Nombre de fantasía, creado por Lope de Vega. Del latín *cristalinus*, «de cristal, transparente».

C. **Cristeta**; E. **Kisteta**.
Santa Cristeta (s. IV), patrona de Ávila con Sabina y Vicente.

Cristeta *27/10 f*

Variante en diminutivo de Crista, con entidad propia por una famosa santa de Ávila.

C. **Cristià/Cristiana**; G. **Cristián/Cristiana**; F. In. A. **Christian**; It. **Cristiano/Cristiana**; S **Kristin**; F. **Kristiina**.
Chrétien de Troyes, escritor francés (1135?-1183)
Christiane Vulpius, esposa de Goethe (?-1806).
Christian Dior, diseñador de moda francés (1905-1957).

Cristián/Cristiania *27/7 m/f*

Del latín *christianus*, «seguidor, discípulo de Cristo, cristiano» (Cristo, del griego *Christós*, «ungido», aludiendo al Mesías). Popular en los países nórdicos (recordemos que el antiguo nombre de Oslo era Cristianía), y, de unos años a esta parte, en España.

C. **Cristí/Cristina**; E. **Kristin/Kristiñe**.
María Cristina de Borbón (1806-1878), viuda de Fernando VII, regente española.
Cristina Almeida, abogada y política española (1945).

Cristina/Cristino *24/7 f/m*

Variante de Cristiana/Cristián, aunque la forma femenina se considera usualmente como la forma femenina de Cristo.

C. **Crist/Crista**; In. A. **Christ**.
Krzysztof Penderecki, compositor polaco (1933).
Christo («Vladimir Javacheff»), artista búlgaro nacionalizado estadounidense (1933).

Cristo/Crista *25/12 m/f*

Nombre cristiano, procedente del griego *christós*, «ungido», aplicado al Mesías. Usado por los primitivos cristianos, que consideraban el de Jesús como irreverente.

C. **Cristòfol/Cristòfola**; G. **Cristovo/Cristova**; E. **Kristobal/Kristoballe**; F. **Christophe**; In. **Christopher**; A. **Christoph**; It. **Cristóforo/Cristófora**, **Cristófano** (hip. **Tófano**); S. **Kristofer**; Por. **Cristovâo**.
Cristóbal Colón, navegante, descubridor de América (1436?-1506)

Cristóbal/Cristóbala *28/7 m/f*

Del griego *Christophoros*, «portador de Cristo», aludiendo a la leyenda del santo, que llevó a Jesucristo sobre sus hombros, lo que le ha valido ser patrono de los viajeros y automovilistas. El nombre conoció gran auge desde Cristóbal Colón.

C. **Creu**; E. **Gurutz/Gurutze**,

Cruz *14/9 m*

Nombre evocador de la pasión y muerte

Guruzne; Gr. **Stavros**. Cruz Martínez Esteruelas, político español (1932).

de Nuestro Señor Jesucristo en la cruz (latín *crux*). Usado también como femenino.

Cuauhtémoc Cárdenas, político mexicano (1934).

Cuauhtémoc *m*
Nombre del último emperador azteca, usado hoy en México. Del náhuatl *cuauh-(tli)témoc*, «águila que baja». El águila, entre los nahuas, era símbolo del sol.

C. **Cugat/Cugata**. Sant Cugat, santo martirizado en el s. IV cerca de Barcelona.

Cucufate/Cucufata *25/7* *m/f*
Se ha propuesto el latín *Cucuphate*, quizá de *cucupha*, «cofia» (*cucuphatus*: «encapuchado»), aunque, más probablemente, procede de alguna lengua norafricana. Popular en Cataluña.

C. **Conegund/Conegunda**; F. **Cunégonde**. Santa Cunegunda pasó a la historia por el voto de castidad que hizo con su también santo esposo el emperador Enrique II (s. XI).

Cunegundo/Cunegunda *3/9* *m/f*
«Combatiente audaz» (*kühn-gundi*), o «de estirpe audaz» (*kunni-gundi*).

Cupertino *18/9* *m*
Por San José de Cupertino (s. XVII), que toma su apellido de una aldea en el antiguo reino de Nápoles. Alude a *Cypria*, sobrenombre de Afrodita (Venus), diosa de Chipre (*Cypros*).

C. **Curci/Cúrcia**, **Curt/Curta**; A. **Kurt**. Quinto Curcio, biógrafo romano (s. I). Kurt Waldheim, político austríaco, presidente de su país (1918). Kurt Weill, compositor alemán (1900-1950). Kurt Cobain, músico británico, líder del grupo *Nirvana* (1967-1994).

Curcio/Curcia *m/f*
Probablemente concurren aquí dos apelativos: el latín *curtus*, «cortado, mutilado», aplicado como mote, y el germánico Kurt (en latín medieval, Kurcius), derivado de *chun*, «audaz».

Curio, personaje de Lope de Vega en *Lo fingido verdadero*.

Curio *m*
Nombre de fantasía, creado por el dramaturgo Lope de Vega. Equivalente a

«abogado, hombre de letras» por el latín *curialis*, «curia, corte».

C. **Custodi/Custòdia**. Custodio José de Mello y Saldanha de Gama, almirante brasileño, sublevado en 1893.

Custodio/Custodia *m/f*

Del latín *custodio*, «custodiar». Evocador del misterio cristiano de la Eucaristía y del receptáculo de la sagrada forma.

D

Dafne *Scc. Laura f*

C. **Dafne**; F. In. **Daphne**. Dafne, en la mitología, ninfa hija del río Peneo, que la metamorfoseó en laurel (*daphne* en griego) para salvarla del acoso de Apolo.

Nombre mitológico, sinónimo de «laurel», o sea «triunfo». Var. Dafnis. Sinónimos: Laura, Loreto, Pantena.

Dagoberto/Dagoberta *9/3 m/f*

C. **Dagobert/Dagoberta**; F. A. **Dagobert**. Tres reyes merovingios, entre ellos Dagoberto II, rey de Austrasia y padre de santa Adela (s. VII). Georges Dagobert Cuvier, zoólogo y paleontólogo francés (1769-1832).

Del germánico *daga*, «claridad», y por extensión, «día», y *berht*, «ilustre, famoso, brillante» (v. Berta).

Daisy *Scc. Margarita f*

Daisy Fuentes, modelo, actriz y locutora estadounidense.

Hip. inglés de Margaret (v. Margarita), pero no con el significado etimológico de «perla», sino de «flor». La margarita se llamaba en inglés antiguo *daeges eage*, «ojo del día», por su aspecto y por abrise al alba. De ahí el actual nombre, *Day's eye*.

Dalia *f*

C. **Dàlia**; In. **Dahlia**.

Nombre femenino, tomado del de la flor bautizada en honor del botánico sueco *Dahl* (sueco *dahl*, «valle»). Var. gráfica: Dahlia. También es el nombre de una población griega, antiguamente Daulis.

Dalila *f*

C. **Dalila**; In. A. **Delilah**. Dalila, en la Biblia amante de Sansón, a quien traicionó cortando su cabellera tras descubrir que en ella residía el secreto de su fuerza.

Nombre bíblico del Antiguo Testamento. *Dalila*, «rizo ondulado», aludiendo a la belleza de la portadora.

C. **Dalmaci/Dalmàcia, Dalmau**; It. **Dalmazio/Dalmazia**. San Dalmacio, monje dominicano con gran fama de taumaturgo (?-1341).

Dalmacio/Dalmacia *5/12* *m/f*
Gentilicio de la Dalmacia, comarca del Adriático: *Dalmatius*. Var. Dalmao.

C. **Dàmaris**; In. A. **Damaris**. Dámaris, en el Nuevo Testamento, ateniense convertida al cristianismo al mismo tiempo que Dionisio Areopagita (s. I).

Dámaris *4/10* *f*
Nombre femenino bíblico del Nuevo Testamento. Del griego *damar*, «mujer casada, esposa». Quizás el personaje citado en el Nuevo Testamento sea un síbolo de una clase social.

C. **Damas**. Dámaso Alonso, filólogo y crítico literario castellano (1898-1990).

Dámaso/Dámasa *9/12* *m/f*
Del griego *dámasos*, «domador».

C. **Dàmia**.

Damia *f*
Nombre mitológico de una antigua deidad griega, aplicado a veces a las diosas Ceres o Cibeles. Del griego *damo*, variante de *demo*, «pueblo»: «la popular, la querida».

C. **Damià/Damiana**; G. **Damián/Damiana**; E. **Damen**; F. **Damien**; In. **Damian**; A. **Damian**; It. **Damiano/Damiana**. Damià Campeny, escultor catalán (1771-1855). Damià Forment, escultor valenciano 1540).

Damián/Damiana *26/9* *m/f*
Hermano de san Cosme (v.). Su nombre procede del griego *damianós*, «domador», o, quizá mejor, «consagrado al culto de Damia», sobrenombre de Ceres o de Cibeles (v. Damia).

C. **Dàmocles**. Damocles, magnate siracusano (s. IV a. de C.)

Damocles *m*
Del griego *damo-kles*, «gloria del pueblo» (v. Damia, Damián). Relacionado con la famosa leyenda del curador del león, construida a partir de su parecido con el griego *damianós*, «domador».

C. G. **Dan/Dana**. Dan Quayle, vicepresidente de Estados Unidos (1947).

Dan/Dana *m/f*
Patriarca bíblico (v. Daniel). Del hebreo *dan*, «justicia». La forma Dana es también masculina en inglés.

Dana Andrews, actor cinematográfico estadounidense (1912).

Dana *m*

Nombre de gran uso en EE.UU., tomado del sueco, donde es un hip. de Daniel. Usado para ambos sexos, aunque tiende a fijarse en el femenino. Var. femenina: Dayna.

C. **Dànae**. Dánae, en la mitología griega, hija del rey de Argos, poseída por Zeus transfigurado en lluvia de oro.

Dánae *f*

Nombre mitológico. El nombre alude a la leyenda del personaje mitológico: *daio*, tierra árida fecundada por la lluvia. La escena ha sido constante fuente de inspiración de artistas.

C. **Daniel/Daniela**; E. **Danel**; F. **Daniel/Danielle**; In. **Daniel** (hip. **Dan**); It. **Daniele/Daniela**; Cr. **Danilo**. Daniel Bernouilli, físico, matemático y fisiólogo holandés (1700-1782). Daniel Defoe, escritor inglés (1660-1731). Daniel Gélin, actor francés (1925). Daniel Barenboim, pianista israelí de origen ruso. Niels Henrik Abel, matemático noruego (1802-1829).

Daniel/Daniela *11/12* *m/f*

Dan, «juez» o «justicia» en hebreo, fue el nombre de un patriarca hijo de Jacob cuya madre Raquel exclamó al alumbrarlo: «Dios me ha hecho justicia con este hijo». la partícula *-el* alude a Jahvé, con lo que el nombre completo es «Justicia de Dios». Portado por uno de los profetas mayores, y popular en todos los lugares y épocas. Es popular la forma croata Danilo, popularizada por varios príncipes de Montenegro. V. también Neil, Nils.

C. **Dante**. Dante Alighieri, poeta italiano (1265-1321). Dante Gabriele Rosetti, pintor y poeta inglés (1828-1882).

Dante *Scc. Durando* *m*

Alusión al famoso poeta italiano. Se trata de una contracción de Durante o Durando.

Danteo, personaje de Lope de Vega en *El verdadero amante* (comedia pastoral).

Danteo *Scc. Durante* *m*

Nombre de fantasía, creado por Lope de Vega. Variación sobre Dante (v.).

Dantiso, personaje de Lope de Vega en *La corona derribada*.

Dantiso *m*

Nombre de fantasía, creado por Lope de Vega. Variación sobre Dante (v.).

C. **Darius/Daria**; G. **Darío/Daria**; E. **Dari/Dare**.

Darío/Daría *25/10* *m/f*

Nombre de un emperador persa, batido por los griegos en las guerras médicas.

Tres reyes persas (s. VI-IV a. de C.). Dario Fo, actor y autor teatral italiano (1926), premio Nobel de Literatura en 1997. Darius Milhaud, compositor francés (1892-1974).

Aunque según Herodoto significa «represor», parece más bien del persa *darayaraus*, «activo». Influido posteriormente por la concurrencia con Arrio.

Darlene Criss, editora de la revista *The Isolated M.*

Darlene *f*

Nombre usado en EE.UU., presumiblemente adaptación de *darling*, «querida». Var. Darleen, Darla.

Darryl F. Zanuck, productor cinematográfico estadounidense (1902-1979).

Darryl *m*

Nombre de origen incierto, quizás de un topónimo normando del tipo *d'Airel*.

Datán, personaje de Lope de Vega en *La corona derribada*.

Datán *m*

Nombre de fantasía, creado por Lope de Vega. Probablemente relacionado con el latín *datus*, «dado». *Datanus*, «el que da, el generoso».

Daud *Scc. David* *m*

Forma árabe de David (v.).

B. **Daviz**; C. **David/Davídia**; F. A. **David**; G. **Davide**; E. **Dabi**; In. **David** (hip. **Dave, Davy**); It. **Dàvide**; Ár. **Daúd**; Esc. femenino **Davina, Davinia**, éste último muy popular hace escasos años. David Livingstone, explorador y misionero escocés (1813-1873). Dwight David Eisenhower, general y estadista estadounidense (1890-1969). David Lynch, director cinematográfico estadounidense (1946).

David/Davidia *29/12* *m/f*

Procede de la palabra hebrea *dawidh*, que significa «amado», y, por evolución, «amigo». Sinónimo, pues, de numerosos nombres, como por ejemplo: Amado, Leuba, Maite, Filón, Filemón, Jalil, Pánfilo, Rut, etc. Su uso comienza con el segundo rey de Israel, vencedor de Goliat, prosigue con un obispo galés s. VI (en realidad *Dewi*, ON 1-3), y culmina hoy con un auge espectacular en España, donde lleva varios años a la cabeza de los nombres preferidos por los padres a la hora de elegir un nombre para su hijo. Formas femeninas: Davidia, Davita.

C. **Davínia**. San Davino, rico armenio

Davino/Davina *Scc. David* *m/f*

Nombre latino que significa «de la familia

que prefirió vivir en la pobreza (?-1061).

de Davus». Var. Davinio/Davinia, esta última también es la forma escocesa femenina de David (v.).

Dawn Adams, actriz cinematográfica estadounidense (1930).

Dawn *Scc. Aurora* *f*
La palabra inglesa *dawn*, «aurora», ha sido transformado en nombre propio femenino por influencia del latín Aurora (v.).

Dayna *Scc. Daniel* *f*
Variante de Dana (v.).

C. A. **Dea**.

Dea *f*
Del latín *dea*, «diosa».

Debliá *Scc. Virginia* *f*
Nombre caló, equivalente a Virginia.

C. **Dèbora**; F. In. A. **Deborah**; It. **Debora**. Débora, en el Antiguo Testamento, profetisa y juez israelita autora de un bello cántico a Jahvé. Deborah Kerr (1921), actriz cinematográfica escocesa.

Débora *21/9* *f*
Tras siglos en desuso, este nombre conoce hoy una renovada popularidad. Del hebreo *deborah*, «abeja», lo que la empareja en significado con Apio y Melisa. En uso desde los puritanos de los países anglosajones, se extiende hoy por España.

C. **Deci/Dècia**. Decio («Mesio Quinto Trajano Decio»), emperador romano (201-251).

Decio/Decia *9/4* *m/f*
Nombre latino, síncope de *decimus*, «décimo», aplicado al hijo nacido en ese lugar.

C. **Dejanira**. Dejanira, esposa de Herakles o Hércules, a quien asesinó.

Dejanira *f*
Nombre mitológico. Su significado alude al personaje mitológico portador: *déianeira*, «destructora de hombres» (*déion*, «destruir; *áner*, «hombre»). Var. Deyanira.

C. **Delfí/Delfina**; E. **Delbin/Delbiñe**; F. **Delphin**, **Dauphin**; It. **Delfino/Delfina**. Delphine Gay («Madame Emile de Girardin»), escritora francesa (s. XIX). Delphine Ugalde (nacida Beaucé), cantante francesa (s. XIX).

Delfín/Delfina *26/11* *m/f*
Sobrenombre de Apolo, matador de la serpiente Delfina o Pitón. Conoció un gran auge en la Edad Media, cuando se convirtió en un título dado a los hijos del rey de Francia, análogo a nuestro Príncipe de Asturias.

C. **Dèlia**: G. **Delia**.

Delio/Delia *Scc. Elías* *m/f*
Sobrenombre griego de la diosa Diana, que le fue otorgado por haber nacido en la isla de Delos. Es usado también como hip. de Adela, o como forma italiana femenina de Elías. Vuelve a conocer hoy gran popularidad, e incluso es extendido al género masculino.

Demelsa *Scc. Elisa* *f*
Nombre de fantasía, formado con Deméter (v.) y Elsa (v.). Variante gráfica: Demelza.

C. **Demèter**.
Deméter, divinidad mayor griega, hija de Cronos y Rea, diosa de la abundancia.

Deméter *f*
Nombre que procede de la mitología griega. Su origen es poco claro, interpretado de diversas formas: «tierra-madre», «madre del trigo», «madre de Dios». En todos destaca el elemento maternal, esencial en la diosa.

C. **Demetri/Demètria**.
Dimitri Mendeleiev, químico ruso, creador de la Tabla Periódica (1834-1907).
Dimitri Sostakovich, compositor y pianista ruso (1906-1975).

Demetrio/Demetria *21/11* *m/f*
Adjetivación del nombre griego Deméter (v.): «relativo, consagrado a Deméter». Derivado: Demetriano/Demetriana.

C. **Demòstenes**
Demóstenes, político y orador ateniense (384-322 a. de C.).

Demóstenes *m*
Del griego *demos-sthenos*, «fuerza del pueblo».

C. **Denís/Denisa**.
Denis Diderot, filósofo y polígrafo francés (1713-1784).
Dennis Hopper, actor estadounidense (1936).

Denís/Denisa *9/10* *m/f*
Variante de Dionisio, por la forma francesa *Denis*, nombre del obispo de París.

C. **Deudonat/Deudonada, Deodat/Deodada**.
San Deodato I, papa de 615 a 618.
Déodat de Séverac, compositor lenguadociano (1872-1921).

Deodato/Deodata *15/10* *m/f*
Procede del nombre latino *Deodatus*, que significa «dado por Dios». Fórmula natalicia de buen augurio. Equivalente a Adeodato.

Derek *Scc. Teodorico* *m*
Forma moderna de Teodorico (v.) en inglés. Iniciado su uso a principios del s. XIX. Var. Dirk.

Derek Bond, actor cinematográfico inglés. Derek Farr, actor cinematográfico inglés.

Derrick *Scc. Teodorico* *m*
Variante de Derek (v.), forma preferida en EE.UU.

Desdémona *f*
El dramaturgo Shakespeare se inspiró para el nombre en el *Hecatommithi* de Cinthio (1565), donde aparece en la forma *Disdemona*, sin duda adaptación del griego *Dysdaímon*, «desdichada» (como Fleto, Pantalas o Sinforosa).

C. **Desdèmona**. Desdémona, nombre de la heroína del drama shakespeariano *Othelo* (1604).

Desiderio/Desideria *23/5* *m/f*
Del latín *desiderius*, «deseable», o, más bien, «deseoso» (de Dios). Hoy algo en desuso, pero vivo en su forma femenina francesa, Désirée (v.).

C. **Desideri/Desidèria**, **Didier**; E. **Desideri**; F. **Didier**, **Désiré/Désirée**; In. **Desideratus**; A. **Desider**; It. **Desiderio/Desideria**. Desiderio Erasmo, *Erasmo de Rotterdam*, humanista holandés (1469?-1536).

Désirée *8/5* *f*
Variante francesa femenina de Desiderio (v.). Famoso por un personaje de la época revolucionaria francesa (D. Clary), primero prometida de Napoleón Bonaparte y posteriormente esposa de su general Bernadotte, lo que la convirtió en reina de Suecia.

Désirée Clary, esposa del general Bernardotte, y más tarde reina de Suecia (1777-1860).

Desmond *m*
Del irlandés *Deasmhumhnaigh*, por *deas*, «sur», y *Mumhan*, «Munster». Equivalente a «descendiente de alguien procedente del sur de Munster», por lo que fue usado como apellido.

Desmond Morris, antropólogo estadounidense (1928). Desmond Tutu, religioso sudafricano (1931).

Dewey *Scc. David* *m*
Forma galesa de David. Var. Dewi.

C. **Diana**; F. **Diane**.
Diana Ross, cantante estadounidense (1945).
Diana Spencer, lady Di, princesa de Gales (1961-1997).
Diane Keaton («Diane Hall»), actriz cinematográfica estadounidense (1946).

Diana *9/6 f*

Contracción del latín *Diviana*, que significa «divina»: Diana, «la del día, la diurna», y, por extensión, «la clara, la celestial». En la mitología, diosa lunar, equivalente a la Artemisa griega, eterna cazadora de los bosques, los cuales recorría acompañada de ochenta ninfas.

Dídac *25/7 m*

Forma catalana de Diego (v.), inspirada en el griego *didachós*, «instruido».

C. **Dídim/Dídima**; E. **Didima/Didime**; It. **Dìdimo/Didima**.
San Dídimo, oficial en la guarnición de Alejandría, decapitado con Teodora en 304.

Dídimo/Dídima *11/9 m/f*

Nombre bíblico de origen griego: *dídymos*, «doble», aludiendo a su portador, el apóstol Tomás, que era hermano gemelo.

C. **Dídac/Dídaca**; G. Por. **Diogo/Dioga**; E. **Didaka/Didake**; It. **Didaco/Didaca**.
Diego de Almagro, conquistador castellano (1475-1538).
Diego Rodríguez de Silva y Velázquez, pintor sevillano (1599-1660).

Diego/Diega *13/11 m/f*

Variante de Jaime (v.), por abreviación de Santiago (Sant-Yago, Tiago, Diego), latinizado *Didacus* por influencia del griego *Didachós*, «instruido». En el santoral, el nombre se ha independizado por san Diego de Alcalá.

C. **Digne/Digna**; G. **Digno/Digna**.
Santa Digna, religiosa española, mártir en Córdoba (s. IX).

Digno/Digna *4/6 m/f*

Del verbo latino *digno*, «ser digno, ser importante».

C. **Dimas**; E. **Dumak, Dima**.
Dimas, asimilado a Dimante, en la mitología, el padre de Hécuba.
Dimas, personaje del Nuevo Testamento, el «buen ladrón», con lo que fue adoptado por el cristianismo.

Dimas *25/3 m*

Nombre de origen desconocido: se tiene constancia de que hay un *Dyme*, ciudad de Aquea; también es verosímil, en adaptación cristiana, la raíz *Dio-master*, que significa «que busca a Dios», y también *di-machos*, «que combate doblemente, por ambos lados».

Dimna *15/3 f*

C. **Dimna**.
Santa Dimna, mártir irlandesa, huyó a Amberes para convertirse al cristianismo, y allí fue hallada y decapitada por su padre (s. VI).

Nombre irlandés (*Damhnait*), con el posible significado de «bondadosa, conveniente». Este nombre fue bastante común en España durante la Edad Media por el relato *Calila e Dimna* y se bifurca en diversas grafías: Dimpna, Dympna e incluso Dina (v.), en realidad distinto.

Dino/Dina *m/f*

C. **Dina**.
Dino Compagni, cronista italiano (s. XIII-XIV).
Dino Buzzati, escritor italiano (1906-1972).
Dino Campana, poeta, vagabundo y visionario italiano (1885-1932).
Dino Zoff, futbolista italiano.

Nombre hebreo, de significación poco clara. Se ha propuesto a veces «litigio, artificiosidad», aludiendo a la historia del personaje bíblico. En la práctica es usado a menudo como hip. de Claudina, Blandina y nombres análogos, y, en los países anglosajones, de Diana.

Diocleciano/Diocleciana *m/f*

Nombre de origen latino, impuesto al emperador homónimo por haber nacido en Dioclea (Dalmacia). El nombre de ésta deriva del griego Diocles («gloria de dios», *Dio-kleos*).

Diodoro/Diodora *17/1 m/f*

Diodoro da Fonseca, político brasileño, primer presidente de su país, en 1891.

Nombre griego, con el mismo significado que Teodoro (v.), por *dion*, «dios».

Diógenes *6/4 m*

C. **Diògenes**; A. **Diogenis**; It. **Diògene**.
Diógenes *el Cínico*, filósofo griego maestro de Platón (413-327 a. de C.).
Diógenes Laercio, escritor griego (s. III).

Nombre griego teóforo, incorporado por el cristianismo. *Dio-genos*, «que viene de Dios, engendrado por Dios».

Dion/Diona *m/f*

C. **Dio/Diona**.

Del griego *dion*, «dios, divinidad».

Dionisio/Dionisia *15/5 m/f*

C. **Dionís**, **Dionisi/Dionísia**; G. **Dionisio/Dionisia**; F. **Dénis/Dénise**.
Dionisios, divinidad griega cuyos ritos derivan principalmente de la embriaguez.

De *Dios-Nysa*, «dios de Nisa», localidad egipcia donde tenía un templo este dios de las fiestas y bacanales, que por ellas originó la palabra «dionisíaco» como oposición de «claro, lúcido».

C. **Dioscórides**. Dioscórides, médico griego de la Antigüedad (s. I).

Dioscórides *28/5* *m*
Del griego *Dioskorídes*, patronímico de Dióscoro (v.).

C. **Diòscor**; G. **Dióscoro**. Los Dióscoros eran, en la mitología griega, Cástor y Pólux, gemelos nacidos de los amores de Júpiter, transformado en cisne, y Leda.

Dióscoro *25/2* *m*
Del griego *Dioskoros*, por *Dios*, Júpiter, y *koros*, «niño, adolescente»: «hijo de Júpiter», y también «consagrado a Júpiter».

Disqueró *Scc. Segundo* *m*
Nombre caló, equivalente a Segundo.

Diva *f*
Del latín *diva* o *dea*, femenino de *deus*, «dios». De este nombre deriva Divina (v.).

C. G. **Divina**.

Divina *Scc. Pastora* *f*
Nombre femenino, alusivo a la Divina Pastora, advocación mariana. Del latín *divinus*, «de Dios, divino» (*deus*, «Dios»). V. Diva.

Dobastró *Scc. Rosario* *f*
Nombre caló, equivalente a Rosario.

C. **Dou/Doda**. Toda Aznar (?-960?), esposa de Sancho I Garcés y reina de Navarra, abuela de Sancho I *el Craso*.

Dodo/Toda *m/f*
Nombre germánico. De *dodo*, «padrino». Var. Doda. Portado por una reina navarra del s. x.

Dojiá *Scc. Asunción* *f*
Nombre caló, equivalente a Asunción.

B. **Dora**; C. **Dolors**; G. **Dóres**; E. **Nekane**; It. **Addolorata**. Dolors Ibarruri, *La Pasionaria*, sindicalista y política española (1895-1989).

Dolores *Viernes de Dolores o 15/9* *f*
Nombre alusivo a los Siete Dolores de la Virgen María. Del latín *doleo*, «sufrir». Hip. Lola (v.), Loles, diminutivos Lolita, Lolina (Asturias).

C. **Domicià/Domiciana**; G. **Domiciano/Domiciana**. Domiciano («Tito Flavio D.»), emperador romano (51-96).

Domiciano/Domiciana *9/8* *m/f*
Nombre latino, gentilicio de Domicio (v.).

C. **Domici/Domícia**; G. **Domicio/Domicia**. Domicia Longina, esposa del emperador Domiciano (s. I d. de C.) e inductora de su asesinato.

Domicio/Domicia *23/3 m/f*

Del latín *domus*, «casa»: «relativo a la casa, doméstico, familiar». Var. Domilito/Domitila.

B. **Domingu**; C. **Domenge/Domenja**, **Domènec/Dominica**; G. **Domingos/Dominga**; E. **Domiku**; F. **Dominique**; In. **Dominick**; A. **Dominik**; It. **Domènico/Domènica**, **Mènico** (el diminutivo Menguín es la máscara milanesa); Ir. **Domnech**. Domingo de Silos, benedictino español (s. XI). Domingo de Guzmán, fundador de la orden benedictina e inventor del Rosario (s. XII-XIII).

Domingo/Dominga *8/8 m/f*

Nombre muy popular en la Edad Media, devenido famoso por los santos españoles Domingo de Silos y Domingo de Guzmán; del latín *dominicus*, «del señor» o *dominus*, o sea «consagrado al Señor, a Dios» (de donde el nombre del día de la semana). Var. Domenjo. Hip: Mingo. Femenino: Dominica, Domínica.

C. **Dominica**. Santa Dominica, mártir calabresa (s. IV). Dominique Sanda («Dominique Varaigne»), actriz francesa (1951).

Dominica *Scc. Domingo f*

Variante de Dominga.

Domitilo/Domitila *12/5 m/f*

Variante de Domicio/Domicia.

C. **Donacià/Donaciana**; G. **Donaciano/Donaciana**. Donatien Sade, marqués de Sade, escritor francés (1740-1814). Donatien Mollat, teólogo bíblico y exégeta francés (1904-1976).

Donaciano/Donaciana *6/9 m/f*

Derivación de *donatus*, «dado, don», aludiendo al nacimiento. Por derivación adjetival, pasa a Donaciano, «relativo, de la familia de Donato».

Donají, legendaria princesa zapoteca, en el estado mexicano de Oaxaca.

Donají *f*

Nombre usado en México. De origen zapoteco, aféresis de *Sadunashí* (*Sadunaxí* en grafía antigua), «la que será amada». Para otros intérpretes, «la virgen amada» (*do*, «mujer joven, doncella»).

Donald *m*

Del gaélico *Domhnall*, «mundo poderoso», usado durante siglos en Escocia y asociado allí con el clan de los Donald.

Donald Crisp, actor cinematográfico estadounidense (1880-1974). Donald O'Connor, actor cinematográfico estadounidense (1925).

Donato/Donata *21/5* *m/f*

Del latín *donatus*, «dado», aplicado a un recién nacido. La expresión «dado» o «regalo, don» es frecuente en la onomástica.

C. **Donat/Donada**; E. **Donata/Donate**; G. **Donado/Donada**, **Doado/Doada**. Donato Bramante, arquitecto italiano (1444-1514). Donato di Niccolò di Betto Bardi, *Donatello*, escultor italiano (1386?-1446).

Dora *f*

Es hip. de nombres como Dorotea, Teodora, Auxiliadora, etc. Sin embargo, posee también entidad propia, por el griego *doron*, «don, regalo, presente». Deriva de él Dorinda, nombre de fantasía formado con el sufijo germánico *-lind*, «dulce» (v. Linda), y Doris (v.).

C. G. **Dora**. Dora Carrington, pintora británica, miembro del «grupo de Bloomsbury» (1893-1932). Dora Doll, actriz francesa. Dora Dymant (?-1924), compañera de Franz Kafka.

Dorcas *25/10* *f*

Nombre hebreo, equivalente a Tabita (v.).

C. In. **Dorcas**. Dorcas, cristiana de Joppé «rica de las buenas obras y las limosnas que hacía», resucitada por san Pedro (AC. 9, 36-41).

Doriano *m*

Nombre de fantasía, creado por Lope de Vega. Por el griego *dorios*, aplicado a uno de los primeros pueblos pobladores de la Hélade, con el sufijo latino relativo *-anus*.

Doriano, personaje de Lope de Vega en *La pastoral de Jacinto* (comedia pastoral).

Dórida *f*

Nombre de fantasía, creado por Lope de Vega. A partir de Doris (v.).

Dórida, personaje de Lope de Vega en *El verdadero amante* (comedia pastoral).

Dorina *f*

Nombre de fantasía, formado a partir de Doris (v.), con el sufijo adjetivador latino *-inus*: «relativo a Doris». Var. Dorinda, con el sufijo germánico *-indus*, del mismo significado.

C. **Dorina, Dorinda**. Dorinda, amante de Silvio en la obra *Il pastor Fido* (1570), del escritor renacentista italiano Giovan Battista Guarini.

Dorindo, personaje de Lope de Vega en *Auto del nacimiento de Nuestro Señor Jesucristo*.

Dorindo *m*

Nombre de fantasía, creado por el dramaturgo Lope de Vega. Masculinización de la forma Dora con el sufijo adjetivador *-indus*.

C. G. **Doris**. Doris Humphrey, danzarina y coreógrafa estadounidense (1895-1958). Doris Lessing, novelista inglesa (1919). Doris Day («Doris von Kappelhoff»), actriz estadounidense (1924).

Doris *Scc. Dora* *f*

Aunque suele tomarse como variante de Dora, es en realidad un nombre de origen mitológico (Doris, esposa de Nereo y madre de cincuenta ninfas), y es gentilicio de la Dórida, patria de los Dorios, en la antigua Grecia.

C. **Doroteu/Dorotea**; G. **Doroteo/Dorotea**; E. **Dorota/Dorote**; F. **Dorothée**; In. **Dorothy**; A. **Dorothea**; It. **Doroteo/Dorotea**. Dorotea, heroína de la novela de Goethe *Hermann y Dorotea* (1797). Dorothea Lange, fotógrafa estadounidense (1895-1965).

Doroteo/Dorotea *5/6* *m/f*

Del griego *Doro-theos*, «don de Dios». Los mismos elementos, invertidos, forman Teodoro, y existen muchos más nombres con el mismo significado: Adeodato, Diosdado, Donadeo, Dositeo, Elesbaán, Elisabet, Godiva, Jonatán, Matías, Natanael, Teodoreto, Teodosio, Zenodoro.

Douglas Fairbanks, actor cinematográfico estadounidense (1883-1939). Douglas Sirk («Hans Detlef Sierck»), realizador cinematográfico estadounidense nacido en Alemania (1900-1987).

Douglas *m*

Nombre gaélico, derivado de *dubh glas*, «el agua negra».

C. **Dúbia**.

Dubia *f*

En la ciudad de Roma, Dubia fue el sobrenombre que se le dio a la diosa Fortuna. Por *dubio*, «dujar», aludiendo a su versatilidad.

C. **Dulas/Dula**.

Dulas/Dula *15/6* *m/f*

Del griego *doulos*, que significa «esclavo, siervo».

C. **Dolça**; In. **Dulcie**. Dolça de Provença (s. XI-XII), esposa del Conde de Barcelona Ramón Berenguer III y madre de Ramón Berenguer IV. Dulce María Loynaz, poetisa cubana (1903-1997).

Dulce *12/9 f*
Nombre femenino. Del latín *dulcis*, «dulce». También alude al Dulce Nombre de María. De él derivó también el nombre de Dulcinea, aplicado por Cervantes a la amada de Don Quijote.

C. G. **Duna**.

Duna *24/10 f*
Nombre germánico, derivación de *dun* o *tun*, «colina». Tomado como sinónimo de Dunia (v.).

Dunduñí *Scc. Clara f*
Nombre caló, equivalente a Clara.

C. **Dúnia**; A. **Dunja**.

Dunia *24/10 f*
Nombre frecuente en los países rusos, como variante del germánico Duna (*dun* o *tun*, «colina»). Es también un nombre árabe *dunya*, «señora del mundo».

C. **Duran**.

Durante *m*
Nombre germánico, muy antiguo y de etimología obscura. Más tarde, latinizado como *Durandus*, con la significación injertada de «el que dura». Var. Durando.

Durga, esposa del dios hindú Shiva.

Durga *f*
Nombre indio, asimilado a «socorro». Es uno de los aplicados a Parvati (v.).

Dustin Farnum, actor del cine mudo. Dustin Hoffman, actor cinematográfico estadounidense (1937).

Dustin *m*
Topónimo inglés, posiblemente relacionado con *dust*, «polvo» («¿lugar polvoriento?»). Popularizado por un actor del cine mudo y todavía más por uno del sonoro, al que se le impuso el nombre por el primero.

Dwayne Hickman, actor cinematográfico infantil en los años cuarenta.

Dwayne *m*
Forma americana del inglés Duane, apellido irlandés derivado de *O Dubhain*, «negro».

Dylan Thomas, poeta galés en lengua inglesa (1914-1953).

Dylan *m*

Apellido anglosajón, posiblemente derivado del nombre de pila Dil, antiguamente *Dulle*. Se ha especulado acerca de su relación con el inglés *dull*, en su acepción de «bobo, alocado».

E

C. **Ebenezer**.

Ebenézer *m*

Topónimo palestino, escenario de varios enfrentamientos entre filisteos e israelitas. Significado: «piedra del socorro».

C. **Eberard/Eberarda**; F. **Évrard/Évrarde**; In. **Everard, Everett**; A. **Eberhard**; It. **Eberardo/Eberarda**. Eberhard Waächter, barítono austríaco (1929).

Eberardo/Eberarda *14/8 m/f*

Nombre germánico, popular en países anglosajones. De *eber-hard*, «jabalí fuerte». Por similitud fonética, ha acabado siendo identificado con Abelardo. Var. Aberardo, Alardo, Everardo.

Ebony and Ivory, canción de Paul McCartney (1982).

Ebony *f*

Nombre usado especialmente por la gente de color en EE.UU. por su clara referencia al ébano, madera preciosa de color negro.

C. F. In. A. It. **Edda**. Edda Moser, soprano (s. XX).

Edda *7/7 f*

Nombre germánico, derivación de *hrod*, «fama, gloria». Se usa como abreviación de Edita, Edwina o Eduarda. Designa la recopilación de tradiciones religiosas y legendarias de los antiguos pueblos escandinavos. Puesto de moda como nombre por el movimiento romántico.

C. **Edelbert/Edelberta**; It. **Edilbert/Edilberta**. San Edelberto, rey de Inglaterra (s. VII).

Edelberto/Edelberta *24/2 m/f*

Variante anglosajona de Adalberto.

B. **Belmiro**; C. **Edelmir/Edelmira**; G. **Edelmiro/Edelmira**; A. **Edelmira**. Delmira Agustini, poetisa uruguaya (1890-1914).

Edelmiro/Edelmira *24/3 m/f*

Del germánico *athal-miru*, «de nobleza insigne». Var. Adelmaro, Delmiro, Dalmiro.

C. **Edeltrud/Edeltruda**. Virtuosa princesa británica, dos veces casada y dos veces virgen (?-679).

Edeltrudo/Edeltrudis *18/6* *m/f*

Variante de Adeltrudis. Var. Ediltrudo/Ediltrudis.

C. **Edeni/Edènia**.

Edenio/Edenia *m/f*

Adjetivación de la palabra *Eden*, en hebreo, «jardín, huerto delicioso», lugar donde estaba ubicado el Paraíso Terrenal.

Eder *m*

Nombre de origen vasco, *eder*, «bello, gracioso». De él deriva el femenino Ederne (v.).

Ederne *f*

Nombre vasco femenino. Sin equivalencia, seguramente relacionado con *eder*, «bello, gracioso».

No varía en las lenguas próximas, salvo en la forma paralela: C. **Otger**; F. **Ogier**; A. **Otger**; It. **Oggero**.
Edgar Allan Poe, poeta, narrador y crítico literario estadounidense (1809-1849).
Edgar Degas («Edgar-Hilaire-Germain De Gas»), pintor y escultor francés (1834-1917).

Edgar/Edgara *8/7* *m/f*

Forma inglesa antigua de Eduardo, con entidad propia principalmente a causa de un rey santo de Inglaterra (s. IX). Identificado con el danés *Ogiero*, nombre portado por uno de los paladines de Carlomagno. Var. Edgardo/Edgarda.

C. **Edilma**.

Edilma *30/1* *f*

Contracción de Adelelma, a su vez constituido con las raíces germánicas *athal-elm*, «protector noble». También de Eduardo y Vilma.

Thomas Alva Edison (1847-1931), inventor estadounidense del telégrafo dúplex, del fonógrafo y de la lámpara volfrámica de incandescencia.

Edison *m*

El apellido principal del estadounidense Thomas A. Edison ha pasado a ser nombre común en toda América. Etimológicamente deriva del inglés *Edithson*, que significa «hijo de Edith» (v. Edita).

C. **Edit/Edita**; G. **Edito/Edita**, In. **Edith**. Edith Cavell, enfermera y heroína inglesa (1865-1915). Edith N. Wharton, novelista estadounidense (1862-1937). Edith Piaf, cantante francesa (1915-1963).

Edito/Edita *16/9 m/f*

Nombre germánico, formado con la raíz *ed*, «riqueza», y *gyth*, «combate». Popularizado hoy en España, especialmente a través de la forma original inglesa Edith.

C. **Edmon/Edmonda**; G. **Edmundo/Edmunda**; E. **Emunda/Emunde**; F. **Edmond/Edmonde**; In. **Edmond, Edmund**; A. **Edmund**; It. **Edmondo/Edmonda**; Ir. **Eamon**. Edmund Husserl, filósofo moravo de origen judío (1859-1938).

Edmundo/Edmunda *20/11 m/f*

Del germánico *hrod-mund*, «protector de la victoria». Popular en los países anglosajones.

C. **Edna**. Adnah, esposa de Enoch en el libro homónimo. Edna Lyall, seudónimo de la novelista inglesa Ada Ellen Bayly (1857-1903).

Edna *f*

Nombre pseudohebreo, inventado por la novelista Ada Ellen Baylly inspirándose en Adnah por su parecido con «Edén». Significaría «rejuvenecimiento». V. también Edna.

C. **Eduard/Eduarda**; G. **Eduardo/Eduarda, Duardos**; E. **Edorta/Edorte**; F. **Édouard/Édouarde**; In. **Edward, Edgar** (hip. **Ned, Ted, Eddie**); A. **Edgar**; It. **Edoardo/Edoarda**; Por. **Duarte**; Nor. **Edvard**. Edouard Jeanneret, *Le Corbusier*, arquitecto y pintor suizo (1887-1965).

Eduardo/Eduarda *5/1 m/f*

Del germánico *ead*, «propiedad, riqueza», y *gair*, «lanza». O, mejor, de *hrod-ward*, «guardián glorioso». La supervivencia de este nombre se debe a la devoción del rey Enrique III por los santos Eduardo y Edmundo, y a su presencia en las listas reales inglesas. Derivados: Duardos, Duarte. Hip. Lalo.

Edurne *Scc. Nieves f*

Forma vasca de Nieves.

B. **Eduvixes**; C. **Eduvigis**; G. **Eduvixe**; E. **Edubige**; F. **Edvige, Edwige**; In. **Hedda**; A. **Hedwig** (hip. Hedy); It. **Edvige**. Eduvigis, reina de Hungría y Polonia (s. XIV).

Eduvigis *16/10 f*

Uno de los más populares nombres germánicos, aunque poco usado en España en la actualidad. De *hathu-wig*, duplicación de la palabra «batalla»: «guerrero batallador». Var. Euduvigis, Edvigis. Hip. Avoiza.

C. **Efraïm, Efrem**; E. **Eperna**; In. **Ephraim**. Efraín, patriarca bíblico, hijo de José y cabeza de una media tribu. Efraín Huerta, poeta mexicano (1914).

Efraín/Efraína *9/6 m/f*

Procede del hebreo *ephraim* o *ephraraim*, que significa «muy fructífero, doblemente fructífero». Sinónimo de Policarpo, Fructuoso, Carpóforo y Pomona. Var. Efraím, Efrem, Efrén.

C. **Egèria**. Egeria, ninfa romana ligada a la figura del rey Numa, de quien era consejera, como sugiere su nombre.

Egeria *f*

Del verbo griego *egeiro*, «excitar, mover». La ninfa que posee este nombre es considerada portadora del atributo de la inspiración.

C. **Egidi/Egídia**; G. **Exidio/Exidia**. Egidio, *el conde Giles*, general galorromano y fundador de un pequeño reino independiente al norte de la Galia (s. V). Egidio R. Duni, compositor italiano (s. XVIII).

Egidio/Egidia *1/9 m/f*

Nombre de origen griego, que se puede traducir como «protector» atendiendo a su origen *aegis*, nombre del escudo de Júpiter y Minerva, así llamado por estar hecho con la piel curtida de la cabra Amaltea, nodriza del primero (*aíx*, «cabra»). Popularísimo en España durante el Siglo de Oro, especialmente bajo la forma hipocorística Gil (v.).

C. **Eglantina**; F. **Églantine**.

Eglantina *f*

Nombre femenino, alusivo a una flor de la familia de las rosáceas. Del francés *églantine*, y éste del latín *aquilentum*, «rosa de bosque» (por *aculeatus*, «que tiene espinas»). Popularizado en Cataluña por ser uno de los premios de los Juegos Florales.

C. **Egmond, Egmont**; F. A. **Egmont**. Lamoral, conde de Egmont, (1522-1568), propulsor de una revuelta contra Felipe II en los Países Bajos, a consecuencia de la cual fue condenado y ejecutado.

Egmont *m*

Nombre germánico: aig-mund, «espada protectora». Muy popular en los Países Bajos por el conde de este nombre, héroe nacional. Goethe pubicó en 1787 la tragedia *El conde de Egmont*, musicada por Beethoven en 1810.

Eimerico/Eimerica *Scc. Enrique m/f*

Forma antigua y hoy en desuso del nombre Enrique (v.).

Ekaron *m*

Nombre en la tribu apalai, en el Amazonas. *Ekaron*, «el generoso».

Ekkuly *f*

Del maya *ek*, «estrella», y *kul*, «divino».

Eladi Homs, pedagogo catalán (1886-1973).

Eladio/Eladia *Scc. Heladio* *m/f*

Variante de Heladio.

Elba *2/4* *f*

De la raíz germánica *alb* o *elf*, aplicado a unos seres sobrenaturales de las mitologías nórdicas, de donde derivaría el nombre de los elfos. V. Alvino.

Eleana *18/8* *f*

Variante de fantasía de Ileana.

C. **Eleàtzar**; E. **Elazar**; In. **Eleazar**; Por **Elzeario**. Eleazar, en el Antiguo Testamento, hijo de Aarón. Eleazar de Carvalho, compositor brasileño (1915).

Eleazar *23/8* *m*

Nombre bíblico del Antiguo Testamento. Del hebreo *el-azar*, «Dios ha ayudado». Incorporado al santoral cristiano por un santo lionés. Var. Eleázaro, Eliecer, Eliezer. Al pasar al mundo latino, se convirtió en Lázaro (v.).

C. **Electra**. Electra, personaje mitológico, hija de Agamenón y Clitemnestra.

Electra *f*

Nombre de origen griego. De *elektron*, «ámbar».

C. **Elena**. Elena Bonner, esposa de Andrei Sajarov. Elena de Borbón, infanta de España (1963). Elena Kowalska, mística polaca (1905-1938). Elena Quiroga, novelista y académica española (1919-1995).

Elena/Elenio *18/8* *f/m*

Variante ortográfica de Helena. Su difusión se debe a la madre de Constantino el Grande, «inventora» (descubridora) de la Vera Cruz. La *Elaine* de los romances de la Tabla Redonda es la versión francesa de una antigua forma galesa del mismo nombre.

B. **Lionora**; C. **Elionor**; G. **Eleonor**; E. **Lonore**; F. **Éleonore**; In. **Eleonor**, **Eleanore**, **Eleanora**; A. **Lenore**, **Lore**; It. **Eleonora**.

Eleonor *22/2* *f*

Nombre femenino, procedente del nombre propio gaélico *Leonorius*, portado por un obispo de Bretaña del s. VI (y éste, seguramente, aglutinación de León y Hono-

Anna Eleanor Roosevelt, escritora esposa del presidente Francis D. Roosevelt (1884-1964). Eleonora Holiday, *Billie Holliday* (1915-1959), cantante estadounidense

rio). Para otros es una mera variante de Elena. Var. Leonor. V. también Elionor.

C. **Eleuteri/Eleutèria**; G. **Leuter**, **Outelo/Outela**. San Eleuterio, papa de 175 a 189. Eleuthère Irénée Dupont de Nemours, químico francés, colaborador de Lavoisier (1771-1834). Eleuthère Venizelos, político griego (?-1936).

Eleuterio/Eleuteria *20/2* *m/f*

Nombre romano (*eleutheria*, «libertad»), derivado del griego *Eleutherion*, nombre de unas fiestas en honor de Júpiter Liberador. También es simplemente adjetivo: *eleutherios*, «libre, que actúa como un hombre libre». Sinónimo por tanto de Anempodisto, Argimiro, Liberio.

Elí, en el Antiguo Testamento juez y gran sacerdote, educador de Samuel (s. xi a. de C.).

Elí *m*

V. Helí.

C. G. **Elia**; F. **Élie**. Elia Kazan («Elia Kazanjoglou»), cineasta estadounidense de origen armenio (1909).

Elia *20/7* *m*

Forma femenina de Elías. Es también forma masculina en otras lenguas.

Elián González, «el niño balsero».

Elián/Eliana *Scc. Elías* *m/f*

Gentilicio de Elías/Elia formado con la partícula adjetivadora latina *-anus*: «relativo, de la familia de Elías». Es también nombre de fantasía, aglutinación de Elisa y Juan. Var. Eliano.

C. **Elias/Elia**, **Elies**; E. **Eli**; F. **Élie**; In. **Elijah**, **Ellis**; A. **Elias**; It. **Elìa**; R. **Ilya**. Elia Kazan («Elia Kazanjoglou»), cineasta estadounidense de origen armenio (1909). Elias Canetti, escritor búlgaro, establecido en Londres (1905). Elies Rogent, arquitecto catalán (1821-1897).

Elías/Elia *20/7* *m/f*

Del nombre hebreo *Elia*, latinizado posteriormente en *Elías*. Teóforo por excelencia, está formado por dos partículas, *el-iah*, cada una de las cuales es una alusión indirecta a Jahvé (cuyo nombre era impronunciable por respeto). Los nombres de este género son frecuentísimos, especialmente entre los judíos: Abdiel, Abdías, Amaniel, Amiel, Adonías, Abimélec, Joel, Eliú, Gutmar, Hiram, Jebedías, Jehú, Jeremías, Joab. Var. Elía, Elihú, Eliú. Forma femenina: Elia (se usa a veces Delia).

C. **Elici**; G. **Elixio**; A. **Eligius**; It. **Eligio**.

Elicio/Elicia *16/10 m/f*

Sobrenombre dado en Roma al dios Júpiter (*Elicius*, «el atraído por arte de magia», *elicit*). Con el tiempo acabó confundiéndose con Elifio y con Eligio (nombre místico, famoso por el santo franco, tesorero del rey Dagoberto, s. VII).

C. **Elidi/Elídia**; G. **Elido/Elida**; A. **Elidius**; It. **Elidio/Elidia**. San Elidio, martirizado en Francia, junto con san Proyecto (s. VII).

Elidio/Elidia *28/5 m/f*

Nombre griego, gentilicio de la *Helis*, comarca del Peloponeso. Var. Elido/Elida.

C. **Eleàtzar**.

Eliecer/Eliecera *Scc. Eleazar m/f*

V. Eleazar.

C. **Eligi/Elígia**.

Eligio/Eligia *Scc. Eloy m/f*

Forma culta de Eloy (v.). Del latín *Eligius*, «elegido», a través del francés. Forma parte de la constelación de nombres usados como equivalentes de Luis (v.).

C. **Eli/Èlia**; G. **Elio/Elia**. Elio Antonio de Nebrija («Antonio Martínez de Cala»), humanista sevillano (1442-1522). Élie Fréron, crítico francés (s. XVIII).

Elio/Elia *m/f*

Variante de Elías (v.) y también del griego Helio (del griego *helios*, «el sol», aplicado a veces a los nacidos en domingo, día solar).

Elionor d'Aragó, *la Reina Santa* (1358-1382), hija de Pedro *el Ceremonioso* y reina de Castilla, esposa de Juan I.

Elionor *Scc. Leonor f*

Forma catalana de Leonor (v.).

C. **Elisa**; F. **Elise**. Elisa Bonaparte, hermana de Napoleón I. Gran duquesa de Toscana (?-1820). Elisa Lerne, escritora venezolana (1932). Elisa Ramírez, actriz española (1945).

Elisa *2/12 f*

Es considerado habitualmente como un hip. de Elisabet, aunque en realidad es nombre independiente: del hebreo *elyasa*, «Dios ha ayudado». Variante aparente: Elissa (v.).

C. G. **Elisabet**; E. **Elisabete**; F. **Élisabeth**; In. **Elizabeth** (hip. **Liz, Lizzie, Bess, Beth, Betsy, Betty**); A. **Elisabet** (hip. **Else, Elis, Betty, Lise, Lisl, Lisy**); It. **Elisabetta** (hip. Bettina); Hun. **Erzsébet**. Elisabeth («Sissi»), emperatriz de Austria-Hungría, esposa de Francisco José (1837-1898). Elizabeth Taylor, actriz cinematográfica estadounidense (1932).

Elisabet *17/11 f*

Antigua forma de Isabel, de la cual se considera equivalente, aunque en realidad son dos nombres distintos. Del hebreo *eli-zabad*, «Dios da». En otras versiones, de *elischeba*, «promesa de Dios» (cf. Doroteo). Por su enorme popularidad en todos los tiempos presenta infinidad de formas en cada lengua.

C. **Elisard/Elisarda**.

Elisardo/Elisarda *Scc. Elisa m/f*

Adaptación medieval del hebreo Elisa con el sufijo germánico *-hard*, «fuerte», para hacer la forma masculina de este nombre. Con todo, ha derivado su propia forma femenina.

C. **Elisenda**. Elisenda de Montcada, reina de Aragón, tercera esposa de Jaime II (1292?-1364) y fundadora del monasterio de Pedralbes. Elisenda Roca, periodista de radio y televisión catalana (1956).

Elisendo/Elisenda *14/6 m/f*

Variante medieval de Elisa o de Elisabet, con el sufijo adjetivador *-endus*, «relativo a» (cf. Mendo). Muy popular en Cataluña por Elisenda de Montcada.

C. **Eliseu/Elisea**; G. It. **Eliseo/Elisea**; E. **Elixi**. Eliseu Meifrèn, pintor catalán (1859-1940). Elisée Réclus, geógrafo y teórico francés del anarquismo (1830-1905).

Eliseo/Elisea *14/6 m/f*

Del hebreo *el-i-shuah*, «Dios es mi salud», portado por el célebre profeta compañero de Elías. Equivalente etimológico de Josué y de Jesúa. Var. Elíseo.

C. **Elissa**.

Elissa *Scc. Elisa f*

Nombre usado en Inglaterra y en Cataluña como variante de Elisa (v.), aunque en realidad es el sobrenombre de Dido, la legendaria reina de Cartago.

C. **Eliú**; In. **Elihu**. Varios personajes con este nombre en el Antiguo Testamento, entre ellos un hermano de David

Eliú
m

Nombre hebreo del Antiguo Testamento, de la familia de Elías. Reiterativo teóforo, *Eli-hu*, «Dios es Dios».

Elkin
m

Hip. anglosajón de Elías y de Elena.

C. **Elm/Elma**; G. **Elmo/Elma**. San Elmo, («Erasmo de Siria»), obispo, patrón de los marineros y navegantes (s. VI)

Elmo/Elma
4/4 m/f

Variante de Ermo, a su vez contracción de Erasmo (v.). Usado también como hip. de Guillermo (It. Guglielmo), que se puede interpretar como el componente final del nombre, *helm*, «protector».

C. **Elòdia**; F. **Elodie**.

Elodia
f

Del griego *helodia*, «relativo al río, a la huerta», y por extensión, «fértil». Var. Helodia. Se usa también como variante de Alodia (nombre germánico, de *all-od*, «tierra íntegra, libre»). V. Nunilo.

C. **Eloí/Eloïna**.

Eloíno/Eloína
Scc. Eloísa m/f

Variante moderna de Eloísa, tomada en masculino y a su vez feminizada nuevamente.

C. **Eloïsa**; G. **Eloísa**. Eloísa (1101-1164), famosa por sus amores con Pedro Abelardo.

Eloísa
Scc. Eloy f

Aunque es tomado habitualmente como la forma femenina de Eloy, en este nombre concurren otras fuentes: así Aloísio, forma inglesa de Luis (v.), y también Alvisa, «sabio eminente». Incluso a veces vale como variante de Elisa. Famoso por la desdichada amante de Abelardo. Var. Eloína.

C. E. **Eloi**; G. **Eloi**; F. **Éloi**. Eloy, santo ministro del rey Dagoberto y patrón de los plateros y metalúrgicos (s. VII). Eloi, protagonista de la zarzuela *Cançó d'amor i de guerra*, de Rafael Martínez Valls.

Eloy
1/12 m

De *Eloy*, forma francesa del latín *Eligius*, «elegido». Forma parte de la constelación de nombres usados como equivalentes de Luis (v.). Sinónimos: Mustafá, Teócrito (v. también Eulogio). Var. Eligio. Femeninos: Eloína, Eloísa (v.).

C. G. In. It. **Elsa**.
Elsa Anka, modelo y presentadora de televisión española (1965).
Elsa Morante, escritora italiana (1912-1985).

Elsa *f*

Variante germánica de Elisa (v.) o de Elisabet (v.). Hip. In Elsie, Elsy.

C. **Elvira**.
Elvira («Julie Charles»), heroína de la novela *Le lac*, de Lamartine (s. XIX).
Elvira Bermúdez, abogada y crítica literaria mexicana (1916-1998).
Elvira Lindo, escritora española (1962).
María Elvira Lacaci, poetisa española (1929-1997).

Elvino/Elvira *25/1* *m/f*

Del germánico *athal-wira*, «guardián noble». No puede descartarse sin embargo la influencia del topónimo *Illiberis*, ciudad de Granada donde se celebró un importante concilio, y hoy homónima. Muy corriente en la Edad Media, portado por varias reinas y por una hija del Cid. La forma masculina está construida a partir del sufijo latino *-inus*, «relativo a».

C. **Elvi/Èlvia**.
Elvia, madre del filósofo latino Séneca (s. I).
Helvio Pertinax, emperador romano (126-139).

Elvio/Elvia *m/f*

Del latín *helvus*, «de pelo rubio amarillento». Var. Helvia.

Elvis Presley, cantante estadounidense (1935-1977).

Elvis *m*

Nombre popularizado por el famoso cantante de *rock and roll*, E. Presley. En los últimos años se ha introducido también en España e Hispanoamérica. Derivación de *Helois*, masculino de Eloísa o quizá del germánico *Helewidis*, «sano, robusto».

C. F. A. **Emmanuel/Emmanuela**; In. **Emanuel**; It. **Emanuele**.
Emmanuel Kant, filósofo alemán (1724-1804).
Emmanuel Sièyes, político francés (1748-1836).
Emmanuelle Béart, actriz francesa (s. XX).

Emanuel/Emanuela *22/1* *m/f*

Nombre bíblico. Del hebreo *emmanu-el*, «Dios con nosotros», alusión contenida en un pasaje de Ex. 17, 7; Ps. 46, donde se pretende ver una premonición del Mesías (Mt. 1, 23). Cf. Emma, Manuel. Var. Emmanuel.

C. **Emmelina**.
Emmeline Goulden Pankhurst, pionera del feminismo británico (1858-1928).

Emelina *27/10* *f*

Nombre femenino, variante de Emelia, formado con la raíz germànica *amal*, «trabajo», de la que surgió la familia de los *Amal*. Var. Emmelina.

Emerenciano/Emerenciana *23/1 m/f*

C. **Emerencià/Emerenciana**; E. **Emerentzen**. Santra Emerenciana, hermana de santa Inés de Roma (s. III-IV).

Del griego *hémeros*, «culto, civilizado, dulce, agradable» deriva el nombre de Hemerio o Emerio. Gentilicio de éste es Emerano, y de éste, Emerenciano.

Emérito/Emérita *22/9 m/f*

C. **Emèrit/Emèrita**. Santa Emérita, virgen y mártir en Roma, junto a santa Digna (s. III).

Del latín *emeritus*, «meritorio, con mérito», y, aplicado a los soldados, «licenciado». De ahí su presencia en nombres como el de *Emerita Augusta*, actual Mérida.

Emeterio/Emeteria *3/3 m/f*

C. **Emeteri/Emetèria**; G. **Emeterio/Emeteria**. Emeterio, santo hispano del s. III de mucha advocación en Barcelona, donde es conocido con la forma catalana *Medir*.

Del griego *emen*, «vomitar», que da *emeterion*, «vomitivo», y por extensión, «que rechaza, defensor» (cf. Alejandro).

Emigdio/Emigdia *5/8 m/f*

C. **Emigdi/Emígdia**; It. **Emidio/Emidia**. San Emigdio, obispo en Ascoli (Las Marcas, Italia), martirizado a principios del s. IV.

Poco claro el origen que la leyenda fija en Tréveris; se sugiere el griego *amygdale*, «almendra». Var. Emidio/Emidia.

Emiliano/Emiliana *11/10 m/f*

B. **Miliano/Miliana**; C. **Emilià/Emiliana**; E. **Emillen**; G. **Millán/Millana**. Emiliano, emperador romano (s. III). Emiliano Zapata, dirigente y revolucionario mexicano (1883-1919).

Del latín *Aemilianus*, sobrenombre del segundo Escipión africano: «relativo, de la familia de Emilio» (v.).

Emilio/Emilia *22/5 m/f*

C. **Emili/Emília**; G. **Emilio/Emilia**; E. **Emilli/Emille**; F. **Émile**; In. **Emily**; A. **Emil**; It. **Emilio/Emilia**. Emil Nolde («Emil Hansen»), pintor alemán (1867-1956). Emile Herzog, («André Maurois»), escritor francés (1885-1967). Emile Zola, novelista francés (1840-1902).

La familia Emilia tuvo gran importancia en la historia de Roma, como lo prueban la provincia italiana de la Emilia y la Vía Emilia. El nombre es protolatino, aunque se haya querido relacionarlo con el latino *aemulus*, «émulo», o con el griego *aimílios*, «amable». En los países germánicos se ha mezclado con otros nombres con la componente *amal*, como Amalberto, Amalarico... Derivado: Emiliano.

C. **Emir/Emira**.

Emiro/Emira *m/f*
Variante de Amiro/Amira (v.).

C. It. **Emma**.
Emma Goldman, política y feminista rusa (1869-1940).
Emma Suárez, actriz española (1962).
Emma Thompson, actriz cinematográfica y teatral británica (1959).

Emma *Scc. Manuel* *f*
Aunque en principio es una abreviatura de Emmanuela (v. Manuel), concurre también con nombres germánicos con la voz *Ermin*, que representa el nombre de un dios y de una tribu (v. Ermelando, Erminia). Var. Imma, derivado de Irma. No confundir con Inma (v. Inmaculada). Fue célebre Emma, la hija de Carlomagno y amante de su secretario Eginardo.

Emor, personaje de Lope de Vega en *El robo de Dina*.

Emor *Scc. Amor* *f*
Nombre de fantasía, creado por Lope de Vega. Variante de Amor (v.).

Emperatriz *f*
El título romano de *imperator*, equivalente a «caudillo, dominador», pasó a ser expresión de la dignidad imperial en la ciudad de Roma, formando su femenino en *imperatrix*. Etimológicamente deriva de la forma *in-paro*, que significa «prepararse para la batalla».

C. **Ena**.
Victoria Eugenia («Ena») de Battenberg (1887-1969), reina de España.

Ena *f*
Hip. del irlandés *aithne*, que significa «fueguecito». Popularizado en España por la reina Ena de Battenberg, esposa del monarca Alfonso XIII.

C. **Encarnació**; G. **Encarnación**; E. **Gizane, Gizakunde, Gixane**; F. **Incarnacion**.
Encarnación López, *la Argentinita*, bailaora española de origen argentino (cf. Antonia).

Encarnación *25/3* *f*
Nombre femenino, alusivo al misterio religioso (en-carnación, hacerse carne el Verbo). Var. Encarna. Var. Encarna.

C. **Enedí/Enedina**, **Henedí/Henedina**.

Enedino/Enedina *Scc. Henedina* *m/f*
Variante de Henedina (v.).

C. **Eneida**.

Eneida *f*

Nombre de la epopeya de Eneas, personaje de la *Ilíada*, que Virgilio (s. I a. de C.) recogió como protagonista para su obra.

C. **Engràcia**; G. **Engracia**; E. **Geaxi, Ingartze**. Santa Engracia, martirizada en Zaragoza con otros diecisiete muchachos. (?-303).

Engracia *16/4* *f*

Nombre cristiano, alusivo al estado del alma *en gracia* divina (latín *in gratia*).

C. **Eni/Ènia**. Ennius, poeta latino (s. III-II a. de C.). Ennio Quirino Visconti, arqueólogo y político italiano (1751-1818).

Enia/Enio *m/f*

Antiguo nombre latino, considerado hoy en su forma femenina como variante de Ena. Posiblemente relacionado con *eno*, «nadar». También se usa la forma exótica Enya.

C. **Enoc, Henoc**; F. **Hénoch**; In. **Enoch**. Enoc, hijo de Caín y padre de Irad.

Enoc *1/3* *m*

Nombre hebreo del Antiguo Testamento. Quizá de *hanaku*, «seguidor», aludiendo a su padre, o para otros, «consagrado (a Dios)». Var. Henoc.

C. **Enòdia**.

Enodia *m*

Sobrenombre de Diana, Hécate y Proserpina. Alusión a su relación con el vino (*enos*).

C. **Enric/Enrica**; G. **Henrique**; E. **Endika**; F. **Henri**; In. **Henry** (hip. **Harry, Henniker**); A. **Heimrich** (hip. Heinz); It. **Enrico/Enrica** (hip. Arrigo); Hol. **Henk**; Fin. **Heikki**; Su. **Henrik**; Hun. **Imre**. Heinrich Böll, novelista alemán (1917-1985). Henri Matisse, pintor, dibujante, grabador y escultor francés (1869-1954).

Enrique/Enrica *13/7* *m/f*

Evolución del germánico *heimrich*, «casa poderosa», o, en otra interpretación, «caudillo de la casa, de la fortaleza». Favorito en las casas reales de Castilla, Francia e Inglaterra. Var. Eimerico (forma antigua), Henrique. Es asimilado también a los escandinavos Haakón y Eric. Forma femenina habitual: Enriqueta (hip. Queta).

C. **Epaminondes**. Epaminondas, general y estadista tebano (418?-362 a. de C.).

Epaminondas *m*

Nombre griego, compuesto de *epi*, «sobre», y *ameninon*, «el más valiente»: «que supera al más valiente».

C. **Epifani/Epifànica**; G. **Epifanio/Epifania**; E. **Epipani/Epipane, Iakus, Irakus, Irkus**; A. **Epiphanius/Epiphania**. San Epifanio de Pavía.

Epifanio/Epifania *7/4* *m/f*
Nombre cristiano-romano, alusivo al misterio de la Epifanía, «manifestación» (*epiphainein*, «brillar, mostrarse por sobre»), de donde el adjetivo *epiphanés*, «que se muestra, visible, ilustre»). En la forma Epífanes fue anteriomente sobrenombre de Zeus y otros dioses.

C. **Epitaci/Epitàcia**. Epitacio da Silva Pesoa, político brasileño, presidente de su país en 1919-1922.

Epitacio/Epitacia *23/5* *m/f*
Del griego *epítasis*, derivado de *epi*, «encima», y *tasis*, «estensión»: «el superior, el que está por encima».

C. **Erasme**. Erasmo de Narni (*il Gattamelata*), condotiero italiano (1370-1443). Desiderio Erasmo, Erasmo de Rotterdam, humanista holandés (1469?-1536).

Erasmo *2/6* *m*
Del griego *erasmios*, «agradable, gracioso, encantador» (sinónimo de Dulce, Emerio, Euterpe, Melindres, Melitón, Pamela y otros). Contraído por los italianos a Ermo o Elmo, de donde la identificación con Telmo o Elmo (por *Sant'Elmo*). Retomado modernamente gracias al humanista Erasmo de Rotterdam, que latinizó su nombre original, Desiderio (s. XVI).

Iréndira, legendaria princesa purépecha.

Eréndira *f*
Nombre de una princesa purépecha, usado en México. Del tarasco *Iréndira*, «la que sonríe, la risueña».

Erenio/Erena *25/2* *m/f*
V. Herenia.

Ereusa, personaje de Lope de Vega en *El verdadero amante* (comedia pastoral).

Ereusa *f*
Nombre de fantasía, creado por Lope de Vega. Probablemente es variación del apellido vasco Erauso, difícil de explicar, quizás sea otro nombre propio (se le ha dado el curioso significado «chaparrear lluvia y batallar»).

C. **Eric/Erica**. Eric Arthur Blair («George Orwell»), ensayista y novelista inglés (1903-1950).

Eric/Erica *Scc. Eri* *m/f*
Forma original de Erico. Se usan también las formas Erik/Erika.

C. **Eric/Erica**.
Erico Veríssimo, escritor brasileño (1905).

Erico/Erica *18/5* *m/f*

El germánico *ewaric*, «regidor eterno». Identificado también con Enrique. Es usada también la forma original germánica, Eric. La forma femenina es pronunciada a veces Érica por influencia del latín *erica*, «brezo, madroño». Popular en los países nórdicos, por Erico IX, rey de Suecia y Dinamarca. En España es conocida la variante Eurico, nombre de un rey visigodo.

Erifilo, personaje de Lope de Vega en *Los locos por el cielo*.

Erifilo *m*

Nombre de fantasía, creado por Lope de Vega. Combinación de la raíz germánica *hari*, «ejército, lucha» con el sufijo griego *philos*, «amigo».

Erin *f*

Del gaélico *Eireann*, «isla al oeste». Nombre alusivo de Irlanda («la verde Erín»), usado por ello a menudo como afirmación patriótica ante el dominio inglés.

C. **Ermel**.

Ermel *m*

Nombre formado con el prefijo germánico *ermin-* (v. Erminio), latinizado con el sufijo adjetivador *-elus*.

C. **Hermeland/Hermelanda**.

Ermelando/Ermelanda *m/f*

Es un nombre que procede del germánico *ermeland*, «tierra de ermiones» (v. Erminio). Var. Hermelando. Formas femeninas: Ermelinda (en realidad formada con el sufijo *-lind*, «dulce», v. Linda), Hermelinda, Ermelina, Hermelina.

C. **Ermenguer/Ermenguera**.
Santa Ermengarda, segunda esposa de Alain IV Fergent, duque de Bretaña, (s. XII).

Ermengardo/Ermengarda *4/9* *m/f*

Nombre germánico, compuesto de *Ermin* (v. Erminia) y *gar*, «preparado para el combate», o *gard*, «jardín», respectivamente para las formas masculina y femenina. Identificado a menudo con Hermenegildo (v.) y con Armengol (de *Ermin-Gaut*, donde el segundo componente es el nombre de una divinidad). Var. Ermengardis.

Ermesindo/Ermesinda *m/f*

C. **Ermessind/Ermessinda**, **Ermessend/Ermessenda**. Ermessenda de Carcassona, esposa del conde Borrell de Barcelona (?-1058)

Nombre germánico, derivación de *Erminsind*, «camino, expedición de hermiones (tribu germánica). Var. Ermesenda, Hermesinda, Hermesenda.

Ermildo/Ermilda *m/f*

Del germánico *ermin-hild*, formado con el nombre del dios Ermin (v. Herminia) y el sufijo *-hild*, «batalla».

Ermindo/Erminda *Scc. Erminia* *m/f*

C. **Ermind/Erminda**. San Ermindo, abad (?-737).

Variante de Erminia.

Erminio/Erminia *25/4* *m/f*

C. **Ermini/Ermínia**, **Hermini/Hermínia**; E. **Ermiñe**; F. **Hermine**; A. **Hermina**; It. **Erminio/Erminia**. San Ermino o Erminio, obispo francés del s. VIII.

Nombre germánico, formado con la voz *Ermin* (nombre de un semidiós, que acabó designando una tribu, los Ermiones), o quizá de *airmans*, «grande, fuerte». Var. Herminio/Herminia.

Ernestino/Ernestina *Scc. Ernesto* *m/f*

C. **Ernestí/Ernestina**; G. **Ernestino/Ernestina**. Ernestina de Champourcin, escritora española (1905).

Gentilicio latino de Ernesto (v.). Sin embargo, la forma femenina es tomada como equivalente a Ernesta.

Ernesto/Ernesta *7/11* *m/f*

C. **Ernest/Ernesta**; F. In. **Ernest**; G. **Ernesto/Ernesta**; E. **Arnulba**; A. **Ernst**; It. **Ernesto/Ernesta**. Ernest Hemingway, novelista estadounidense (1899-1961). Ernst Theodor Amadeus Hoffmann, escritor y compositor alemán (1776-1822).

Se trata de un nombre que procede del germánico *ernust*, «combate». La etimología popular inglesa lo asimila a la palabra del mismo origen *earnest*, «serio, sereno», especialmente desde la obra de Bernard Shaw *La importancia de llamarse Ernesto*, cuyo título juega con ambas palabras. Var. femenina: Ernestina (v.). Forma femenina habitual: Ernestina.

Eros *Scc. Eroes, 24-6* *m*

C. **Eros**. Eros Ramazzoti, cantante italiano (1963).

Nombre de origen mitológico, que hace referencia al dios del amor en Grecia. Eros, «amor».

Erwin *m*

En inglés antiguo, «verraco», más tarde, «viejo amigo». Confundido a veces con Irvin. Derivado: Irwin.

C. **Esaú**; In. **Esau**. Esaú, en el Antiguo Testamento, patriarca, hijo de Isaac.

Esaú *m*

Nombre bíblico. De *sea*, «piel de cordero», alusivo al aspecto piloso que presentaba de recién nacido este patriarca, famoso por la venta a su hermano Jacob de sus derechos de primogenitura por un plato de lentejas.

C. **Escarlata**, In. **Scarlett**. Scarlett O'Hara, protagonista de la novela *Lo que el viento se llevó*, de Margaret Mitchell.

Escarlata *f*

Creado por la novelista Margaret Mitchell para la protagonista de su famosa novela. El éxito de la película del mismo nombre, inspirada en la misma, ha popularizado el nombre.

C. **Escipió**. Publio Cornelio Escipión, *el Africano*, jefe del ejército romano (235?-185 a. de C.)

Escipión *m*

Alude a una característica de su primer portador, Publio Cornelio, vencedor de Aníbal. Literalmente, «báculo, bastón», en el sentido de «ayuda al padre».

C. **Esclavitud**; G. **Escravitude**.

Esclavitud *8/9* *f*

Advocación mariana de gran popularidad en Galicia (Nuestra Señora de la Esclavitud). Bajo latín *sclavus*.

C. **Esmaragdí/Esmaragda**; F. **Émeraude**; In. **Emerald**; It. **Smeralda**. Esmeralda Cervantes («Clotilde Cerdà»), harpista española (1862-1925), hija del ingeniero de caminos Ildefons Cerdà. Esmeralda, la zíngara, personaje de la novela *Nôtre Dame de Paris*, de Victor Hugo.

Esmeraldino/Esmeralda *8/8* *m/f*

Nombre cristiano-romano. Del latín *smaragda*, «esmeralda». Son frecuentes los nombres de piedras preciosas convertidos en onomásticos, especialmente femeninos: Rubí, Perla, Adamantino, Gemma... Famoso por la gitana protagonista de *Nôtre Dame de Paris*, de Victor Hugo, arquetipo de bohemia trashumante.

C. **Isop**; G. **Esopo**. Esopo, semilegendario fabulista griego de la Antigüedad (s. VI-V a. de C.).

Esopo *m*

Nombre griego, *Aesopos*, quizá derivado de *Aeson*, nombre del legendario padre de Jasón (v.).

Espartaco *m*

C. **Espàrtac**; It. **Spartaco**. Espartaco, gladiador romano del s. I a. de C., caudillo de una rebelión contra Roma brutalmente sofocada por Craso (?-71 a. de C.).

Parece gentilicio de *Spártakos*, ciudad de la Tracia. El movimiento espartaquista, en la Alemania de entreguerras, inspiró su nombre en el del personaje romano.

Esperanza *1/12 f*

C. **Esperança**; G. **Esperanza**; E. **Itxaropena**; It. **Speranza**. Esperanza Aguirre, política española (1952). Esperanza Roy, actriz de revista española (1935). Santa Esperanza, hija de santa Sofía.

Santa Sofía, gran devota de las virtudes teologales, bautizó a sus tres hijas con los nombres de éstas (Fe, Esperanza y Caridad): todas fueron mártires y santas. Del latín *spe*. Var. Spe, nombre de un santo italiano (s. VI). V. también Caridad.

Estanislao/Estanislava *7/9 m/f*

C. **Estanislau/Estanislava**; G. **Estanislao/Estanislava**; E. **Estanisla; It. Stanislao**; A. **Stanislaus**. Stanyslas Lesczinski, rey de Polonia (1677-1776). Stanyslas Poniatowski, último rey de Polonia (1732-1798). Estanislau Figueras, dirigente republicano catalán, presidente de la I República Española (1819-1882).

Nombre polaco, famoso por san Estanislao de Kotska (s. XVI), obispo de Cracovia y patrón de su país. Y, especialmente, por su introductor en Europa occidental, Stanyslas Leczinski. Formado con las palabras polacas *stan-slaf*, «gloria eminente». Hip. Estanis.

Esteban/Estefanía *26/10 m/f*

B. **Estebano/Estebana**; C. **Esteve/Estevenia**; G. **Estevo/Esteva**; E. **Estepan, Itxebe, Etxiban**; F. **Étienne**; In. **Stephen**; A. **Stefan**; It. **Stèfano**; Hol. Stefan Zweig, escritor austríaco de origen judío (1881-1942). Stéphane Mallarmé, poeta francés (1842-1898).

Del griego *stephanós*, «coronado» (de laurel), o sea, por analogía, «victorioso», lo que lo hace sinónimo de Laura (v.). Algo en desuso actualmente, conoce por contra un auge insospechado la forma femenina, Estefanía.

Estefan/Estéfana *Scc. Esteban m/f*

Forma antigua de Esteban, hoy resucitada, así como sus formas italianizante (Estéfano) y catalana (Esteve). Resucitada últimamente, pero por inducción de la forma alemana Stefan o de la inglesa Stephen.

Estela *30/5 f*

C. **Estela, Estel·la**; F. **Estelle**; In. **Stella**. Santa Estela, venerada en Saintes como mártir. María Estela Martínez de Perón, *Isabelita*, política argentina, esposa de Juan Domingo Perón y ella misma presidenta de su país (1931).

Advocación mariana, tomada de una de las jaculatorias de las letanías (*Stella matutina*, que significa «estrella de la mañana»). Equivalente al nombre Estrella. Suele usarse a veces el diminutivo Estelita, que está influido por el nombre masculino Estilita (v.).

Ester *8/12 f*

C. G. **Ester**; F. In. **Esther**. Estée Lauder («Esther Menster»), empresaria de cosméticos estadounidense (1908). Esther Tusquets, editora y novelista española (1936). Esther Williams, actriz estadounidense (1923). Esther Koplowitz, empresaria española de origen judeoalemán (1950).

Variante de *Isthar*, nombre de la diosa babilónica Astarté, a su vez de la raíz *st*, que ha dado lugar a «astro, estrella» en otras lenguas. Curiosamente fue adoptado por los sometidos judíos y acabó evocando a su heroína por excelencia, mediadora de su pueblo ante el soberano. Se usa de forma frecuente la variante Esther.

Esteve *Scc. Esteban m*

El senyor Esteve, celebrado personaje de la novela *L'Auca del senyor Esteve*, de Santiago Rusiñol.

Forma catalana de Esteban.

Estibaliz *1/5 f*

C. **Estibaliz**; E. **Estibaliz, Estibariz, Estitxu, Estiñe**. Estibaliz Uranga, cantante vasca (1952).

Nombre femenino de origen vasco. Posiblemente se trata de una fórmula natalicia de buen augurio: *esti ba-litz*, es decir, «que sea de miel, dulce». Var. castellanizada: Estibáliz.

Estilita *5/1 m*

C. **Estilita**. San Simeón Estilita, quien tras adquirir humildad pasando un tiempo en el fondo de un pozo, remató con treinta y siete años en lo alto de una columna, desde donde arengaba a los fieles (?-439).

Nombre de un san Simeón, así apodado por permanecer durante mucho tiempo en lo alto de una columna (*stylos* en griego, v. Estela).

Estrabón, geógrafo e historiador grecorromano (63-19? a. de C.)

Estrabón *m*
Tomado del mote griego *strabós*, «bizco».

C. **Estrella, /Estel·la.** Santa Estrella, virgen y mártir gala (s. III). Estrellita Castro, cantante folclórica (s. XX).

Estrella/Estrello *15/8* *f/m*
Procede del latín *stella*, «estrella» (cf. Ester), visible en la variante Estela y en la forma extranjera Stella. Sinónimo de Asterio y Esterino.

C. **Escald/Esvalda.**

Esvaldo/Esvalda *Scc. Osvaldo* *m/f*
Variación fantasiosa de Osvaldo (v.).

C. **Età, Etan.**

Etan *m*
Alusión a *Eta*, la montaña de la Argólida donde halló la muerte Hércules. Derivación de *Oetoeus*, nombre que le daban los poetas. Con el sufijo latino gentilicio *-anus*.

C. **Etelred/Etelreda.**

Etelredo/Etelreda *17/10* *m/f*
Del germánico *Athalred*, formado con *athal*, «noble», y *hrod*, «glorioso». También es considerado, en femenino, como variante de Edeltrudis. V. también Audrey.

B. **Telva**; C. **Etelví/Etelvina**; G. **Etelvino/Etelvina.**

Etelvino/Etelvina *m/f*
Del germánico *athal-win*, «noble victorioso». Hip. femenino, tomado de la forma bable: Telva.

Etna *f*
Nombre del volcán siciliano (en italiano *Mongibello*), convertido en antropónimo femenino. O, más probablemente, variante gráfica de Edna (v.).

C. **Eucari/Eucària.** San Eucario, uno de los primeros apóstoles de Estrasburgo y obispo de Tréveris (s. IV).

Eucario/Eucaria *8/12* *m/f*
Del griego *eu-charis*, «gracioso, caritativo». No confundir con Eucardio, «de buen corazón» (*eu-kardios*).

C. **Euclides.** Euclides da Cunha, escritor e ingeniero brasileño (1866-1909).

Euclides *m*
Deformación de *Eu-kleidos*, «el de buena (gran) gloria».

C. **Eudald/Eudalda**; hip. **Ou**. Eudald Serra i Buixó, eclesiástico y escritor catalán (1882-1967).

Eudaldo/Eudalda *11/5 m/f*

Nombre germánico: *hrod-ald*, «gobernante famoso». V. Ou.

C. **Eudòxius/Eudòxia**; F. **Eudoxie, Eudocie**; It. **Eudossio**. Atenais, llamada Eudoxia tras su conversión al cristianismo, emperatriz de Oriente, esposa de Teodosio II (s. v.).

Eudoxio/Eudoxia *1/3 m/f*

Nombre de una emperatriz oriental del s. IV. Del griego *eu-doxos*, «de buena opinión, doctrina o reputación» (cf. Clío, Eulalia, etc.). Var. Eudosio, Eudocio.

C. **Eufemi/Eufèmia**; G. **Eufemio/Eufemia**. Santa Eufemia, mártir en Amida, en Asia Menor, durante la persecución de Maximino II (s. IV).

Eufemio/Eufemia *16/9 m/f*

La elocuencia era una de las cualidades mejor apreciadas por los griegos. Por ello el significado de este nombre *eu-phemía*, «de buena palabra», es compartido por Anaxágoras, Arquíloco, Crisólogo, Crisóstomo, Eulalia, Eulogio, Eurosio, Fantino y Protágoras, todos ellos griegos. Otros la interpretan como «buena reputación», lo que lo iguala a Eudoxia. Portado por una regente de Sicilia (s. XIV).

C. **Eufrasi/Eufràsia**; G. It. **Eufrasio/Eufrasia**. Santa Eufrasia, martirizada en Ancira, en Asia Menor (s. IV).

Eufrasio/Eufrasia *15/5 m/f*

Nombre latino, aplicado como gentilicio a la comarca del río Éufrates, en Mesopotamia. Alude también a la palabra griega *euphrasía*, «alegría, sentimiento festivo». Es también nombre de flor.

C. G. **Eufrosina**. Eufrosina, una de las tres Gracias de la mitología griega.

Eufrosina *7/5 f*

De *Euphros'yne*, «la que tiene alegres pensamientos».

C. **Eugeni/Eugènia**; G. **Euxenio/Euxenia, Uxío/Uxía**; E. **Eukeni/Eukene**; F. **Eugène**; In. **Eugene**; A. **Eugen**; It. **Eugenio/Eugenia**. Eugène Delacroix, pintor, acuarelista, diseñador y litógrafo frances (s. XIX).

Eugenio/Eugenia *24/7 m/f*

Este nombre, largo tiempo popular se ve hoy algo en desuso. De *eu-genos*, «de buen origen, de casta noble» (cf. Adelaida, Crisógeno, Genadio, Genciano, Genoveva, todos ellos con significado análogo).

C. **Eulali/Eulàlia** (hip. **Olària, Olalla, Laia**); G. **Eulalio/Eulalia, Baia, Olaia, Olalla** (hip. **Alla, Baia, Olaia, Laia**); E. **Eulale**; F. **Eulalie**; In. **Eulalia**. María Eulalia de Borbón, infanta de España (1864-1958).

Eulalio/Eulalia *10/12 m/f*

Popular patrona de Barcelona (s. IV), cuya leyenda aparece duplicada en Mérida. Del griego *eu-lalos*, «bien hablada, elocuente» (cf. Facundo). Var. Olalla, Olava, Olaria, Olaja, Olea.

B. **Oulogio**; C. **Eulogi/Eulògia**; E. **Eulogi/Euloge**; G. **Euloxio/Euloxia, Uloxio/Uloxia**; It. **Eulògio/Eulògia**. San Eulogio, mártir, decapitado en Córdoba (?-859).

Eulogio/Eulogia *11/3 m/f*

Nombre griego. *Eu-logos*, «de buen discurso, buen orador». Por similitud fonética es identificado a veces con Eloy, totalmente distinto (v.).

C. G. **Eunice**. Eunice Waymon, «Nina Simone», cantante estadounidense (1935).

Eunice *Scc. Euniciano, 23/12 f*

Nombre femenino, del griego *eunike*, «que alcanza una buena victoria, victorioso», significación presente en multitud de nombres: Almanzor, Aniceto, Berenice, Victoria, Esteban, Lauro, Nicanor, Nicasio, Nicetas, Sicio, Suceso, Víctor, Victoriano.

C. **Euric/Eurica**; G. **Eurico/Eurica**. Eurico, rey visigodo (420-484), famoso por el *Código de Eurico*, creado en su época.

Eurico/Eurica *m/f*

Nombre germánico. Raíz *ehu*, «fuerza», con la terminación *ric*, «poderoso, rico».

C. **Eurídice**. Eurídice, mitológica esposa de Orfeo, a quien éste trató en vano de rescatar de los infiernos.

Eurídice *f*

De *euriedes*, «espacioso», y *dike*, «justicia»: «la gran justiciera».

C. **Eurípides**. Eurípides, trágico griego humanista de la Antigüedad (485-406 a. de C.).

Eurípides *m*

Nombre griego, derivado de *Euripós*, estrecho entre Eubea y Beocia, famoso por sus corrientes alternativas.

C. **Eusebi/Eusèbia**; G. **Eusebio/Eusebia**; F. **Eusèbe**; In. A. **Eusebius/Eusebia**; It. **Eusebio/Eusebia**. Eusebio Poncela, actor cinematográfico español.

Eusebio/Eusebia *14/8* *m/f*

Procede del nombre de la diosa griega *Eusebia*, a su vez de *eusébios*, «de buena piedad, piadoso» (cf. Sebastián). Portado en la Edad Media abundantemente, su uso decae hoy en día.

C. **Eustaci/Eustàcia**; In. **Eustace**; It. **Eustazio/Eustazia**. San Eustacio, obispo martirizado en Ancira (actual Ankara, en Turquía).

Eustacio/Eustacia *28/7* *m/f*

Del griego *eu-sthakos*, que significa «bien plantado, bien instalado». En la práctica, sinónimo de Eustadio (*eu-stadios*, «que se mantiene en pie»).

C. **Eustaqui/Eustàquia**; G. **Eustaquio/Eustaquia**; F. **Eustache**; In. **Eustachius**; It. **Eustachio/Eustachia**. Eustache Descamps, poeta francés (1346-1406).

Eustaquio/Eustaquia *20/9* *m/f*

Del griego *eu-stachys*, «cargado de espigas», o sea «fecundo».

C. **Eustasi**; A. **Eustathius**. José Eustasio Rivera, novelista colombiano (1889-1928), autor de *La vorágine*.

Eustasio/Eustasia *2/6* *m/f*

Del griego *eustasios*, «estabilidad, firmeza» (cf. Constancio).

C. **Eutai/Eutàlia**; **Eutal/Eutala**. Santa Eutalia, virgen y mártir siciliana, convertida al cristianismo por san Alfio (s. IV).

Eutalio/Eutalia *27/8* *m/f*

Del griego *eu-talia* (*eu*, significa «bueno» y *talos*, es decir, «tallo»), «la que retoña bien», o sea «abundante, fértil». Var. Eutalo/Eutala.

C. **Euterpe**; A. **Evterpe**. Euterpe, una de las nueve musas, que presidía la música.

Euterpe *f*

Nombre mitológico de origen griego. Procede de *eu-terpes*, «llena de encantos, agradable».

Ewan Gordon McGregor, actor cinematográfico británico (1971).

Evan *Scc. Juan* *m*

Forma gaélica de Juan. Var. Ewan.

C. **Evangelí/Evangelina**; G. **Evanxelino/Evanxelina**; In. **Evangeline**. Evangelina Booth, fundadora de un movimiento protestante cristiano, el «Ejército de Salvación» (1865-1950).

Evangelino/Evangelina *m/f*

Nombre cristiano, evocador del Evangelio Del griego *eu-aggelon*, «buena nueva».

C. **Evangelista**. Evangelista Torricelli, físico y matemático italiano (1608-1647).

Evangelista *27/12 m*

Abreviación del nombre de san Juan Evangelista, el autor del Cuarto Evangelio. Con el mismo origen que la palabra *Evangelio*. Del griego, *eu-aggelon*, «buena nueva».

C. **Evarist/Evarista**; G. **Evaristo/Evarista**. San Evaristo, papa de 97 a 105. Evaristo Carriego, escritor argentino (1883-1912). Évariste Galois, matemático francés (1811-1832).

Evaristo/Evarista *26/10 m/f*

Del griego *eu-arestos*. *Arestos* es «selecto», de donde la palabra «aristocracia». El nombre significa pues «bueno entre los mejores, complaciente, agradable» (cf. Gracia). Un papa mártir de este nombre (s. I-II) es el autor de la división de Roma en parroquias.

C. **Evelí/Evelina**. Evelyn Waugh, escritor inglés (1903-1966). Evelyn Lear, soprano estadounidense (s. XIX). Evelina Hanska, condesa polaca, amante y después esposa de Balzac (1800-1882).

Evelino/Evelina *11/5 m/f*

Estrictamente se trata de un gentilicio de Evelio (v.), aunque en la práctica es usado como sinónimo. En femenino, es considerado también como variante de Eva. Enlaza además con nombres germánicos con la raíz *avi*, como Avelino.

C. **Eveli/Evèlia**. San Evelio, mártir en Roma en el s. I.

Evelio/Evelia *11/5 m/f*

Masculinización de Eva, concurrente con el germánico *Eiblin*, con Avelina (v.) y, quizá, con el adjetivo griego *euélios*, «bien soleado, luminoso, radiante». Var. Evelino.

C. **Everard/Everarda**; F. **Évrard/Évrarde**; In. **Everard**. San Evrardo de Salzburgo, obispo en su ciudad y antagonista del emperador Barbarroja (?-1164).

Everardo/Everarda *22/6 m/f*

Nombre germánico. Su significado literal («verraco fuerte», *euforhard*) induce a considerarlo más bien como variante de Eberardo (*ebur-hard*, «jabalí fuerte») o de Abeladro (v.). Var. Evrardo/Evrarda.

C. G. It. **Eva**; F. In. A. **Eve**; R. **Evva, Jevva**. Eva Duarte de Perón, «Evita», dirigente política argentina, esposa de Juan Domingo Perón (1919-1952). Eve Lavallière, actriz francesa, amate de Luis XIV (1866-1929).

Eva/Evo *6/9 f/m*

A partir del significado del bíblico nombre de la primera mujer (*hiyya*, «vida, la que da la vida») derivó la creencia, frecuente en la Edad Media, de que las mujeres de este nombre vivían más. Decaído luego su uso, ocupa hoy nuevamente uno de los primerísimos puestos en la preferencias de los padres. Sinónimo: Zoé.

C. **Exaltació**; E. **Gorane, Goratze**.

Exaltación *14/9 f*

Nombre cristiano, alusivo a la festividad de la Exaltación de la Santa Cruz (latín *ex-altus*, «fuera de altura, de lo corriente, sublime»).

C. **Expòsit/Expòsita**.

Expósito/Expósita *m/f*

Nombre aplicado antiguamente a los niños abandonados por sus padres, «expuestos» a la caridad pública, lo que motivó un tiempo cierto rechazo social para el apellido. Del latín *ex-positus*, «puesto fuera».

C. **Exuperanci/Exuperància**. Santa Exuperancia, confesora y virgen gala, mártir en Troyes (?-380).

Exuperancio/Exuperancia *30/12 m/f*

Del latín *exuberantia*, «abundancia» (por *ex-superans*, «que supera»).

C. **Exuperi/Exupèria**. Santa Exuperia, virgen y mártir en Francia (?-780).

Exuperio/Exuperia *28/9 m/f*

Del latín *exupero*, «abundancia» (v. Exuperancio).

C. **Ezequies**. Ezequías, rey de Judá, restablecedor del culto a Yahvé (s. VIII a. de C.).

Ezequías *20/8 m*

Nombre hebreo del Antiguo Testamento. De las palabras *ezekh-iah*, con el significado de «Dios fortalece» Cf. Ezequiel.

C. **Ezequiel, Exequiel**; G. **Ezequiel**; E. **Ezekel**; F. **Ézéchiel**. Ezequiel, en el Antiguo Testamento hijo de Buzi, sacerdote en Jerusalén. Ezequiel Martínez Estrada, poeta argentino (1895).

Ezequiel/Ezequiela *10/4 m/f*

Del hebreo *hezeq-iel*, «fuerza de Dios». El prefijo *ezr-* o *hezeg-*, «fuerza», aparece en el nombre Ezrá (cf. el poeta Ezra Pound) y en otros bíblicos como Ezequías o Israel. Portado por un profeta del Antiguo Testamento, anunciador de la ruina de Jerusalén y visionador de un carro de fuego que recibe hoy las más curiosas interpretaciones.

C. **Ezrà**; In. A. **Ezra**. Ezra Pound, poeta y ensayista estadounidense (1885-1972), autor de los *Cantos*.

Ezra

m

Nombre hebreo moderno, popularizado por el famoso poeta estadounidense Ezra Pound. Significa «fuerza (de Dios)» (cf. Israel, Esdras).

F

Fabián/Fabiana *20/1* *m/f*

C. **Fabià/Fabiana**; G. **Fabián/Fabiana**; E. **Paben**; F. **Fabien**; In. A. **Fabian**. Fabià Estapé, economista catalán (1923). Fabià Puigsever, escenógrafo i director teatral catalán (1938-1991).

Del latino *Fabianus*, gentilicio de Fabio (v.). La *Fabian Society*, fundada en honor de Fabio Cunctator, desempeñó un papel de primer orden en la Inglaterra de principios de siglo como antecedente del partido laborista.

Fabio/Fabia *31/6* *m/f*

C. **Favi/Fàvia, Fabi/Fàbia**; G. **Fabio/Fabia**. Fabio, personaje de las poesías *Epístola moral* («Rodrigo Caro») y de las *Ruinas de Itálica*. Fabio Chigi, papa italiano con el nombre de Alejandro VII (s. XVII).

Del nombre de familia romano *Fabius*, y éste de *faba*, «haba», legumbre de primer orden en la alimentación romana. Decaído tras las invasiones bárbaras, resucitó su popularidad con el Renacimiento.

Fabiolo/Fabiola *21/3* *m/f*

C. **Fabiol/Fabiola**. Fabiola, protanista de la novela homónima del cardenal Wiseman. Fabiola de Mora y Aragón, esposa de Balduino I y reina de los belgas (1928).

Femenino del latín *Fabiolus*, diminutivo de Fabio (v.).

Fabricio/Fabricia *m/f*

C. **Fabrici/Fabrícia**; G. **Fabricio/Fabricia**; A. **Fabricius**. Fabrice, héroe de la novela de Stendhal *La cartuja de Parma* (1839). Fabrice de Hilden, cirujano alemán considerado como el creador de la cirugía científica en su país (1560-1636).

La *gens* romana *Fabricius* se originó en la voz *faber*, «artífice» (recuérdese la dicotomía etnológica *homo sapiens/homo faber*, que contrapone al hombre especulativo con el activo).

C. **Facund/Facunda**; G. **Fagundo/Fagunda**; E. **Pakunda/Pakunde**. San Facundo, venerado en Sahagún (s. III).

Facundo/Facunda *27/11* *m/f*
Del latín *facundus*, «que habla con facilidad, elocuente». Uno de los nombres con más sinónimos: Abudemio, Anaxágoras, Arquíloco, Crisólogo, Crisóstomo, Eufemio, Eulalia, Eulogio, Eurosio, Fantino, Farabundo, Nafanión, Protágoras.

Fadil *m*
Nombre árabe: «honorable, sobresaliente».

Fahd *m*
Nombre árabe. Significa «lince».

C. **Faida**.

Faida *24/7* *m*
Del germánico *faid*, «desafío». Nombre masculino, usado a menudo como femenino por concordancia.

Faína *f*
Nombre guanche. Sin traducción.

Fanny Elssler, bailarina austríaca (1810-1884). Fanny Buitrago, escritoria colombiana (1940).

Fanny *Scc. Francisca* *f*
Hip. inglés de Francisca y de Estefanía.

C. **Farabund/Farabunda**. Farabundo Martí, guerrillero sudamericano (s. XX).

Farabundo/Farabunda *m/f*
Del latín *farabundus*, «que habla, elocuente» (*farior*, «hablar», de donde *in-fans*, «que no habla, niño, infante»). Popularizado en los últimos años por el movimiento guerrillero sudamericano «Farabundo Martí».

Farida *f*
Nombre árabe. De *faridah*, «única».

Farido/Farida *m/f*
Nombre árabe. Significa «único».

C. **Far/Fara**; G. **Faro/Fara**. Farah Diba, emperatriz de Irán, esposa del sha Mohamed Reza Pahlevi.

Faro/Fara *3/4* *m/f*
Del griego *pharos*, «faro». La forma femenina es también aféresis de Burgundófera, nombre germánico relativo a los burgundios, tribu bárbara que dio nombre a la ac-

tual región de la Borgoña, en Francia. Es también nombre árabe (*Faraj*), procedente de *farajân*, «alegre».

Faruk I, rey de Egipto (1920-1965).

Faruk *m*

Nombre árabe: *faruq*, «el que distingue la verdad de la falsedad».

C. **Fàtima**; G. **Fátima**. Fátima, hija de Mahoma y esposa de Alí (605?-633). Fátima Mernissi, ensayista feminista marroquí (1941).

Fátima *13/5* *f*

Nombre árabe («doncella», por *fata*, «joven»), extendido en Europa desde las apariciones de la Virgen en la localidad homónima portuguesa (1927).

C. **Faustí/Faustina**; E. **Paustin/Paustiñe**; G. **Faustino/Faustina, Faustiño/Faustiña**; In. A. **Faustinus**. Faustina Sáenz de Melgar, novelista española (1834-1895).

Faustino/Faustina *15/2* *m/f*

Gentilicio de Fausto. Del latín *Faustinus*.

C. **Faust/Fausta**; G. **Fausto/Fausta**; E. F. **Fauste**; A. **Faustus**; It. **Fausto**. Fausto, alemán tomado como héroe en numerosos dramas y obras literarias (s. XVI). Flavia Máxima Fausta, emperatriz romana (s. III-IV). Fausto Coppi, ciclista italiano (1919-1960).

Fausto/Fausta *13/10* *m/f*

Nombre cristiano-romano. Del latín *faustus*, «feliz». Popularizado por el personaje de la obra homónima de Goethe, que inspiró las óperas *La condenación de Fausto*, de Berlioz, y *Fausto*, de Gounod. El legendario doctor Fausto había tomado en realidad su nombre de la voz alemana *Faust*, «puño», latinizado erróneamente como *Faustus*. Derivados: Faustino, Faustiniano.

C. G. **Fe**. Santa Fe, martirizada en Agen (Aquitania) a finales del s. IV.

Fe *1/8* *f*

Nombre de esta vitud teologal, del latín *fides*. La santa dio nombre a bastantes poblaciones del Nuevo Mundo. V. Esperanza.

C. **Febe**; A. **Phöbe**. Febe, una de las titánides, hija de Urano y Gea, identificada a veces con Selene.

Febe *3/9* *f*

Nombre griego, que significa «la pura» (por *ephaibes* «adolescente», *epi-ebe*, «sobre la infancia», de donde Efebo). Var. Febes.

C. **Frederic/Frederica**; G. **Frederico/Frederica**; E. **Perderika/Perderike**; F. **Frédéric**; In. **FredericC.** (hip. **Fred, Freddy**); A. **Friedrich** (hip. **Fritz**); It. **Federico/Federica, Federigo**; Por. **Frederico/Frederica**; S. **Fredrik**.
Federico Fellini, director cinematográfico italiano (19201-1993).
Federico García Lorca, poeta y dramaturgo andaluz (1898-1936).

Federico/Federica *18/7 m/f*
Nombre popularísimo en Alemania, hasta el punto de representar el teutón arquetípico a los ojos de los demás europeos. Del germánico *fridu-reiks*, «príncipe de la paz». Var. Fadrique. Hip. Fede.

C. **Fedre/Fedra**.
Fedra, heroína griega mitológica, hija de Minos, hermana de Ariadna y esposa de Teseo.

Fedro/Fedra *m/f*
Nombre mitológico, famoso por el trágico personaje. Del griego *phaidimos*, «brillante, ilustre» (*phainein*, «brillar»).

Felicia Farr, actriz de cine y TV estadounidense.

Felicia *Scc. Félix f*
Variante de Felisa, usada en EE.UU.

Feliciano Chiclana, político argentino, miembro del triunvirato gubernativo constuido en 1811.

Feliciano/Feliciana *9/6 m/f*
Del latín *Felicianus*, gentilicio de Félix (v.): «relativo, de la familia de Félix».

C. **Felicitat**.
Felicidad Blanc, escritora española (1914-1990), esposa del poeta Leopoldo Panero.
Felicidad, diosa portadora del cuerno de la abundancia.

Felicidad *7/3 f*
Nombre latino mitológico (*Felicitas*), adoptado por el cristianismo en múltiples derivados: Felicitas, Feliz, Félix (v.), Felicísimo, Feliciano, etc.

C. **Felicites**; E. **Pelikite**; In. **Felicity**; A. **Felicitas**; It. **Felìcita**.
Felicité de Lamennais, escritor francés (1782-1854).

Felicito/Felicitas *8/3 m/f*
Variante de Felicidad en su forma latina: *felicitas*.

B. **Celipe**; C. **Felip/Felipa**; G. **Filipe, Filipo/Filipa**; E. **Pilipa/Pilipe**;

Felipe/Felipa *3/5 m/f*
Del griego *philos-hippos*, literalmente, «amigo de los caballos». Se llamaron así varios reyes del Oriente Próximo, colonizado por

F. **Philippe**; In. **Philip**; It. **Filippo** (hip. **Pippo**). Felip Bauzà, cartógrafo y político mallorquín (1764-1834). Felip Pedrell, compositor y musicólogo catalán (1841-1922). Filippino Lippi, pintor italiano (1447-1504). Filippo di Ser Brunelleschi, arquitecto y escultor italiano (1377-1446).

los macedonios, en su forma antigua Filipo (v.). Famoso y aristocrático en la Edad Media, el nombre entró en España con Felipe el Hermoso, yerno de los Reyes Católicos, y daría nombre a cuatro reyes españoles más, así como a un estado moderno, antigua posesión española, las Islas Filipinas, llamadas así en honor de Felipe II. Var. Filipe, Filipo.

B. **Feliz**; C. **Fèlix/Felisa, Feliu/Feliua**; G. **Fiz**; E. **Peli**; F. **Félix**; In. A. **Felix**; It. **Felice**. Felix Mendelssohn-Bartholdy, compositor alemán (1809-1847). Félix Rodríguez de la Fuente, naturalista español (1928-1980).

Félix/Felisa *12/2 m/f*

Del latín *felix*, «feliz», y también «fértil». Sinónimo de Beatriz, Fausto, Gaudencio, Macario y Próspero. Forma femenina: Felicia. Var. Felio, Felío (tomadas también como variantes de Rafael).

Fenicia, personaje de Lope de Vega en *El robo de Dina*.

Fenicia *f*

Nombre de fantasía, creado por Lope de Vega. Gentilicio de los fenicios Del griego *phoinos*, «rojo», o sea «gente de color rojizo».

Fenisa, personaje de Lope de Vega en *La vuelta de Egipto* (auto sacramental).

Fenisa *f*

Nombre de fantasía, creado por Lope de Vega. Variante de Fenicia (v.) o femenino de Fénix, nombre del ave.

B. **Fermo**; C. **Fermí/Fermina**; G. **Firmino/Firmina**; E. **Premiñ/Premiñe**; F. In. **Firmin**; It. **Firmino/Firmina**. San Fermín, primer obispo de Amiens (?-303). Fermín Cacho, atleta español (1969).

Fermín/Fermina *11/10 m/f*

Del latín *Firminus*, aplicado porque el santo portador de este nombre era hijo de un tal Firmo («firme», especialmente «en la fe» aunque aplicado también al último hijo con el sentido de «me paro, basta»).

B. **Fernan**; C. **Ferran, Ferranda**; G. **Fernando/Fernanda, Fernán**; E. **Perdiñanda/Perdiñande, Erlanz**;

Fernando/Fernanda *30/5 m/f*

Del germánico *Fredenandus*, evolución de *frad*, «inteligente», con *nand*, «osado, atrevido». Las casas reales de Castilla y Aragón extendieron este nombre en toda Europa,

F. In. A. **Ferdinand**; It. **Ferdinando/Ferdinanda**. Ferdinand de Saussure, lingüista suizo (1857-1913) Fernando VI, rey de España (1713-1759). Fernao Magalhaes (Magallanes), navegante portugués (1480?-1521).

y el conquistador Hernán Cortés completó la difusión en América. Var. Fernán, Hernando, Hernán, Ferrante.

Ferrer Bassa, pintor catalán (s. XIV).

Ferrer *5/4* *m*

En catalán, «herrero». Apellido del valenciano san Vicente Ferrer (1350?-1419), cuya gran fama en su tiempo lo convirtió en nombre de pila.

C. G. **Fidel/Fidela**. Fidel Castro, revolucionario y estadista cubano (1926). Fidelio, personaje de la ópera homónima de Beethoven, arquetipo de amor y fidelidad conyugal.

Fidel/Fidela *24/4* *m/f*

Del latín *fidelis*, «fiel», por *fides*, «fe» (v. Fe). Expandido universalmente por el revolucionario y dictador cubano Fidel Castro. Var. Fidelio.

Fidelfa, personaje de Lope de Vega en *La Araucana* (auto sacramental).

Fidelfa *2/9* *f*

Nombre de fantasía, creado por Lope de Vega. Probablemente es una síncope de Filadelfa (v.) aprovechando el nombre Fidel (v.).

C. **Fídies**. Fidias, escultor y pintor griego (490-431 a. de C.)

Fidias *m*

Nombre del autor del Partenón de Atenas. Posible derivación de *pheidon*, «avaro».

C. **Filadelf/Filadelfa**; In. **Philadelphia**.

Filadelfo/Filadelfa *2/9* *m/f*

Del griego *philádelphos*, «que ama a su hermano». Sobrenombre de Ptolomeo, rey egipcio, pero universalizado por la ciudad estadounidense de Filadelfia, capital del estado de Pennsylvania, fundada por William Penn para fomentar «el amor fraternal».

Filardo, personaje de Lope de Vega en *Auto del nacimiento de Nuestro Señor Jesucristo*.

Filardo *m*

Nombre de fantasía, creado por Lope de Vega. Combinación de la raíz griega *philos*, «amigo», con el sufijo germánico antroponimizador *hard*, «fuerte».

C. **Filees/Filea**. Phileas Fogg, protagonista de la novela *La vuelta al mundo en ochenta días*, de Jules Verne.

Fileas/Filea *26/11* *m/f*

Del griego Phileas, y éste de *philos*, «amigo».

C. **Filemon**; G. **Filemón**; E. **Pillemon**; In. **Phillemon**. Filemón, protocristiano mencionado por san Pablo (Philemon 1). Filemón, poeta cómico griego (s. II a. de C.).

Filemón *21/3* *m*

Nombre griego, vinculado a la fábula *Filemón y Baucis* (v. Baucis). Parece derivación de *phileo*, «cantar»: *philémon*, «amable, amigo».

B. **Feliberto**; C. **Filibert/Filiberta**; E. **Piliberta/Piliberte**; F. **Philibert**; Por. **Felisberto**; In. **Fulbert**. San Filiberto, religioso francés, fundador (s. VII).

Filiberto/Filiberta *20/8* *m/f*

Del germánico *fili-berht*, «muy famoso» (*fili*, «mucho», como el actual alemán *viel* y *berht*, «famoso», cf. Berta).

C. **Filí/Filina**. Philine, personaje de la ópera *Mignon*, de Charles Louis Ambroise Thomas.

Filino/Filina *m/f*

Nombre de fantasía creado a partir del griego *phyllis*, «amor, amoroso». Frecuente en novelas pastoriles y obras de ficción en general.

C. **Filip**; G. **Filipo**; A. **Philippos**. Filipo II, rey de Macedonia, padre de Alejandro Magno (382-336). Marco Julio Filipo, emperador romano (204-249).

Filipo *17/8* *m*

Forma antigua de Felipe (*Philippos*), aplicada especialmente a Filipo de Macedonia.

C. **Fil·lis**.

Filis *f*

Nombre mitológico (*Phyllis*), se puede traducir como «hojarasca» (*phyllos*, «planta»). Retomado por los autores de novelas pastoriles en los s. XVI-XVII.

C. **Filomè/Filomena**; F. **Filomeno/Filomena**; E. **Pillomen/Pillomene**; A. **Philomena/Philomene**; It. **Filomeno/Filomena**. Philomène Boudin, amiga de Paul Verlaine (s. XIX).

Filomeno/Filomena *14/11* *m/f*

Del griego *philos-melos*, «amante del canto» (*philos*, «amigo»; *melos*, «música, canto, melodía»). La forma antigua Filomelo pasó, por disimilación, a Filomeno.

Finarda, personaje de Lope de Vega en *El nombre de Jesús* (auto sacramental).

Finarda *f*

Nombre de fantasía, creado por Lope de Vega. A partir del latín *finis*, «fin, término», con el sufijo germánico *-hard*, «fuerte».

C. In. A. **Fiona**. Fiona, personaje de varias novelas de William Sharp (s. XIX), quien al parecer inventó el nombre.

Fiona *f*

Del galés *fionn*, «limpio». De origen parecido es el nombre de la isla de Fionia, en Dinamarca (*fionn*, «blanco»), usado también como nombre femenino, y a veces asimilado a Fe.

Firmio, personaje de Lope de Vega en *El serafín humano*.

Firmio *31/7 m*

Nombre de fantasía, creado por Lope de Vega. Variante de Firmo (v.).

Firmo *31/7 m*

De origen latino: *firmus*, «firme». Era aplicado a menudo al hijo que se deseaba que cerrara una larga serie: después de *Primus*, *Secundus*... Venía *Firmo*, «me paro». Equivale igualmente a «firme, fuerte».

Joan Fiveller (s. XIV-XV), patricio barcelonés defensor de las libertades ciudadanas frente al rey Fernando de Antequera.

Fiveller *Scc. Juan 24/6 m*

Nombre patriótico catalán, conmemorativo del barcelonés Joan Fiveller. El apellido alude a que hacía o vendía *fivelles* (hebillas, *fibula* en latín).

C. **Flavi/Flàvia**; G. **Flavio/Flavia**. Flavio Valente, emperador romano de Oriente (328?-378). Flavio Josefo («Josep ben Matías»), historiador judío (38-100). Flavia Acosta, mezzosoprano portorriqueña (s. XX). Tito Flavio Vespasiano, emperador romano (9-79). Tito («Tito Flavio Sabino Vespasiano»), emperador romano (39-81). Domiciano («Tito Flavio Domiciano»), emperador romano (51-96).

Flavio/Flavia *11/5 m/f*

Popular nombre romano, derivado del latín *flavus*, «amarillo, de pelo rubio». Dio nombre a dos célebres dinastías de emperadores. En la población gallega de Iria Flavia se encontró en la Edad Media el sepulcro del apóstol Santiago. Derivados: Flavino, Flaviano. También el apellido Chávez, que nada tiene que ver con las «llaves» del gallego *chaves*.

C. **Flèrida**. Flérida, personaje de la novela caballeresca *Palmerín de Inglaterra*

Flérida *f*

Nombre de fantasía, propio del Renacimiento. Seguramente inspirado en el griego *phléo*, «desbordar»: «la abundante, la rica, la agraciada».

C. G. **Flor**. Santa Flor, religiosa hospitalaria francesa (?-1347), múltiples veces tentada sin éxito por el diablo.

Flor *5/10 f*

Nombre femenino, derivación del latín *Florus*. La variante Flora alude a la diosa romana esposa de Céfiro, diosa de las flores. Otros derivados: Floreal (nombre del octavo mes del calendario republicano francés), Floregio, Florencia, Florestán, Florente, Florenciano, Florentino, Florián, Floriano, Floriberto, Florida (nombre de un estado de EE.UU., a cuyas costas se llegó por primera vez el día de Pascua Florida), Florindo, Florino, Florio. Var. Flora.

C. **Floreal**.

Floreal *m*

Octavo mes del calendario republicano francés (21 de abril-20 de mayo), segundo de la primavera. De ahí el nombre francés *Floréal*, de *floral*, «floral, florido».

B. **Flurenciu**; C. **Florenç, Florenci/Florència**; G. **Forencio/Forencia, Frolencio** (forma injertada con Froilán); E. **Polentzi**; F. **Florent**; In. **Florence**; A. **Florens**; It. **Fiorenzo/Fiorenza**. Florence Clerc, danzarina máxima en la Ópera de Paris (1820-1910).

Florencio/Florencia *7/11 m/f*

Uno de los derivados de Flor (v.), procedente del latín *florens*, «floreciente, en flor». Dio nombre a una célebre ciudad italiana, y, por las flores de lis del escudo de ésta, a una moneda, el florín. Var. Florente. Derivados: Florián, Floriano, Florentino.

B. **Florin**; C. **Florentí/Florentina**; G. **Florentino/Florentina**; E. **Polendin**; F. **Florentin**; It. **Fiorentino/Fiorentina**. Santa Florentina, hermana de san Leandro, quien le dedicó el libro *Institución de las vírgenes*. Abadesa de Écija (?-633).

Florentino/Florentina *20/6 m/f*

Gentilicio latino, *Florentinus*, de Florente (*florens*, «en flor, florido»). También de Florencia, ciudad italiana.

C. **Florestany**. Florestán, personaje de la ópera *Fidelio oder die eheliche Liebe*, de Beethoven.

Florestán/Florestana *m/f*

Nombre elaborado a partir del latín *flos, floris*, «flor», antroponimizado con el sufijo germánico *-stan*, «piedra», análogo a Tristán o Dunstano.

C. **Florià/Floriana**. Anio Floriano, emperador romano (?-276). Floriano Peixoto, político brasileño, presidente de su país en 1891-1894.

Florián/Floriana *4/5 m/f*

Derivación gentilicia del latín *flors, floris*, «flor»: «de la familia de Floro».

Flórida, personaje de Lope de Vega en *La pastoral de Jacinto* (comedia pastoral).

Flórida *f*

Nombre de fantasía, creado por Lope de Vega a partir de *flos*, «flor» (v. Flor).

C. G. **Florinda**; In. A. **Florina**. Florinda de la Cava, trágica amante del rey Rodrigo (s. VII-VIII). Florinda Chico, actriz cinematográfica española (s. XX).

Florindo/Florinda *1/5 m/f*

Adaptación germánica del latín Floro (v. Flor), con la terminación *-lind* (v. Linda). O directamente de *fraujis*, «señor». Var. Florina.

Floripo, personaje de Lope de Vega en *El divino africano*.

Floripo *m*

Nombre de fantasía, creado por Lope de Vega. A partir de Flor (v.) y del griego *hippus*, «caballo», presente en las terminaciones de nombres como Arquipo, Filipo, etc.

C. **Flori/Flora**; G. **Floro/Flora**; E. **Lore, Lorea**; A. **Floros/Floris**; It. **Flora**. Flora, en la mitología griega, esposa de Céfiro y diosa de las flores.

Floro/Flora *24/11 m/f*

Nombre latino, procedente del mitológico femenino *Flora*, derivado de *flos*, «flor». Var. Florio/Flor, Floris.

Foción *m*

Del griego *phokion*, «iluminado, resplandeciente, sereno» (*photos*, «luz»).

Fortunato/Fortunata *23/4 m/f*

C. **Fortunat/Fortunata, Fortuny**; G. **Fortunato/Fortunata**; E. **Portunata/Portunate**; F. A. **Fortunat**; In. **Fortunatus**; It. **Fortunato/Fortunata**. Fortunata, personaje de la novela galdosiana *Fortunata y Jacinta* (1887).

Del latín *fortunatus*, «afortunado, favorecido por la fortuna». Sinónimos: Dubia, Gad, Ticón, Tucídides. Derivados: Fortunio y su variante Ordoño.

Fortunio/Fortunia *Scc. Ordoño m/f*

C. **Fortuny/Fortúnia**; In. **Fortune**. Marià Fortuny (1838-1884), pintor, grabador, dibujante y aguafortista.

Concurrencia del nombre latín *Fortunius* («afortunado») con el germánico Ordoño (v.).

Francino/Francina *Scc. Francisco m/f*

C. **Francí/Francina**; F. A. **Francine**. Francina, protagonista de la zarzuela *Cançó d'amor i de guerra*, de Rafael Martínez Valls.

Variante catalana de Francisca, usada especialmente en la Cataluña Norte.

Francisco/Francisca *4/10 m/f*

B. **Farruquin**; C. **Francesc/Francesca** (hip. **Cesc**); G. **Francisco/Francisca** (hip. **Farruco, Fuco**); E. **Prantxes, Pantxeska/Pantxeske** (hip. **Patxo, Patxi**); F. **François/Françoise**, In. **Francis** (hip. **Frank, Fanny**); A. **Franz**; It. **Francesco/Francesca** (hip. **Cecco**); Hun. **Ferencz**. Ferenc (Franz) Liszt, compositor y pianista húngaro (1811-1886) Francis Bacon, filósofo y estadista inglés (1561-1626). Francisco de Quevedo y Villegas, poeta y prosista castellano (1580-1645).

Del italiano *Francesco*, «francés», apodo dado por Bernardone de Asís a su hijo Juan por su afición a la lengua francesa. El *Poverello* de Asís (s. XII-XIII) lo convertiría en uno de los nombres más universales. Así, sólo en España encontramos los hipocorísticos Frasquito (contracción de Francisquito), Paco (oclusión de *Phacus*, y éste contracción de *Phranciscus*, todo ello concurrente con el antiguo nombre ibero *Pacciaecus*, que por otro lado dio Pacheco), Pancho, Curro (por Franciscurro), Quico (por Francisquico), Francis, etc.

Frank *Scc. Francisco m*

Frank Capra, realizador cinematográfico estadounidense (1897-1991). Frank Sinatra, cantante y actor cinematofráfico estadounidense (1916-1998).

Hip. anglosajón de Francisco (v.).

Benjamín Franklin (1706-1790), político e inventor norteamericano. Franklin Delano Roosevelt, político estadounidense, presidente de su país (1882-1945).

Franklin *4/10* *m*

En principio es un apellido anglosajón, derivación de *Frankelein*, diminutivo de Frank (v. Francisco). La gran fama del Benjamín Franklin lo convirtió en nombre de pila.

C. G. **Frida**. Frida Kahlo (1907-1954), pintora mexicana, esposa de Diego Rivera. Frida Leider, soprano alemana (1888-1975). Fryda Schultz de Montovani, escritora argentina de literatura infantil (1912-1978).

Frido/Frida *m/f*

Femenino de Fred (hip. anglosajón de Federico) e hip. de diversos nombres femeninos con el componente germánico *fridu*, «paz». Difundido por la pintora Frida Kahlo. Var. Friedo/Frieda.

C. F. In. A. **Frieda**.

Frieda *f*

Variante de Frida.

C. **Friné**. Friné, amiga de Praxíteles (por cierto blanca y rubia), consiguió ser absuelta del delito de impiedad exhibiendo ante los jueces su perfecta desnudez (s.v a. de C.).

Friné *f*

Del griego *phr'yne*, «sapo», dado como sobrenombre a algunas cortesanas atenienses por su tez morena, muy valorada.

C. **Froilà/Froilana**; G. **Froilán/Froilana**. San Froilán (s. IX-X), obispo de León. Fruela I, rey de Asturias (?-768). Fruela II, rey de León (?-925).

Froilán/Froilana *5/10* *m/f*

Nombre germánico, portado por un rey de Asturias en la variante Fruela o Froila. Derivación de *frauji*, «señor», y, quizá, *land*, «tierra, país». Portado también por un santo obispo de León (s. IX-X). Var. Fruela, Friolán.

Frondelio, personaje de Lope de Vega en *La pastoral de Jacinto* (comedia pastoral).

Frondelio *m*

Nombre de fantasía, creado por Lope de Vega a partir del latín *frodosus*, «frondoso», con el sufijo adjetivador *-elius*.

Frondoso, personaje de Lope de Vega en *La Arcadia*.

Frondoso *m*

Nombre de fantasía, creado por Lope de Vega. Del latín *frondosus*, «abundante en árboles y espesura».

Fronibo, personaje de Lope de Vega en *El inobediente*.

Fronibo *m*

Nombre de fantasía, creado por Lope de Vega a partir de *frondeus*, «frondoso».

B. **Frichoso**; C. **Fructuós/Fructuosa**; G. **Froitoso/Froitosa**; E. **Prutos**; It. **Fruttoso/Fruttosa**. San Fructuoso, obispo de Tarragona, mártir (?-259). Fructuoso Rivera, político uruguayo, presidente de su país en 1830-1834.

Fructuoso/Fructuosa *23/1* *m/f*

Nombre de un obispo de Tarragona, martirizado en el s. III. Del latín *fructuosus*, «fructuoso, que da fruto», o sea sinónimo de Frumencio, Carpo, Carpóforo, Efraín. Var. Frutoso, Frúctor, Frutor, Frutos, Fructidor (tomado del duodécimo mes del calendario republicano francés), Frúctulo.

Frugerios *Scc. Frutos* *m*

Nombre caló, equivalente a Frutos.

B. **Frutos**; C. **Fructuós**; E. **Purta/Oneraspen, Oneretsu**; It. **Fruttoso**. San Frutos, eremita español, hoy patrón de Segovia (s. VII).

Frutos *23/1* *Scc. Fructuoso* *m*

Una de las formas de Fructuoso, nombre de un santo obispo de Tarragona, martirizado en el s. III. Del latín *frux*, «fruto». Sinónimo de Frumencio, Carpo, Efraín. Var. Frutoso, Frúctor, Frutor, Fructidor (tomado del duodécimo mes del calendario republicano francés), Frúctulo.

Fuencisla *25/9* *f*

Nombre de la Virgen patrona de Segovia. Var. Fuenciscla.

C. **Fontsanta**.

Fuensanta *8/9* *f*

Advocación mariana relativa a Nuestra Señora de la Fuensanta, patrona de Murcia desde la milagrosa curación obrada por una pequeña imagen de la Virgen hallada cerca de una fuente. Var. Fonsanta. Hip. Fuen.

Fulbino, personaje de Lope de Vega en *Barlaán y Josafá*.

Fulbino *m*

Nombre de fantasía, creado por Lope de Vega a partir de *fulvus*, «amarillento, de pelo rubio», con el sufijo adjetivador *-inus*.

Fulco/Fulca *22/5* *m/f*

Del germánico *fulca*, «pueblo» (cf. el actual *Volk* alemán).

C. **Folc**; It. **Folco**. Enrique de Aragón Fulco de Cardona y Córdoba (1588?-1640), virrey de Cataluña en tiempos de la *Guerra dels Segadors*.

Fulgencio/Fulgencia *16/1* *m/f*

Del latín *fulgens*, «refulgente, brillante, resplandeciente». Famoso por un sabio hermano de san Leandro y de san Isidoro. Equivalentes: Refulgente, Fúlgido, Berta.

B. **Xencio**; C. **Fulgenci/Fulgència**; E. **Pulgentzi/Pulgentze**; G. **Fulxencio/Fulxencia**, **Xencio/Xencia**. Fulgence Bienvenüe, ingeniero francés, autor del primer metro de París (1852-1936).

Fulvio/Fulvia *m/f*

Nombre latino, portado por un general romano del s. III a. de C. De *fulvidus*, «rojoamarillento».

C. **Fulvi/Fúlvia**; G. **Fulvio/Fulvia**; F. **Fulvius/Fulvia**; It. **Fulvio/Fulvia**. Fulvio, general romano (s. III). Tito Aurelio Fulvio, nombre de nacimiento de Antonino Pío, emperador romano (86-161).

Furunedes *Scc. Mercedes* *f*

Nombre caló, equivalente a Mercedes.

G

Gabino/Gabina *19/2 m/f*

C. **Gabí/Gabina**; G. **Gabino/Gabina**; E. **Gabin/Gabiñe**. Gabino Diego, actor cinematográfico español (1968).

Gentilicio (*Gabinius*) de Gabio, ciudad del Lacio. Var. Gabinio, Gavino.

Gabriel/Gabriela *29/9 m/f*

B. F. In. A. **Gabriel**; C. G. **Gabriel/Gabriela**; E. **Gabirel/Gabirelle**; It. **Gabriele** (forma antigua Gabrielle, tomado por Gaetano Rapagnetta para formar su famoso pseudónimo *Gabrielle d'Annunzio*); Hun. **Gabor**; R. **Gavril**. Gabriel García Márquez, novelista colombiano, premio Nobel de literatura en 1982 (1928).

Del hebreo *gabar-el*, «fuerza de Dios» (cf. Ezequiel). Portado por el arcángel bíblico anunciador de la maternidad de María, motivo por el que Pío XII lo designó patrón de las telecomunicaciones. Hip. Gabi.

Gadea *Scc. Águeda 5/2 f*

Variante antigua de Águeda, utilizada en Galicia y León. Famosa por la iglesia de Santa Gadea de Burgos, donde el Cid tomó juramento a Alfonso VI sobre su presunto fratricidio.

Gael/Gaela *17/12 m/f*

C. **Gael/Gaela**.

La palabra germánica *wallah*, «extranjero», era especialmente aplicada a los celtas, de donde el término *Wales* (Gales). La misma raíz se encuentra en otros gentilicios, como los gálatas, los galos, los galitzios, los valones, etc. El nombre fue también aplicado como hip. de Judicael y de Abigail.

Gail *f*

Gail Patrick, actriz estadounidense.

Hip. anglosajón de Abigail (v.). Var. Gale.

Gala/Galo *3/5 f/m*

C. **Gal/Gala, Gal·la**; G. **Galo/Gala**; E. **Ederne/Gale**.
Gala Placidia, emperatriz romana y esposa de Ataúlfo (390-450)
Gala («Elena Dimitrievna Diakonova»), esposa y musa del pintor Salvador Dalí (1894-1982).
Galo Plaza, político ecuatoriano, presidente de su país en 1948-1952.

Nombre germánico, alusivo a los galos, tribu bárbara establecida en Francia, cuyo nombre se originaba en la voz bárbara *gal, gamald* («canoso, viejo, antiguo», y, por extensión, «gobernante»). Famoso por Gala Placidia, esposa del rey godo Ataúlfo (s. IV-V), y por la mujer del pintor Dalí.

Galeno *m*

C. **Galèn**.
Galeno, médico grecorromano (129-201).

Nombre griego que procede de *galenos*, «sereno».

Galieno/Galiena *m/f*

C. **Gal·liè/Gal·liena**.
Galieno («Publio Licinio Galieno»), emperador romano (218?-268).

Nombre latino, tomado del gentilicio de la Galia (*galus*, «galo»).

Galileo *m*

C. **Galileu**.
Galileo Galilei, médico, astrónomo y físico italiano (1564-1642).

Nombre frecuente en Italia, hecho famoso por el sabio descubridor del péndulo. Es gentilicio de la Galilea, patria de Jesucristo (hebreo *galil*, «región, distrito»).

Galindo/Galinda *m/f*

C. **Galí/Galina**; **Galind/Galinda**.
Galina Sergueievna Ulanova, bailarina soviética (1910-1998).

Nombre germánico procedente de *Galindus*, gentilicio de Galinden, pueblo báltico situado en la Prusia oriental. Puede haber concurrido con el árabe *gal*, «caro». Var. Galino/Galina.

Ganesh/Ganesha *m/f*

Nombre indio, alusivo a la deidad-elefante *Ganesh*, hijo de Shiva y Parvati.

Gara *f*

Topónimo guanche. Sin traducción.

Garbiñe *8/12 f*

Forma vasca de Inmaculada.

C. **Garcia**.
San García, abad de Arlanza (Burgos, s. XI).
García Alvarez de Toledo-Osorio, marinero y político castellano (?-1649?).
García Orta, sabio y viajero portugués (s. XVI).
García Moreno, estadista ecuatoriano (s. XIX).

García *29/9 m*

Antiguo nombre vasco, hoy relegado casi totalmente al terreno del apellido. De origen desconocido, tradicionalmente se ve en él la partícula vasco-ibera *artz*, que significa «oso». Subsisten las formas primitivas *Garsea*, *Garsias*, y otras.

C. **Garcilàs/Garcilasa**.
Garcilaso de la Vega, poeta castellano (1501?-1536).

Garcilaso/Garcilasa *m/f*

Nombre frecuente durante todo el Renacimiento. Probablemente se trata es un cultismo latinizante de García (v.): *Garcilasus*.

C. **Gardènia**.

Gardenia *f*

Nombre femenino, inspirado en el de la flor dedicada a Alejandro Garden. Se da la coincidencia de que la palabra *garden* es «jardín» en inglés.

Gary Cooper («Frank C. Cooper»), actor cinematográfico estadounidense (1901-1961).

Gary *m*

Nombre inventado, hecho famoso por el actor Gary Cooper.

Gaseloría *f*

Nombre guanche literario, inventado. Sin traducción.

C. G. **Gaspar**; E. **Gaxpar**; F. **Gaspard**; In. **Jasper**, **Caspar**; A. **Kaspar**; It. **Gàspare**; S. **Jasper**.
Gaspar de Guzmán y de Fonseca, Conde-duque de Olivares (1587-1645), valido del rey Felipe IV.

Gaspar/Gaspara *23/6 m/f*

Nombre atribuido por la tradición cristiana a uno de los tres Reyes Magos que procedían de Oriente para adorar al niño Jesús. De origen incierto, quizá deformación del nombre sirio *Gushnassaph*, aunque también se ha propuesto el persa *kansbar*, «administrador del tesoro».

C. **Gastó**; F. A. **Gaston**; It. **Gastone**.
Gaston III («Gaston Phoebus»), conde de Foix (1331-1391).
Gaston Leroux, novelista francés (1846-1916).

Gastón/Gastona *m/f*

Nombre de procedencia francesa. Deformación de *gascon*, «de la Gascuña, gascón». Nada tiene que ver con el germánico *gast*, «huésped».

Gautfrido/Gautfrid *8/11 m/f*
Germánico, compuesto de *Gaut*, nombre de una divinidad, y *frid*, «paz». Var. Gaufredo, Gaufrido. Identificado con Jofre o Wifredo.

Gazmira *f*
Topónimo guanche. Sin traducción.

C. **Gedeó**; G. **Xedeón**. Gedeón, juez de Israel, que liberó a su pueblo de la esclavitud medianita. Gédéon Tallemant des Réaux, memorialista francés (s. XVII)

Gedeón/Gedeona *1/9 m/f*
Nombre hebreo. De *gid'on*, quizá «valentón». O, para otros, de *gedehon*, «el que rompe, que humilla».

C. **Gemma**; G. **Xema**. Gemma Nierga, periodista y locutora radiofónica española (1964). Gemma, esposa de Dante Alighieri (s. XIV). Santa Gema Galgani (1878-1903), santa de Lucca (Italia).

Gemma *14/5 f*
Nombre entrado en el santoral con la estigmatizada Gemma Galgani. Del latín *gemma*, «gema, piedra preciosa», por extensión del sentido originario de «yema, brote de una planta». Var. Gema.

C. **Gener**, **Genari/Genara**; E. **Kenari/Kenare**; G. **Xenaro/Xenara**; A. **Januarius**; It. **Gennaro/Gennara**. San Genaro, mártir, obispo de Benevento (?-295).

Genaro/Genara *19/9 m/f*
La grafía etimológicamente más correcta es en realidad Jenaro, pues deriva del mes de enero, en latín *Januarius*, en el cual el año abría su puerta o *janua*. Era aplicado a los niños nacidos en este mes.

C. **Geneveu/Genevea**. Gene Hackman, actor cinematográfico estadounidense (1930). Gene Kelly, actor, coreógrafo y director cinematográfico estadounidense (1912-1996).

Geneveo/Genevea *20/7 m/f*
Forma masculina de Genoveva, feminizada a su vez posteriormente. La forma inglesa hipocorística, Gene, es tanto masculina como femenina.

Genguis Khan («Soberano Universal»), título adoptado por Temujin (1167-1227).

Genguis *m*
En realidad es un título: «Universal», que seguido de *Khan* designaba al mongol Temujin.

Genís/Genisa *Scc. Ginés* *m/f*

Forma catalana de Ginés/Ginesa.

San Genís de Arlés, notario mártir por su oposición a los decretos de persecución contra los crisitanos (?-303).

Genoveva/Genovevo *3/1* *m/f*

Famosísimo nombre medieval. El nombre procede de las voces germánicas *gen*, «origen», y *wifa*, «mujer». Posteriormente fue injertado del significado de la voz galesa *gwenhuifar*, «blanca como la espuma del mar», lo que la hace equivalente a Ginebra (v.). Existe también el derivado masculino Junípero, famoso por el frailecillo compañero de Francisco de Asís. V. también Jennifer.

C. **Geneveu/Genoveva**; G. **Xenoveva**; E. **Kenubep**; F. **Geneviève**; In. **Guenevere** (hip. **Jennifer**); A. **Genoveva**; It. **Genoveffa**.
Santa Genoveva, patrona de París (425-512).
Genoveva de Brabante, heroína legendaria medieval, condenada injustamente por infidelidad conyugal.

Gentil *5/9* *m*

Del latín *gentilis*, «de la misma *gens* (familia)». También «gentil, pagano».

C. **Gentil**.
Gentile da Fabriano, pintor italiano (1370-1427).
Gentile Bellini, pintor veneciano, hijo de Jacopo (1429-1507).

Georgino/Georgina *15/6* *m/f*

Formas antigua y femenina de Jorge. Var. Georgio/Georgia.

C. **Georgí/Georgina**.
Santa Georgina, borrosa joven de la Alvernia, aficionada a las palomas (?-500).

Georgio/Georgia *Scc. Jorge* *m/f*

Formas antiguas de George/Georgina (v.), más próximas a su etimología. Utilizadas hoy para nombrar a dos estados en la Comunidad de Estados Independientes y en los Estados Unidos de América. Derivados respectivamente de san Jorge y del rey Jorge I de Inglaterra.

C. **Georgi/Geòrgia**.
Santa Georgia, virgen y mártir en la Auvernia, Francia (s. VI).

Geraldo/Geralda *27/12* *m/f*

Aunque este nombre germánico puede ser una simple variante de Gerardo (v.), puede tener entidad propia como evolución de *gair-ald*, «lanza del gobernante», o «gobierno por la lanza». Var. Giraldo/Giralda.

C. **Gerald/Geralda**; E. **Keralta/Keralte**; G. **Xeraldo/Xeralda**.
Gerald Durrell, naturalista y escritor inglés (1925-1995).
Gerald Ford (1913), presidente de Estados Unidos de 1974 a 1976.

C. **Gerard/Gerarda**, **Garau**, **Grau**, **Guerau/Gueraua**; G. **Xeraldo/Xeralda**, **Xiraldo**, **Xerardo**; E. **Kerarta**; F. **Gérald**, **Gérard**; In. **Gerald**, **Gerard** (hip. **Garry**, **Jerry**); A. **Gerald**; It. **Gherardo** (hip. **Gaddo**).
Geraldine Chaplin, actriz cinematográfica estadounidense, hija del actor Charles Chaplin, «Charlot» (1944).
Gerardo Diego, poeta y crítico castellano (1896-1987)

Gerardo/Gerarda *7/10 m/f*

Del germánico *gair-hard*, «fuerte con la lanza» (v. Arduino), o de *gair-ald*, «noble por la lanza» (v. Aldo). Como en tantos otros nombres, los sufijos *-hard* y *-ald* han sido confundidos. Y aunque desde un punto de vista estrictamente etimológico Gerardo y Geraldo sean distintos, en la práctica son tomados como equivalentes. Esta imprecisión proporciona numerosas variantes: Gereardo, Geroldo, Giraldo, Girardo, Grao, Guerao.

C. **Geràsim/Geràsima**; A. **Gerasimos**.
San Gerásimo, anacoreta de Palestina (s. v.).

Gerásimo/Gerásima *5/3 m/f*

Quizás una adjetivación del griego *geras*, que significa «anciano», pero más probablemente sea una deformación del adjetivo griego *gerasmios*, «honorable, digno de respeto».

Gerinel *Scc. Miguel m*

Nombre caló, equivalente a Miguel.

C. **Gerió**; A. **Gereon**.
Gerión, un tirano de Siracusa, protector de Arquímedes (s. III a. de C.).

Gerión *10/10 m*

Nombre griego. De *geros*, «viejo, honorable, venerable». Cf. Aldo.

C. **Germà/Germana**; G. **Xermán/Xermana**; E. **Kerman/Kermañe**; F. **Germain/Germaine**; In. **German**; It. **Germano/Germana**; Galés Garmon.
Germaine Lefèbvre, «Capucine», actriz cinematográfica francesa (1933-1990).

Germán/Germana *28/5 m/f*

Nombre cuyo origen es muy discutido: el latín *germanus*, «hermano», aplicado a uno de los pueblos invasores del Imperio, era sólo la adaptación del nombre de éste, *wehr-mann*, «hombre que se defiende», o *heer-mann*, «guerrero», o *gair-mann*, «hombre de la lanza».

C. **Gerson**; In. **Gershon**.
Gerson, en la Biblia, hijo de Moisés y Séfora (Ex. 2, 22).

Gerson *m*

Nombre hebreo: de *gerson*, «peregrino». Var. Gershom.

B. **Getrudes**; C. **Gertrudis** (hip. **Tuies**); G. **Xertrude**; E. **Gerturde**; F. **Gertrude**; In. **Gertrude** (hip. **Gatty**, **Gertie**); A. **Gertrud**; It. **Gertruda**. Geertruida Bosboom, novelista neerlandesa (1812-1886). Gertrude Stein, novelista y poetisa estadounidense (1874-1946). Gertudis Gómez de Avellaneda, escritora cubana-española (1814-1873).

Gertrudis *16/11 f*

Del germánico *gair-trud*. *Gair*, «lanza», *trud*, «caro, querido». Hoy en desuso, pero frecuente en el mundo literario... y sobre todo en la novela *La tía Tula*, de Miguel de Unamuno. Var. Gertruda, Gertrude. Hip. Tula.

C. **Gervàs**, **Gervasi/Gervàsia**; G. **Xervasio/Xervasia**; E. **Kerbasi**; F. **Gervais/Gervaise**; In. **Gervase**; (hip. **Jervis**); A. **Gervasius**; It. **Gervaso/Gervasa**. Gervais de Cantorbey, cronista (s. XII).

Gervasio/Gervasia *19/6 m/f*

Variante de Girbal, procedente del germánico *gair-bald*, «audaz con la lanza», aunque seguramente influido por el griego *Gerásimos* (v. Gerásimo).

C. **Gètul**, **Getuli/Getúlia**; G. **Getulio/Getulia**. Getulio Vargas, presidente de Brasil (1882-1954).

Getulio/Getulia *10/6 m/f*

Del latín *Gaetulus*, nombre de una tribu norteafricana, los gétulos (nombre a su vez incierto, quizá derivación de *gaesus*, «dardo»). Var. Gétulo/Gétula.

C. **Gil/Gila**; G. **Xil**: E. **Egidi**; F. **Gilles**; In. **Giles**; A. **Egid**; It. **Gilio** (hip. moderno F. **Gigliola**. Gil Alvarez de Albornoz, cardenal y político castellano (1303-1367).

Gil/Gila *1/9 m/f*

Forma moderna de Egidio (v.), muy popular en España a partir del Renacimiento (recuérdese la novela de Tirso de Molina, *Don Gil de las calzas verdes*).

C. **Gilbert/Gilberta**; G. **Xilberto/Xilberta**; F. **Gilbert/Gilberte**; In. **Gilbert**; A. **Giselbert**; It. **Gilberto/Gilberta**. Gilbert K. Chesterton, escritor inglés (1874-1936). Gilberto Freyre, escritor brasileño (1935).

Gilberto/Gilberta *6/6 m/f*

Del germánico *gisil-berht*, «famoso con la flecha, buen arquero» (v. Berta). Nombre muy popular en Francia, algo abandonado últimamente. Var. Gisberto, Gisilberto, Giberto, Quildeberto.

Gildardo/Gildarda *8/6 m/f*
Del germánico *gisildandus*, formado por *gisil*, «flecha», con la terminación latina *-endus*. Var. Gildando.

Gildí *Scc. Azucena f*
Nombre caló, equivalente a Azucena.

C. **Gilda, Guedas**; F. **Gilda, Gildas**. Gilda, nombre del personaje interpretado por Rita Hayworth en el filme homónimo (1946). Gildas, santo escocés (570).

Gildo/Gilda *29/1 m/f*
Hip. de origen italiano, de Hermenegilda (v.). Famoso por un filme de los años cuarenta. Sin embargo, también es un nombre con entidad propia, del germánico *gild*, «tributo, impuesto» (cf. con el inglés *gold*, «oro», o el alemán *Geld*). Más conocido como Gildas o Guedas.

Gilma *f*
Variante de Vilma (v.), influida por Gilda (v.).

C. **Ginebra**; G. **Xenebra, Guenebra**; It. **Ginevra**. Ginebra, nombre con que es designada habitualmente la esposa del rey Artús (v. Arturo), jefe de los Caballeros de la Tabla Redonda.

Ginebra *Scc. Genoveva f*
Del galés *gwenhuifar*, «blanca como la espuma del mar». Suele tomarse como equivalente a Genoveva (v.).

C. **Genís/Genisa**; G. **Xes, Xenxo/Xenxa, Xinés/Xinesa**; E. **Giñes**; F. **Genès/Genèse**. Ginés de Pasamonte, personaje de la novela *El ingenioso hidalgo don Quijote de la Mancha*, de Cervantes.

Ginés/Ginesa *25/8 m/f*
Del latín *Genesius*, y éste del griego *genesis*, «origen, nacimiento». *Genesios*, «protector de la familia», aunque se ha señalado el parentesco con el latín *Genista*, «retama», y también «enhiesto, derecho» (visible en los nombres de la forma catalana Genís y de la planta, *ginesta*). Var. Genesio.

C. **Gina**. Gino Severini, pintor y mosaísta italiano (1883-1966). Gina Lollobrigida, actriz cinematográfica italiana (1927).

Gino/Gina *Scc. Luis m/f*
Nombre italiano, aféresis de *Luigina*, diminutivo de Luisa, aunque puede ser derivado de otros nombres con la misma terminación. Popularizado por la actriz Gina Lollobrigida.

Giotto di Bondone, pintor florentino (1267-1337).

Giotto *m*

Hip. medieval italiano de nombres como *Ambrogiotto*, *Angiolotto* (formas de Ambrosio y Ángel, respectivamente). Continúa su popularidad por el prestigio del pintor medieval.

Giove/Giova *m/f*

Formas italianas de Jove y su femenino.

C. **Gislè/Gisela**; G. **Ghislain/Gisèle**; In. A. **Gisela**; It. **Gisella**. Gisela, hija de Pipino *el Breve* y hermana de Carlomagno (s. VIII-IX). Gisèle Freund, fotógrafa francesa de origen alemán (1912-1995). Gisèle Parry, actriz francesa (s. XX). Gisèle, hija de Carlos III *el Simple* de Francia (s. X).

Gisela/Giselo *21/5* *f/m*

Entra en este nombre, como componente principal y quizás único, la raíz germánica *gisil*, «flecha», posiblemente acompañada del sufijo *-hard*, «fuerte». Muy corriente en Francia desde que una hermana santa de Carlomagno, llamada en realidad Isberga (v.) lo adoptó como segundo nombre, por lo que hoy son considerados como equivalentes. La forma masculina es Gisleno. Sinónimos: Gelardo, Gelesvinta, Ia, Zebina.

Givés *Scc. Nieves* *f*

Nombre caló, equivalente a Nieves.

C. **Gladis**; F. In. A. **Gladys**. Santa Gladis, madre de san Cadoc, un gran misisionero bretón (s. V-VI). Gladys Cromwell, poetisa estadounidense (1885-1919).

Gladis *Scc. Claudia* *f*

Del galés *Gwladys*, «gobernador de un gran territorio». Generalmente es asociado con Claudia, y considerado como su equivalente. Var. Gladys.

C. **Glenda**; F. **Glenn**; In. **Glenn/Glenna**; A. **Glenn/Glende**. Glenda Jackson (1936), actriz cinematográfica inglesa.

Glendo/Glenda *m/f*

Nombre irlandés, tomado del gaélico *gelann*, «valle».

Glenn Ford («Gwyllyn Samuel Newton»), actor cinematográfico estadounidense de origen canadiense (1916). Glenn Miller, músico estadounidense (1904-1944).

Glenn *m*

Toma su popularidad por el actor Glenn Ford, quien adoptó su seudónimo por Glenford, una ciudad canadiense. Inglés *glen*, «valle estrecho»; *ford*, «vado». (v. Glendo).

Glitelda *f*

Nombre de fantasía, creado por Lope de Vega a partir del griego *glykos*, «dulce», con el sufijo adjetivador medieval *-eldus*.

Glitelda, personaje de Lope de Vega en *La Araucana* (auto sacramental).

Gloria/Glorio *25/3 f/m*

Del latín *gloria*, «fama, reputación». Es fundamentalmente nombre cristiano alusivo a la Pascua de Resurrección o Domingo de Gloria. Con el sufijo germánico *-lind* (v. Linda) se forma el derivado Glorinda. Sinónimos: V. Berta.

C. **Glori/Glòria**; G. **Glorio/Gloria**; E. **Aintzane**. Gloria Fuertes, poetisa y escritora de cuentos española (1918-1998). Gloria Stefan («Gloria María Fajardo»), cantante cubana (1957). Gloria Swanson, actriz estadounidense (1899-1983).

Godelivo/Godeliva *6/7 m/f*

Del germánico *God-leuba*, «amada por Dios» (cf. con María). Por concurrencia es identificada con Godiva. Sinónimo: Godoleva.

C. **Godeliva**; F. **Godelieve**; A. **Godelewa**. Santa Godeliva, mártir en Brujas (?-1070).

Godiva *6/7 f*

Del germánico *God-gifu*, «regalo de Dios» (sinónimo de Doroteo, v.), o, quizá, simplificación de Godeliva. Popularizado por la leyenda de lady Godiva de Coventry, esposa de Leofric, conde de Mercia, que para obtener de su marido un mejor trato para sus súbditos, cabalgó desnuda por la población sin ser vista por sus habitantes, que voluntariamente se recluyeron en sus casas (¡excepto el célebre *Peeping Tom*!).

C. **Godiva**; F. **Godive**; In. A. It. **Godiva**. Lady Godiva, heroína de una leyenda recogida por Roger de Wendower, cronista inglés (s. XIII).

Godofredo/Godofreda *8/11 m/f*

Del germánico *Gottfried*, «paz de Dios».

C. **Godofred/Godofreda**; E. **Godepirda/Godepirde**; F. **Geoffroy**; In. **Godfrey**; A. **Gottfried**; It. **Godofredo/Godofreda**. Gottfried Wilhelm Leibniz, filósofo alemán (1646-1716).

Golipén *Scc. Salud f*

Nombre caló, equivalente a Salud.

Gomaro/Gomara *11/10 m/f*

C. **Gomar/Gomara**; A. **Gummar**. San Gomaro, soldado, viudo y monje (?-690).

Nombre germánico. Para unos, de *Guda*, «Dios», aunque más bien parece originado en *gundi-maru*, «famoso e insigne». Posible concurrencia con el árabe *Umar* (v. Omar). Var. Gómaro, Gomero.

Gomilo/Gomila *m/f*

C. **Gomila**.

Nombre germánico. De *guma*, «hombre», adjetivado *Gomilus*.

Gonzalo/Gonzala *6/6 m/f*

C. **Gonçal/Gonçala**; G. **Gonzalo/Gonzala**; E. **Gontzal/Gontzalle**; F. **Gonsalve**; It. **Consalvo/Consalva**. Gonzalo de Berceo, poeta castellano (?-1264?). Gonzalo Torrente Ballester, escritor gallego en lengua castellana (1910-1998). Gonzalo Suárez, escritor y director cinematográfico español.

Del antiguo nombre Gonzalvo, contracción a su vez de Gundisalvo, hoy sólo sobreviviente como apellido. *Gund*, «lucha»; *all*, «total»; *vus*, «dispuesto, preparado»: «guerrero totalmente dispuesto para la lucha». Para otros, de *gund-alv*, siendo *alv* una variante de *elf* (v. Alberico).

Gorane *14/9 f*

Nombre eusquera, equivalente a la Exaltación de la Santa Cruz.

Goretti *6/7 f*

Santa María Goretti, asesinada en 1902 en Nettuno (Italia) por defender su virginidad.

Apellido de una santa María italiana. El apellido es gentilicio de *Goretto*, un hip. de Gregorio (v.).

Gorka *Scc. Jorge m*

Forma euskera de Jorge.

Gracia *25/3 f*

C. **Gràcia**; G. **Gracia**; E. **Atsegiñe**; **Gartze**; In. **Grace**. Grace Patrice Kelly, actriz cinematográfica estadounidense y princesa de Mónaco (1928-1982). Grace Moore (1901-1947), soprano estadounidense. Grazia Deledda, novelista italiana (1871-1936).

Nombre mitológico, recuerdo de las tres hermanas Gracias o Cárites (Aglaya, Eufrosina y Talía), hijas de Zeus y de Afrodita. Origen antiquísimo: del sánscrito *gurta*, «bienvenido, agradable», que pasó al latín *gratus*, «grato, agradable», aunque más bien suele referise al valor teológico de la gracia divina. Derivados: Gracián (portado como apellido por Baltasar Gracián, escritor del Siglo de Oro), Graciano, Grato, Gratiriano, Graciniano, Altagracia, Engracia, Graciosa.

C. **Graciel·la**; G. **Graciela**; It. **Graziella**. Graciela, protagonista de la novela de Lamartine *Graziella* (1849).

Graciela *23/7* *f*

Diminutivo del nombre Gracia, e inspirado asimismo en la forma italiana *Graziella*, que ha eclipsado en popularidad al nombre original tras la famosa novela de Lamartine.

C. **Gracilià/Graciliana**; G. **Graciliano/Graciliana**. San Graciliano, mártir italiano de Faleria (s. IV).

Graciliano/Graciliana *18/12* *m/f*

Del latín *Gracilianus*, gentilicio de Gracia (v.).

C. **Grac**. Gracchus Babeuf («François Noèl Babeuf»), teórico y revolucionario francés (1760-1797).

Graco *m*

Del latín *gracilis*, que significa «grácil, delgado, esbelto».

Graham Greene, novelista y periodista inglés (1904-1991). Alexander Graham Bell, físico británico, inventor del teléfono (1847-1922).

Graham *m*

Apellido escocés, derivado del topónimo *Grantham* (Lincs).

Graná *Scc. Pepa* *f*

Nombre de origen caló, equivalente a Pepa.

Grañita *Scc. Pepita* *f*

Nombre caló, equivalente a Pepita.

B. **Grigoriu**; C. **Gregori/Gregòria** (hip. **Gori**); G. **Gregorio/Gregoria** (hip. **Goro**, **Gorecho**); E. **Gergori/Gergore**; F. **Grégoire**; In. **Gregory**; A. Esc **Gregor**; R. **Gregori** (hip. **Grisha**). Gregorio Marañón, médico, historiador y ensayista castellano (1887-1960).

Gregorio/Gregoria *3/9* *m/f*

Del griego *egrégorien*, «que vela, vigilante». Sinónimo de Eduardo, Sergio y Vigilio. Portado por trece papas de la Iglesia. Hip. Goyo.

Greta Garbo («Greta Loyisa Gustaffson»), actriz cinematográfica sueca (1905-1990).
Gretel, protagonista del cuento *Hansel und Gretel.*

Greta *Scc. Margarita f*
Hip. de Margarita, muy popular en los países nórdicos (recuérdese a la actriz Greta Garbo, y el hip. alemán Gretchen). Derivado alemán: Gretel.

C. G. In. **Griselda**.
Griselda, personaje de *Decamerón*, de Giovanni Boccaccio.
Griselda, personaje en *Los cuentos de Canterbury*, de Chaucer.
Griselda Gambaro, escritora argentina (1928).

Griseldo/Griselda *21/10 m/f*
Nombre de origen germánico, preferentemente femenino. Su origen es dudoso: *gris* es apelativo aplicado a los «hombres de cabellos grises», o sea «hombres de edad». El sufijo *ald*, reforzador de la misma palabra, significa «viejo, ilustre, gobernante» (v. Aldo).

Guacimara *f*
Nombre guanche. Sin traducción.

Guadafret *m*
Nombre guanche literario, inventado. Sin traducción.

C. G. **Guadalupe**.
Guadalupe Victoria Ramón, «Lupe», cantante cubana del *latin sound* (1936-1992).
Guadalupe Amor, poetisa mexicana (1920).

Guadalupe *12/12 f*
Del árabe *wadi al-lub*, «río de cantos negros» (raíz *wadi*, «agua, río», presente en hidrónimos como Guadiana, Guadalquivir, etc.). Otras etimologías populares: *wadi-lupi*, «río de lobos» (que abrevaban cerca del santuario de este nombre), o incluso la náhuatl *coatlaxopeuh*, «la que pisoteó la serpiente». Iniciado en un santuario extremeño, pasó a México, donde es hoy en día su Virgen patrona. En el país, su nombre está muy extendido. Hip. Lupe, Lupita, Pita.

Guajuco *m*
Nombre guanche. Sin traducción.

C. **Gualbert/Gualberta**
Gualberto Villarroel, político boliviano, presidente de su país en 1844-1846

Gualberto/Gualberta *12/7 m/f*
Nombre germánico. De *wahl-berht*, «extranjero ilustre», o según otras interpretaciones de *wald-berht*, «gobernante ilustre».

Gualda *f*
Nombre guanche literario, inventado. Sin traducción.

C. **Gualter/Gualtera**, **Gualteri/Gualtèria**; In. A. **Walter**. Gutierre de Cetina, poeta español (1520-1557). Gutierre Tibón, lingüista mexicano (1905).

Gualterio/Gualteria *2/8* *m/f*
Del germánico *wald-hari*, «que gobierna el ejército» (*wald*, v. Waldo; *hari*, «ejército»). Una forma antigua del nombre, Gutierre, dio lugar al frecuente apellido Gutiérrez, «hijo de Gutierre».

Guanarame *m*
Nombre guanche. Sin traducción.

Guanarteme *m*
Nombre guanche. Sin traducción.

C. **Guarner/Guarnera**. Werner Heisenberg (1901-1976), físico alemán, premio Nobel en 1932.

Guarnerio/Guarneria *18/4* *m/f*
Nombre germánico. De *warin*, «protector», y *hari*, «ejército»: «ejército protector».

Guaxara *f*
Topónimo guanche. Sin traducción.

Guayanfanta *f*
Nombre guanche. Sin traducción.

Guayonga *f*
Topónimo guanche. Sin traducción.

C. **Gudeli/Gudèlia**; E. **Gudele**; F. A. **Gudule**. Santa Gúdula, patrona de Bruselas (?-712).

Gudelio/Gudelia *29/9* *m/f*
Latinización (*Gudelius*) del germánico *Gudag*, «Dios» (v. Godiva). Nombres relacionados: Gudulia, Gúdula.

Gudrun, heroína de un poema alemán del s. XII.

Gudruna *f*
Nombre germánico: de *gund*, «batalla», y *run*, «secreto». De ahí la traducción libre, «hechicera de la batalla».

C. G. **Guendalina**. Gwenole, abad armo-

Guendalino/Guendalina *14/10* *m/f*
Más que un nombre, se trata de una cons-

ricano (?-532). Gwen John, pintora británica (1876-1939). Ellen Gwendolen Rees («Jean Rhys»), escritora caribeña (1894-1979). Gwynneth Paltrow, actriz cinematográfica estadounidense (1973).

telación de ellos: Gundelina, Gundelinda, Güendolina, Guvendolina... y otra constelación de interpretaciones: «la de blancas pestañas»; «la del círculo blanco»; «mujer dulce». En los países anglosajones, en la forma *Gwendolyne* es considerada equivalente a Genoveva (v.).

Guerau/Gueraua *Scc. Gerardo* *m/f*
Variante catalana de Gerard/Gerarda (Gerardo), también presente como Grau.

Guetón *m*
Nombre guanche: «el bueno».

C. **Guido/Guida**, **Guiu/Guiua**; G. It. **Guido/Guida**; A. **Wido**. Guido Reni, pintor italiano (1575-1642). Guido Ferracin, boxeador italiano.

Guido/Guida *12/9* *m/f*
Del germánico *widu*, «amplio, extenso» (de donde el inglés *wide*). O quizá de *witu*, «madera, bosque», que daría *wood*. Por similitud fonética es asimilado a menudo con Vito y con Egidio o Gil, nombres en realidad bien distintos. Var. Guidón/Guidona.

Guifre I *el Pilós* (Wifredo I *el Velloso*), conde de Barcelona (840?-897)

Guifre *Scc. Jofre* *m*
Variante catalana de Jofre (v.).

Guillem/Guillema *Scc. Guillermo* *m/f*
Forma catalana de Guillermo, recastellanizada en el nombre o apellido Guillén.

C. **Guillem/Guilleuma**, **Guillermina**; G. **Guillelme**, **Guillelmo**; E. **Gilamu**, **Gillen**; F. **Guillaume**; In. **William** (hip. **Willie**, **Will**, **Bill**); A. **Wilhelm** (hip. **Wili**); It. **Guglielmo** (hip. **Memmo**); Hol. **Willem** (hip. **Liam**). Guglielmo Marconi, inventor y físico italiano (1874-1937). Guillaume Apollinaire («Wilhelm-Albert Kostrowitzky»), poeta vanguardista francés (1880-1918).

Guillermo/Guillerma *10/1* *m/f*
Nombre popularísimo en todos los tiempos en los países de tradición germánica. Corriente en la Edad Media, especialmente en Cataluña, sólo ha trascendido al resto de España en los últimos años. De *will*, «voluntad», y *helm*, «yelmo». Significado en versión libre: «protector decidido». Formas femeninas: Guillerma, Guillermina. V. también William.

Güímar *f*

Topónimo guanche. Sin traducción.

C. G. **Guiomar**.
Guiomar, personaje femenino en los poemas de Antonio Machado, cuya existencia era real, según probó Concha Espina.

Guiomar *f*

Del germánico *wig-maru*, «mujer ilustre». Var. Güiomar. Popular en los países de habla portuguesa.

Guiu/Guiua *Scc. Guido* *m/f*

Forma catalana de Guido (v.).

C. **Gumersind/Gumersinda, Gumesind/Gumesinda**; G. **Gumersindo/Gumersinda**.
San Gumersindo de Toledo, martirizado por los árabes en Córdoba (?-852).

Gumersindo/Gumersinda *13/1* *m/f*

Del germánico *guma-swind*, «hombre fuerte», o de *guma-sind*, «expedición de guerreros». Var. Gumesindo.

C. **Gunter**; F. **Gunther**; A. **Günther**; S. **Gunnar**.
Günter Grass, escritor alemán (1927), premio Nobel de Literatura en 1999.

Gunter *30/9* *m*

Nombre de un rey burgundio en la *Canción de los Nibelungos*. De *gundi-hari*, «ejército famoso», o *gundi-theud*, «pueblo famoso». Muy corriente en Alemania y Suecia. Var. Guntero, Guntario.

C. **Gustau/Gustava**; G. **Gustavo/Gustava**; F. **Gustave**; In. **Gustavus**; A. **Gustaf**; S. **Gustaf, Gosta**.
Gustav Klimt, pintor austríaco (1862-1918).
Gustavo Adolfo Bécquer, poeta castellano romántico (1836-1870).

Gustavo/Gustava *3/8* *m/f*

Nombre particularmente popular en Suecia, donde ha sido llevado por varios reyes. Difícilmente descifrable. Quizá de *gund-staf*, «cetro real», posiblemente influido por el latín Augusto.

Gutierre de Cetina, poeta español (1520-1557).
Gutierre Tibón, lingüista mexicano (1905).

Gutierre *Scc. Gualterio* *m*

V. Gualterio.

Guy de Maupassant, escritor francés (1850-1893).

Guy *12/6* *m*

Forma francesa e inglesa de Guido. En inglés se ha convertido en nombre propio

Guy Fawkes, esponsable de la «Conspiración de la pólvora» (1570-1606).

Gyula Illyés, poeta, dramaturgo, novelista, ensayista y traductor húngaro (1902-1983).

por su abundancia: un *guy* es «un sujeto, un individuo».

Gyula *m*

Nombre húngaro. Significado desconocido.

H

C. **Habib**. Habib ben Alí Bourguiba (1903-2000), primer pesidente de Túnez tras la independencia en 1957.

Habib *m*

Nombre hebreo y árabe. De *habib*, «amado». Var. Abib, Habibo.

Halima *f*

Nombre de origen árabe, derivación de *halimah*, «gentil, paciente». Var. Zulema.

Hamid *m*

Nombre árabe, una de las muchas formas que adopta Ahmed, «laudable, honorable». Var. Hamed, Ahmed.

Hamza *m*

Nombre árabe: *hamzah*, «león».

C. **Harmodi/Harmòdia**. Florencio Harmodio Arosemena, político panameño, presidente de su país en 1928-1931 y 1932-1936.

Harmodio/Harmodia *m/f*

Del griego *harmodios*, «agradable, bien hecho».

C. **Harold/Harolda**; G. **Haroldo/Harolda**. Harold Lloyd, actor teatral y cinematográfico estadounidense (1893-1971). Harold Macmillan (1884), primer ministro británico. Harold Wilson (1916), primer ministro británico. Harold Pinter, dramaturgo y guionista británico (1930).

Haroldo/Harolda *1/10* *m/f*

Nombre germánico, portado por diversos reyes noruegos, ingleses y daneses. El más famoso, el que sucumbió en Hastings ante Guillermo (1066), de donde se siguió la invasión normanda de Inglaterra. De *hariald*, «pueblo ilustre» (de él deriva la palabra *heraldo*). Variantes y derivados: Haribaldo, Heribaldo, Aroldo.

Harriet Beecher-Stowe, novelista estadounidense (1811-1896).

Harry/Harriet *Scc. Enrique* *m/f*

Forma inglesa habitual de Henry (Enrique).

Harun ar-Rashid, el califa de *Las mil y una noches* (765?-809).

Harún *m*

Nombre de origenárabe, llevado por un profeta.

Hassán II, rey de Marruecos (1929-1999).

Hassán *m*

Nombre árabe: *hasan* o *hassan*, que signfica «bello».

C. **Haydée**; In. **Haidee**. Haydée, protagonista de la novela *El conde de Montecristo*, de Alejandro Dumas padre.

Haydée *f*

Nombre usado literariamente por Byron y Alejandro Dumas padre. Del griego moderno *Xaïde*, y éste del verbo *xaïdéyo*, «acariciar»: «la acariciada». Podría también estar relacionado con la palabra *aidos*, «venerable, respetable». Var. gráficas: Aidé, Haidée, Haydé.

C. In. **Hebe**. Hebe, mitoloógica hija de Zeus y de Hera.

Hebe *f*

Nombre de la mitología griega, personificación de la juventud (griego *hébe*, «joven»), encargada de servir a los dioses el néctar y la ambrosía, que los liberaba de la senectud y de la muerte.

Heberto/Heberta *16/3* *m/f*

Síncope de Herberto (v.), que a su vez lo es de Heriberto (v.).

C. **Hèctor**; It **Èttore**; Por. **Hetor**. Ettore Scola, realizador cinematográfico italiano (1931). Héctor Berlioz, compositor francés (1803-1869).

Héctor *m*

Nombre mitológico, portado por el más famoso héroe troyano de la *Ilíada*. Quizá relacionado con *hektoreon*, «esculpir, formar, educar»; «persona formada». O de *sech*, «coger»; «el que tiene firmemente».

Heidi *Scc. Adelaida* *f*

Hip. alemán de Adelaida (v.), popularizado por un cuento infantil convertido en serie de televisión en los años setenta.

Heios *m*

Del griego *heios, heion*, «el que escucha».

C. **Heladi/Helàdia**; G. **Heladio/Heladia**. Heladio, obispo galo (s. IV).

Heladio/Heladia *28/5 m/f*

Del griego *helladios*, «de la Hélade, griego». Var. Eladio.

Helcónides *28/5 m*

Del griego *helkos*, «herido».

C. **Heleni/Elena, Helena**; G. **Helenio/Helena**; E. **Elene**; F. **Hélène**; In. **Helen, /Helena / Ellen**; A. **Helena** (hip. **Lena, Lene, Lenchen**), It. **Èlena**; Ir. **Aileen**; Rum. **Ileana**; Hun. **Ilona**. Helena, heroína de la *Ilíada* de Homero, la mujer más bella del mundo, esposa de Menelao y causa de la guerra de Troya.

Helenio/Helena *18/8 m/f*

La interpretación popular asignó al nombre la interpretación *eliandros*, «destructora de hombres», por el personaje literario, facilitándose así también la pérdida de la h inicial. En realidad el nombre procede de *Heléne*, «antorcha», lo que la hace sinónimo de Berta, Fulgencio, Roxana y otros. Var. Elena, Olga (v.), Eleonor (v.). Hip. Lena.

C. G. **Helga**. Santa Helga u Olga, primera santa rusa (s. X).

Helga *11/7 f*

Forma sueca de Olga. También es relacionado con el antiguo adjetivo sueco *helagher*, «feliz, próspero», que derivó a «invulnerable», y posteriormente a «santo». De gran popularidad en España hace unos años a raíz de un filme homónimo. Sinónimos: Ariadna, Panacea.

C. G. **Helí**. Helí, en el Antiguo Testamento juez y gran sacerdote, educador de Samuel (s. XI a. de C.). Elie Wiesel, escritor rumano en lengua francesa (1928).

Helí *m*

Nombre hebreo del Antiguo Testamento, portado por un sacerdote judío educador de Samuel. De la voz perifrástica *eli*, con que se aludía a Dios para no profanar su sagrado nombre pronunciándolo. Var. gráfica: Elí.

C. **Heliodor/Heliodora**; G. **Heliodoro/Heliodora**. Heliodoro, compañero de infancia y después ministro de Seleuco IV Filopátor de Siria (s. II a. de C.). Heliodoro, novelista griego (s. III-IV).

Heliodoro/Heliodora *6/5 m/f*

Del griego *helios-doron*, «don del sol».

Helmut Kohl, político alemán (1930), primer presidente tras la reunificación (1990).

Helmut *m*

Popular nombre alemán, variante de Hellmund, derivado del germánico *helm*, «yelmo, protección» y *mund*, «pueblo»: «protector del pueblo».

Henar *f*

Topónimo alusivo a la antigua Qalá Nahar (Alcalá de Henares), por lo que el río que la baña pasó a denominarse Nahar, Nahares o Henares.

C. **Henedina**.

Henedina *14/5 f*

Nombre latino, gentilicio de Venecia (antiguamente, *Henetis*). O quizá del griego *enedynos*, «complaciente». Var. Enedina.

C. G. **Hera**.
Hera, esposa de Zeus, reina de las diosas en la mitología griega.

Hera *f*

Nombre mitológico griego. De *hera*, «señora».

C. **Hèracles/Heraclea**.
Heracles, héroe nacional griego, figura mitológica. Asimilado al Hércules latino

Heracles/Heraclea *14/7 m/f*

Forma griega de Hércules: *Herakles*. De *Hera-kleos*, «gloria de Hera», la diosa esposa de Zeus.

C. **Heracli/Heràclia**.
Heraclio I, emperador bizantino, vencedor de los persas sasánidas (s. VII). Heraclio, obispo de París (s. VI).

Heraclio/Heraclia *1/9 m/f*

Del adjetivo griego *heráklida*, con el que los dorios se consideraban descendientes del famoso héroe Heracles (v.) o Hércules (v.). Derivado latino: Heráclito.

C. **Heràclit/Heràclita**.
Heráclito, filósofo griego (544?-483? a. de C.).

Heráclito/Heráclita *28-6 m/f*

Scc. Heráclides

Variante clàsica de Heraclio/Heraclia.

C. **Herald/Heralda**.

Heraldo/Heralda *m/f*

Del germánico *hari*, «ejército» y *ald*, «noble, poderoso». De donde *hairald*, palabra que pasó a designar el estandarte del ejército, y de aquí al anunciante de un señor poderoso. Var. Eraldo/Eralda.

C. **Herbert/Herberta**. Herbert Marcuse, filósofo alemán-estadounidense (1898-1979). Herbert von Karajan, director de orquesta austríaco (1908-1989).

Herardo/Herarda *m/f*

Del germánico *hari-hard*, que significa «ejército fuerte».

Herberto/Herberta *30/10* *m/f*

Síncope del nombre Heriberto (v.). Derivación del germánico *hari-berht*, «guerrero famoso».

C. **Hèrcules**; F. **Hercule**; In. **Hercules**; It. **Ércole**. Hércules, en la mitología, héroe griego de fuerza descomunal, famoso por sus doce «trabajos», donde combinó fuerza y astucia.

Hércules *m*

Nombre de la mitología romana, equivalente al Heracles o Herakles griego. Se ha señalado su parentesco con *herce*, «cerrar», aludiendo a su primitiva función de defensa de la propiedad.

C. **Hereni/Herena, /Herènia**.

Herenio/Herenia *25/2* *m/f*

Del latín *hernus*, «relativo a Hera», divinidad griega esposa de Zeus. Por concurrencia fonética es identificado a veces con Irene. Var. Erenia, Herena, Erenia.

C. **Heribert/Heriberta**; G. **Heriberto/Heriberta**; E. **Eriberta/Eriberte**; F. In. A. **Herbert**; It. **Erberto/Erberta**. Heribert Barrera, político y científico catalán (1917).

Heriberto/Heriberta *16/3* *m/f*

Del germánico *hari-berht*, «ejército famoso». Var. Heberto, Herberto.

C. **Hermà, Herman /Hermana**. Herman Melville, novelista estadounidense (1819-1891). Hermann Hesse, novelista alemán (1877-1962).

Hermán/Hermana *7/4* *m/f*

De origen germánico, considerado como equivalente de Germán, aunque quizá proceda de *airman*, «grande, fuerte». Var. Hermano.

C. **Hermeland/ Hermelanda**. San Hermelando, fundador (?-710).

Hermelando/Hermelanda *m/f*

Variante de Ermelando.

C. **Hermelind/Hermelinda**; G. **Hermelindo/Hermelinda**; A. **Herlin**; It. **Ermelindo/Ermelinda**.

Hermelindo/Hermelinda *m/f*

Forma femenina y variante de Hermelando o Ermelando (v.).

C. **Hermenegild/Hermenegilda**, **Ermengol**; G. **Hermenexildo/Hermenexilda**. San Hermenegildo, hijo de Leovigildo, rey visigodo arriano, que se convirtió al cristianismo y se rebeló contra su padre, quien por ello lo ejecutó (?-585).

Hermenegildo/Hermenegilda *13/4* *m/f*

Del germánico *ermin-hild*, «guerrero ermión» (v. Erminio). Otros interpretan *airmanagild*, «valor del ganado». Nombre de un hijo del rey visigodo Recaredo (s. VI), martirizado en Sevilla, ciudad donde el nombre es muy popular. Var. Armengol, Ermengol, Ermengoldo, Ermengardo, Menendo, Melendo, Mendo, Armagilo, Ermengandio, Mengual.

C. G. **Hermes/Hermia**; E. **Erma/Erme**; It. **Ermete**. Hermes, divinidad griega, llamado Mercurio por los romanos. Hermes da Fonseca, político brasileño, presidente de su país en 1910-1914.

Hermes/Hermia *28/8* *m/f*

Nombre mitológico. Dios griego, mensajero de los dioses y protector del comercio. También vinculado con la alquimia (recuérdese el cierre *hermético*). Literalmente, «intérprete, mensajero» (*hermeneus*). Confundido con el Mercurio romano.

C. **Hermini/Hermínia**. Santa Herminia, irlandesa del s. VI.

Herminio/Herminia *Scc. Erminia* *m/f*

V. Erminia.

C. **Hermògenes**; E. **Ermogen**; G. **Hermóxenes**; It. **Ermògene**. Hermógenes, arquitecto griego de la época helenística (s. III a. de C.), constructor del templo de Artemisa.

Hermógenes/Hermógena *3/9* *m/f*

Del griego *Hermos-genos*, «engendrado por Hércules, de la casta de Hércules».

G. **Hermosindo/Hermosinda**.

Hermosinda *f*

Nombre latino, gentilicio de Hermosa (*Formosinus*). Var. Hermosina.

Hernán Cortés, conquistador español de México (1485-1547). Hernán Siles, político boliviano, presidente de su país en 1952 y 1956-1960.

Hernán/Hernanda *Scc. Fernando* *m/f*

Forma antigua de Fernando, por aspiración de la inicial. Popularizado por Hernán Cortés, conquistador de México, y hoy nuevamente popular en España.

Herodes/Herodías *m/f*

C. **Herodes/Herodies**; G. **Herodes/Herodías**. Herodes *el Grande*, rey de Judea (73 a. de C. -4 d. de C.). Herodías, personaje del Nuevo Testamento, esposa de Herodes, rey de Judea, e inductora de la muerte de san Juan Bautista.

Nombre griego, derivación de *heros*, «caudillo, gobernante». La forma femenina es aplicada a la mujer de Herodes, inductora de la ejecución de san Juan Bautista.

Heródoto *m*

C. **Heròdot**. Heródoto, el padre de la historia, historiador griego de la Antigüedad (484-430 aJC).

Nombre griego: *Herodotos*, «regalo, don de Hera». Var. Herodoto.

Herón *m*

C. **Heró**. Herón de Alejandría (s. II a. de C.), matemático descubridor de la fórmula del área del triángulo en función del semiperímetro.

Nombre griego. De *hero-on*, «héroe, persona heroica».

Hersilio/Hersilia *m/f*

C. **Hersili/Hersília**; A. **Hersilie**; It. **Eria**. Hersilia, sabina raptada por Rómulo, el fundador de Roma, dentro del episodio del rapto de las sabinas.

Nombre mitológico romano, portado por la esposa de Rómulo, el legendario fundador de Roma. Quizá del griego *herse*, «rocío». Nada tiene que ver con el germánico Ersilia, formado con la raíz *hairus*, «espada».

Hesíodo *m*

C. **Hesíode**. Hesíodo, agricultor y pastor de la Antigüedad, autor de la *Teogonía*, sistematización de la tradición mitológica griega (s. VIII a. de C.).

Probablemente es una derivación de Hesione, nombre mitológico griego de etimología desconocida, quizá *hesson*, «inferior».

Hesperia *f*

C. **Hespèria**; G. **Hesperia**.

Nombre femenino, inspirado en el antiguo de la Península Ibérica y éste del griego *hesperos*, «el que sigue a la estrella vespertina, el occidente» (aludiendo a la posición de la península para los griegos). Var. Esperia, Hespéride. El Jardín de las Hespérides era la tierra fabulosa en los confines del mundo de entonces.

Heura *f*

Nombre catalán femenino, conversión a nombre de pila del común *heura*, «yedra».

Higinio/Higinia *11/1* *m/f*

Del griego *hygies*, «sano» (de donde «higiene»). *Higinos*, «vigoroso».

C. **Higini/Higínia**; E. **Ikini/Ikiñe**; G. **Hixinio/Hixinia**; It. **Igino/Igina**. San Higinio, papa de 136 a 140.

Hilario/Hilaria *13/1* *m/f*

Del latín *hilaris*, «alegre» (sinónimo de Alegre, Caralampio, Cayo, Eufrasio, Gaudelio, Isaac, Letancio, Pancario, Quilino). Derivados: Hilarino, Hilarión.

C. **Hilari/Hilària**; G. **Hilario/Hilaria**; E. **Illari/Illare**; F. **Hilaire**; In. **Hillary**; A. **Hilar**; It. **Ilario/Ilaria**. Hilaire de Gas («Edgar Degas»), pintor, pastelista, diseñador y grabador francés (1834-1917). Hillary Clinton (1950), de soltera H. Rodham, esposa del presidente estadounidense Bill Clinton (1947).

Hilberto/Hilberta *m/f*

Síncope de Hildeberto/Hildeberta (v.).

Hildeberto/Hildeberta *1/12* *m/f*

Nombre germánico. De *hild-berht*, «guerrero famoso». Var. Hilberto.

Hildebrando/Hildebranda *11/4* *m/f*

Nombre netamente germánico de gran difusión, especialmente en Italia, por el papa Gregorio VII. *Hild*, «guerrero»; *brand*, cuyo sentido primario es «fuego», de donde deriva a significados como «oscilar, blandir» y «espada», como en el caso presente: «espada del guerrero».

C. F. In. A. **Hildebrand/Hilebranda**; It. **Ildebrando/Ildebranda**. Hildebrando de Soana, consejero de seis papas sucesivos y papa también con el nombre de san Gregorio VII (1020?-1085).

Hildegardo/Hildegarda *17/9* *m/f*

Nombre germánico: *hild-gard*, «guerrero vigilante». Otros intérpretes prefieren, especialmente para la versión femenina, *hildgart*, «jardín de sabiduría».

C. **Hildegard/Hildegarda**; F. **Hildegarde**; In. A. **Hildegard**; It. **Ildegarda**. Santa Hildegarda, hija de Childebrando, rey de los suevos, y esposa de Carlomagno (?-783).

C. **Hildelita**.
Santa Hildelita, abadesa (?-717?).

Hildelita *24/3 f*

Latinización del germánico *hild*, «guerrero». Aunque son nombres distintos, suelen tomarse como sinónimos Hildelina, Hildelisa e Hildeliva.

C. G. **Hilda**.
Hilda Doolittle, escritora estadounidense, cofundadora del movimiento imaginista (1886-1961).
Hilda, diosa de la mitología germánica, identificada con Venus y Juno.
Santa Hilda, abadesa real en Whitby (Inglaterra), (?-680).

Hildo/Hilda *17/11 m/f*

Nombre de la principal de las valquirias germánicas, *Hildr* (de *hilds*, «combate, guerrero»). La misma raíz figura en innumerables patronímicos. Sinónimos: Armagilo, Antenor, Armenio, Fiacrio, Germán, Gonzalo, Hipólito, Marcial, Poleno... Se usa también como hip. de Hildegarda y Matilde.

C. **Hipòcrates**; G. **Hipócrates**.
Hipócrates, médico de la Antigüedad griega, iniciador de la observación clínica (460-377 a. de C.).

Hipócrates *m*

Del griego *hippos-krateo*, «caballo fuerte», o «poderoso por su caballo».

C. **Hipòlit/Hipòlita**; G. **Hipólito/Hipólita**; E. **Ipolita/Ipolite**; F. In. **Hippolyte**; A. **Hippolyt**; It. **Ippòlito/Ippòlita**.
Hipólito, mitológico hijo de Teseo.

Hipólito/Hipólita *13/8 m/f*

Nombre mitológico. Del griego *hippós-lytós*, «el que desata los caballlos», o sea «corredor a rienda suelta, guerrero».

C. **Hiram**.
Hiram I, en el Antiguo Testamento rey de Tiro, amigo de David y Salomón, a quien ayudó a edificar su templo (969-936 a. de C.).

Hiram *m*

Nombre hebreo: «Dios es excelso» (*ahi*, «hermano» y por extensión, «Dios»; *ram*, «alto, excelso»).

Hiro Hito I, emperador de Japón (1901-1989).

Hiro *m*

Nombre japonés, derivado de *hirói*, «grande». Famoso por el anterior emperador nipón, Hiro Hito (*hito*, «hombre»).

Ho Chi Minh («Nguyen That Thanh»), revolucionario y político vietnamita (1890-1969).

Ho *m*

Nombre vietnamita que significa «ilustre».

Homero/Homera *m/f*

C. **Homer/Homera**; F. **Homère**; In. **Homer**; A. **Homeros**; It. **Omero**. Homero, poeta, autor del poema épico la *Ilíada* y (probablemente) de la *Odisea* (s. VIII a. de C.).

Nombre del más famoso poeta griego (s. VIII a. de C.), autor de la *Ilíada* y la *Odisea*. Se ha propuesto como origen *ho-me-oron*, «el que no ve», de donde procede la tradición de su ceguera. También *omeros*, que significa «rehén».

Honorato/Honorata *16/5 m/f*

C. **Honorat/Honorata**; G. **Honorato/Honorata**; E. **Onorata/Onorate**; F. **Honoré/Honorée**; A. **Honorat**; It. **Onorato/Onorata**. Honoré de Balzac, escritor francés (1799-1850).

Del latín *honoratus*, «honrado», más bien en el sentido de «honorado», o sea que ha recibido honores, que ha ejercido algún cargo público.

Honorio/Honoria *24/4 m/f*

C. **Honori/Honòria**; G. **Honorio/Honoria**; In. **Honor**; A. **Honorius/Honoria**; It. **Onòrio/Onòria**. Flavio Honorio, primer emperador del Imperio Romano de Occidente (384-423).

Del latín *honorius*, «honorable». Nombre famoso por el emperador romano Honorio, primero en que se consumó la división del Imperio Romano. Derivados: Honorino, Honorato.

Horacio/Horacia *m/f*

C. **Horaci/Horàcia**; G. **Horacio/Horacia**; F. **Horace**; In. **Horace, Horatio**; A. **Horatius**; It. **Orazio/Orazia**. Horacio Quiroga, escritor uruguayo (1878-1937). Horatio Nelson, almirante inglés (1758-1805). Quinto Horacio Flaco, poeta latino (65 a. de C.-8 d. de C.).

Procede del latín *Horatius*, portado por una familia perteneciente al Imperio romano, famosa especialmente por el poeta Quinto Horacio Flaco. Su origen es incierto, posiblemente etrusco, aunque la etimología popular ve una alusión a *Hora*, la diosa de la juventud.

Hortensia *11/1 f*

C. **Hortènsia**; G. **Hortensia**; F. **Hortense**; In. A. **Hortensia**. Hortense de Beauharnais, reina consorte de Holanda, madre de Napoleón III (1783-1837). Hortense Schneider, diva francesa (1833-1920).

Nombre derivado del gentilicio latino *hortensius*, «relativo al jardín» (hors). Hoy se usa más como alusión a la flor exótica, bautizada así en honor de Hortense Lepaute (s. XVII).

Hosni *m*

Nombre árabe, derivación de *husn*, «belleza».

Muhammad Hosni Mubarak, militar y político egipcio (1928).

Hubardo/Hubarda *m/f*

Del germánico *huc-berht*, «inteligente y famoso».

C. **Hubard/Hubarda**.
Howard Hawks, director cinematográfico estadounidense (1896-1977).
Howard Hugues, magnate y director cinematográfico estadounidense (1905-1976).

Hugo/Huga *1/4 m/f*

Nombre germánico, alusivo a uno de los cuervos del mitológico Odín, que le informan de lo que sucede en la tierra (*hugh*, «inteligencia, juicio»). Con multitud de sinónimos (Fradila, Frontón, Gaciano, Tancón) y derivados (Hugón, Hugocio, Hugoso, Hugolino), aunque el nombre *hugonotes*, dado a los protestantes franceses, es una deformación del alemán *Eidgenossen*, «confederados». Diversos condes catalanes medievales llevaron asimismo este nombre.

C. **Hug**; G. A. **Hugo/Huga**; E. **Uga**; F. **Hugues**; In. **Hugh**; It. **Ugo/Uga**.
Hugo de Vries, botánico neerlandés (1848-1935).
Hugo Riemann, musicólogo alemán (1849-1919).
Hugo Wast («Adolfo Martínez Zuviria»), escritor argentino (1883-1962).
Hugo Sánchez, futbolista mexicano (1958).
Hugh Grant, actor cinematográfico británico (1961).

Humberto/Humberta *25/3 m/f*

Del germánico *hunn-berht*, «oso famoso». Nombre muy popular en Italia. Confundido en la práctica con Huberto, en realidad distinto (*hugh-berht*, «de pensamiento famoso»). Var. Umberto (popular por la forma italiana, difundida por los reyes de ese país).

C. **Humbert/Humberta**; G. **Humberto/Humberta**; E. **Uberta/Uberte**; F. **Hubert**; In. A. **Humbert**; It. **Umberto/Umberta**.
Tres reyes de Italia, entre ellos Umberto II, rey efímero en mayo-junio 1946.
Umberto Eco, semiólogo, crítico literario y novelista italiano (1932).

Humildad *17/7 f*

Nombre de modestia, frecuente en los primeros siglos del cristianismo. De latín *humilitas*, «pegado al suelo» (por *humus*, «suelo») de donde el sentido figurado de «humildad, modestia».

C. **Hulilitat**.
Santa Humildad, nombre adoptado por Rosana en el siglo, abadesa benedictina fundadora de las monjas de Valleumbrosa, en Florencia (s. XII).

Humphrey Bogart, actor cinematográfico estadounidense (1900-1957).

Humphrey *m*

Forma inglesa de Hunifredo, transcrita a veces comno *Onofrius*, lo que la aproximaría a Onofre (v.), un nombre totalmente distinto.

C. **Hunifred/Hunifreda**; In. A. **Humphrey**. San Hunifrido, monje benedictino, obispo de Thérouanne (Francia), s. VIII. Humphrey Bogart, actor cinematográfico estadounidense (1900-1957).

Hunifredo/Hunifreda *m/f*

Nombre germánico: *huni-frid*, «gigante pacificador». Var. Hunfrido, Hunifrido. Popularizado en su forma inglesa por el actor estadounidense Humphrey Bogart.

Hussein II, rey de Jordania (1935-1999).

Hussein *m*

Nombre árabe que significa «bello».

I

Iain *Scc. Ian* *m*
Variante de Ian (v.).

Ian/Iana *Scc. Juan* *m/f*
Forma gaélica de Juan. Sinónimo: Iain. De su creciente popularidad en Inglaterra es reflejo la española, que la asimila a la forma Jan (v.).

C. **Jan/Jana**.
Ian Fleming, novelista inglés (1908-1964).
Ian Smith (1919), político declarador de la independencia de Rhodesia (hoy Zimbabwe) en 1965.
Ian Robert Maxwell, magnate de la comunicación británico (1923-1991).

Iballa *f*
Nombre guanche: «esclava».

Ibán/Ibana *16/5* *m/f*
En las distintas lenguas germánicas toma diversas formas la misma partícula: *ed*, *ead*, *iv*, *eb*..., de las cuales sale *hrod*, «glorioso». Posteriormente el nombre fue identificado con Juan (v.).

Ibrahim *Scc. Abraham* *m*
Nombre árabe, versión árabe de Abraham (v.).

Iciar *f*
Adaptación al castellano del nombre vasco Itziar, posible topónimo (*iz-i-ar*, «altura encarada al mar»).

C. E. **Itziar**.
Icíar Bollaín, actriz y directora cinematográfica española (1967).

Ico *f*
Nombre guanche. Sin traducción.

Ida *15/1* *f*
Nombre femenino, donde concurren el del monte de Frigia donde se rendía culto a

C. **Ida**.
Santa Ida, condesa de Bolonia, madre del

cruzado Godofredo de Bouillon (s. XI). Ida lupino, actriz cinematográfica británica de origen italiano (1918-1991).

Cibeles, y el germánico *Idis*, sobrenombre de las valquirias.

C. **Idàlia**.

Idalia *f*

Sobrenombre que se le dio a la diosa Afrodita entre los griegos, por el templo que se le levantó en la isla de Chipre, sobre el promontorio de Idalion. Nombre contracción del griego *eidon helios*, «he visto el sol», por su encaración hacia levante.

Idoya *f*

Nombre vasco femenino (*Idoia*), sin equivalencia. Parece proceder de *idoi*, «charco, pozo», aludiendo una circunstancia topográfico del santuario de la Virgen de este nombre.

Idris I (1890), rey de Libia en 1951-1969. Al-Idrisi, cartógrafo y viajero árabe (1099-1164).

Idris *m*

Variante de *idra*, palabra aramea cuyo significado es «higuera». Retomado por los árabes.

B. **Inacio**; C. **Ignasi/Ignàsia**; G. **Ignacio/Ignacia**; E. **Iñaki**; F. **Ignace**; A. **Ignaz**; It. **Ignazio/Ignazia**. Ignacio Zuloaga, pintor vasco-castellano (1870-1945). San Ignacio de Loyola («Íñigo López de Loyola»), fundador de la Compañía de Jesús (1491-1556).

Ignacio/Ignacia *31/7* *m/f*

Basándose en la forma latina del nombre, *ignatius*, se han propuesto diversas interpretaciones: *igneus*, «ardiente, fogoso», o «nacido, hijo» (por *gen*, «casta»). En realidad es una modificación culta del hispánico *Ennecus*, con el que concurriría nuevamente por Íñigo López de Recalde (s. XVI), fundador de los jesuitas y canonizado como san Ignacio de Loyola.

C. G. **Igor**. Igor, príncipe de Kiev, esposo de santa Olga (s. IX-X). Igor Stravinsky, compositor ruso nacionalizado estadounidense (1882-1971).

Igor *5/6* *m*

Nombre de origen germánico, muy popular en Rusia por san Igor, que fue gran duque de Kiev (s. XII). De *Ing-warr*, nombre que alude al dios Ingvi, con el sufijo *-wari*, «defensor».

Iker/Ikerne *Scc. Visitación* *m/f*
Formas vascas masculina y femenina de Visitación.

Ilbera, personaje de Lope de Vega en *El inobediente*.

Ilbera *f*
Nombre de fantasía, creado por Lope de Vega. Quizás a partir de Hilberto (v.).

C. **Hildefons/Hildefonsa**; G. **Ildefonso/Hildefonsa**. Ildefons Cerdà, ingeniero, urbanista y político catalán (1815-1876)

Ildefonso/Ildefonsa *23/1* *m/f*
Nombre germánico, de formación análoga a Alfonso (el primer componente es aquí *hilds*, variante de *hathus*, del cual se considera equivalente). También ha sido confundido con Adalfonso. Var. Hildefonso.

C. G. **Ilda**.

Ildo/Ilda *Scc. Hilda* *m/f*
Variante de Hildo/Hilda.

Ileana Cotrubas, soprano rumana.

Ileana *Scc. Helena* *f*
Forma rumana de Helena. Var. de fantasía: Eleana.

Ilenia *Scc. Elena* *f*
Variante latinizada de Ileana (v.) o de Elena (v.).

Illana, virgen y mártir en Nicomedia (s. IV).

Illán/Illana *Scc. Julián* *m/f*
Antigua forma de Julián/Juliana, presente en el topónimo Santillana (Santa Illana).

Ima *f*
Del quechua *ima*, «grande». Imasumak, «grandeza». Cf. Sumak.

Iman *f*
Nombre árabe, derivado de *iman*, «el que tiene fe, el que cree».

Imanol Arias, actor cinematográfico español (1956).

Imanol *Scc. Manuel* *m*
Forma vasca de Manuel, que ha ganado en popularidad en los últimos años.

Imaty *f*
Azteca: «el sabio e ingenioso» (náhuatl *imaty*).

C. G. **Imelda**.
Beata Imelda Lambertini, mística precoz (1920-1333).
Imelda Marcos, de soltera Romuáldez, (1930), viuda del dictador Ferdinand Marcos.

Imelda *17/9 f*

Del germánico *Irmhild*, a su vez de *airmans* (v. Erminio), y *hild*, «guerrero». Es en realidad la forma italiana de Ermenilda, popularizada por Beata Imelda Lambertini. En nuestros días, popularizado por Imelda Marcos, esposa del depuesto dictador filipino.

C. **Imperi**.
Imperio Argentina («Magdalena Nile del Río»), actriz, cantante y bailaora argentina (1906).

Imperio *f*

Del latín *imperium*, «mando, imperio», aplicado inicialmente al *imperator* o comandante del ejército. Desde Augusto pasó a ser expresivo de la dignidad imperial.

C. **Indaleci/Indalècia**; G. **Indalecio/Indalecia**.
Indalecio Prieto, político español (1883-1962).

Indalecio/Indalecia *15/5 m/f*

Nombre genuinamente ibero, relacionado tradicionalmente con la palabra vasca similar *inda*, «fuerza» (cf. Arduino).

C. **Indira**.
Shrimati Indira Gandhi, estadista india (1917-1984)

Indira *f*

Nombre indio. Se trata de uno de los nombres de la diosa Lakshmi, esposa de Narayan.

Ineriqué *Scc. Amparo f*

Nombre caló, equivalente a Amparo.

C. F. **Agnès**; G. **Inés**, **Einés**; E. **Añes**; In. A. **Agnes**; It. **Agnese**.
Agnes de Mille, bailarina y coreógrafa estadounidense (1909-1993).
Inés de Castro (1320?-1355), amante y después esposa de Pedro I de Portugal, que inspiró el drama *Reinar después de morir* de Vélez de Guevara.

Inesio/Inés *21/1 m/f*

Nombre popularísimo en todos los lugares y épocas. Del griego *agne*, «pura, casta», incorrectamente aproximado al latino *agnus*, «cordero [de Dios]», razón por la que este animal se convirtió en símbolo de la santa y de la pureza en general. Comparte el significado con Aretes, Febe, Catalina (v.) y otros.

Inge Borkh (1917), soprano alemana.

Inga *f*

Nombre sueco, derivado de la voz *ingvi*, alusiva a la tribu de los ingviones (a su vez del dios *Ingvi*, cf. Igor). En realidad es usado como hip. de nombres con esta componente (Íngrid, Ingeburga, Ingemaro).

C. **Ingemer/Ingemera**; F. **Ingmar**; A. **Ingomar**; S. **Ingemar**. Ingmar Bergman, realizador cinematográfico sueco (1918).

Ingemaro/Ingemara *m/f*

Nombre germánico, frecuente en Suecia. La raíz *Ing-*, presente en bastantes nombres, designa un pueblo, los ingviones. *Maru*, «insigne». Var. Ingemaro.

C. **Íngrid**; In. A. It. **Ingrid**. Ingrid Bergman, actriz teatral y cinematográfica sueca (1915-1982). Ingrid Kristiansen, atleta noruega (1958).

Íngrid *f*

La tribu germánica de los *ingviones* daría lugar a una serie de nombres, todos corrientes hoy en Escandinavia: Inga, Ingemaro, Ingeburga... El más popular es Íngrid, quizá por la actriz cinematográfica Ingrid Bergman. Variaciones escandinavas: Inga, Inger, Ingunna.

C. **Immaculada** (hip. **Imma**); G. **Inmaculada**; E. **Sorkunde**.

Inmaculada *8/12 f*

Nombre místico mariano, alusivo a la Inmaculada Concepción, proclamada dogma de fe por Pío IX. Del latín *in-macula*, «sin mácula, sin mancha». Hip. Inma. Var. Concepción.

C. **Innocenci/Innocència**, **Innocent**; E. **Iñoskentzi/Iñoskentze**, **Sein**; G. **Inocencio/Inocencia**, **Nocencio/Nocencia**; A. **Inozenz**. Un antipapa y trece papas, entre ellos Inocencio III papa (1160-1216).

Inocencio/Inocencia *2/9 m/f*

Del nombre latino *Innocentius*, y éste de *innocens*, «inocente, puro». Normalmente aplicado en recuerdo a los Santos Inocentes, degollados por orden de Herodes en el relato bíblico. Var. Inocente.

Inosea *Scc. Ignacio mo*

Nombre caló, equivalente a Ignacio.

Inti/Intiana *m/f*

Nombre del antiguo dios inca del Sol.

Intisar *f*

Nombre árabe. Significado: «triunfo».

Iñaki *Scc. Ignacio m*

Forma hip. vasca de Ignacio. Hip. de Ignacio (v.) o Éneko (v.).

B. **Íñigo**; C. **Ínyigo**; E. **Iñaki**; F. **Ignace**; In. **Inigo**; A. **Ignatius**; It. **Ignigo**, **Ínnico**.
Íñigo López de Mendoza, marqués de Santillana, literato y estadista castellano (1398-1458).

Íñigo/Íñiga *1/6 m/f*
Resultado de la evolución del antiquísimo nombre vasco *Éneko*, de origen incierto: se ha propuesto el topónimo *en-ko*, «lugar en la pendiente de una extremidad montañosa». El portador más famoso es Íñigo López de Recalde (v. Ignacio).

C. **Io**.
Io, en la mitología griega, ninfa amada por Zeus y transformada después en vaca.

Io *f*
Ninfa mitológica griega, asimilada a la Isis egipcia. Relacionada con su leyenda (*ion*, «vaca»). Var. Ia, por concordancia.

C. **Ion/Ione**.
Ión, en la mitología griega, hijo de Juto y nieto de Deucalión.

Ión/Ione *m/f*
Nombre mitológico: Ión es el héroe epónimo de la Jonia.

Ior *m*
Variante del antiguo nombre vasco Ioar. Sin significado conocido. Var. cacográfica: Yor.

Iosu/Iosune *Scc. Jesús m/f*
Formas vascas de Jesús/Jesusa. Var. cacográficas: Yosu/Yosune.

Ira *Scc. Irene f*
Hip. de Irene (v.).

Iracema, protagonista de la novela homónima de José Martiniano de Alençar.

Iracema *f*
Nombre de aire tupí, creado por José de Alençar. Es anagrama de América, y significa «salida de la miel». Var. Irasema.

C. **Iraides**; E. **Iraide**.
Santa Iraida, virgen y mártir alejandrina.

Iraides *22/9 f*
Del griego *herais*, «descendiente de Hera» (reina de los dioses, de *héra*, «soberana, señora»). Var. Iraís, Iraida.

C. **Ireneu/Irene**; G. In. A. It. **Irene**; E. **Ireñe**; F. **Irène**, R. **Irina**.
Irene Gutiérrez Caba, actriz española (1929-1995).

Irene/Ireneo *5/4 f/m*
Extendidísimo nombre griego, originado en *eiréne*, «paz». Suele tomarse como forma masculina correspondiente Ireneo. Sinónimos: Frida, Paz, Salem, Casimiro, Federico, Onofre, Pacífico, Salomón, Zulima.

C. **Iria**; G. **Iría**.

Iría *f*

Nombre latino antiguo, famoso por la *Cova d'Iria*, donde tuvieron lugar las visiones de la Virgen de Fátima. De *iris*, «arco iris» (v. Iris). Identificado a veces con Irene.

Irina Rodnina, campeona rusa de patinaje artístico (1949).

Irina *Scc. Irene* *f*

Forma rusa de Irene (v.).

C. **Iris**; It **Ìride**.
Iris Murdoch («Jean O. Bayley»), novelista inglesa (1919).

Iris *f*

Mitológica mensajera de los dioses, personificada en el arco de su nombre. En la religión cristiana, es nombre femenino derivado de la Virgen del Arco Iris. Del griego *eiro*, «anunciar», aludiendo a la función de la diosa.

C. G. **Irma**.
Irma la Dulce, heroína de una opereta de Marguerite Monnot (1957).

Irma *9/7* *f*

Etimológicamente es variante de Erminia.

Irupé Tarragó Ross (1975), cantante argentina, hija del correntino Antonio Tarragó Ross, músico.

Irupé *f*

Nombre guaraní. Significado desconocido.

No varía en la mayoría de lenguas.
Isa Dinesen («Karen Blixen»), escritora danesa (1885-1962).

Isa *Scc. Isabel* *f*

Hip. de Isabel.

C. G. F. **Isaac**; E. **Isaka**; In. **Isaac**, **Izaak**; A. **Isaak**; It. **Isacco**, S. **Isak**.
Isaac Albéniz, pianista y compositor catalán (1860-1909).
Isaac Asimov, científico y escritor estadounidense de origen ruso (1920-1992).
Isaac Newton, físico inglés (1642-1727).

Isaac *27/3* *m*

Hebreo *yz'hak* o *izhak*, «chico alegre», o «¡que se ría!», según un deseo formulado por la madre del patriarca portador de este nombre al alumbrarlo (parece más probable, sin embargo, «risa de Jahvé»). Var. Isahac, Isac.

C. **Isabel·lí/Isabel**; G. **Isabela** (hip. **Sabela**); F. **Isabelle/Isabeau** In. **Isabel/Isobel**; It. **Isabella**. Isabel I de Castilla, *la Católica*, reina de Castilla y León (1451-1504). Isabel I, reina de Inglaterra e Irlanda, hija de Enrique VIII (1533-1603). Isabel II de Inglaterra, reina del Reino Unido y la Commonwealth (1926) Isabel II, reina de España (1830-1904).

Isabel/Isabelino *4/7* *f/m*

Nombre babilónico («el dios Bel o Baal es salud»), adoptado por los judíos pese a permanecer dominados e identificado por los puristas, por similitud fonética, con Elisabet (v.). Var. Isabela, Jezabel. Hip. Isa, Bel, Bela, Sabel. Derivados: Sabelio, Isabelino (éste es considerado su forma masculina).

C. **Isabel·lí/Isabel·lina**.

Isabelino/Isabelina *Scc. Isabel* *m/f*

Gentilicio latino de Isabel (v.). La forma masculina (Isabelino) lo es también de aquel nombre.

Isaco *m*

Nombre guanche. Sin traducción.

C. G. In. A. **Isadora**. Isadora Duncan, bailarina estadounidense (1878-1927).

Isadora *Scc. Isidora* *f*

Variante de Isidora, por atracción de Isabel. Famoso por I. Duncan.

C. **Isaïes**; G. **Isaias**; E. **Isai**; F. **Isaïe**; In. **Isaiah**; It. **Isaia**. Isaías, profeta en el Antiguo Testamento, anunciador de la venida de Jesús. Isaías Medina Angarita, político y militar venezolano, presidente de su país en 1941-1945.

Isaías/Isaína *6/7* *m/f*

Curiosamente, los nombres de Isaías y Jesús (v. nota sobre portadores) están relacionados etimológicamente al constar de los mismos elementos aunque en orden inverso: *yeshah-yahu*, «Jahvé salva». Otro nombre derivado, Joshua, es un antecedente de la forma Jesúa. Forma femenina de fantasía: Isaína.

Isalio/Isalia *m/f*

Nombre que es una derivación del germánico *eis*, que significa «brillante», de donde la extensión del significado a «hielo». Se puede traducir como «fuerte, brillante, famoso, duro».

C. **Isberg/Isberga**; A. **Isberg**. Isberga, hermana de Carlomagno (s. VIII-IX).

Isbergo/Isberga *21/5 m/f*

Germánico *isan*, «hielo, acero», con el sufijo *berg*, «protección». La hermana de Carlomagno de este nombre lo cambió a Gisela, por lo que ambos son considerados a veces como equivalentes.

C. **Isidor/Isidora**; E. A. **Isidor**; G. It. **Isidoro/Isidora**; F. In. **Isidore**. Isidoro de Sevilla, doctor de la Iglesia (560?-636). Isidoro de Mileto, arquitecto bizantino (s. VI). Isidoro de Kiev, metropolita de todas las Rusias (s. XV).

Isidoro/Isodora *4/4 m/f*

El célebre santo autor de *Las Etimologías* (s. VI-VII) hizo perdurable este nombre en España, casi inexistente en otros países. Del griego *Isis-doron*, «don de Isis», diosa egipcia venerada también en Grecia. V. también Isadora.

C. **Isidre/Isidra**; G. **Isidro/Isidra** (hip. **Cidre**). San Isidro Labrador (1070?-1130), campesino madrileño.

Isidro/Isidra *16/5 m/f*

Variante de Isidoro (v.), famosa por el santo patrono de Madrid.

C. G. **Ismael**; Ar. **Ismaíl**. Ismael, en el Antiguo Testamento, progenitor del pueblo árabe o «ismaelita», también llamado «agareno» por la madre, Agar, sierva a quien repudió Abraham.

Ismael/Ismaela *17/6 m/f*

Nombre hebreo del Antiguo Testamento (v. Abraham). De *Ichma-* o *Isma-el*, «Dios escucha».

Ismaíl *m*

Versión árabe de Ismael (v.).

C. G. In. **Isolda**; F. A. **Isolde**. Isolda, protagonista de la leyenda medieval del ciclo artúrico *Tristán e Isolda*, en la que se inspiró la ópera ópera *Tristán e Isolda*, de Wagner.

Isolda *f*

Derivado del germánico *is, isan*, «hielo» o «hierro» (genéricamente, «brillante»), y el sufijo *-wald*, «caudillaje, mando» (v. Waldo). Considerado a veces como equivalente de Isabel. Var. Isolina.

Isoroku Yamamoto, almirante japonés (1884-1943).

Isoroku *m*

Nombre japonés. Posiblemente relacionado con *isoro*, «soporte, sostén».

C. In. A. **Israel**. Israel Baline (seudónimo «Irving Berlin»), escritor estadounidense (1888-1964).

Israel/Israela *13/9 m/f*
Nombre bíblico del Antiguo Testamento. Concedido a Jacob tras su lucha con el ángel, recordando el episodio: «fuerte contra Dios», o mejor, «fuerza de Dios» (*isra-, ezra- o ezri-el*). El nombre se extendió a toda la nación judía e incluso al Estado moderno israelí.

Itahisa *f*
Nombre guanche. Sin traducción.

C. **Ítal/Ítala**. Italo Calvino, novelista y crítico italiano (1923-1985).

Ítalo/Ítala *m/f*
Del latín *italus*, «ítalo, de Italia».

Ituana *f*
Gran diosa de las tribus del Amazonas que vivía al final de la Vía Láctea, donde reencarnaba cada alma a una nueva vida.

Itziar *f*
Forma original vasca de Iciar.

C. **Ivan**; G. **Iván**. Ivan Turgenev, escritor ruso (1818-1883). Varios zares rusos, entre ellos Iván IV el terrible (s. XVI).

Iván *24/6 m*
Forma rusa y búlgara de Juan. Concurre con el nombre de origen germánico Ibán, formado con la raíz *iv*, «glorioso» (variante de *hrod*, «gloria»).

C. **Ivette**. Santa Ivette, viuda y monja de Lieja (Bélgica) (?-1228). Yvette Guilbert, cantante francesa de variedades (1867-1944).

Ivette *13/1 f*
Diminutivo francés femenino de Ivo. Var. Ivet, Yvette.

C. **Ïu/Iva**; E. **Ibon/Ibone**; F. **Yves/Yvonne**; In. A. **Ivo**; It. **Ivo/Ivone**. Jacques-Yves Cousteau, oceanógrafo francés (1910-1997). Yves Saint Laurent («Henry Onar Mathieu»), diseñador de moda francés (1936).

Ivo/Iva *21/11 m/f*
Tradicional nombre germánico, del mismo origen que Ibán (v. Iván), que, procedente de Francia, goza hoy de gran popularidad entre nosotros en sus variantes: Ives, Ivón (v.), o las formas femeninas: Ivona, Ivette. Concurre a veces con Iván (v.).

C. **Ivó/Ivona**.
San Ivón, juez eclesiástico en Renne, al servicio del obispo (?-1303).
Yvonne de Carlo, actriz estadounidense de origen canadiense (1924-1994).

Ivón/Ivona *Scc. Ivo* *m/f*

Formas antiguas de Ivo/Iva, la femenina influida por el francés *Ivonne*.

Izan *m*

Deformación del nombre árabe *Isa'm* «salvaguarda», o del indio *Ishan*, «Dios, el Señor».

C. E. **Izaskum**.

Izaskun *f*

Nombre vasco femenino. Quizá del topónimo protovasco *Izatz*, «retamal en lo alto del valle».

Izcor *m*

Del vasco *izko*, «del juncal o retama».

J

C. **Jacint/Jacinta** (hip. **Cinto/Cinta**); G. **Xacinto/Xacinta**; E. **Gaxinta/Gaxinte**; F. **Hyacinthe, Jacinte**; In. **Hyacinth** (hip. **Sinty**); A. **Hyazinth**; Jacinto Benavente, dramaturgo castellano (1866-1954).

Jacinto/Jacinta *17/8 m/f*

Nombre mitológico griego, portado por un efebo amado por Apolo y transformado, al morir desgraciadamente, en la flor de su nombre (*ai-anthos*, «flor del ¡ay!»).

Jackson Paul Pollock, pintor estadounidense (1912-1956). Jackson Brown, cantante estadounidense.

Jackson *m*

En realidad es un apellido, *Jack'son*, «hijo de Jack», o sea de Juan. Frecuente como nombre de pila en Estados Unidos por alusión al presidente Andrew Jackson (1767-1845).

C. **Jacob/Jacoba**; F. In. **Jacob**; G. **Xacobo/Xacoba, Xacobe**; E. **Yakue, Jagob**; A. **Jakob**; It. **Giacobbe**. Iacopo Robusti, *Il Tintoretto*, pintor italiano (1518-1594). Jacob Grimm, escritor alemán (1785-1863). Jacob van Ruysdael, pintor paisajista holandés (1636-1682).

Jacob/Jacoba *25/7 m/f*

Del hebreo *yah-aqob*. El primer componente, presente en multitud de nombres bíblicos, es «Dios» (v. Elías), pero el segundo da lugar a controversias. Quizá *ageb*, «talón», aludiendo el nacimiento del patriarca, que tenía asido por el calcañar a su hermano gemelo Esaú. *Yahaqob*, «el suplantador» o sea el «sub-plantador», pues andando los años usurparía a aquél los derechos de primogenitura. Var. Jacobo. El nombre conoció gran auge en la Edad Media, muestra del cual son sus derivados: Jacobo, Yago, Santiago (por Sant-Yago) y Jaime (por el italiano Giacomo). Hip. Diego.

Giacomo Leopardi, poeta italiano (1798-1837). Jacques Brel, cantautor belga (1929-1978). Jacques-Yves Cousteau, oceanógrafo y naturalista francés (1910).

Jácome *Scc. Jaime m*

Antigua forma de Jaime, presente en la evolución Jacob Jacobo Jácome Jaume Jaime. Es claramente visible en las variantes del nombre en otras lenguas (v. Jaime).

Jacqueline *Scc. Jaime* *f*
Forma francesa femenina de Jaime. Equivalente a Jaimita, ha sido castellanizado en Jaquelina.

Jadiya, primera esposa de Mahoma (563?- 619), una de las cuatro «mujeres incomparables» para el islamismo.

Jadiya *f*
Forma castellanizada de Khadija (v.).

C. **Jafet**.
Jafet, tercer hijo de Noé, en el relato bíblico heredó Europa.

Jafet *m*
Nombre hebreo del Antiguo Testamento De *jafet-pata*, «Dios le dé espacio amplio».

Jahivé *Scc. Aurora* *f*
Nombre caló, equivalente a Aurora.

C. **Jaume/Jaquelina**; G. **Xaime/Xaquelina**; E. **Jakes**; F. **Jacques/Jacqueline**; In. **James** (hip. Jem, Jim, Jimmy, Jack); A. **Jakob**; It. **Giàcomo**; Gae. **Hamish**; Esc. **Jamie**.
James Earl Carter («Jimmy Carter»), político estadounidense (1924).
James Stewart, actor cinematográfico estadounidense (1908-1994).
James Joyce, escritor irlandés en lengua inglesa (1882-1941).

Jaime/Jaimita *25/7* *m/f*
La más popular derivación de Jacob (v.). Popularísimo en España y Francia, portado por reyes de la Corona de Aragón e innumerables personajes célebres e introducida en el lenguaje diario: las francesas *jacqueries* eran las revueltas de paisanos, pues el personaje *jacques* designaba una persona corriente. Los jacobinos, el más célebre partido de la Revolución francesa, adoptaron este nombre por su lugar de reunión, el convento de Saint Jacques. Su forma femenina es Jaimita. Var. antigua. Jácome. V. también Jaume.

C. **Jaire**.
Jairo, personaje del Nuevo Testamento (Mt. 9, 18; Mc. 5, 21; Lc. 8, 40), jefe judío, cuya hija fue resucitada por Jesús.

Jairo *m*
Nombre bíblico. De *ya'ir*, «Dios quiera lucir».

Jala *f*
Nombre árabe (*Jala'*): «claridad, elucidación, penetración».

Ibn Khaldún, historiador árabe (1332-1406).

Jaldún *m*
Antiguo nombre árabe.

Jaled *m*
Nombre árabe: «eterno».

Jalil *m*
Nombre árabe: «amigo».

Jamil *m*
Nombre árabe: «bello».

Jamila *m*
Nombre árabe (*Jamilah*) que significa «bella».

C. **Jan/Jana**.
Jan van Eyck, pintor flamenco (1390?-1441).
Jane Austen, novelista británica (1775-1817).

Jan/Jana *Scc. Juan* *m/f*
Hip. de Juan/Juana.

Janet Leigh («Jeannette Helen Morrison»), actriz estadounidense (1927).

Janet *Scc. Juan* *f*
Hip. anglosajón de Juana. Var. Janeth.

C. **Janira**.
Janira, hija de Océano y Tetis.

Janira *f*
Nombre mitológico griego. De *iannos*, «jónico».

Jardany *24/6* *m*
Nombre caló, equivalente a Juan.

C. **Jasó**; G. **Jasón**; In. **Jason**.
Jasón, en la mitología griega, el caudillo de los argonautas en la expedición en busca del vellocino de oro.

Jasón *12/7* *m*
Nombre griego: *Iason*, «portador de salud», por el verbo *iaomai*, «sanar, curar».

Jaume I *el Conquistador*, rey de Aragón, conde de Barcelona (1208-1276).

Jaume *Scc. Jaime* *m*
Forma catalana de Jaime (v.).

B. **Xabilin**; C. F. **Xavier/Xaviera**; G. E. **Xabier**; In. **Xavier**; A. **Xaver**; It. **Saverio/Saveria**; Hip. Ir. **Savy**.
Javier Mariscal (Francisco Javier Errando Mariscal), diseñador y artista plástico español (1950).

Javier/Javiera *3/12* *m/f*
Del vasco *etxe-berri*, «casa nueva», aludiendo al lugar de nacimiento de Francisco de Azpilicueta, que llegaría a ser el famoso jesuita apóstol de las Indias san Francisco Javier.

Jawaharlal *m*

Jawaharlal Nehru, político indio (1889-1964)

Nombre indio. Del hindi *jawar*, «joya».

Jawila *f*

Del aymara-inca *jawilla*, «la bienvenida» (cf. Aspasia).

Jazmín *f*

C. **Gessamí**; G. **Xasmín**. Jazmina, segunda hija de Job (Jb 42, 14).

Nombre de flor, originado en el persa *jasamin*, devenido onomástico femenino. Del mismo origen es Yasmina, y también el italiano Gelsomina.

Jeffrey *Scc. Gautfredo* *m*

Jeffrey Hunter, actor cinematográfico estadounidense.

Hip. anglosajón de Geoffrey, forma inglesa de Gautfrido o Gaufrido (v.). Hip. Jeff.

Jennifer *Scc. Genoveva* *f*

Jennifer Jones («Phyllis Isley»), actriz cinematográfica estadounidense (1919). Jennifer López, actriz y cantante estadounidense de origen cubano (1970).

Forma inglesa de Ginebra. Hip: Jenny (v.).

Jenny *Scc. Genoveva o Eugenia* *f*

Hip. de nombres diversos: Genoveva, Eugenia (v. Jennifer).

Jenofonte *26/1* *m*

C. **Xenofont**. Jenofonte de Efeso, novelista griego (s. II). Jenofonte, soldado e historiador griego de la Antigüedad (430-355 a. de C.).

Del griego *xeno*, «extranjero», y *phanein*, «brillar, manifestarse», de donde también «hablar»: «que habla lenguas extranjeras, políglota». *Xenophonia*, «habla extranjera».

Jeremías *16/2* *m*

C. **Jeremies**; E. **Jeremi**; G. **Xeremías**; F. **Jérémie**; A. **Jeremias**. Jeremy Bentham, filósofo, político, jurista y economista inglés (1848-1832). Jeremy Irons, actor cinematográfico británico (1948).

Típico nombre teóforo del Antiguo Testamento: *jeram-* o *jerem-iah*, «Dios». Uno de los profetas mayores, cuyos reproches en el Libro de las Lamentaciones, que le es atribuido, han dado lugar a la palabra «jeremiada». Es muy popular su actual hip. inglés Jerry, tomado por el cómico Jerry Lewis.

Jerjes *m*

C. **Xerxes**.
Jerjes I de Persia, emperador persa, hijo de Darío I (?-465 a. de C.)

Nombre persa, portado por un emperador. De *xsayarsa* (*xsay*, «dominar»; *arsa*, «justo»): «gobernante justo».

Jerónimo/Jerónima *30/9* *m/f*

B. **Xeromo**;C. **Jeroni, Jerònim/Jerònima**; G. **Xerome/Xeroma, Xerónimo/Xerónima**; E. **Jerolin**; F. **Jerôme**; In. A. **Hieronymus**; It. **Girolamo**.
Hyeronimus Bosch, *el Bosco* («Hieronimus van Aeken»), pintor y dibujante holandés (1450-1516).

Del griego *hieronimus*, «nombre santo», retomado por el cristianismo y popularizado por el redactor de la célebre Vulgata, la traducción de la Biblia al latín todavía hoy vigente. Var. Hierónimo, Gerónimo.

Jessica *f*

C. F. In. A. **Jessica**; It. **Gèssica**.
Jessica Lange, actriz estadounidense (1949).

Hip. escocés de Jane (*Jesse*, Juana). Pero también, en esta forma o en la de Jesica, es la forma femenina de Jesé, variante de Isaí (v. Isaías). En *El mercader de Venecia*, Jessica es la hija de Shylock.

Jesús/Jesusa *1/1* *m/f*

B. **Xasus**; C. **Jesús**; G. **Xesús**; E. **Josu, Yosu**; F. **Jésus**; In. **Jesus**; It. **Gesù**; Ar. **Aissa**.
Jesús de Nazaret, fundador del cristianismo (4? a. de C.-29? d. de C.).
Jesús Hermida, periodista español (1937).
Jesús de Polanco, empresario de medios de comunicación español (1929).

Poco usado en los primeros tiempos del cristianismo por considerarse su uso irreverente, es hoy uno de los nombres más populares en ciertas partes de España e Iberoamérica. Etimológicamente es una derivación de *yehoshúah*, «Jahvé salva», del que derivaron también Joshua y Josué. La Orden de la Compañía de Jesús, fundada por San Ignacio, ha sido siempre una de las más activas en el seno de la Iglesia.

Jezabel *Scc. Isabel* *f*

C. **Jezabel**.
Jezabel, esposa de Acab, rey de Israel (I Reyes 16, 31), sobre quien ejerció una nefasta influencia.

Nombre hebreo del Antiguo Testamento, antigua forma de Isabel.

Jihad *m*

Nombre que los árabes dan a la Guerra Santa (*jihad*).

Jilé *Scc. Cándido* *m*

Nombre caló, equivalente a Cándido.

Jilí *Scc. Cándida* *f*
Nombre caló, equivalente a Cándida.

B. **Ximeno/Ximena**; C. **Eiximenis, Ximeno/Ximena**. Jimena Díaz, dama castellana, esposa del Cid Campeador (s. XI-XII). Jimena Menéndez Pidal, profesora española (1901-1990).

Jimeno/Jimena *Scc. Simeón* *m/f*
Variante medieval de Simeón. Nombre originario de Navarra, por lo que se ha propuesto también una relación con el vasco *eiz-mendi*, «fiera de la montaña».

Jinoquio *Scc. Alejandro* *m*
Nombre caló, equivalente a Alejandro.

C. **Joab**. Personaje del Antiguo Testamento, sobrino de David.

Joab *m*
Nombre hebreo. Teóforo reiterativo: *jo-ab* o *ah*, «Dios es Dios».

B. **Xuacu**; C. **Joaquim/Joaquima** (hip. **Quim**); G. **Xaquín**, **Xoaquín/Xoaquina**; F. In. A. **Joachim**; It. **Gioachimo**;. R. **Akim**. Carlota Joaquina, reina de Portugal, hija de Carlos IV de España (1775-1830). Gioacchino Rossini, compositor italiano (1792-1868)

Joaquín/Joaquina *26/7* *m/f*
Hasta el s. XIV apenas fue tomado en consideración el nombre del patriarca padre de la Virgen María, hoy devenido uno de los más usados. Del hebreo, *yehoyaqim*, «Jahvé construirá, erigirá».

C. In. **Job**; E. **Yoba**; G. **Xob**; A. **Hiob**. Job, patriarca célebre por su fidelidad a la voluntad de Dios frente a las mayores calamidades (*Libro de Job*).

Job *30/3* *m*
Nombre hebreo del Antiguo Testamento, convertido en arquetipo de la paciencia. Variante de Joab (v.), aunque otros autores prefieren el término *eyob*, que significa «perseguido, afligido», aludiendo a su destino.

C **Jocund/Jocunda**. Mona Lisa (s. XVI), llamada *La Gioconda* (esposa del Giocondo), inmortalizada en la más célebre pintura de Leonardo de Vinci.

Jocundo/Jocunda *27/7* *m/f*
Del latín *iucundus*, «agradable, festivo».

C. In. A. **Joel/Joela**; G. **Xoel/Xoela**; E. **Yoel**; F. **Joël**; It. **Gioele**. Joel, uno de los doce profetas menores en el Antiguo Testamento.

Joel/Joela *13/7 m/f*

Del hebreo *yo'el*, «Dios es Dios» (las mismas partículas teóforas, en orden inverso, dan Elías).

Jofre *el Pilós* (v. Wifredo).

Jofre/Jofresa *5/4 m/f*

Forma primitiva catalana de Wifredo (v.).

Jokin *Scc. Joaquín m*

Variación sobre el nombre hebreo de Joaquín (v.).

Jomiri *m*

Nombre usado en la tribu Apalai, en el Amazonas: «orador elocuente».

C. **Jonàs**; G. **Xonás**; F. A. **Jonas**; In. **Jonah**, **Jonas**; It. **Giona**. Jonás, profeta menor en el Antiguo Testamento.

Jonás *21/9 m*

El personaje bíblico Jonás (del hebreo *yonah*, «paloma») simboliza, con su permanencia de tres días en el vientre de una ballena, el cautiverio del pueblo israelita. El «signo de Jonás», nombrado por Jesucristo, alude al período de tres días y tres noches, de fuerte carga simbólica por su alusión a la Resurrección.

C. **Jonatan**; F. In. A. **Jonathan**; It. **Gionata**; Griego Ionáthas. Jonatán, en el Antiguo Testamento, hermano de Judas Macabeo (s. II a. de C.). Jonathan Swift, escritor irlandés en lengua inglesa (1667-1745).

Jonatán *m*

Del hebreo *jo-nathan*, «don de dios» (cf. Doroteo). Personaje bíblico, hijo del rey Saúl y amigo de David, que lloró su muerte por ser su amistad «más maravillosa que el amor de las mujeres».

Jonay *m*

Topónimo guanche. Sin traducción.

C. **Jordà/Jordana**; E. **Yordana**; F. In. A. **Jordan**; It. **Giordano**. Giordano Bruno («Filipo Bruno»), filósofo y religioso italiano (1548-1600)

Jordán/Jordana *13/2 m/f*

Nombre cristiano, evocador del río bíblico del mismo nombre en que fue bautizado Jesús, y que señalaba del límite oriental de la Tierra Prometida. Nombre del protagonista de la obra de Molière *El burgués gentilhombre*. Del hebreo *jordan*, «el que baja».

Jordi *Scc. Jorge m*

Forma catalana de Jorge, hoy popularizada en toda España.

Jordi Joan («Jordi de Déu»), escultor catalán de origen griego (?-1406?). Jordi Pàmias, poeta catalán (1938). Jordi Pujol, político catalán, presidente de la Generalitat (1930)

Jorge/Georgina *23/4 m/f*

Del griego *Georgos* (*ge-ergon*, «el que trabaja la tierra, agricultor»). San Jorge y su lucha con el dragón para liberar la doncella libia, leyenda tan atractiva al espíritu caballeresco, influiría fuertemente en Europa a través de los Cruzados, lo que explica que tantos países adoptaran el santo como patrón: Inglaterra, Irlanda, Aragón, Cataluña, Portugal, Georgia y Sicilia. Formas femeninas: Georgia, Georgina. Sinónimos: Agrícola, Campaniano, Ruricio.

C. **Jordi/Jordina**; G. **Xurxo, Xorxe/Xorxina**; E. **Gorka**; F. **Georges**; In. **George**; A. **Georg, Jörg, Jürgen**; It. **Giorgio**; R. **Yuri**; Ir. **Seiorse**; Hun. **Gyorgy**; Fi. **Yrjo**; Ar. **al Jidr**. Georg Friedrich Händel, compositor alemán, establecido en Inglaterra (1685-1759). Georg Telemann, compositor alemán (1681-1767). George Eliot («Mary Ann Evans»), escritora inglesa (1819-1880).

Joronosco *Scc. Canuto m*

Nombre caló, equivalente a Canuto.

José/Josefa *19/3 y 25/8 m/f*

El nombre más expandido en España hasta hace poco, portado por el undécimo hijo del patriarca Jacob, cuya madre Raquel, jubilosa de salir de su largo período de esterilidad, exclamó al darlo a luz: «Auménteme (Dios) la familia» (*yosef*). Su popularidad masiva no se inició hasta el siglo pasado, cuando el papa Pío IX nombró a san José, esposo de la Virgen María, patrono de la Iglesia universal. Por su omnipresencia forma abundantísimos compuestos: José María, José Ramón, etc. Hip. Pepe, Chema, Pito, José. Formas antiguas: Josef, Josefo. Formas femeninas: Josefa, Josefina, Fina.

B. **Juse**; C. **Josep/Jospa** (hip. **Jep, Bep, Pep, Po, Zep**); G. **Xosé/Xosefa**; E. **Yoseba/Yosebe, Joxe**; F. **Joseph**; In. **Joseph** (hip. **Joe**); A. **Josef**; It. **Giuseppe** (hip. **Peppino, Beppino, Geppetto**); Ar. **Yusuf**. Giuseppe Verdi, compositor italiano (1813-1901). José Canalejas, abogado y político liberal castellano (1854-1912). José de San Martín, prohombre de la independencia sudamericana (1778-1850). José Echegaray, dramaturgo e ingeniero castellano (1832-1916).

Joshua Reynolds, pintor inglés (1723-1792).

Joshua
Scc. Josué *m*

Forma inglesa de Josué, más aproximada al original hebreo (*Jehoshea*).

C. **Josuè**; G. **Xosué**; It. **Giosuè**; In. **Joshua**. Joshua Reynolds, pintor inglés (1723-1792).

Josué
1/9 *m*

Nombre hebreo, popular en los países anglosajones bajo la forma de Joshua. De *J(eh)o-shua*, «Dios es salud». Sinónimo de Josías. Var. Jesús.

C. **Jou**; It. **Giove/Giova**.

Jove
m

Nombre latino, equivalente a Júpiter (tomado de su genitivo, *Jovis*, alusivo a la «juventud», atributo del dios).

C. **Jovita**; G. **Xovita**. Jovita, mártir cristiano, martirizado con su hermano Faustino

Jovita
15/2 *m*

Gentilicio de *Jovis*, genitivo de Júpiter (*Iuppiter*). Por su terminación es usado impropiamente como femenino.

James Joyce (1882-1941), escritor irlandés, autor de la novela *Ulises*.

Joyce
m

Apellido irlandés convertido en nombre de pila por influencia del escritor James Joyce. Derivación del nombre hebreo Judoco (v.), hijo de Judicael.

B. **Juanto**; C. **Joan/Joana** (hip. **Jan**); G. **Xan**, **Xoán/Xoana**; E. **Ganix**, **Ion/Ione**, **Jon**; F. **Jean/Jeanne**; In. **John**; A. **Johann**, **Hohannes** (hip. **Hans**); It. **Giovanni/Giovanna**, **Gianni/Gianna**; Por. **Joâo**; R. **Ivan**; Ch. **Jan**; Rum. **Jon**; Gae **Evan**; Ir. **Sean**, **Shane**; Esc. **Ian**; Fi. **Jussi**; Hun. **János**; Lit. **Jonas**; Gr. **Ioánnes**; Ar. **Yahya**. Hans Küng, teólogo suizo (1928). Hans Memling, pintor flamenco de origen alemán (1435-1494). Ivan Pavlov, fisiólogo ruso (1849-1936). Jack Lemmon, actor cinematográfico estadounidense (1925).

Juan/Juana
24/6 *m/f*

Uno de los nombres más populares en todos lugares y épocas. Del hebreo *yohannan*, «Dios es propicio, se ha compadecido» (cf. Ana). San Juan Bautista inició su masiva difusión, que ha dado lugar a multitud de portadores célebres y arquetipos relacionados con su uso. El inglés es tan representativo del personaje medio de ese país como lo es Juan entre nosotros. El personaje Jan Kaas («Jan Queso») es, para sus vecinos, el holandés típico, y la palabra *yanqui*, aplicada a los estadounidenses, deriva del también holandés *Yankee* o Janke («Juanito»). Bajo el pabellón de la Union Jack se acogen los británicos, y los personajes Hansel y Gretel son los héroes del cuento de Grimm más famosos de Alemania. Var. Iván, Jan (v.).

C. **Judà**.
Judá, en la Biblia, cuarto hijo de Jacob y Lía (Gen. 29,35).

Judá *m*
Uno de los más importantes nombres del Antiguo Testamento. Quizás de *hud*, «elegir», o de *Yeud'iel*, «Dios sea alabado».

C. **Judes**.
Judas Tadeo, apóstol (s. I).
Judas Iscariote, apóstol (s. I).

Judas *28/10 m*
Forma grecolatina de Judá. Éste puede derivar de *hud*, «elegir».

C. **Judit**; F. **Judith**; In. **Judith** (hip. **Judy**); A. **Juditha**; It. **Giuditta**.
Judit Mascó, modelo española (1970).
Judit, heroína del libro bíbilico de su nombre, verdugo de Holofernes.
Judy Garland («Frances Gumm»), actriz cinematográfica estadounidense (1922-1969).

Judit/Judito *7/9 m/f*
Nombre de la más famosa heroína judía, ejecutora de Holofernes. Es femenino de *Iehuda*, «judá»: «la judía». Confundido a veces con el germánico Jutta («guerra»). Var. Judith, Judita.

C. **Judoc/Judoca**.

Judoco/Judoca *13/2 m/f*
Nombre derivado del hebreo Judá (v.).

Julen *Scc. Julián m*
Variación sobre el nombre latino de Juliano (v.).

B. **Illán/Illana**; C. **Julià/Juliana**.
Giuliano de Sangallo («Giuliano Giamberti»), arquitecto italiano (1445-1516).
Julián del Casal, poeta cubano (1863-1893).
Julien Sorel, héroe de la novela de Stendhal *El rojo y el negro* (1830).

Julián/Juliana *4/1 m/f*
Del latín *Iulianus*, gentilicio de Julio. Famoso por una santa en cuyo honor se levantó un santuario en Santillana del Mar (contracción de Santa Juliana). La tradición asigna al conde Julián, Olián u Olibán, ofendido contra el rey visigodo don Rodrigo, la traición que permitió a los árabes invadir España en 711. Var. Juliano.

C. **Julieta**; In. A. **Juliet**; It. **Giulietta**.
Giulieta Massina, actriz cinematográfica italiana (1920-1994).
Julieta, protagonista de la obra shakespeariana *Romeo y Julieta*.

Julieta *Scc. Julia f*
Diminutivo de Julia, con entidad propia tras ser popularizado por la protagonista de la obra de Shakespeare.

C. **Juli/Júlia**; G. **Xulio/Xulia**; E. **Yuli**; F. **Jules**; In. A. **Julius**; It. **Giulio/Giulia**.
Jules Verne, escritor francés (1818-1905).
Julio Caro Baroja, etnólogo, sociólogo e historiador castellano (1914-1995).
Cayo Julio César, militar, político e historiador romano (100-44 a. de C.).
Julius («Groucho») Marx, actor cinematográfico estadounidense (1895-1977).

Julio/Julia *1/7 m/f*

Nombre popularísimo en Roma. Alusivo al legendario *Iulus*, hijo de Eneas, del cual se consideraba descendiente la familia romana Julia. Difundido por el famoso caudillo Julio César, quien dio su nombre y un mes al calendario *juliano*, vigente hasta 1582. Prosiguió la fama del nombre con numerosos papas y con la Julieta shakespeariana. Var. Julieta, Julita.

C. **Julita**; In. A. **Julitta**.
Julita Martínez, actriz (1935).

Julita *30/1 f*

Variante diminutiva de Julia.

Junayd, sufí árabe (s. IX).

Junayd/Junayda *m/f*

Del árabe *junayd*, «destacamento militar, cuartel» en unas interpretaciones, y en otras, «quinta, casa de campo».

C. **Juníper**; G. **Xunípero**, **Xenebro**.
Fray Junípero Serra («Miquel Josep Serra i Ferrer»), franciscano, fundador de misiones en California (1713-1784).

Junípero *m*

El nombre de Ginebro, discípulo de san Francisco de Asís, fue latinizado en *Juniperus*, por la homofonía con ginebro, «enebro» (v. Ginebra). El fraile mallorquín Junípero Serra (s. XVIII), evangelizador de California, es recordado allí como uno de los principales fundadores del país.

C. **Júpiter**.
Júpiter, dios máximo de la mitología griega.

Júpiter *m*

Nombre mitológico del rey de los dioses en el panteón romano, equivalente al Zeus griego. De él toma su nombre: *Zeus pater*. «Dios Padre».

Juriya *f*

Del arabe *huriyyah*, nombre dado a los ángeles femeninos del paraíso (huríes).

C. **Justinià/Justiniana**.
Justiniano I, emperador bizantino (482-565).

Justiniano/Justiniana *17/12 m/f*

Del latino *Iustinianus*, doble gentilicio de Justo (v.) a través de Justino (v.): «relativo, de la familia de Justino».

C. **Justí/Justina**; G. **Xustino/Xustina**. Justine, protagonista de la más célebre novela del marqués de Sade. Justino, historiador latino (s. II).

Justino/Justina *1/6 m/f*

Del latín *Justinus*, gentilicio de Justo. Derivado: Justiniano.

C. **Just/Justa**; G. **Xusto/Xusta**; E. **Justi, Zuzen**; A. **Justus**. San Justo, degollado por Daciano con su hermano san Pastor (s. IV).

Justo/Justa *6/8 m/f*

Del latín *Iustus*, «recto, conforme a la ley, al uso» (*ius*).

C. F. **Juvenal**; It. **Giovenale**. Juvenal, poeta satírico romano (60-140), autor de las Sátiras.

Juvenal *7/5 m*

Nombre latino. De *iuvenalis*, «juvenil».

K

Kai *m*
Abreviatura de Kaipacha (v.).

Kali, considerada como la diosa de la destrucción en el panteón hindú.

Kali *f*
Kali, una de las variadas formas que revista Parvati (v.), la esposa de Shiva. V. también Durga.

Kaliana *f*
En el pueblo indio Orinoco, los *Setawa kaliana* eran los dioses del Segundo Cielo (*Iadakuna*), donde permanecían sentados en la pose del pensador sin comer ni dormir jamás (*setawa*: «maestro»).

Mustafá Kemal Atatürk, jefe de estado turco (1881-1938).

Kamal *m*
Nombre árabe: «perfección».

Kapea *f*
Nombre de una antigua tribu india entre los ríos Caroni y Parava, en Bolívar (Venezuela).

Mohandas Karamchand Gandhi, político y pensador indio (1869-1948).

Karamchand *m*
Nombre indio compuesto de *Karan*, uno de los hijos de Kunti, la madre de los Padavas, y *chandak*, «la luna».

Karen Horney, psicoanalista estadounidense (1885-1952).

Karen *Scc. Catalina* *f*
Forma danesa de Catalina.

Karima *f*
Nombre árabe: «generosa, noble».

Kashiri *m*
La diosa lunar, en el idioma campa de

Perú. Var. Kashiriny. Sin relación con el japonés kashira («líder, maestro»).

Katia *Scc. Catalina* *f*
Hip. ruso de Catalina.

Kay Kendall («Justine McCarthy»), actriz cinematográfica inglesa (1926-1959).

Kay *f*
Hip. de varios nombres ingleses iniciados con la letra K (llamada en inglés, *key*), con entidad propia desde 1880. Var. Kaye.

Kaya *f*
En maya, «la que canta» (v. Kayoma).

Keith *m*
Topónimo escocés de origen incierto, posiblemente con el significado de «madera». Adoptado como nombre de pila fuera de Escocia en el s. XIX.

Kelly *f*
Apellido irlandés utilizado como nombre. Probablemente deriva de *O Ceallach*, «lucha», que hace interpretar el nombre de pila *Ceallach* como «el pendenciero». Utilizado desde la actriz Grace Kelly (v. Gracia).

Mustafá Kemal Atatürk («Padre de los Turcos»), político turco, creador de la Turquía moderna (1881-1938).

Kemal *m*
Nombre turco, popularizado por el creador de la nueva Turquía, Mustafa Kemal (*kemal*, «maduro, fuerte»), que adoptó el título de *Atatürk*, «padre de los turcos» (v. Atila).

Kenneth I, primer rey de Escocia (?-860). Kenneth Branagh, actor, director y productor cinematográfico británico (1960).

Kenneth *11/10* *m*
Forma inglesa del gaélico *Cinaed*, santo del s. VI. Nombre muy popular en Escocia. Expandido últimamente por España.

Kevin Costner, actor y director cinematográfico estadounidense (1955). Kevin Kline, actor

Kevin *3/6* *m*
Del antiguo irlandés *Coemgen*, «bonito nacimiento». Para otros, del apellido Mac Eoin, «hijo de Eoin» (Juan). Nombre de un san-

cinematográfico estadounidense (1947).

to irlandés, común en Irlanda. Popularizado en España en los últimos años a través del cine.

Khadija, esposa de Mahoma.

Khadija *f*

Nombre árabe, también en la forma Jadiya.

San Kilian, monje irlandés, evangelizador del Artois (s. VI o VII). Kilian, personaje de la ópera *El cazador furtivo* de Carl Maria Ernst von Weber.

Kilian *13/11* *m*

Nombre al parecer forma céltica de Cecilio.

Kim Basinger, actriz cinematográfica estadounidense (1953).

Kimberly *f*

Derivación del topónimo *Kimberley*, ciudad sudafricana asociada con los diamantes y el lujo. Llamada así por Lord Kimberley, a su vez de una localidad inglesa. Hip. Kim.

Kina *f*

«El sol» para los mayas. Var. Kinaya.

Kinam/Kinama *m/f*

Para los mayas, «fuerza, poder, grandeza».

Kinan *m*

«Fuerza solar» para los mayas, entendida como la energía psíquica, supuestamente irradiada desde el astro.

King Vidor, director cinematográfico estadounidense (1894-1982).

King *m*

En inglés, «rey», adoptado a menudo como nombre de pila.

Kingsley Amis, escritor inglés (1922).

Kingsley *m*

En principio es un apellido inglés, compuesto de *kings*, «rey, fuerte», y *ley*, forma de *Lea*, frecuente topónimo, o *lye*, «habitante del bosque». Utilizado hoy como nombre por la popularidad del escritor Kingsley Amis.

Kira *f*

Nombre indio: «rayo de luz». Var. Kiran.

Kirian *9/9 m*
Derivación anglosajona del griego *kyros*, «señor». Para otros, simple variante de Kilian (v.).

Kirk Douglas («Issur Danilovich Demski»), actor cinematográfico estadounidense (1916).

Kirk *m*
Derivación del irlandés *kirk*, «iglesia», aplicado como calificativo a quien vive cerca de una de ellas.

Kitagawa Utamaro, pintor y grabador japonés (1753-1806).

Kitagawa *m*
Nombre japonés. De *kita*, «norte», y *kawa*, «piel, borde, límite».

Kitty *Scc. Catalina f*
Hip. anglosajón de Catalina. Var. cacográfica: Ketty.

Koldo Aguirre, entrenador de fútbol español.

Koldo *Scc. Luis m*
Hip. vasco de Luis (*Koldobika*, que recuerda la antigua forma Clodovico).

Krishna, forma infantil de Vishnú.

Krishna *m*
Nombre indio, aplicado a Vishnú en su niñez (v. Narayan).

Kristen *Scc. Cristián f*
Aglutinación de Kirsten y Kristina (v. Cristina), el primero derivado de un nombre escandinavo hoy en desuso.

Kuata *f*
Nombre expandido por Sudamérica. Para la tribu oti (Brasil) es «el jaguar poderoso»; para la tribu kamaiura (Amazonas), su dios solar.

Kulina *f*
Nombre de una tribu amazónica, en el río Jurua o Yurúa, afluente del Amazonas.

Kumaria *f*
En el pueblo indio Orinoco, madre del *Wanadi*, espíritu dotado del poder de restaurar la vida, convirtiendo la muerte en una ilusión. Var. Kumariawa.

Kurano *m*

En la tribu apalai, en el Amazonas, «el bueno, el mejor».

Kusiy/Kusiya *m/f*

En quechua, «alegría».

Kuxan *m*

Para los mayas, la *kuxan suum* era la Vía Láctea, cordón umbilical del Universo, proveedora de los hilos invisibles de la vida procedentes del Sol.

L

B. **Ladislado**; C. **Ladislau/Ladislava**; G. **Ladislao/Ladislava**; E. **Ladisla**; F. **Ladislas**; Hún. **László**. Ladislao o Lancelot el Magnánimo, rey de Nápoles (1376-1414). László Moholy-Nagy, pintor, fotógrafo y teórico del arte húngaro (1895-1946).

Ladislao/Ladislava *22/10 m/f*
Del eslavo *vladi-slava*, «señor glorioso», portado por un rey santo de Hungría (s. XI). Muy extendido en este país.

Laia, personaje protagonista de la novela homónima del escritor catalán Salvador Espriu.

Laia *Scc. Eulalia f*
Hip. catalán de Eulalia (a través de *Olalla* i *Lalla*). Se trata de un nombre muy difundido primero en Cataluña, y más tarde en toda España.

Lajariá *Scc. Adoración f*
Nombre caló, equivalente a Adoración.

Lakisha *Scc. Aixa f*
Nombre en boga entre las personas de raza negra americanas, verosímilmente derivación de Aixa (v.).

Lakshmi, diosa india de la riqueza, esposa de Narayan.

Lakshmi *f*
Nombre de la religión hindú, aplicado a una de sus diosas principales. Asimilado a «riqueza».

C. **Lambert/Lamberta, Llambert/Llamberta**; E. **Lamberta/Lamberte**; F. In. A. **Lambert**; It. **Lamberto/Lamberta**. San Lamberto (s. VII), que intervino activamente en las luchas de los burgundios contra la casa de Neustria.

Lamberto/Lamberta *14/4 m/f*
Del germánico *land-berht*, «país ilustre». Frecuente en Francia y Alemania.

Lamya *f*
Nombre árabe: «la de los labios oscuros».

Landelino Lavilla, político español (1930).

Landelino/Landelina *15/6 m/f*
Del germánico *land*, «tierra, patria», latinizado con el gentilicio *-inus*: «del país, que ama al país». Popularizado por el político de la transición democrática Landelino Lavilla. Var. ortográfica: Laudelino (producida por una defectuosa escritura).

C. **Lancelot**.
Lanzarote del Lago, caballero del rey Artús en el romance de la Tabla Redonda, amante de la reina Ginebra.
Lanzarote *el Magnánimo*, rey de Nápoles (1376-1414).

Lanzarote *27/6 m*
Adaptación española del *Lancelot* francés, resultado de añadir el doble diminutivo francés, *-el*, *-ot*, al germánico *Lanzo*, de *land*, «país» (v. Landelino). Asimilado posteriormente a Ladislao (y también Landelino). En todo caso, la «lanza rota» es meramente una etimología popular.

C. In. A. **Lara**.
Lara, heroína de la novela *Doctor Zhivago*, de Borís Pasternak.
Santa Larisa (s. IV), venerada con sus compañeras por la iglesia ortodoxa.

Lara *13/1 f*
Nombre mitológico. Ninfa condenada al silencio eterno por haber revelado un secreto (de hecho su nombre procedía de *lala*, «la charlatana»). Poseída por Mercurio, fue madre de los dioses Lares romanos, que presidían la casa (latín *lar* «lar, hogar, casa»). Nombre muy extendido en Rusia.

C. **Latona**.

Latona *f*
Nombre de la mitología griega, equivalente a Leto (v.). De *leto*, «muerte».

Latoya *f*
Nombre moderno anglosajón, derivación de Latonya, y éste a su vez de Latona (v.).

B. E. G. It. **Laura**; C. **Laure/Laura**; F. **Laure**; In. **Laura/Lauretta** (hip. **Loretta**, **Lolly**); A. **Lauryn**.
Laura Bassi, científica y filósofo italiana (1711-1778).
Laura Dern, actriz cine-

Laura/Lauro *19/10 f/m*
Del latín *laurus*, «laurel», y, por extensión, «victorioso» (v. Laurencio), aludiendo especialmente a Apolo, cuyos templos se adornaban con esta planta. Sinónimo de numerosísimos nombres, todos alusivos a la idea victoriosa: Almanzor, Aniceto, Berenice, Dafne, Esteban, Eunice, Laureano, Loreto,

matográfica estadounidense (1967).
Laura, amada del poeta italiano Petrarca (s. XIV).
Laurie Anderson, representante del multimedia artístico estadounidense (1947).

Nicanor, Nicasio, Nicetas, Panteno, Sicio, Siglinda, Suceso, Víctor, Victoria. Popularizado por la dama provenzal inspiradora del famoso *Cancionero* al poeta Petrarca, ha pasado a ser uno de los preferidos en España en los últimos años.

C. **Laureà/Laureana**, **Llorà/Llorana**; G. **Laureano/Laureana**; E. **Lauran**.
Laureà Figuerola, economista y político catalán (1816-1904).
Lauren Bacall (1924), actriz estadounidense.

Laureano/Laureana *4/6 m/f*
Otro derivado de Laura: de su gentilicio latino *Laureanus*, «coronado de laurel, victorioso».

Lauremia, personaje de Lope de Vega en *Los locos por el cielo*.

Lauremia *f*
Nombre de fantasía, creado por Lope de Vega a partir del latín *laurus*, «laurel» (v. Laurencio).

B. **Lorenti**; C. **Llorenç/Laurència**; G. **Lourenzo/Lourenza**; E. **Laurendi/Laurende**; F. **Laurent**; In. **Laurence**, **Lawrence**; A. **Laurentius**.
Laurence Sterne, novelista inglés (1713-1768).
Laurence Kerr Olivier, actor y escenógrafo inglés (1907-1989).
Lawrence Durrell, novelista británico (1912-1990).

Laurencio/Laurencia *10/8 m/f*
Del latín *Laurentius*, gentilicio de *Laurentum*, ciudad del Lacio así denominada, según Virgilio, por un famoso laurel (*laurus*). Por extensión, pasó a significar «coronado de laurel», es decir, «victorioso» (v. también Laura).

Lautaro, caudillo araucano (1534-1557).
Lautaro Murúa, actor cinematográfico argentino (1926?-1996).

Lautaro *m*
Nombre llevado por un caudillo araucano de la época de la conquista. Corriente hoy en Hispanoamérica, especialmente Chile. De *lev*, «veloz», y *tharu*, nombre de un ave de rapiña andina, el traro.

C. **Lavínia**; G. **Lavinia**.
Lavinia, hija del rey Latino y esposa de Eneas en el poema la *Eneida* de Virgilio.

Lavinia *22/3 f*
Nombre mitológico, creado por Virgilio a fin de justificar el origen de la ciudad de *Lavinium* (que en realidad procede del griego *laphas*, «piedra»). Identificado a ve-

ces con Lavena, nombre germánico (celta *laouen*, «alegre»).

C. **Llàtzer**; E. **Elazar**; F. **Lazare**; In. A. **Lazarus**; It. **Lazzaro**.
László Kubala, futbolista húngaro-español (1927).
László Moholy-Nagy, pintor, fotógrafo y teórico del arte húngaro (1895-1946).
Lázaro Cárdenas (1895-1970), político mexicano.

Lázaro *25/2 m*

Personaje del Nuevo Testamento resucitado por Jesús. Es una latinización del bíblico Eleazar (y éste de *el'azar*, «Dios ayuda»).

C. **Lleandre/Lleandra**; G. **Leandre/Leandra**; E. **Lander**; F. **Léandre**.
Leandro Fernández de Moratín, dramaturgo y poeta castellano (1760-1828).

Leandro/Leandra *28/2 m/f*

Nombre del santo hermano de san Isidoro, y obispo de Sevilla, ciudad donde está muy prodigado. Del griego *léandros*, «león-hombre». Sin relación con Alejandro.

Lech Walesa, dirigente sindical y político polaco, presidente de su país (1943)

Lech *m*

Nombre polaco, variante de Lucio.

C. **Leda**, **Lèdia**; G. **Ledia**.
Leda, personaje mitológico, hija del Testio de Etolia y madre de Helena, Clitemnestra, Cástor y Pólux.

Ledia *27/3 f*

Nombre mitológico de una doncella seducida por Zeus bajo la forma de cisne. Quizás el nombre procede de *léda*, «señora». Var. Leda.

C. In. A. **Leila**; F. **Leïla**.
Nombre de dos personajes de lord Byron: la niña musulmana de *Don Juan*.
Leila Khaled, activista palestina (1946).

Leila *22/3 f*

Nombre femenino de origen persa, portado por la heroína del popular cuento *Leila y Majnun*. Adaptado después por el hebreo y el árabe, por el parecido con la palabra de esas lenguas *leilah*, «noche», lo que lo hacía adecuado para jóvenes de tez morena. Se popularizó en Inglaterra gracias a lord Byron.

Leman/Lemana *m/f*

En lengua maya, «océano en calma».

Lemba *f*

En lengua maya, «relámpago».

Lena *f*

C. In. A. **Lena**.

Hip. especialmente anglosajón, de Magdalena o Helena.

Lennon *m*

John Lennon, cantante y compositor británico, ex miembro del conjunto The Beatles (1940-1980).

Nombre de pila, transformación del apellido inglés homónimo, popularizado por un miembro de The Beatles. De *Leo*, «León», influido por *Leonard*, Leonardo.

Leo/Lea *22/3 m/f*

C. In. A. It. **Lea**; F. **Léa**. Lea o Lía, personaje del Antiguo Testamento, hija de Labán, primera mujer de Jacob, del que tuvo siete hijos.

En masculino, variante de León (latín *lea*, «leona»). En femenino, además, variante de Lía.

Leocadio/Leocadia *9/12 m/f*

B. **Locaya**; C. **Llogai /Llogaia**, **Leocadi/Leocàdia**; G. **Locaio/Locaia**; E. **Lakade**; F. **Léocadie**. Santa Leocadia, mártir en Toledo (?-304).

Nombre de la patrona de Toledo, muy popular en el siglo pasado y algo en desuso hoy. Del griego *leukádios*, «habitante de las islas de Leucade» (a su vez este nombre significa «rocas blancas»). Asimilado posteriormente, por similitud fonética, con Lutgardo/a. Var. Lafcadio.

León/Leona *30/6 m/f*

B. **Lon**; C. **Lleó/Lleona**; G. **León/Leona**; F. **Léon/Léonne**; In. A. **Leo**; It. **Leone**; R. **Lev**. Leon Battista Alberti, arquitecto y humanista italiano (1404-1472). Lev Trotski («Lev Davidovich Bronstein»), teórico marxista y escritor.

Nombre típicamente masculino, alusivo a la bravura del animal (del griego *léon*). Portado por trece papas, y presente en numerosos onomásticos: Pantaleón, Rubén, Singh, Timoleón. Derivados: Leonardo, Leoncio, Leonel, Leónidas, Leonildo, Leonilo, Leonor.

Leonardo/Leonarda *6/11 m/f*

C. **Lleonard/Lleonarda**; G. **Leonardo/Leonarda**; E. **Lonarta/Lonarte**; F. **Léonard/Léonarde**; In. **Leonard** (hip. **Len**, **Lennie**); A. **Leonhard**; Leonard Bernstein, compositor y director de orquesta estadounidense (1918-1990). Leonardo da Vinci, polifacético italiano (1452-1519).

Adaptación germánica del nombre clásico León (v.) con el sufijo *-hard*, «fuerte», presente en numerosos onomásticos (v. Arduino, y cf. con Abelardo). Desde sus cinco santos portadores hasta el más célebre artista de todas las épocas, Leonardo de Vinci, el nombre ha gozado siempre de favor universal.

C. **Leonci/Leòncia**. Ricardo Leoncio Elías, juez y político peruano, presidente de la Junta Revolucionaria de 1931.

Leoncio/Leoncia *12/9 m/f*

Nombre griego, derivado de *leonteios*, «(valiente) como un león». También es gentilicio de la tribu leóntida, cuyo nombre tiene el mismo origen.

Leonel Martínez, político dominicano (1955).

Leonel *Scc. León m*

Diminutivo de León (v.), inspirado en la forma italiana *Leonello*. Es también usada la forma inglesa, Lionel.

C. **Leònides/Leònida**; G. **Leónidas/Leónida**. Rafael Leónidas Trujillo, político dominicano (1891-1961). Leonid Brezhnev, político soviético (1906-1982).

Leónidas/Leónida *22/4 m/f*

Nombre de un rey de Esparta del s. v. a. de C., héroe en las Termópilas. Del griego (*leonidas*, «(valiente) como el león». Variante inspirada en la forma ática: Leónides.

C. **Elionor**; G. **Leonor**; F. **Léonore**; In. **Leonore, /Leoner**; E. **Lenore/Lenora**; It. **Leonora**. Leonor de Aquitania, esposa de Luis VII y de Enrique Plantagener, madre de Ricardo Corazón de León y de Juan sin Tierra (1122-1204).

Leonorio/Leonor *1/7 m/f*

Derivación de Eleonor (v.). Algunos arabistas ven en este nombre la frase «Dios es mi luz». Muy usado en la Edad Media, y portado por varias reinas de Castilla y la Corona de Aragón. Var. Leonora. V. también Elionora, Eleonor.

C. **Leopold/Leopolda**; In. A. **Leopold**; G. It. **Leopoldo**; E. **Lopoldo**; F. **Léopold**. Léopold Sédar Senghor, político y poeta senegalés en lengua francesa (1906). Leopoldo Alas, *Clarín*, escritor asturiano (1852-1901). Leopoldo Calvo Sotelo, político español, presidente de gobierno (1926).

Leopoldo/Leopolda *15/11 m/f*

Del germánico *leud-bald*, «pueblo audaz», muy popular en la Edad Media y renacido en el último siglo por algunos soberanos belgas. Var. Leobaldo, Leodobaldo. Es usado también Leopoldina como forma femenina.

C. **Leovigild/Leovigilda**. Leovigildo, rey visigodo (?-586), último rey arriano.

Leovigildo/Leovigilda *20/8 m/f*

Popularizado en España por el rey visigodo padre y ejecutor de san Hermenegildo (v.), tenaz partidario de la herejía arriana. Del germánico *leuba-hild*, «guerrero amado».

Leridano *m*

Nombre de fantasía, creado por Lope de Vega. Gentilico de Lleida (latino *Ilerda*, árabe *Larida*, que dio el castellano Lérida). Parece que el nombre primero de la ciudad se identifica con el ibero *al-tzurda*, «la altura».

Leridano, personaje de Lope de Vega en *Belardo furioso* (comedia pastoral).

Leslie *m*

Inicialmente apellido escocés, tomado de la localidad homónima en Aberdeenshire, empezó a ser aplicado como nombre de pila masculino y posteriormente femenino en los países anglosajones, difundiéndose posteriormente por Iberoamérica.

Lesmes *30/1 m*

Variante burgalesa del nombre germánico Adelelmo, por *athal-helm*, «yelmo noble», o, en traducción libre, «protector noble».

C. **Lesmes**.
San Lesmes, santo caritativo, ayudante de san Julián obispo (1218?).

Lester *m*

Del linaje inglés Leicester o Lester (medieval *Lestra*), transformado finalmente en nombre de pila.

Letgarda *f*

Nombre germánico medieval, variante de Ledgarda o Ledgardis. Significa «vigía, centinela del pueblo».

C. **Ledgarda**.
Letgarda, esposa del conde de Borrell II, hija de Ramon, marqués de Gotia (s. XI).

Leticia *f*

Del latín *laetitia*, inicialmente «fecundidad», y más tarde «opulencia, alegría» (cf. Félix, Fortunato). Es uno de los nombres del Renacimiento, tomados en esa época directamente del latín.

C. **Letícia**; G. **Leticia**.
Laetitia Casta, modelo y actriz cinematográfica francesa (1978).
Leticia Sabater, presentadora de televisión española (1963).

Leto *f*

Nombre de la mitología griega. De *leto*, «muerte», o, para otros, de *laetus*, «alegre, contento».

Leto, diosa famosa por su enemistad con Níobe.

Leucipo, filósofo griego del s. v. a. de C. En la mitología griega, rey de Mesenia.

Leucipo/Leucipe *m/f*

Nombre griego: *leukos-hippos*, «caballo blanco» (*leukos*, «blanco; *hippos*, «caballo»).

C. **Leví/Levina**. Levi P. Morton, vicepresidente de Estados Unidos (1824-1920).

Leví/Levina *22/7 m/f*

Nombre hebreo: *yil-lavé*, «vínculo, atadura», deseado como tal por Lía y Jacob en el nacimiento de su tercer hijo, que llevó este nombre. También «fil», e incluso «vaca» (*le'a*).

C. G. It. **Lia**; In. **Leah**.

Lía *Scc. Lea f*

Del hebreo *leah*, «cansada, lánguida», o según otros, «vaca montesa». En la Biblia, hermana de Raquel y primera esposa de Jacob. Los dos personajes homónimos, en *La Divina Comedia*, adoptan papeles similares a los de Marta y María en los evangelios: amor meditativo frente al activo. Var. Lea.

Liam Nesson, actor cinematográfico irlandés (1956).

Liam *Scc. Guillermo m*

Forma holandesa hipocorística y gaélica de Guillermo.

C. **Lià/Liana**. Liana de las Heras, corresponsal de televisión.

Liano/Liana *m/f*

Hip. de Juliano, Corneliano, etc. También puede ser considerado como adjetivación latina de Lía (v.).

Libardo *m*

Del germánico *leuba-hart*, «fuerte y amado».

C. **Liberat**, **Lliberat/Liberata**, **Lliberada**. Liberato Rojas, político paraguayo, presidente de su país en 1911-1912.

Liberato/Liberata *17/8 m/f*

Nombre cristiano-romano. Derivado del verbo *libero*, «librar». Aplicado no sólo a esclavos manumitidos, sino en sentido simbólico a nuevos cristianos: «liberado (del pecado)».

C. **Llibertat**; In. **Liberty**; It. **Libertà**. Libertad Lamarque, cantante y actriz cinematográfica argentina (1909-2000).

Libertad *f*

Nombre femenino, de fuerte sabor ácrata. Usado especialmente en épocas revolucionarias. Popularizado por la actriz Libertad Lamarque. Del latín *libertas*.

C. **Llibert/Lliberta**; It. **Lìbero/Libera**. Liberto, obispo de Tours (s. VI). San Liberto de Cambrai, obispo francés (s. XI). Liberto Rabal, actor cinematográfico español (1975).

Liberto/Liberta *23/12 m/f*

Concurrencia del latín *libertus* («liberto, esclavo que ha recibido la libertad») con el germánico *leud-berht*, «pueblo ilustre». Además, por similitud fonética es identificado con Oliverio (v.) y con Leobardo.

C. **Líbia**; E. **Libe**. Libia, en la mitología, esposa de Poseidón, dio su nombre a Libia, que antiguamente designaba toda África, y hoy a un Estado de este continente.

Libia *15/6 f*

De la mitología griega. Origen incierto, quizá relacionado con «seco».

C. **Llibrat/Llibrada**, **Liberat/Liberata**.

Librado/Librada *17/8 m/f*

Del latín *liberatus*, «librado» (del pecado). Var. Liberato/Liberata.

C. **Lleïr/Licèria**, **Liceri**. San Lleïr o Licerio, obispo de Lleida, muerto en una batalla contra la Media Luna (s. X).

Licerio/Liceria *27/8 m/f*

Del griego *Lykérios*, derivado de *lyke*, «luz», o de *lykos*, «lobo» (cf. con Licia).

C. **Lícia**. Alice Perron («Lycette Darsonval»), danzarina francesa (s. XX).

Licia *Scc. Alicia f*

Diversas interpretaciones pueden darse a este nombre. Por analogía con Lidia, podría considerarse gentilicio de la comarca de Licia, en Asia, pero quizá sea más probable que se relacione con los sobrenombres de Diana y de Apolo, ambos originados en el griego *l'yke*, «luz», o con *l'ykos*, «lobo», símbolo de la violenta luz del sol (v. también Lucía).

C. **Licini/Licínia**; G. **Licinio/Licinia**. Licinio de la Fuente, político español de la era franquista.

Licinio/Licinia *7/8 m/f*

Gentilicio de Licia, portado por un emperador romano del s. IV.

Lida, personaje de Lope de Vega en *Los trabajos de Jacob*.

Lida *f*

Variante de Alida (v.).

C. **Lídia**, **Lydia**; G. **Lidia**.
Lidia Bosch, actriz catalana (1960).
Lydia Cabrera, escritora cubana (1899-1991).

Lidia *26/3* *f*
Del griego *lydía*, «originario de *Lyd*», antiguo nombre de la comarca de Lidia, en el Asia Menor. Var. Lida, Lydia.

C. **Lledó**.

Lidón *Sábado 4a Semana Pascual* *f*
Nombre de la Virgen patrona de Castellón de la Plana. Relativo al ledón (almez), arbusto relacionado con su imagen.

C. **Liduví/Liduvina**; G. **Liduvina**; A. **Leodewin**.
Santa Liduvina (1380-1433), modelo de resistencia cristiana al dolor.

Liduvino/Liduvina *15/4* *m/f*
Del germánico *leud-win*, «amigo del pueblo», o «pueblo victorioso». Por proximidad fonética, ha derivado modernamente a Ludivina y a Luzdivina.

C. **Lígia**.
Ligia, protagonista de la novela *Quo vadis?* de Henry Sienkiewicz.

Ligia *f*
Del griego *ligeia*, «flexible, dócil». En otras interpretaciones, deriva de *lygys*, «melodiosa». Nombre de una sirena, difundido modernamente gracias a un personaje de novela, donde por cierto era relacionada con el país de los ligios, en la Silesia occidental.

C. **Lilià/Liliana**; G. **Liliano/Liliana**; F. **Liliane**; In. **Lilian**.
Lillian Hellman, escritora estadounidense (1905-1984).

Liliano/Liliana *Scc. Lira 8/6* *m/f*
Gentilicio de Lilia, pero también se identifica en ciertas zonas con Isabel.

C. **Lília**; G. **Lilia**.
Lily Pons, cantante estadounidense (1904-1976).
Lily Boulanger, compositora francesa (1893-1918).

Lilio/Lilia *27/3* *m/f*
Del latín *lilium*, «lirio», símbolo de pureza (cf. Inés). Influido posteriormente por los nombres ingleses Lily, Lilla, hip. de Elizabeth. Var. Liliosa, Liliana.

Abraham Lincoln (1809-1865), político estadounidense, presidente de su país y gran padre de la patria.

Lincoln *Scc. Abraham* *m*
Apellido anglosajón, usado como nombre de pila en Estados Unidos, de donde ha pasado a las comunidades hispanoamericanas. De la ciudad inglesa homónima, el *Lindum*, de los romanos, más tarde *Lindocolina* (*Lindum Colonia*).

Lindo/Linda *28/8 m/f*

C. G. **Linda**.
Linda Darnell, actriz estadounidense (1921-1965).
Linda Evangelista, modelo estadounidense (1970).
Lindsay Davenport, tenista estadounidense (1976).

Nombre con entidad propia, derivado del germánico *lind*, «dulce». Originariamente la palabra significaba «suave, flexible», y de ahí también «serpiente», animal sagrado y sin connotaciones negativas en las culturas germánicas. En la práctica se ha acabado usando como sufijo feminizador, y así lo vemos en abundantes nombres de los que es usado como hip., como por ejemplo Siglinda, Belinda, Regulinda... Este sentido se ha superpuesto, en castellano, con el de «bella», derivado del latín *legitimus*, «completo, perfecto».

Lindolfo/Lindolfa *m/f*

C. **Lindolf**, **Lindulf/Lindolfa**, **Lindulfa**.
Juan Lindolfo Cuesta, político uruguayo, presidente provisional de su país en 1897-1899.

Del germánico *lind-wulf*. El primer componente significa «hermoso» y también «serpiente» (v. Linda), y el segundo «lobo», o sea, metafóricamente, «guerrero». Var. Lindulfo/Lindulfa.

Lindoro *m*

Lindoro, personaje de varias òperas: *Las bodas de Fígaro*, de Mozart o *La Italia en Argel*, de Rossini.

Nombre de fantasía. Formado a partir de la raíz germánica *lind*, «dulce, bello» y el sufijo adjetivador *-oro* (como en Teodoro).

Lindsay *m*

Lindsay Anderson, director cinematográfico británico.

Apellido escocés derivado de un topónimo. Hasta 1930 masculino, desde 1950 predominantemente femenino.

Lino/Lina *23/9 m/f*

C. **Lli**, **Linus/Lina**; G. **Lino/Lina**; E. **Lin/Line**; F. In. A. **Linus**; It. **Lino/Lina**.
Lina Cavalieri, soprano italiana (1874-1944).
Lina Morgan («María de los Ángeles López Segovia»), actriz y empresaria teatral española (1938).
Lina Wertmuller, directora cinematográfica italiana (1928).

Del nombre griego *Línos*, originado en la planta *linon*, «lino», del cual estaba hecho el hilo de la vida que cortaba la Parca Atropos (*Línos* inventó la melodía funeraria, *aílinon*). Portado por el primer papa después de san Pedro, lo que induce a relacionarlo también con el latín *linio*, «ungir». La forma femenina es hip. de otros nombres con esta terminación (Carolina, Paulina...).

C. **Líria/Lira**.

Lirio/Liria *8/6 m/f*

Del griego *lírion*, forma derivada de *leiron*, «lirio». En la práctica es variante de Lira, evocador del instrumento musical (griego *lyra*).

C. **Lisandre/Lisandra**; G. **Lisandro/Lisandra**; A. **Lisandro**. Lisandro de la Torre, personaje en los relatos de Jorge Luis Borges.

Lisandro/Lisandra *m/f*

Nombre de un militar y poeta espartano del s. IV a. de C. *Lysandros*, «hombre que desata, que libera».

C. **Lisard/Lisarda**. Lisardo Gracia, político ecuatoriano, presidente de su país en 1905-1906.

Lisardo/Lisarda *Scc. Elisabet m/f*

Variante de Elisardo/Elisarda.

Lisena, personaje de Lope de Vega en *El robo de Dina*.

Lisena *f*

Nombre de fantasía, creado por Lope de Vega. Adjetivación latina (*-enus*) de Lisa (v.).

Liso/Lisa *m/f*

Variante de Aliso/Alisa (v.).

Listraba *Scc. Librada f*

Nombre caló, equivalente a Librada.

C. **Livi**, **Llivi/Llívia**; A. It. **Livio**. Tito Livio, historiador romano (50 a. de C.-17 d. de C.). Livio Sanuto, geógrafo italiano (1532-1587). Livia Drusila, mujer del emperador Augusto y madre de Tiberio (55? a. de C.-29 d. de C.).

Livio/Livia *m/f*

Nombre latino, portado por un historiador romano de los s. I a. de C.-I d. de C. Del verbo *lino*, «ungir» (v. también Lino), aunque otros lo relacionan con *liueo*, «estar pálido».

Liyac *Scc. Tomás m*

Nombre caló, equivalente a Tomás.

Llanos *8/9 f*

Advocación mariana de especial fervor en Albacete, población enclavada en la parte más llana de La Mancha. Del latín *planus*, «plano, llano».

Lleïr/Lleïra *27/8 m/f*
Forma catalana de Licerio.

Llorente *Scc. Florencio m*
Variante de Florente, y éste de Florencio (v.).

Lluc *Scc. Lucas m*
Forma catalana de Lucas. Variante antigua: Lluch. Es también nombre femenino, por la advocación de la Virgen del Lluc.

Llum *Scc. Luz f*
Forma catalana de Luz (v.).

Lohan/Lohana *m/f*
Concurren en estos nombres dos fuentes muy distintas: una procede de la lengua maya, «salvado, rescatado, liberado» y otra del chino, «valioso», y también «el que ha recorrido un noble camino».

C. **Loida**.

Loida *f*
Nombre bíblico (del griego *loïs*, «amada, buena»).

Lola Flores («Dolores Flores»), cantante y bailarina española (1925-1996). Lola Gaos, actriz teatral española (1924-1993).

Lola *Scc. Dolores f*
Hip. español de Dolores (v.), a través de Lores y Loles. No varía en las demás lenguas, donde es también usado.

Lombardó *Scc. León m*
Nombre caló, equivalente a León

C. **Llong/Llonga**. Longo, novelista latino, autor de *Dafnis y Cloe* (s. II).

Longo/Longa *Scc. Longino 15/3 m/f*
Del latín *longus*, «largo», en el sentido de «alto, de elevada estatura».

Lope/Lupa *25/9 m/f*
El lobo (*lupus*) desempeñó en la cultura clásica un importante papel: desde la fundación de Roma, donde aparecen Rómulo y Remo amamantados por una loba, a las *lupercalia*, extrañas fiestas orgiásticas que

marcaban el final del invierno. De ahí la importancia de su nombre, usado como onomástico, que se continuó en la Edad Media en la antigua forma Lupo (la reina Lupa halló el sepulcro de Santiago), y en la moderna (recordemos a Lope de Vega). Hoy el nombre ha caído prácticamente en desuso.

F. **Lorraine**. Lorena Harding, protagonista en una serie de novelas de José Mallorquí.

Lorena *30/5 f*

Advocación mariana francesa, alusiva a la Virgen de la comarca de Lorraine, antigua *Lotharingia*. Nombre alusivo a su soberano *Lotharius*, hijo de Ludovico Pío (v. Lotario y Luis).

B. **Llorenzo**; C. **Llorenç/Laurència**; G. **Lorenzo/Lorenza**; E. **Llorentz**; A. **Lorentz**; It. **Lorenzo/Lorenza**. Lawrence Durrell, escritor inglés (1912-1990). Lorenzo de Medici, *el Magnífico*, político y humanista italiano (1449-1492).

Lorenzo/Lorenza *10/8 m/f*

Forma evolucionada de Laurencio (v.). La leyenda afirma que san Lorenzo, diácono de la Iglesia romana, había nacido bajo un laurel. Su martirio (fue quemado vivo en unas parrillas) fue rememorado por Felipe II en el monasterio de El Escorial, consagrado al santo, y con la forma de una parrilla invertida.

C. **Loreto**; In. **Loretta**. Loretta Young (1913), actriz cinematográfica estadounidense. Loreto Valverde, actriz y presentadora de televisión (1968).

Loreto *10/12 f*

Advocación mariana italiana. Según la tradición, los ángeles llevaron en 1294 a un lugar de Ancona poblado de laureles (un *lauretum*) la casa de Belén donde nació Jesús, por lo que la Virgen de esa localidad ha sido denominada patrona de la Aviación.

Lori Anderson, actriz cinematográfica estadounidense (1950).

Lori *Scc. Laura f*

Hip. anglosajón de Laura (v.). Muy popular en EE.UU. desde 1960, especialmente en la combinación Lori Ann (v. Ana).

C. **Lotari/Lotària**; F. **Lothaire**; In. **Lothair**, **Lowter**; A. **Lothar**; It. **Lotario/Lotaria**. Giovanni Lotario de Segni, papa con el nombre de Inocencio III (1160-1216).

Lotario/Lotaria *7/4 m/f*

Del germánico *leudi-hari*, «ejército glorioso».

Lou Reed («Louis Fairbank»), músico de rock estadounidense (1942).

Lou *Scc. Luis* *m*
Hip. anglosajón de Louis/Louisa.

C. **Lourdes, Lorda**; E. **Lorda**. Lourdes Ortiz, novelista española (1943).

Lourdes *11/2* *f*
Advocación mariana francesa, alusiva a las apariciones de la Virgen a la vidente Bernardette Soubirous en la localidad homónima (1858). La forma original del topónimo es *Lorde*, palabra vasca que significa «altura prolongada en pendiente». Var. Lurdes.

Luan *Scc. Luano* *m*
Variante de Luano (v.).

C. **Lluà/Lluana**.

Luano/Luana *5/12* *m/f*
Derivación gentilicia de *Lúa*, la diosa romana que presidía las expiaciones (latín *luo*, «lavar»).

C. **Lucà/Lucana**; It. **Lucano/Lucana**. Marco Anneo Lucano, poeta latino (39-65), compañero de Nerón, quien le obligó a suicidarse. San Lucano, religioso francés, mártir en París (s. v).

Lucano/Lucana *30/1* *m/f*
Nombre de un célebre filósofo y poeta romano, nacido en Córdoba (s. I), autor de *La Farsalia*. De *lucanos*, «matinal», o gentilicio de Lucas.

B. **Llucas**; C. **Lluc**; G. **Lucas**; E. **Luca, Luk**; F. **Luc**; In. **Luke**; A. **Lukas**; It. **Luca**. Luca Della Robbia, escultor y ceramista florentino (1400?-1482). Luce Irigaray, psicoanalista, teórica feminista y filósofa francesa, de origen belga (1930).

Lucas/Luca *18/10* *m/f*
Del griego *Loukas*, donde aparece la misma raíz que en Lucía (v.). Popularizado por el autor del tercer Evangelio y de *Los hechos de los apóstoles*. Var. Lucano.

Lucero Tena, bailarina y concertista de castañuelas española de origen mexicano (1939).

Lucero *f*
Nombre femenino, tomado del nombre del planeta Venus, estrella de la mañana (*Lucifer*, «lo que luce o da luz»). Del mismo origen es Lucífera (On. 20-5).

Lucho Gatica, cantante latinoamericano.

Lucho/Lucha *Scc. Luis* *m/f*

Hip. de Luis, usado en Hispanoamérica.

B. **Llucia**; C. **Lluci/Llúcia, /Lluça**; G. **Lucía**; E. F. **Luce**; In. **Luce** (hip. **Lucy**); A. **Lucía**; It. **Lucia**. Lucia Ashton, personaje de la ópera *Lucia de Lamermoor*, de Donizetti. Lucía Bosè, actriz cinematográfica italoespañola (1931). Lucia Stone, abolicionista estadounidense (1818-1893). Lucie Delarue-Mardrus, escritora francesa (1880-1945).

Lucía/Lucio *13/12* *m/f*

Del latín *Lucius* (y éste de *lux*, «luz»), abreviatura de *prima luce natus*, «nacido con la primera luz». Santa Lucía, virgen siciliana a quien martirizaron sacándole los ojos, es por esta razón patrona de los ciegos y mediadora en las enfermedades de la vista. El nombre, de gran popularidad, conoce numerosísimos derivados y variantes: Lucelia, Luciano, Lucinda, Lucidio, Lucila, Lucina, Lucinio, Luciniano, Lucino. Forma masculina: Lucio.

B. **Chano**; C. **Lluçà, Llucià/Lluciana**; E. **Luken/Lukene**; G. **Luciano/Luciana, Xano**. Lucian Freud, pintor británico de origen alemán (1922).

Luciano/Luciana *7/1* *m/f*

Del latín *Lucianus*, gentilicio de Lucas, variante de Lucano.

C. **Lucil/Lucil·la**; E. **Lukiñe**; F. **Lucille**; In. A. **Lucilla**. Lucila Godoy («Gabriela Mistral»), poetisa chilena, premio Nobel 1945 (1889-1957).

Lucilo/Lucila *25/8* *m/f*

Del latín *Lucilla*, «lucecita», aunque más bien es considerado como un diminutivo de Lucía.

C. **Lucí/Lucina**; G. **Lucino/Lucina**. Lucina, diosa romana de los partos.

Lucino/Lucina *30/6* *m/f*

Nombre de una diosa romana de los alumbramientos, adecuado a la acción (*Lucina*, «que da la luz»), asimilada a Juno y Diana.

B. **Chucia**; C. **Lluç, Lluci/Llúcia**. Lucio Cornelio Sila (138-78 a. de C.), general y político romano. Lucio Anneo Séneca, *el Viejo*, retórico e historiador latino (s. I a. de C.)

Lucio/Lucia *4/3* *m/f*

Nombre latino, variante de Lucía, aplicado a los *prima luce natus*, «nacidos con la primera luz del día».

C. **Lucitas**.

Lucitas *4/7* *f*

Derivación del latín *lux*, *lucis*, «luz».

C. **Lucreci/Lucrècia**. Lucrecio («Tito Lucrecio Caro»), poeta y filósofo latino (94-55? a. de C.).

Lucrecio/Lucrecia *3/3 m/f*

Del latín *lucro*, «ganar», «el que ha ganado, el que está aventajado».

Ludmila Belusova, patinadora rusa (s. XX). Ludmila Pitoëff, actriz francesa de origen ruso (1895-1951). Ludmila Tcherina («Monique Roi»), bailarina francesa (s. XX).

Ludmila *13/9 f*

Nombre eslavo, que significa «amada por el pueblo». Posibles concurrencias con la raíz germánica *hlod*, «gloria», y la latina germanizada *milus*, «dulce». Popularizado por la bailarina Ludmila Tcherina. Var. Ludomila.

C. **Ludovic/Ludovica**. Ludovico Pío (Luis *el Piadoso*), rey de Aquitania y emperador de Occidente (778-840). Ludovico Sforza (s. XV-XVI), *el Moro*, duque de Milán, destituido por Luis XII de Francia.

Ludovico/Ludovica *Scc. Luis m/f*

Forma antigua de Luis (v.), latinización del germánico *hluot-wig* en Clodovicus y en Ludovicus.

B. **Lluis**; C. **Lluís/Lluïsa**; G. **Loís**, **Luís/Luisa**; E. **Aloxi**, **Koldobika/Koldobike**, **Luki**; F. **Louis/Louise**, **Clovis**, **Looys**, **Loys**; In. **Lewis**; A. **Ludwig**; It. **Luigi/Luigina**, **Aloïsio**; Por. **Luiz**; Hun. **Lajos**; S. **Lovisa**; Esl. **Ludwick**. Fray Luis de Granada («Luis de Sarria»), escritor y predicador granadino (1504-1588). Fray Luis de León, escritor castellano (1527-1591). Lewis Carroll («Charles Lutwidge Dodgson»), matemático y escritor inglés (1832-1898). Lluís Companys, político catalán, presidente de la Generalitat (1882-1940). Ludwig van Beethoven, compositor alemán de origen flamenco (1770-1827).

Luis/Luisa *21/6 o 25/8 m/f*

Más que un nombre, se trata de una constelación donde concurren diversas fuentes onomásticas. La forma primitiva es *hluot-wig*, «combate invicto, glorioso», derivado rápidamente a *Clodovicus*, éste a *Ludovicus* y finalmente a la forma moderna. Pero con esta línea principal concurren *all-wisa*, «sabio eminente», que produce *Aloysius*, y de ésta Aloísio y Aloíto (confundidos a su vez con Eloísa), e incluso *Eligius*, que da Eloy, o Lisa (en realidad derivado de Elisa). Asimilado también al germánico Liuva, portado por un rey visigodo (de hecho, este nombre procede de *leuba*, «amado»). En catalán es también confundido con Llovet o Llobet, que en realidad proceden de Llop (v. Lope). Otras formas: Alvisa, Clodoveo, Clovis, Clodovico, Ludovico. El nombre de Luis aparece ligado a dieciocho reyes franceses, el más famoso el santo del s. XIII, por el que los franceses gustan denominarse «hijos de san Luis», y a san Luis de Gonzaga, el más celebrado entre nosotros. Pero también un efímero rey es-

Luigi Pirandello, escritor italiano (1867-1936).

pañol llevó este nombre (1724), así como innumerables personajes. Su popularidad sigue hoy tan viva como siempre. Hip. Lucho, Luiso, Lilí (f).

Luna, personaje de Lope de Vega en *El antecristo*.

Luna *f*

Nombre de fantasía, creado por Lope de Vega a partir del astro. Sinónimo de Selene.

Luparia, personaje de Lope de Vega en *San Segundo*.

Luparia *f*

Nombre de fantasía, creado por Lope de Vega. A partir de *lupus*, «lobo», que tradicionalmente se transforma en Lope (v.).

Guadalupe Victoria Ramón, *Lupe*, cantante cubana del *latin sound* (1936-1992).

Lupe *Scc. Guadalupe* *f*

Hip. de Guadalupe.

C. **Luperci/Lupèrcia**. Lupercio Leonardo de Argensola (1559-1630), poeta y cronista español.

Lupercio/Lupercia *30/10* *m/f*

Del latín *Lupercus*, «Luperco», nombre del dios Pan o de uno de sus sacerdotes, por su relación con los lobos (*lupus*). Var. Luperco, Luperio, Lupiano, Lupino, Lupiciano, Lupicinio, Lupicino.

Luchino Visconti, director cinematográfico italiano (1906-1976)

Luquino/Luquina *m/f*

Gentilicio italiano de *Lucca*, Lucas (v.).

C. **Lutècia**.

Lutecia *f*

Nombre femenino, tomado del antiguo de París. *Lutetia*, «lugar arcilloso».

B. **Lluz**; C. **Llum**; E. **Argiñe**; It. **Luce**. Luz Casal, cantante española (s. XX).

Luz *1/7* *f*

Abreviación de la advocación mariana de la Virgen de la Luz. Latín *lux*. También variante de Lucía.

Santa Lydia, en el Nuevo Testamento primera conversa al cristianismo por san Pablo.

Lydia *Scc. Lidia* *f*

Variante gráfica de Lidia.

M

C. **Mabel**; F. **Mabelle** (asimilado a «ma belle»); In. **Mabel**.

Mabel *f*

Hip. de María Isabel. También del inglés *Amabel*, variante de Anabel. En Francia, forma de Aimable.

Macarena *1/4 f*

Advocación a la Virgen María muy popular en Sevilla, alusiva a un barrio cuyo nombre procede de un antiguo edificio relacionado con san Macario (v.).

C. **Macari/Macària**; G. **Macario/Macaria**. Macario, arzobispo de Novgorod y después metropolita de Moscú y consejero de Iván el Terrible (s. XVI). Makàrios, arzobispo y etnarca de Chipre, gobernador de su parte griega (1913-1977).

Macario/Macaria *15/1 m/f*

Del griego *machaera*, «espada», o sea «el que lleva la espada» (cf. Hildebrando, Igor). O de *makar*, «feliz», de donde *makarios*, «que ha alcanzado la felicidad, difunto». Sinónimo a su vez de Apatilo, Demetrio, Eleucadio, Metastasio, Pailo. Fue un célebre portador de este nombre el arzobispo y político chipriota, Makarios III.

C. **Madrona**. Santa Madrona, copatrona de Barcelona por haber llegado allí en una barca procedente deTesalónica (s. X).

Madrona *20/3 f*

Nombre latino, portado por una santa mártir de Barcelona (s. III), ciudad donde es muy popular. Del latín *madrona*, «madre de familia». Var. Matrona.

C. **Maeva**.

Maeva *f*

Variante de Maya (v.), a través de su hip. May. Confundido a veces con hip. de María (v.) o de Margarita.

C. G. **Mafalda**. Beata Mafalda, portuguesa, hija de Sancho I y esposa de Enrique I de Castilla (s. XIII).

Mafalda *2/5 f*

Del germánico *magan-frid*, «pacificador fuerte». En Portugal es considerado sinónimo de Matilde (v.). Var. Mahalta.

Magali Noël, actriz francesa (s. xx).

Magalí *Scc. Margarita* *f*

Hip. provenzal de Margarita, popularizado por un personaje del poema de F. Mistral *Mirèio* (v. Mireya).

B. **Mada, Madalena**; C. **Magdalè/Magdalena**; G. **Madalena** (hip. **Malena**); E. **Matale, Malen**; F. **Madeleine** (hip. **Madelon**); In. **Madeline, Magdalen**; A. **Magdalena**; It. **Maddalena**. Magdalena Nile del Río, «Imperio Argentina», actriz, cantante y bailaora argentina (1906). Santa Magdalena, personaje del Nuevo Testamento (s. I).

Magdaleno/Magdalena *22/7* *m/f*

Gentilicio de la ciudad de Magdala en Galilea (de *migdal*, «torre»), aplicado a María, la famosa pecadora arrepentida ante Jesús. Sinónimo hoy de «mujer arrepentida» o de «mujer llorosa». En Francia, *La Madelon* fue una célebre canción de la soldadesca en la primera guerra mundial. Hip. Magda, Lena.

B. **Maxim**; C. **Magí/Magina, Magem**; G. **Maxín/Maxina**. Magí Morera i Galícia, escritor, político y abogado catalán (1853-1927).

Magín/Magina *25/8* *m/f*

Nombre popular en Tarragona, por un ermitaño del s. IV. Del latín *maginus*, quizá de *magnus*, «grande», o más probablemente, variante de *Maximus* (v. Máximo). Var. Magino.

Don Magnífico, personaje de la ópera *La Cenicienta*, de Rossini.

Magnífico/Magnífica *m/f*

Del latín *magnus facio*, «hacer grandes (cosas)». Empleado como proyecto de futuro.

C. **Magnòlia**; In. **Magnolia**.

Magnolia *f*

Nombre de flor, dado en honor del botánico francés Pierre Magnol (s. XVII-XVIII), cuyo apellido procede a su vez de *magnen*, «gusano de seda» en el Midi francés. Aplicado como nombre femenino.

C. **Mahalta**. Mahalta o Mafalda (1059?-1112?), condesa de Barcelona y vizcondesa de Narbona, esposa de Ramón Berenguer II, conde de Barcelona.

Mahalta *Scc. Mafalda* *f*

Variante poética de Mafalda. Posiblemente influido por el hebreo Mahala, de *mahala*, «ternura».

Mahí *m*

Nombre guanche: «valiente».

Mahoma («Abu-l-Qasim Muhammad ibn Abd Allah»), creador del islamismo (570?-632).

Mahoma *m*

Nombre que los árabes dan a Dios. Literalmente, es «laudable, alabado». V. Ahmed.

Maia Chiburdanitze, ajedrecista soviética (1961). Maia Mijailovna Plisetskaia, bailarina soviética (1923).

Maia *Scc. María* *f*

Forma vasca de María (v.), y también catalana y rusa de Maya (v.).

Maider *m*

Nombre de origen eusquera (*Maide*). Probablemente relacionado con *Maite* (v.), «amor, cariño».

C. **Maimònides**. Maimónides («Mose ben Maimon»), filósofo, médico y talmudista hebreo (1135-1204).

Maimónides *m*

Nombre hebreo, sobreviviente hoy en el apellido Maimó o Maymó. Significa «feliz, afortunado».

Maira *Scc. María* *f*

Nombre de fantasía, formado por transliteración de María. Var. exótica: Mayra.

Maisa *f*

Nombre de origen árabe (*Ma'isah*) que significa «la que anda con gentil garbeo». Var. Maysa.

C. G. **Maite**.

Maite *25/3* *f*

Nombre usado en el País Vasco como variante de Encarnación (en vasco, *maite* significa «amada»). También es hip. de María Teresa.

Majaris *Scc. Santa* *f*

Nombre caló, equivalente a Sancha.

Majoré *Scc. Fausto* *m*

Nombre caló, equivalente a Fausto.

Majoró *Scc. Justo* *m*

Nombre caló, equivalente a Justo.

C. **Malva**. Malvida von Meysenburg, escritora alemana (1816-1903).

Malva *f*

Nombre femenino, tomado del de la flor. Y éste del griego *malache*, «suave, blando» (de donde Malaquías).

C. **Malví/Malvina**; G. **Malvino/Malvina**. Malvida von Meysenburg, escritora alemana (1816-1903).

Malvino/Malvina *Scc. Amalvina* *m/f*

Del latín *malvinus*, derivado de *malva*, «malva», germanizado con la raíz *win*, «amigo». Nada tiene que ver con las islas Malvinas, que proceden del francés *Malouines*, por los pescadores de Saint-Malo que allí se establecieron.

Mamadú *m*

Del árabe mamduh, «el que es alabado, glorificado».

C. **Mamert/Mamerta**. Mamerto Urrialagoitia, político boliviano, presidente de su país en 1949.

Mamerto/Mamerta *30/3* *m/f*

Nombre romano. De *mamertus*, gentilicio de Mesina (por alusión a Marte, aludiendo el carácter belicoso de sus habitantes).

C. **Mamés**; E. **Maberta**; It. **Mamette**. San Mamés, evangelizador de las montañas de la Alvernia.

Mamés *17/8* *m*

Del griego *Mamás*, nombre de un santo del s. III, que en su orfandad llamaba *mamá* (palabra no corriente en griego) a su madre adoptiva. Var. Mamete, Mamas, Mama,

Manay/Manaya *m/f*

En la lengua quechua de los incas, «amor».

Manes (o Mani), predicador persa, fundador del maniqueísmo (216?-276).

Manes *m*

Nombre del fundador del maniqueísmo, doctrina religiosa persa. De origen desconocido, aunque presenta afinidad morfológica con el latino *Manius* (*mane natus*, «nacido de los dioses Manes», o sea por la mañana, *mane* en latín). También es parecido a *Mani*, nombre del primer hombre según la religión egipcia. Var. Mani.

Manfariel *Scc. Angel* *m*

Nombre caló, equivalente a Ángel.

C. **Manfred/Manfreda**; G. It. **Manfredo/Manfreda**; F. In. A. **Manfred**. Manfredo, héroe del poema dramático de Byron (1817). Manfredo, rey de Sicilia (1231-1266).

Manfredo/Manfreda *m/f*

El difusor de este nombre germánico (*mann-frid*,'hombre pacífico, pacificador») fue un rey de Sicilia del s. XIII, hijo de Federico II y defensor de su reino contra las ambiciones de Carlos I de Anjou.

C. **Manilan/Manilana**.

Manilán/Manilana *m/f*

Nombre germánico, formado con las raíces *mann*, hombre, y *land*, tierra.

Manrico, personaje de la ópera *Il trovatore*, de Verdi.

Manrico/Manrica *Scc. Manrique* *m/f*

Variante de Manrique (v.).

C. **Manric/Manrica**; G. **Manrique/Manrica**; It. **Manrico/Manrica**. Jorge Manrique, poeta español (1440?-1479) Manrique Pérez de Lara, conde de Lara y vizconde de Narbona (?-1164).

Manrique/Manrica *20/6* *m/f*

Del germánico *manrich*, «hombre rico, poderoso». Tomado en la práctica como variante de Amalarico. Hecho famoso por Jorge Manrique, autor de las *Coplas a la muerte de su padre*.

Almanzor o al-Mansur, caudillo de la España musulmana (?-1002).

Mansur *m*

Nombre árabe que significa «victorioso». V. Almanzor.

B. **Manualus**; C. **Manel/Manela**, **Manuel/Manuela**; G. **Manuel/Manuela**; E. **Imanol**, **Manu**; F. In. **Manuel**; A. **Mannel**; It. **Emanuele**. Immanuel Kant, filósofo alemán (1724-1804). Manuel Azaña, escritor castellano y político (1880-1940). Manuel de Falla, compositor andaluz (1876-1946).

Manuel/Manuela *22/1* *m/f*

Abreviación del nombre hebreo Emmanuel, personaje citado por el profeta Isaías (*Emmanuel*, «Dios con nosotros»), identificado posteriormente con el Mesías (v. Emanuel). Hip. Manolo. Hip. femenino Emma.

Mao Zedong («Mao Tse-tung»), político y revolucionario chino (1893-1976).

Mao *m*

Nombre chino: «fuerte».

Mar *15/9* *f*

Nombre abreviado de Nuestra Señora del Mar, patrona de marinos y variados oficios náuticos. También de otros nombres femeninos con esta sílaba inicial (María, Marcela). A él derivan nombres como el hebreo *Marah*, «amargura».

C. **Mar**; E. **Itsaso**. María del Mar Bonet, cantautora mallorquina (1947).

Maravillas *f*

Nombre femenino encomiástico. Del latín *mirabilia*, «cosa admirable» (*mira*, «maravilla»).

C. **Meravella**.

Marçal/Marçala *Scc. Marcial* *m/f*

Forma catalana de Marcial (v.).

Marçal («Marcel·lí Gonfau i Casadesús»), militar carlista (1814-1855).

Marcelino/Marcelina *29/5* *m/f*

Gentilicio de Marcelio o Marcelo (*Marcellinus*).

B. **Llinu**; C. **Marcel·lí/Marcel·lina**; E. **Martxelin/Martxeliñe**; G. A. **Marcelino/Marcelina**; It. **Marcellino/Marcellina**. Marcel·lí Domingo, político y escritor catalán (1884-1939)

Marcelo/Marcela *16/1* *m/f*

Del latín *Marcellus*, diminutivo de *Marcus* (v. Marcos). Var. Marcelio.

C. **Marcel/Marcel·la**; G. **Marcelo/Marcela**; E. **Markel, Martzel**; A. **Marcel**; It. **Marcello/Marcella**. Marcello Mastroianni, actor cinematográfico italiano (1923-1996)

Marcial/Marciala *30/6* *m/f*

Del latín *martialis*, «relativo, consagrado a Marte», dios de la guerra (v. Marcos). La raíz *mar-* es «varón, valiente».

C. G. **Marcial/Marcial·la**; E. **Martza/Martze**; F. **Martial**; In. **Martia**; It. **Marziale**. Macial Lafuente Estefanía, ingeniero de caminos y escritor español (s. xx).

Marciano/Marciana *26/3* *m/f*

Del latín *Martianus*, «relativo, de la familia de Marte o de Marco».

C. **Marcià/Marciana, Marçà/Marçana**; F. **Marcien/Marcienne**. Marciano, emperador de Oriente (396-457), canonizado por la iglesia ortodoxa griega.

C. **Marc/Màrcia**; A. **Marc/Marcia**; F. **Marc/Marcia**; It. **Marco**.
Marco Aurelio Antonino Vero, filósofo, escritor y emperador romano (121-180).
Marco Polo, viajero veneciano (1254-1324).

Marco/Marca *Scc. Marcos* *m/f*

Variante de Marcos (v.), muy utilizada en el nombre compuesto Marco Antonio, alusivo al célebre general romano lugarteniente y sobrino de César, componente del segundo triunvirato y amante de Cleopatra (s. I a. de C.).

B. **Marcones**; C. F. **Marc**; G. **Marcos**; E. **Marka**; In. **Marcus**, **Mark**; A. **Mark** (de donde el patronímico **Marks**, o sea **Marx**); It. **Marco**.
Marc Chagall, pintor francés de origen ruso (1887-1985).
Mark Twain («Samuel Langhorne Clemens»), escritor estadounidense (1835-1910).

Marcos *25/4* *m*

Tras unos siglos de decadencia, este nombre registra hoy una sorprendente popularidad. Del latín *Marcus*, derivado de Marte, dios de la guerra, que inspira muchos otros nombres (Marceliano, Marcelino, Marcelo, Marcial, Marciano, Marcio), por la raíz *mar*, «varón» (cf. *marido*). Portado por un evangelista y patrón de Venecia, cuyo famoso león es el símbolo de aquél. Var. Marco.

C. G. **Margarida**; E. **Margarite**; F. **Marguerite** (hip. Margerie, Margot); In. **Margaret**, **Margery**, **Marjorie** (hip. (**Maggie**, **Meg**, **Peg**, **Peggy**, **Mamie**); A. **Margereta** (hip. **Grete**); It. **Margherita** (hip. **Marga**, Rita, **Ghita**); S. (hip) **Greta**.
Margaret Thatcher, política inglesa, presidente de gobierno (1925).
Marguerite Duras, novelista francesa (1914-1996).
Marguerite Yourcenar («Marguerite de Crayencour»), escritora francesa (1903-1987).

Margarita *16/11* *f*

Del latín *margarita*, «perla». Para distinguirla de la flor, a la que también alude el nombre, se hizo habitual denominar la joya *pernula*, diminutivo de *perna*, «pierna», aludiendo al hueso redondo y brillante del jamón. Nombre popularísimo, como lo prueban sus numerosos hip. y var. Marga, Margot (tomado de la forma hip. francesa), Magalí (de la provenzal), Greta (del sueco), Grete (del alemán), Rita (del italiano).

Margarita de Valois, esposa de Enrique IV, reina de Navarra y Francia, llamada «Margot» (1553-1614).

Margot *Scc. Margarita* *f*

Variante francesa de Margarita.

María *15/8 o 24/1 f*

Es sin duda es el nombre femenino más popular en España, pero por esta misma causa es poco frecuente solo, y es habitualmente el complemento de otro. Aunque en los últimos años haya debido ceder los primeros lugares a otros, conserva empero un puesto privilegiado. Del hebreo *Miryam*, para el cual se han propuesto hasta setenta interpretaciones: por citar un par de las más conocidas, el hebreo *mara*, «contumaz», y el egipcio *mrym*, «amada de Amón», es decir, de Dios. El nombre aparece transformado en la Vulgata en la actual María, cuyo uso no se popularizó hasta bien entrada la Edad Media por tabúes religiosos análogos a los que rodeaban los nombres de Cristo o Jesús (v.). Var. Marina, Marica, Míriam, Mireya, Mariona, Mari.

B. **Marica**; C. **Maria** (hip. **Mari**, **Mariona**); G. **María** (hip. **Marica**, **Maruxa**); E. **Mari**, **Miren**; F. **Marie** (hip. **Mimí**, **Marion**, **Manon**); In. **Mary** (hip. **May**, **Molly**); A. It. **Maria**; R. **Marys** (hip. **Masha**).
María del Mar Bonet, cantautora mallorquina (1947).
María Félix, actriz cinematográfica mexicana (1915).
María Guerrero, actriz y empresaria teatral española (1868-1928).
María, madre de Jesús de Nazaret, personaje del Nuevo Testamento (s. I).
Marie Curie («Maria Sklodowska»), física polacofrancesa (1867-1934).

Mariam *Scc. María f*

Forma antigua de María, hoy nombre de fantasía, formado combinando María (v.) con su equivalente hebreo Míriam (v.).

Beata Mariam Baouardy (1846-1878), hija de árabes, beatificada en 1983.

Mariano/Mariana *19/8 m/f*

Del latín *Marianus*, gentilicio de Mario. Alude también a la devoción a la Virgen María. Sin relación con los femeninos Marianne (F.) o Marianna (It.), compuestos de María y Ana. Var. femenina: Marian.

C. **Marià/Mariana**; G. **Mariano/Mariana**.
Marià Aguiló, filólogo y bibliógrafo mallorquín-catalán (1825-1897).
Mariana Pineda, heroína andaluza (1804-1831).
Mariano José de Larra, escritor castellano (1809-1837).

Maribel *Scc. Isabel f*

Aglutinación de María Isabel.

Maribel Verdú, actriz cinematográfica española (1970).

Marilyn *Scc. María f*

Nombre inglés de fantasía, formado a partir de María con el sufijo anglosajón *-ilyn*, que hallamos en otros nombres como Purilyn, Annilyn.

Marilyn Monroe («Norma Jean Baker»), actriz cinematográfica estadounidense (1926-1962).

B. G. **Mariño/Mariña**; C. **Marí/Marina**; E. **Maren**; F. **Marin**; In. A. **Marina**; It. **Marino/Marina**.
Marí Civera, sindicalista y escritor valenciano (1900-1975).
Marin Mersenne, presbítero, filósofo y matemático francés (1588-1648).

Marino/Marina *4/9 m/f*

Del latín *Marinus*, «marinero, del mar» (como Pelagio, Morgan, Póntico). En femenino, es considerado variante de María (en realidad, procede de *Marinus*, el verdadero gentilicio de María, cf. Mariano). Var. Marín.

C. **Màrius**; G. It. **Mario**; F. In. **Marius**.
Mario Moreno, *Cantinflas*, actor cinematográfico mexicano (1911-1993).
Mário Soares, político portugués, presidente de su país (1924).
Mario Vargas Llosa, novelista peruano (1936).

Mario *19/1 m*

Aunque es considerado a menudo el masculino de María, en realidad lo es de Mariana, y aparece en Roma antes de Jesucristo con Mario, el general romano adversario de Sila y defensor de los derechos del pueblo. Es derivación del nombre de Marte, dios de la guerra (v. Marcos).

Mariona Rebull, personaje de la novela homónima de Ignacio Agustí.
Marion Levy («Paulette Goddard»), actriz estadounidense, segunda esposa de Charlie Chaplin (1911-1990).

Mariona *Scc. María f*

Hip. catalán de María, formado a partir del francés *Marion*.

Marisa Tomei, actriz cinematográfica y de televisión estadounidense (1964).

Marisa *Scc. Luisa f*

Aglutinación de María Luisa.

Mariseca, personaje de Lope de Vega en *San Isidro Labrador en Madrid*.

Mariseca *f*

Nombre de fantasía, creado por Lope de Vega. Nombre cómico, formado por María y «seca».

Marisleysis González, prima del niño balsero Elián González

Marisleysis *Scc. María f*

Nombre de fantasía, formado a partir de María (v.) y algún otro prenombre, quizá Luisa, o el anglosajón Lacy o Lacey (derivado a su vez de un topónimo francés, usado como prenombre).

C. G. **Marisol**.
Marisol («Pepa Flores»), actriz y cantante española (1948).

Marisol *f*
Hip. de María del Sol y también de Soledad.

Maritza *f*
Hip. de María, de María Isabel y de María Luisa, usado en Hispanoamérica.

Marjorie *Scc. Margarita* *f*
Nombre muy popular en EE.UU. Derivación del francés *Margeri*, a su vez hip. de Marguerite, Margarita.

C. **Marlena**; A. **Marlene**.
Marlene Dietrich («Maria Magdalena von Losch»), actriz cinematográfica alemana (1902-1992).
Marlene Morreau, actriz y presentadora de televisión hispanofrancesa (1962).

Marlena *Scc. María Elena* *f*
Nombre reciente, creado para la actriz Marlene Dietrich («Marlene») como equivalente de María Elena. Var. Marilena, Marlene, Marlen (este último es también nombre de fantasía revolucionario, formado por las sílabas iniciales de Marx-Lenin).

Marlon Brando, actor cinematográfico estadounidense (1924).

Marlon *m*
Nombre anglosajón, posiblemente relacionado con Marion, variante de María.

C. **Marsala**.
Marsala, personaje de la novela *Ben Hur*, de Lewis Wallace.

Marsala *m*
Nombre masculino, tomado del de la ciudad de Sicilia homónima (hoy Mesina).

C. G. It. **Marta**; E. **Marte**; F. **Marthe**; In. **Martha** (hip. **Patty**); A. **Martha**; R. (hip.) **Marfa**.
Marta Robles, periodista y locutora de radio española (1963).

Marta/Marto *29/7* *m/f*
Suele interpretarse como el femenino del arameo *mar*, «señor» (presente en el persa *Marza*). Nombre bíblico del Nuevo Testamento, popularizado desde la reforma protestante.

Marte, figura mitológica, dios de la guerra.

Marte *m*
Divinidad identificada con Ares. Origen desconocido, relacionado con la voz «mar», «varón», sinónima de «fuerte, poderoso».

B. **Martine**; C. **Martí/Martina**; G. **Martiño/Martiña**; E. **Martiñ/Martiñe, Matin, Maxin**; F. In. A. **Martin**; It. **Martino/Martina**. Martin Heidegger, filósofo alemán (1889-1976). Martina Navratilova, tenista estadounidense de origen checo (1956).

Martín/Martina *11/11 o 3/11* *m/f*
Del latín *martinus*, gentilicio de Marte: «hombre marcial, belicoso, guerrero». Difundido en la Edad Media por san Martín de Tours.

C. **Martinià/Martiniana**. Martiniano Leguizamón, escritor argentino (1858-1935).

Martiniano/Martiniana *2/7* *m/f*
Nombre latino, gentilicio de Martín (v.): *Martinianus*, «relativo, de la familia de Martín».

C. **Martirià/Martirià**. San Martirián, obispo y mártir cristiano gerundense (s. III?).

Martirián/Martiriana *25/10* *m/f*
Nombre latino, gentilicio de Mártir (*martyros*, «testimonio»). Var. Marturián, Martiriano, Marturiano.

Maruja Torres («María Dolores Torres Manzaneda»), escritora española (1945).

Maruja *Scc. María* *f*
Hip. de María, tomado del gallego *Maruxa*.

Merfyn, rey galés (s. IX).

Marvin *m*
Del antiguo nombre galés Merfin o Merfyn, de significado desconocido. Distinto de Mervyn. Var. Marvyn, Marvine.

Marx *m*
Apellido del economista-sociólogo Karl Marx, convertido en nombre de pila por partidarios de sus ideas (de *Marc's*, «relativo o descendiente de Marcos»).

Masud *m*
Nombre árabe: *mas'ud*, «feliz, bienaventurado», presente en apellidos como Massot.

B. C. **Mateu/Matea**; G. **Mateo/Matea**; E. **Matai**; F. **Mattieu**; In. **Matthew**; A. **Matthaeus**; It. **Matteo/Mattea**. Mateo Alemán, escritor español (1547-1614).

Mateo/Matea *21/9* *m/f*
Forma helenizada de Matías, portada por un evangelista, que era recaudador de tributos al ser incoporado por Jesús al grupo de apóstoles. Ello le ha valido ser patrón de los aduaneros.

C. **Maternitat**; E. **Amane**.

Maternidad *25/12 f*

Nombre mariano, alusivo a la Maternidad de la Virgen María.

B. **Macias**; C. **Maties, Macià**; G. **Matias**; F. **Mathias**; In. A. **Matthias**; It. **Mattia**.
Mats Wilander, jugador de tenis sueco (1964).
Matt Damon, actor cinematográfico estadounidense (1974).

Matías *24/2 m*

Simplificación del hebreo Matatías, éste a su vez de *mattithyah*, «don de Jahvé» (en otra interpretación, *mathyah*, «fiel a Dios»). Var. Macías.

B. **Matilda**; C. G. **Matilde**; E. **Matildhe**; F. **Mathilde**; In. **Matilda, Maud** (hip. **Matty, Patty**); A. **Mathilde**; It. **Matelda, Metilde**; Por. **Mafalda**.
Matilda Sarao, periodista y novelista italiana (1856-1927).
Matilde Rodríguez, actriz española (1860-1913).

Matilde *14/3 f*

Del germánico *maht-hild*, «guerrero fuerte». Muy popular en los países germánicos, conoce gran difusión en España actualmente. Presenta numerosas variantes: Matilda (inventada por las reglas de concordancia castellana), Mectilda, Mechtildis (formas antiguas), Mahalta, Mafalda (v.).

C. **Maurici/Maurícia**; G. **Mauricio/Mauricia**; E. **Maurixi/Maurixe**; F. **Maurice**; In. **Maurice, Morris**; A. **Mauritius**; It. **Maurizio/Maurizia**.
Maurice Ravel, compositor francés (1875-1937).

Mauricio/Mauricia *22/9 m/f*

Del latín *Mauritius*, gentilicio de Mauro. Es de los pocos nombres propios que han dado lugar al de un estado (cf. Felipe), en honor de un navegante portugués.

C. **Maur/Maura**; G. **Amaro**; It. **Mauro/Maura**; E. F. **Maure**; A. **Maurus**.
Mauro Vetranovic, poeta dálmata (1482-1576).

Mauro/Maura *15/1 m/f*

Del griego *mauros*, «oscuro», aplicado especialmente a los habitantes de Mauritania aludiendo al color de su piel (de aquí los «mauros», o sea moros). Presenta gran cantidad de derivados: Mauricio, Maurilio, Maurilo, Maurino, Amaro.

Samuel Maverick (s. XIX), granjero tejano, que dejaba sus reses sin marcar.

Maverick *m*

Apodo inglés, aplicado a una persona libre e indómita, evolución del calificativo *maverick*, aplicado a las reses sin marcar, por el granjero Samuel Maverick.

Max Ernst, pintor y escultor alemán (1891-1976).
Max Frisch, novelista y dramturgo suizo en lengua alemana (1911-1991).

Max *Scc. Maximiliano* *m*
Hip. de Máximo, Maximino, Maximiano y Maximiliano.

Maxim's. famoso restaurante parisiense, por el nombre de su fundador.

Maxim *Scc. Máximo* *m*
Forma inglesa y catalana de Máximo (v.).

C. **Maximilià/Maximiliana**; F. **Maximilien/Maximilienne**; In. **Maximilian**; A. **Maximiliane** (hip. **Max**); It. **Massimiliano/Massimiliana**.
Maximiliano I, archiduque de Austria (1459-1519).
Maximilien de Robespierre, político y revolucionario francés (1758-1794).

Maximiliano/Maximiliana *12/3* *m/f*
Del latino *Maximilianus*, expresión equivalente a «varón máximo de la familia Emilia» (v. Máximo y Emilio), derivado posteriormente al nombre actual. Evocador de emperadores germánicos, es todavía muy popular hoy en Alemania. Otro emperador del mismo nombre, en México, conoció aciaga suerte en Querétaro (1868).

C. **Maximí/Maximina**.
Maximino I de Tracia, pastor devenido emperador (s. III).

Maximino/Maximina *25/1* *m/f*
Nombre latino, de *Maximinus*, «relativo, de la família de Máximo» (v.).

C. **Màxim/Màxima**; G. **Maximo/Maxima**; E. **Masima/Masime**; F. **Maxime**; In. **Maxim**; A. **Maximus**; It. **Massimo/Massima**.
Maksim Gorkij («Aleksei Maximovich Peshkov»), escritor ruso (1868-1936).
Massimo Montempelli, escritor y autor dramático italiano (1878-1960).

Máximo/Máxima *14/4* *m/f*
Del latín *Maximus*, «máximo, mayor», aplicado al hijo primogénito de una familia. Popularizado por dos emperadores romanos y muy frecuente en Roma, como atestiguan sus derivados: Maximino, Maximiano, Maximiliano.

C. **Maia**.
Maya, en la literatura india, madre de Gautama Sakiamuni, Buda (s. V a. de C.).
Maya, en la mitología, hija de Atlas y madre de Hermes, una de las Pléyades.

Maya *f*
Nombre mitológico, llevado por la madre de Hermes (*maia*, «madre» en griego). Quizás es una palabra adoptada de una diosa sánscrita: *Maya*, «ilusión». Maia (v.) es la forma vasca de María. V. también Maeva.

Mayer Amschel Rothschild, magnate judío de

Mayer *m*
Apellido alemán, variante de Meyer, con

significado de «aparejo, carga de un buque».

la banca y finanzas alemanas, fundador de su dinastía (1743-1812).

Mayna *f*
Nombre de una tribu en el río Marañón (Perú).

Mayu *m*
En la lengua quechua de los incas, «río».

Mecenas *m*
Del latín, seguramente procede de la *Maecia*, una de las tribus rústicas romanas. Usado como nombre común para referirse a los protectores de las artes.

C. **Mecenes**. Cayo Clinio Mecenas, caballero romano, protector de las artes (69? a. de C.-8 d. de C.)

Medardo/Medarda *8/6* *m/f*
Del germánico *maht-hard*, reduplicación de la voz «fuerte» (o de *mods*, «espíritu, valor»). Se puede traducir por «gobernante fuerte».

C. **Medard/Medarda**; G. **Medardo/Medarda**; E. **Meder**; A. **Medardus**; It. **Medardo/Medarda**. Medardo Rosso, escultor italiano (1858-1928).

Medatia *f*
En el pueblo indio Orinoco, nombre del primer humano shaman. Los shamanes eran una casta de elegidos que debían visitar siete territorios para recibir de cada uno de ellos un tipo de inspiración.

Medea *f*
Nombre de la mitología griega. Quizá de *medeia*, «exclusión, aludiendo al carácter intransigente del personaje.

C. **Medea**. Medea, heroína de la mitología griega, hija del rey de Cólquida, esposa de Jasón, que abandonada por éste se vengó terriblemente, matando a sus hijos y a la rival.

Medín/Medina *Scc. Emeterio* *m/f*
Variante de Emeterio (v.), usada en Cataluña.

C. **Medí, Medir/Medina**. Medir, santo hispano del s. III de mucha advocación en Barcelona.

Mel *Scc. Melchor* *m*
Hip. anglosajón de Melchor, difundido por el cine.

Mel Ferrer («Melchior Gaston Ferrer»), actor estadounidense (1917).

Melanio/Melania *26/1 m/f*

C. **Melani/Melània**; G. It. **Melanio/Melania**; F. **Mélanie**; In. **Melanie**, **Melloney**; A. **Melanie**. Melanie Klein, psicoanalista inglesa de origen austríaco (1882-1960). Melanie Griffith (1957), actriz cinematográfica estadounidense.

Del griego *melánios*, «negro, oscuro», o «con manchas negras». Aplicado como sobrenombre a Deméter por el luto que llevaba a su hija Proserpina, raptada a los Infiernos por Plutón. Sinónimos: Austro, Colmano, Fineas, Indíbil, Melandro, Melas.

Melba *f*

Melba, seudónimo de la cantante australiana Elena Poter Mitchel.

La cantante australiana Elena Poter Mitchel, que tomó el seudónimo, quiso honrar con él la ciudad de Melbourne, donde cursó sus estudios e inició su fama. La ciudad se origina a su vez en el lugar británico *Melbourne*, «arroyo de Mel».

Melchor/Melchora *6/1 m/f*

C. **Melcior/Melciora**; G. **Melchor/Melchora**; E. **Meltxor/Meltxore**; F. In. A. **Melchior**; It. **Melchiorre**; Por. **Melquior**. Melchor Broederlam, pintor flamenco (s. XIV-XV).

Del hebreo *malki-or*, «rey de la luz». Atribuido por la tradición a uno de los tres Reyes Magos, representante de los pueblos semitas mediterráneos.

Melinda *f*

C. In. A. **Melinda**. Melina Mercouri, actriz cinematográfica y política griega (1923-1994).

Nombre poético, formado con el griego *mélos*, «armonioso» (v. Filomeno). Modificado posteriormente con el sufijo germánico *-lind* (v. Linda). Concurre con Melina, en realidad derivado de meli, «miel».

Meliso/Melisa *m/f*

C. **Melis/Melissa**; In. **Melis/Melissa**. Meliso de Samos, filósofo griego (s. V a. de C.), discípulo de Parménides. Melissa, ninfa mitológica encargada de la recolección de miel.

Nombre mitológico, portado por la nodriza de Júpiter. De *mélissa*, «abeja». Nombre muy popular en EE.UU. en la forma Melissa.

Melitón/Melitona *1/4 m/f*

C. **Melitó/Melitona**; G. **Melitón/Melitona**; E. **Meliton**. San Melitón, obispo de Sardes (Lidia), s. II. Fray Melitón, personaje

Del latín *mellitus*, «dulce como la miel». Las palabras griegas *mélissa*, «abeja» y *méli*, «miel», originaron multitud de nombres propios, especialmente femeninos, con el

de la ópera *La fuerza del destino*, de Verdi.

contenido de «dulce, agradable»: Melinda, Melisa, Melitina, Melita. La misma significación aparece en los sinónimos Dulce, Emerio, Erasmo, Estibáliz, Euterpe, Glicerio, Graciosa, Hada, Liberio, Linda, Melindres, Pamela.

C. **Melodia**; In. **Melody**.

Melodía *f*

Nombre de fantasía, formado por la antroponimización del nombre común *melodía*, del latín *melos*.

C. **Melquíades**. Melquíades Álvarez, político español (1864-1936).

Melquíades *10/12 m*

Nombre hebreo cuyo origen *Malkiyahu*, «Yahvé es mi rey», aunque algunos prefieren considerarlo como una variante de Milcíades.

No varía en las lenguas próximas. Melquisedec, rey de Salem, de breve aparición en la Biblia en Gén. 14, 17-20.

Melquisedec *m*

Del nombre bíblico *Malki-sedeg*, «el dios Melek es justo».

C. A. **Mena**.

Mena *Scc. Filomena f*

Hip. de Filomena. Distinto de Menna (masculino Mennas), germánico frecuente en los Países Bajos, derivación de *mann*, «hombre».

Menahem Begin, político israelí (1913-1992).

Menahem *m*

Forma moderna de Manahén, en el Antiguo Testamento: «consolador».

Menalca, personaje Lope de Vega en *El verdadero amante* (comedia pastoral).

Menalca *f*

Nombre de fantasía, creado por Lope de Vega. Posiblemente inspirado en Mena (v.), con la terminación griega *-archos*, «jefe, gobernante».

C. **Menandre**. Menandro, comediógrafo griego, máximo representante de la *Comedia Nueva* (342-293 a. de C.).

Menandro *28/4 m*

Del griego *Menandros*, por *meno*, «permanecer», y *andros*, «hombre» cuyo significado es «el que permanece, que resite, constante».

Mencía *f*
Nombre guanche. Sin traducción.

C. **Menci/Mència**. Mencio, filósofo chino de los s. IV-III a. de C.

Mencio/Mencia *21/3 m/f*
Latinización (*Mencius*, por el original *Meng-tse*, «médico sabio»), de Mencio, propagador de la doctrina de Confucio. Usado también como hip. de Clemencio/Clemencia (v. Clemente).

C. **Mend/Menda**; G. **Mendo/Menda**.

Mendo/Menda *11/6 m/f*
Contracción galaicoportuguesa de Menendo o Melendo, ambas a su vez formas ya contractas de Hermenegildo (v.).

B. **Miercedes**; C. **Mercè**; G. **Mercede**; E. **Eskarne**; In. **Mercy**; It. **Mercede**. Mercè Rodoreda, escritora catalana (1909-1983). Mercedes Milà, periodista catalana (1948). Mercedes Sosa, cantante popular argentina (1935).

Mercedes *24/9 f*
Advocación mariana: la Virgen de la Merced, patrona de Barcelona. Del latín *merx*, «mercancía, valor de una mercancía», de donde el sentido posterior de «merced, misericordia, perdón».

C. **Mercuri**. Mercurio, divinidad romana antigua, asimilada al Hermes griego. Mercurino Gattinara (1475-1530), eclesiástico y estadista italiano.

Mercurio *25/11 m*
Dios latino protector del comercio, equivalente al griego Hermes. Procede de *merx, mercis*, que significa «mercancía», y *cura*, «cuidado», o sea, el que cuida del comercio». Var. Mercurino.

Mericlén *Scc. Coral f*
Nombre caló, equivalente a Coral.

Meritxell *8/9 f*
Pronunciado merichell. Nombre de un célebre santuario que se halla en Andorra, presidido por la Virgen patrona del Principado. Parece que se trata de un mero hip. de María.

Mermeyí *Scc. Candelaria f*
Nombre caló, equivalente al nombre Candelaria.

Meryl Streep («Mary Louise Streep»), actriz cinematográfica estadounidense (1949).

Meryl *f*

Hip. de Mary, usado en EE.UU.

C. **Mesala**. Mesalina, emperatriz romana esposa de Claudio (s. I), célebre por su perversión.

Mesala *m*

Nombre masculino, de familia romano. Gentilicio de *Messana*, hoy Mesina, en Sicilia. Var. Mesalino/Mesalina.

C. **Messi/Mèssia**. Decio («Mesio Quinto Trajano Decio»), emperador romano (201-251).

Mesio/Mesia *m/f*

Nombre latino (*Messius*), posiblemente gentilicio de Mesina, o alusivo a la mies (*messis*, «segador»).

María Micaela del Santísimo Sacramento, vizcondesa de Jorbalán, española fundadora de las Adoratrices (?-1865).

Micaela *Scc. Miguel* *f*

Variante de Miguela.

Micarda, personaje de Lope de Vega en *La vuelta de Egipto* (auto sacramental).

Micarda *f*

Nombre de fantasía, creado por Lope de Vega a partir de Micaela (v.), con el sufijo germánico *-hard*, «fuerte».

B. **Micael**; C. **Miquel/Miquela**; G. **Miguel/Miguela**; E. **Mikel/Mikelle**; F. A. **Michel**; In. **Michel** (hip. **Mike**, **Mickey**); It. **Michele**; R. **Mijaíl**; Rum. Michelangelo Caravaggio, pintor italiano (1573-1610). Michelle Pfeiffer, actriz cinematográfica estadounidense (1958). Miguel Ángel («Michelangelo Buonarotti»), escultor, pintor, arquitecto y poeta (1475-1564). Miguel de Cervantes, escritor castellano (1547-1616).

Miguel/Miguela *29/9* *m/f*

Nombre hebreo del Antiguo Testamento, portado por el arcángel jefe de las cohortes celestiales que derrotó a Satanás. Del hebreo *mika-el*, «Dios es justo, incomparable», o simplemente, «¿Quién como Dios?». Popularísimo en España desde el Renacimiento. Var. femenina: Micaela (v.). Suele usarse también la forma femenina Miguelina. Var. Micaela, Miguelina.

Mika Waltari, escritor finlandés (1908-1979). Mika Hakkinen, piloto automovilista finlandés.

Mika *29/9* *m*

Forma finlandesa de Miguel (a través de *Mikael*).

C. G. **Mila**.

Mila *f*

Hip. de Milagrosa y de Milena (éste, a su vez, lo es de Ludmila). También de Emilia.

C. **Miracle**; G. **Milagres**.

Milagros *9/7 f*

Advocación mariana, Nuestra Señora de los Milagros. Del latín *miraculum*, «maravilla, prodigio». Especialmente popular en las Islas Canarias bajo la variante Milagrosa (On. 27-11). Var. Milagro.

Milan Kundera, escritor checo (1929).

Milan *m*

Forma eslovaca de Amando o Amato, popularizada por el célebre escritor checo.

C. G. **Milburga**. Santa Milburga, hija de santa Ermenburga, fundadora de la abadía de Wenlock (Inglaterra) (?-722).

Milburga *23/2 f*

El término *milu*, de origen latino (*milus*, «agradable», a su vez del griego *melos*, «armonioso»), aparece en muchos nombres germánicos, especialmente femeninos. El sufijo *-burg*, también frecuente, significa «protección, amparo». Var. Milburgues.

C. **Milcíades**. Milcíades *el Joven*, político y estratega ateniense (540-489 a. de C.). San Milcíades, papa de 311 a 314.

Milcíades *m*

Nombre de un político y militar griego (*Miltiades*). Su origen es oscuro; quizá relacionado con *miltos*, «oscuro», con la terminación patronímica *-ades*. Interpretación: «de la familia de pelo rojo».

Milène Démongeot, actriz cinematográfica francesa (1925). Milena Jasenska-Pollak, compañera de Franz Kafka.

Milena *Scc. Elena f*

Hip. de María Elena, usado en Francia y otros países.

C. **Millà**, **Milà**. San Millán de la Cogolla, eremita de la España visigótica (s. VI), base del monasterio de su nombre en La Rioja.

Millán *12/11 m*

Forma antigua de Emiliano, especialmente viva en Castilla-La Mancha y Asturias.

C. **Milos**. Milos Obrenovic, príncipe de Serbia (1780-1860).

Milos *m*

Nombre portado por algunos reyes de Serbia. Origen emparentado con el latín

Milus, frecuente en nombres germánicos. V. Milburga.

Milos Forman, realizador cinematográfico checo (1932).

Milton *m*

En principio es un apellido anglosajón, procedente de la raíz *mill*, «molino», con el sufijo *-ton*, «campamento, establecimiento, ciudad». Ha sido adoptado como nombre de pila por la fama del poeta John Milton (1608-1674).

Milton Friedman, economista estadounidense (1912), premio Nobel de Economía en 1976.

Milvio/Milva *m/f*

Del latín *milvius*, «milano». Famoso por la batalla del puente Milvio (313), en la que Constantino el Grande venció a Majencio, consiguiendo así el Imperio y dando libertad de culto al cristianismo.

C. **Milvi/Milva**; A. **Milvia**. Milva, cantante italiana (1941).

Mina *f*

Hip. de Guillerma (Guillermina), Marina y otros nombres.

Mina («Anna Maria Mazzini»), cantante italiana (1940).

Minerva/Minervo *23/8* *f/m*

Divinidad romana de la sabiduría, equivalente a la Atenea griega. Del latín *mente*, a su vez de *menervare*, «advertir». Var. Minervo, Minervino, Minerviano.

C. G. In. **Minerva**. Minerva, divinidad itálica, asimilada a la Atenea griega. Minerva Bernardino, política dominicana (1907). Minerva Piquero, meteoróloga española (1965).

Minoru *m*

Nombre japonés. Probablemente relacionado con *minami*, «sur», y *oriru*, «pendiente, descenso»: «la pendiente del sur».

Minoru Yamasaki, arquitecto estadounidense de origen japonés (1912-1986).

Miranda *f*

En latín, «maravillosa», *mireo*, «extasiarse». Nombre creado por Shakespeare. Var. Miralda, Mirana, Miriana, Mirinda.

C. **Miranda**. Miranda, protagonista de la obra de Shakespeare *La tempestad*.

Miren *Scc. María* *f*

Forma vasca de María.

Mireya *Scc. María o Scc. Milagros* *f*

Nombre popularizado por el poeta F. Mistral en su poema homónimo (1859), *Mirèio*.

C. **Mireia**; F. **Mireille**; It. **Mirella**; Prov. **Mirèio**. Mireille Balin, actriz

francesa (?-1969).
Mireille Mathieu, cantante francesa (1938).

El propio poeta lo asimilaba a Míriam, pero existe una santa *Mirella* en el s. v, por lo que parece más probable asimilarlo a *Miracla*, «milagro». O, según otras fuentes, a Margarita (v.). Muy popular en Provenza, y transmitido, a través de Cataluña, a toda España.

C. G. **Míriam**.
Miriam Makeba, cantante sudafricana, difusora de la cultura zulú (1932).

Míriam *Scc. María f*
Forma primitiva hebrea de María (v.). Var. Miryam.

C. **Mir, Miró**.
Mir Geribert, *príncep d'Olèrdola*, noble del condado de Barcelona (?-1060)
Mirón, escultor griego (s. VI-V a. de C.)

Mirón *17/8 m*
Concurren aquí tres nombres de orígenes distintos: el latín *mirus*, «maravilla», confundido con el griego *Myron*, nombre de un perfume, y posteriormente con el germánico *Mir*, (*miru*, «insigne»), presente hoy en apellidos (el pintor Joan Miró).

C. G. **Mirta**.

Mirta *f*
Sobrenombre de Afrodita. Del griego *myrtos*, «mirto», arbusto consagrado a la diosa. Var. Mirtala.

C. **Mirza**.

Mirza *f*
Antiguo nombre persa: «señora, princesa» (cf. Marta).

Mitichó *Scc. Severo m*
Nombre caló, equivalente a Severo.

C. G. **Mitra**.
Mitra, divinidad iránica solar.
Mitra, santa provenzal, esclava en Aix-en-Provence (s. III).

Mitra *m*
Dios del panteón persa, identificado con Venus o con el mismo Sol, que halló cabida incluso en el panteón romano.

C. **Mitrídates**.
Mitrídates VI Eupátor, rey del Ponto (132?-63 a. de C.).

Mitrídates *m*
Nombre de un rey de Ponto vencido por Pompeyo. Del persa *Mithridatta*, «dado por Mitra, don de Mitra» (v.).

Moammar al-Gaddafi, militar y político libio (1942).

Moammar *m*
Nombre árabe, variante de Muhammad, «alabado» (v. Ahmed, Mahoma).

Moctezuma II (1466-1520), emperador azteca al advenimiento de los españoles en México.

Moctezuma *m*

Del nahuátl *Motecuhzoma*, «tu señor enojado». Usado hoy en ese país en memoria de su emperador.

B. **Modestiu**; C. **Modest/Modesta**; G. **Modesto/Modesta**; E. **Eratsi/Eratse**; F. **Modeste**; In. **Modesty**; A. **Modest**; It. **Modesto/Modesta**.
Modest Músorgski, compositor ruso (1839-1881).

Modesto/Modesta *24/2* *m/f*

Del latín *Modestus*, «con modo, con medida, moderado».

Mohamed Ali, «Cassius Clay», boxeador estadounidense (1942).

Mohamed *m*

En realidad no es un nombre, sino un título usado en los países árabes, equivalente a «honorable». Pero en otros países es usado como apelativo. Derivación del nombre del profeta Mahoma, *Muhammad*.

C. **Moisès**; G. **Moisés**; E. **Mois**; F. **Moïse**; In. A. **Moses**; It. **Mosè**.
Moisés, personaje bíblico, máxima figura de la religión judía (s. XIII a. de C.).
Moisé Mendelssohn, filósofo alemán (1729-1786).
Moïse Kisling, pintor y diseñador francés de origen polaco (1891-1953).

Moisés *4/9* *m*

Nombre del gran patriarca del Antiguo Testamento, guía del pueblo judío hacia la Tierra Prometida y verdadero fundador de la religión monoteísta. La interpretación tradicional del nombre (*Moshèh*, «salvado de las aguas») alude a un episodio de su niñez y parece, como en tantos otros nombres bíblicos, una creación popular posterior. Más bien habría que ver en él el egipcio *mesu*, «niño, hijo».

Mokane *f*

Para los yagua (río Napo, en la provincia de Loreto, Perú), «la Tierra». Var. Mokany.

Molchibé *Scc. Natividad* *f*

Nombre caló, equivalente a Natividad.

Monan *m*

Nombre del dios creador en la tribu de los tupinambas (Tupí, en el Amazonas).

C. **Mònic/Mònica**; G. **Mónico/Mónica**;

Mónica/Mónico *27/8* *f/m*

Aunque siempre utilizado, el nombre co-

E. **Monike**; F. **Monique**; In. **Monica**; A. **Monika**; It. **Monica**; Gae. **Moncha**.
Monica Seles, tenista serbia (1973).

noce una popularidad arrolladora actualmente. Es femenino del griego *monachós*, «monje» (por *monos*, «uno, solo, solitario»).

Montserrat Caballé, soprano lírica catalana (1933).
Montserrat Gudiol, pintora catalana (1933).
Montserrat Roig, escritora catalana (1946-1991).

Montserrat *27/4 m*
Advocación mariana: Virgen del *Mont-serrat*, «monte aserrado» (por el aspecto de los picachos), patrona de Cataluña. Hip. Montse. Hip. C. Rat.

Morata, personaje de Lope de Vega en *San Isidro Labrador en Madrid*.

Morata *f*
Nombre de fantasía, creado por Lope de Vega. Referencia a «mora», por el latín *maurus*.

Mstislav Rostropovich, violoncelista y director de orquesta ruso (1927).

Mstislav *m*
Nombre ruso: «señor glorioso».

Muguet *f*
En catalán, nombre del lirio de mayo. También advocación mariana, la Virgen del Muguet.

Mumely *Scc. Luz f*
Nombre caló, equivalente a Luz.

Muna, reina de Jordania, segunda esposa del rey Hussein II (1940).

Muna *f*
Nombre árabe: «deseo».

Munira *f*
Nombre árabe (*Munirah*): «luz deslumbrante».

C. F. In. A. **Muriel**.
Muriel Spark, escritora británica (1918).

Muriel *f*
Seguramente del irlandés *muirgheal*, «brillante como el mar» (*muir*, «mar»). Es también forma normanda de María.

Musa ibn Nusayr, general árabe (640?-718).

Musa *m*
Nombre de un profeta árabe. Var. Muza.

Muslim *m*
Nombre árabe, tomado del de la propia religión musulmana: *muslim*, «el que se somete a la voluntad de Dios».

N

Nabil *m*
Nombre árabe. De *nabih* o *nabil*, «noble». Var. Nabih.

Nabucodonosor II, rey de Babilonia (s. VII-VI a. de C.)

Nabucodonosor *m*
Nombre asirio (*Nabuchodonosor*). Literalmente, «que el dios Nabo proteja la corona».

Nachin/Nachina *m/f*
En lengua maya, «madre amada». Aplicado como apelativo genérico.

Nacho Cano, músico español (1963). Nacho Duato, bailarín y coreógrafo español (1957).

Nacho *Scc. Ignacio* *m*
Popular hip. de Ignacio.

C. **Nàdia**; F. **Nadège**, **Nadina**. Nadia Boulanger, compositor y profesor francés (1887-1979). Nadia Comaneci, deportista rumana (1961).

Nadia *Scc. Esperanza* *m*
De hecho es nombre ruso masculino, pero por concordancia es usado como femenino, equiparándolo al diminutivo del nombre ruso *Nadezhna*, equivalente a nuestra Esperanza. La moda lo ha convertido en los últimos años en uno de los más empleados, al igual que su variante Nadina (la auténtica forma femenina).

Nadine Gordimer, novelista sudafricana en lengua inglesa (1923), premio Nobel de Literatura en 1991.

Nadina *Scc. Esperanza* *f*
Variante de Nadia, a través del francés *Nadine*.

Nadir *m*
Del árabe *nazhir*, «opuesto» (al cenit). También interpretado como «guardián». Var. Nadhir.

Nagisa Oshima, director cinematográfico japonés (1932).

Nagisa *m*

Nombre japonés, probablente derivación de *nagai*, «largo, alto».

Muhammad Naguib (1901-1984), militar que derrocó al rey Faruk de Egipto en 1952. Naguib Mahfuz (1911), escritor egipcio, premio Nobel de Literatura en 1988.

Naguib *m*

Nombre y apellido árabe. De *najib*, «ilustre, de noble alcurnia». Var. Neguib.

Nahual/Nahuala *m/f*

Para los aztecas, el *nahuatl* era, en abstracto, la fuerza, el poder, la energía, la magia. Por este motivo, el calificativo de *nahuala* era aplicado a las misteriosas aguas de los grandes secretos, cuyo contacto revelaba el destino y confería poderes sobrenaturales. El dios Quetzalcóatl había sido bautizado en ellas.

Nahuata *f*

Para los aztecas, los *nahuata* eran un grupo de elegidos, «guiados por su propio espíritu».

Nahuel *m*

Nombre araucano, usado en Sudamérica.

C. **Nahum, Naüm.** Naum Gabo, escultor ruso-estadounidense (1890-1977).

Nahum *1/12* *m*

Del hebreo *Nahhum*, forma abreviada de *nehemya*, «Dios consuela».

Naiara *f*

Nombre vasco intraducible, derivado al parecer del árabe *anijar*, «carpintero», de donde derivó el nombre de Nájera (La Rioja), que sigue teniendo como principal artesanía la fabricación de muebles. De ahí pasó a designar abreviadamente la Virgen de Santa María la Real de Nájera. Var. Nayara. Influido por Naila (v.).

Naiche *Scc. Ana* *f*

Variante francesa de Naís, y ésta de Anaís (v.).

Naila *f*

Nombre árabe: *najla*, «la de los ojos grandes». Identificado con Alana por la santa que adoptó este nombre cristiano al bautizarse.

C. **Naila**. Santa Nadia o Alena, mártir (?-640).

Naíla *f*

Nombre árabe: «la que obtiene, la que consigue». No confundir con Najla, «la de ojos grandes», pronuniciado casi igual.

Naím, lugar de Galilea donde Jesús resucitó al hijo de una viuda (Lc. 7, 11).

Naím/Naima *m/f*

Del hebreo *na'im*, «agradable, placentero».

Naira *m*

Nombre guanche. Sin traducción.

Naiya *f*

Del maya *nai*, «sueño», surge *naiya*, «el soñador, el iluminado».

Nakal/Nakala *m/f*

Para los mayas, «el que trepa, el que asciende».

Ceferino Namuncurá, personaje araucano en proceso de canonización.

Namuncurá *m*

Nombre araucano. Significado desconocido.

Nancy *Scc. Ana* *f*

Hip. anglosajón de Ana.

C. **Napoleó**; F. **Napoléon**; It. **Napoleone**. Napoleón I (Napoleón Bonaparte), emperador de Francia (1769-1821). Napoleón III, emperador de Francia (1808-1873). José Napoleón Duarte, político salvadoreño (1924-1990).

Napoleón *15/8* *m*

Nombre del famoso político y militar corso de los s. XVIII-XIX. Relacionado con las palabras italianas *Napoli* (Nápoles) y *leone*, «león». Sin embargo, quizás haya que buscar su auténtico origen en *Nepo*, variante de *Lapo*, hip. toscano de *Iácopo* (Jaime).

C. **Nara**.

Nara *m*

Nombre mitológico indio, uno de los 1008 apelativos de Visnú. Representa el *mala*, o tipo primitivo de hombre. Aunque es masculino, por concordancia es corrientemente utilizado como femenino. Es también considerado equivalente a Leonora o Leonarda.

Narayan, forma juvenil de Vishnú.

Narayan *m*

Nombre indio, aplicado al dios Vishnú en su juventud (v. Krishna).

Narciso Yepes, guitarrista murciano (1927). Narciso, en la mitología griega, joven de gran belleza, muerto de inanición por distraerse contemplando su imagen en el río (de ahí el «narcisismo»)

Narciso/Narcisa *29/10 m/f*

Nombre mitológico, adoptado por los cristianos. Del griego *Narkissos*, forma de *narkao*, «producir sopor» (cf. con la palabra *narcótico*), aludiendo al aroma de la planta.

Nares *m*

Nombre indio. Del hindi *naresh*, «rey».

C. **Nataxa**; F. **Natacha**; In. R. **Natasha**. Natacha, personaje de la novela *Guerra y Paz*, de Lev Tolstoi.

Natacha *25/12 f*

Diminutivo ruso de Natividad. También equivalente a Natalia.

C. **Natali/Natàlia**; G. **Natalio/Natalia**; E. **Natale**; F. **Nathalie**; In. **Natalia, Natalie**; A. **Natalie** (hip. **Natasja**); It. **Natalia** (hip. **Natascia**). Natalia Ginzburg, escritora italiana (1916-1991). Nathalie Wood («Natasha Nicholas Gurdin»), actriz cinematográfica estadounidense (1938-1981).

Natalio/Natalia *27/7 m/f*

Forma femenina de Natalio, a su vez variante de Natal. Alude al día natalicio por antonomasia, el del Salvador (por lo que también se celebra su onomástica el 25 de diciembre). Muy popular en los últimos años, incluso en la forma hip. rusa Natacha.

C. **Natan**. Natán, profeta bíblico. Nathan Weinstein («Nathaniel West»), escritor estadounidense (1903-1940).

Natán *m*

Nombre bíblico. Del hebreo *nathan*, «don (de Yahvé)».

C. **Nataniel, Natanael**; In. **Nathaniel**. Natanael, personaje bíblico, famoso por haber sido elogiado por Jesús (Jn 45-49).

Natanael/Natanaela *m/f*

Del hebreo *nathan-ael*, «regalo de Dios» (cf. con Jonatán, Diosdado, Godiva, Teodoro, Doroteo, Teodosio, Donato). Cf. Natán, con el añadido *-el*, «Dios». Var. Nataniel.

C. **Nativitat**; G. **Natividade**. Nati Mistral, actriz española (1935). Nativel Preciado («Natividad Isabel González Preciado»), periodista y escritora española (1948).

Natividad *25/12 f*

Nombre femenino alusivo a la Natividad de la Virgen María (latín *Nativitas*). Hip. Nati.

C. **Natzaret**.

Nazaret *f*

Topónimo de Galilea, evocador de la localidad donde transcurrió la infancia de Jesús (hebreo, *Notzrí*, hoy, en árabe, El Nazira). Var. Nazareth.

C. **Natzari/Natzària**; G. **Nazario/Nazaria**; E. **Nazari**; F. **Nazaire**; It. **Nazaro/Nazara**, **Nazzaro/Nazzara**. Philippe Nazaire François Fabre d'Églantine, escritor y político francés (1755-1794).

Nazario/Nazaria *28/7 m/f*

Nombre bíblico: del hebreo *nazer*, «flor, corona», aludiendo a una ceremonia de iniciación hebraica, por lo que podría considerarse como equivalente a «coronado, consagrado» (del mismo origen es el nombre Nazareno, que nada tiene que ver con la villa de Nazaret).

Nefertiti, reina de Egipto, esposa del faraón Ahenaton (s. XIV a. de C.)

Nefertiti *f*

Nombre de una famosa reina egipcia, con la frecuente raíz *nefer*, «belleza». Traducción: «bella entre las bellas», o «la bella está aquí».

C. **Neftalí**. Neftalí, en el Antiguo Testamento, el sexto entre los doce hijos de Jacob.

Neftalí *m*

Del hebreo *naftulé*, «lucha».

C. **Nehemies**. Nehemías, en el Antiguo Testamento gobernador de Judea, reconstructor de Israel (s. v. a. de C.).

Nehemías *m*

Nombre hebreo. De *nehem-iah*, «Dios ha consolado».

Neil Armstrong, astronauta estadounidense, primero en pisar la Luna (1930).

Neil *Scc. Daniel m*

Hip. anglosajón de Daniel (v.).

Nelian/Nelia *m/f*

Para los aztecas, la *nellia* era *la verdad*. Sin relación con Nelia, aféresis de Cornelia.

C. **Nèlida**; G. **Nélida**. Nelly Sachs, escritora sueca de origen alemán, premio Nobel de Literatura en 1966 (1891-1970).

Nélida *Scc. Cornelia* *f*

Hip. de Cornelia.

Nelly *f*

Hip. de Elena, de Eleonora y de Cornelia, usado en los países anglosajones.

Nelson Mandela, político sudafricano, presidente de su país (1918). Nelson Piquet, brasileño, campeón del mundo de Fórmula 1.

Nelson *m*

Apellido de origen inglés, equivalente a *Neil's. son*, «hijo de Neil», esto es, de Daniel. Usado como nombre por la popularidad del almirante británico Horatio Nelson (1758-1805).

C. **Nemesi/Nemèsia**; G. **Nemesio/Nemesia**. San Nemesio, mártir en Chipre (s. III). Nemesio Fernández Cuesta, lingüista y traductor, autor de un *Diccionario de la lengua española* (s. XX).

Nemesio/Nemesia *1/8* *m/f*

Del latín *nemesius*, «justiciero» (en Grecia, Némesis era la diosa de la justicia y de la venganza). Var. Nemesiano.

Nemorino, protagonista de la ópera *El elixir de amor*, de Gaetano Donizetti.

Nemorino *m*

Nombre de fantasía, formado a partir del latín *nemor*, cuyo significado es «bosque» (v. Nemoroso).

Nemoroso *m*

Nombre propio de las novelas pastoriles. Del latín *nemorosus*, «del bosque, que vive en el bosque».

C. **Nemrod**. Nemrod, legendario soberano de Babilonia, fundador de Nínive (Gén. 10, 8).

Nemrod *m*

Nombre de un personaje camita. Quizá derivado del dios acadio Nimib.

C. **Nepomucè**; F. **Népomucène**; A. **Nepomuk**. San Juan Nepomuceno, sacerdote católico checo (1340-1392).

Nepomuceno *16/5* *m*

Sustantivación del apellido de San Juan Nepomuceno, gentilicio de la ciudad bohemia de Nepomuk. Parece que el nombre de ésta procede de su fundador, Pomuk, a su vez del verbo *mukati*, «hablar». Transmitido a los países hispanos a través de Italia.

C. **Nereida**.
Nereida, en la mitología, ninfa hija de Nereo, dios marino esposo de Doris.

Nereida *f*

Del griego *Nereis*, «hija de Nereo». Var. Nerea, Nerina (v.).

C. **Nereu/Nerea**.
Nereo, en la mitología griega, hijo del Océano y de Tetis y esposo de Doris. San Nereo, hermano o amigo de san Aquileo (s. I).

Nereo/Nerea *12/5 m/f*

Nombre mitológico, adoptado por el cristianismo. Su nombre deriva de *náo*, «nadar».

C. F. It. **Nerina**.

Nerina *Scc. Nereo 12/5 f*

Nombre dado por Virgilio a una nereida, por analogía con el de su padre Nereo (y éste, quizá, de *nao*, «nadar»). Var. Nereida (v.).

C. **Neró**.
Nerón («Claudio César Nerón»), emperador romano (37-68). Claudio Nerón Tiberio, emperador romano (42 a. de C.-37 d. de C.).

Nerón *m*

Del latín *nero*, «valiente». Nombre de familia portado por varios emperadores romanos; ha quedado asociado con Claudio César Nerón, que organizó la primera persecución contra los cristianos.

C. **Nerva**.
Marco Coceyo Nerva, emperador romano (30-98).

Nerva *m*

Nombre latino. Origen poco claro, quizá proceda de *nervius*, «con nervio, musculado, fuerte».

C. **Nèstor/Nestòria**; E. **Nextor**; F. **Nestor**; It. **Nèstore**.
Néstor Almendros, operador cinematográfico español (1930-1992). Nèstor Luján, periodista y escritor catalán (1922-1995).

Néstor/Nestoria *4/3 m/f*

Nombre del héroe mitológico que participó en la expedición de los argonautas en busca del vellocino de oro y en la guerra de Troya como consejero. Origen desconocido.

C. G. **Nicanor/Nicanora**; E. **Nikanor**.
Nicanor Zabalera, harpista español (1907). Nicanor Parra, poeta chileno (1914).

Nicanor/Nicanora *5/6 m/f*

Procede del griego *nike-aner*, que significa «hombre victorioso» (sinónimo de Nicandro y otros muchos, cf. Laura). Popular en los primeros siglos del cristianismo, su uso decae hoy en día.

Nicasio/Nicasia *11/10 m/f*

Del nombre de dos santos de las Galias (s. IV). Del griego *niké*, «victoria». *Nikasius*, «victorioso».

C. **Nicasi/Nicàsia**; G. **Nicasio/Nicasia**; E. **Nikasi/Nikase**. San Nicasio, segundo obispo de Reims (s. IV-V).

Nicéforo/Nicéfora *9/2 m/f*

Del griego *niké*, «victoria», y *phoros*, «llevar»: «portador de victoria, vencedor».

Tres emperadores bizantinos, entre ellos Nicéforo I *el Logoteta* (s. IX). Nicéforo Gregoras, sabio e historiador bizantino (1295-1360).

Niceto/Niceta *5/5 m/f*

Del griego *niketos*, «el de la victoria». Compárese con Aniceto, «imbatido».

C. **Nicet/Niceta**. Niceto Alcalá Zamora, político y jurista andaluz, presidente de la II República Española (1877-1949).

Nicodemo *3/8 m*

Del griego *niké-demos*, «el que vence con el pueblo».

C. **Nicodem, Nicodemus**; In. **Nicodemus**; It. **Nicodèmo**. Nicodemo, personaje del Nuevo Testamento que, ayudado por José de Arimatea, dio sepultura a Jesús.

Nicolás/Nicolasa *6/12 o 10/9 m/f*

Nicolás de Tolentino, 10/9;
Nicolás de Bari, ob., 6/12.

San Nicolás, patrón de marinos y mercaderes, es veneradísimo en los países nórdicos y orientales, donde su representación navideña (*Santa Klaus*, eufonizado Santa Claus) se ha fundido con el Papá Noel de los católicos. Originado en el griego *Nikólaos*, «victorioso en el pueblo». Sinónimo de Liduvino y Nicodemo. Var. Nicolao. Hips: Colás, Colea, Coleta, Nicolina.

C. **Nicolau/Nicolaua**; G. **Nicolo**; E. **Mikolas, Nikola**; F. **Nicolas** (hip. F. **Nicolette, Colette**); In. **Nicholas** (hip. **Nicol, Nick**); A. **Nikolaus, Niklaus** (hip. **Klaus**); It. **Nicola, Niccolò** (hip. F. **Nicoletta**); Hun. **Miklós**; Esc. **Nils, Niels**. Niccolò Paganini, violinista y compositor italiano (1782-1840). Nicolai Rimski-Korsakov, compositor ruso (1844-1908).

Nicomedes/Nicomedia *15/9 m/f*

Del griego *nikomédes*, «que prepara la victoria, que ansía vencer». El rey de Bitinia Nicomedes fundó en el s. III a. de C. la ciudad de Nicomedia, cuna de numerosos santos protocristianos.

C. G. **Nicomedes /Nicomèdia**. Nicomedes I, rey de Bitinia, fundador de la ciudad de Nicomedia (s. III a. de C.). Nicomedes II Epifano, rey de Bitinia.

C. **Nídia**.
Nidia, nombre creado por el novelista Bulwer-Lytton para un personaje de *Los últimos días de Pompeya*.

Nidia *f*
Nombre literario, probablemente inspirado en el latín *nitidus*, «radiante, luminoso».

Niel *Scc. Daniel* *m*
V. Niels.

Niels Bohr, físico danés (1895-1962), creador del primer modelo atómico.

Niels *Scc. Daniel* *m*
Forma danesa de Daniel (v.).

C. **Neus**; G. **Neves**; E. **Edurne**; It. **Nives**.
María de las Nieves de Braganza, esposa del pretendiente carlista Carlos VII (1852-1941).
Nieves Herrero, periodista española (1958).

Nieves *5/8* *f*
Advocación mariana de la Virgen de las Nieves, en Roma, más conocida generalmente por Santa María la Mayor. Alude a su pureza, simbolizada en el color blanco (v. Cándido).

C. **Niki/Niké**.
Niki de Saint-Phalle, pintor y escultor francés.

Niki/Niké *m/f*
Nombre griego. Literalmente, «victoria» (*niké*). Entra como componente en multitud de nombres: Nicandro, Nicanor, Nicarete, Nicasio, Niceas, Nicecio, Nicéforo, Nicerato, Nicetas, Niceto, Nicias, Nicodemo, Nicolao, Nicolás, Nicolina, Nicómaco, Nicomedes, Nicón, Nicóstrato. Var. Nikea, Nicea.

C. E. G. **Nilda**.

Nilda *f*
Hip. de diversos nombres femeninos con esta terminación, especialmente Brunilda.

C. **Nil/Nila**.
San Nilo, monje griego-calabrés del s. X-XI.
Nilo Peçanha, político brasileño, presidente de su país en 1909-1910.

Nilo/Nila *25/9* *m/f*
Nombre latino, derivado del del río Nilo (*Nilus*), en Egipto.

Nimat *f*
Nombre árabe: «bendición».

C. **Nimfa**; E. **Ninbe**.
Ninfa, santa en Palermo.

Ninfa *10/11* *f*
Nombre griego, aplicado a las deidades femeninas menores de los bosques. De *nymphe*,

«novia». Adoptado posteriormente por los cristianos, que daban sentido místico a su significado. Var. Nimfa.

C. **Nin/Nina**, **Nena**; R **Nina**.
Nino Bravo, cantante español (?-1974).
Nina Simone, cantante estadounidense (1935).

Nino/Nina *15/12 m/f*
Fijación de un apelativo infantil en la edad adulta. La santa de este nombre era llamada «la niña, la cristiana». Var. Nena. Es también hip. ruso de Catalina y de Ana.

C. **Niobe**.
Níobe, personaje mitológico, hija del rey de Lidia y esposa de Anfión.

Níobe *f*
Nombre mitológico griego, símbolo del amor materno. Origen desconocido. Var. Níobe.

Nisa *f*
Nombre guanche literario, inventado: «fortaleza interior».

Niseya, personaje de Lope de Vega en *El santo negro Rosambuco*.

Niseya *f*
Nombre de fantasía, creado por Lope de Vega.

Nisiro, personaje de Lope de Vega en *Los terceros de San Francisco*.

Nisiro *m*
Nombre de fantasía, creado por Lope de Vega. Tomado del verbo latino *nitor*, «apoyarse, esforzarse». *Nisirus*, «el esforzado».

Nivardo *1/9 m*
Del latín *nivardus*, «de nieve, níveo», con el sufijo germánico *-hard*, que hay que entender aquí como un simple antroponimizador. O también gentilicio de *Nivaria*, una de las islas Canarias (Tenerife, por las nieves eternas del Teide). Var. Nevardo.

Noa, cantante israelí.

Noa *Scc. Noé f*
Femenino de Noé (v.), hoy desplazado por Noelia.

Charles Nodier, novelista francés romántico, antecesor de Poe y de los surrealistas (1780-1844).

Nodier *m*
Apellido de un escritor francés, usado en Iberoamérica como nombre de pila. Probablemente relacionado con el germánico *not*, «necesidad», o *nath*, «belleza» (cf. Notburga).

Noé/Noelia *10/11 m/f*

B. **Noe/Noela**; C. **Noè/Noèlia**; G. **Noé/Noelia**; F. It. **Noe**; In. **Noah**; A. **Noah, Noe**. Noé, personaje bíblico, protagonista del episodio del Diluvio.

Del hebreo *noah*, «de larga vida, longevo» (sinònimo de Macrobio), alusivo a la supervivencia al diluvio por el patriarca. O quizá de *noah*, «reposo, descanso», por el sueño posterior a la primera libación de vino. V. también Noa.

Noel/Noelia *25/12 m/f*

C. **Noel/Noèlia**; G. **Noel/Noelia**; F. A. **Noël**. Noël Babeuf («Gracchus»), revolucionario francés (1760-1797). Noel Clarasó (1899-1985), escritor catalán.

Forma francesa de Natividad (*Noël*). Fue famoso san Noël Pinot, que ascendió al cadalso recitando la frase inicial de la misa: *Introibo ad altare Dei*... Var. femenina Noela.

Noemí *4/6 f*

C. **Noemí, Noemia**; F. **Noémi**; It. **Noemi**. Noemí, en el Antiguo Testamento suegra de Rut, de cuya unión con Booz nació Obed, abuelo del futuro rey David. Naomi Campbell, top model estadounidense (1966).

Nombre de un famoso personaje del Antiguo Testamento: *no'omi*, «mi delicia». Cf. Tirza. Var. Nohemí.

Nolasco *28/1 m*

C. **Nolasc**. San Pedro Nolasco, fraile mercedario del s. XIII, fundador de la orden de la Merced para la redención de cautivos.

Apellido de un San Pedro, gentilicio de la ciudad de Nola (Italia).

Nonato/Nonata *26/8 m/f*

C. **Nonat/Nonata**. San Ramón Nonato, nacido por cesárea, patrón por este motivo de las comadronas (?-1240).

Aplicado a un hijo nacido por cesárea (latín *non-natus*, «no nacido», al menos por vía natural), especialmente a San Ramón Nonato.

Nonito/Nonita *3/9 m/f*

C. **Nonet/Noneta, Nonnit**.

Del latín *nonnus*, «monje». Para otros, del germánico *Nunno*, a su vez del latín *nonius*, «noveno» (por el número del hijo), del que resultaría Nuño. Var. Nonnito.

Nora *f*

C. G. F. In. **Nora**. Norah Lange, escritora argentina (1906-1973).

Hip. de Leonora. En árabe, *Nora* o *Naura* es un topónimo corriente («noria»). Nada tie-

Nora, heroína del drama *Casa de muñecas*, de Ibsen (1879).

ne que ver con Norah, forma irlandesa de Honoria, aunque en la práctica ambas formas son empleadas de manera indistinta.

C. **Norbert/Norberta**; E. **Norberta/Norberte**; F. In. A. **Norbert**; It. **Norberto/Norberta**. Norbert Font i Sagué, geólogo, espeleólogo y escritor catalán (1874-1910).

Norberto/Norberta *6/6 m/f*
Del germánico *nord-berht*, «famoso hombre del norte». De la misma raíz que Normán (v.), con el sufijo *-berht* (v. Berta).

C. **Norinda**. Norina, personaje de la ópera *Don Pasquale*, de Donizetti.

Norinda *f*
Forma germanizada de Nora, con la terminación *-hild*, v. Hildebrando. Var. Norina, aunque en este caso el sufijo es el relativo latino *-inus*.

Noris *f*
Nombre de fantasía, aglutinación de Norma y Doris.

C. In. **Norman/Norma**. Norma Jean Baker («Marilyn Monroe»), actriz estadounidense (1926-1962). Norma Shearer, actriz estadounidense de origen canadiense (1904-1983). Norma, protagonista de la ópera *Norma*, de Bellini. Norman Foster, arquitecto británico (1935). Norman Mailer, novelista estadounidense (1923).

Normán/Norma *m/f*
Del germánico *nord-mann*, «hombre del norte» (los *normandos*, «hombres del norte», que asolaron las costas europeas en la Edad Media, tenían procedencias diversas, en general escandinavas). Var. Normando. La forma femenina, Norma, fue popularizada por un personaje de la novela *El pirata* de Walter Scott (1822), y, sobre todo, por la ópera de Bellini del mismo título.

C. **Nostradamus**. Nostradamus («Miquel de Nòstra Dama»), médico y astrólogo provenzal (1503-1566).

Nostradamus *m*
Nombre popularizado por el nigromante medieval Miquel de Nòstra Dama, que latinizó así sus apellidos.

Notburga *26/1 f*
Nombre germánico típicamente femenino, formado con el término *nath*, «gracia, alegría, belleza», y *burgis* o *bergis*, «protección», presente en finales de nombre femeninos.

C. **Numa**.
Numa Pompilio, legendario segundo rey de Roma (s. VIII-VII a. de C.).

Numa *m*

Nombre latino de origen desconocido.

C. **Numerià/Numeriana**.
Numeriano, emperador romano de Oriente (s. III).

Numeriano/Numeriana *5/7 m/f*

Nombre latino, derivado de la diosa *Numeria*, que presidía el arte de contar (*numerus*, «número»). Para otros se relaciona con el nombre osco *Niumséis*.

C. **Nunyo/Nunya**; G. **Nuño/Nuña**.
Nuño Álvarez Pereira, héroe nacional portugués (s. XV).
Nuña, reina de Asturias y León (?-768), esposa de Fruela I.

Nuño/Nuña *Scc. Nonio m/f*

Derivación medieval del nombre latino *Nonnius*, «monje», o *Nonius*, «noveno», aplicado al hijo nacido en noveno lugar (que da por otra parte los derivados Nono, Nonio, Nonito, Nonicio, Nonoso y Nunnilo, éste último femenino). Posiblemente influido por el nombre vasco *Muño*, «cerro».

C. **Núria**; G. **Nuria**.
Núria Espert, actriz catalana (1935).
Núria Furió, directora y autora de teatro catalana (1965).

Nuria *8/9 f*

Advocación mariana, aplicada a la Virgen de este santuario catalán. El topónimo podría proceder del vasco *n-uri-a*, «lugar entre colinas». Existe un nombre árabe casi fonéticamente idéntico, *Nuriya*, «luminosa».

Ñ

Ñaki *Scc. Íñigo* *m*
Hip. de Iñaki (v. Íñigo).

Ñuntivé *Scc. Julio* *m*
Nombre caló, equivalente a Julio.

O

C. **Obduli/Obdúlia**; G. **Obdulio/Obdulia**. Santa Obdulia, mártir en Toledo.

Obdulio/Obdulia *5/9 m/f*

Adaptación al latín del nombre árabe *Abdullah*, «servidor de Dios» (*Allah*, «Dios», literalmente «lo alto, la divinidad»). Utilizado a veces, impropiamente, como equivalente a Odilia. Sinónimos: Abamón, Abdías, Abdiel, Abdón, Godescalco, Obedías, Servideo o Servus-Dei, Teódulo.

C. **Oberó**. Oberón, personaje de Shakespeare en *El sueño de una noche de verano*. Oberón, rey de los elfos en la canción de gesta *Huon de bordeaux* (s. XIII).

Oberón *Scc. Alberico m*

Derivación de Alberico (francés Alberic-Auberic-Oberic). Nombre dado al rey de las hadas y los genios del aire.

Ocán *Scc. Sol f*

Nombre caló, equivalente a Sol.

Ocelo *m*

Para los aztecas, el *ocelotl*, o tigre de la foresta, simbolizaba el valor y la bravura.

C. **Octavià/Octaviana**; G. **Octaviano/Octaviana**. Cayo Julio César Octaviano Augusto, primer emperador romano (63 a. de C.-14 a. de C.).

Octaviano/Octaviana *22/3 m/f*

Gentilicio (*Octavianus*) de Octavo u Octavio (v.).

C. **Octavi/Octàvia**; G. **Octavio/Octavia**; E. **Otabi/Otabe**; F. **Octave/Octavie**; In. **Octavius**; A. **Oktavius**; It. **Octavio/Octavia**. Octavio Paz, ensayista y diplomático mexicano (1914-1998), premio Nobel de Literatura en 1990.

Octavio/Octavia *22/3 m/f*

Nombre de origen latino, aplicado a los hijos nacidos en octavo lugar (*Octavus*). Var. Octaviano.

Odette *Scc. Oto* *f*

Forma francesa diminutiva de Oto.

C. **Odette**.
Odette Swann, la protagonista del ciclo novelístico *En busca del tiempo perdido*, de Marcel Proust.

Odilón/Odilona *1/1* *m/f*

Variante de Oto. Var. Odila, Odilia.

C. **Odiló/Odilona**.
F. **Odilon/Odile**.
Odilon Redon, dibujante, grabador y pintor simbolista francés (1840-1916).

Odón/Oda *18/11* *m/f*

Variante de Otón u Oto.

C. **Odó/Oda**.
San Odón, prelado y jurista inglés, arzobispo de Canterbury (875-961).
Odón Alonso, director de orquesta español (1933).

Ofelia *f*

Nombre acuñado por Jacobo Sannazaro en su novela pastoral *La Arcadia*, inspirándose en el griego *ophéleia*, «utilidad, ayuda». Retomado por Shakespeare en su drama *Hamlet*. Sinónimo de Acesto, Anacreonte, Auxilio, Auxiliadora, Boecio, Evaristo, Haakón, Onésimo, Onesíforo, Socorro.

C. **Ofèlia**; E. **Ophélie**; In. A. **Ophelia**; It. **Ofelia**.
Ofelia, protagonista femenina de *Hamlet*, de Shakespeare.
Ofelia Nieto Iglesias, soprano lírica española (1899-1931).

Olaf/Olava *29/7* *m/f*

Del noruego *ano-leifr*, «legado de los antepasados». Siempre popular entre los vikingos, fue portado especialmente por Olaf II, rey noruego convertido al cristianismo e introductor de éste en su país. Usado a veces, impropiamente, como hip. de Oliverio. Var. Olao, Olavo. Sinónimo: Plinio.

C. **Olaf, Olau/Olava**; F. In. A. **Olaf**.
Olavo Bilac, escritor brasileño (1865-1918).
Olav Aukrust, poeta noruego (1883-1929).
Olav V., rey de Noruega (1903-1991).
Olof Palme, político sueco (1927-1986).

Olalla *Scc. Eulalia* *f*

Hip. de Eulalia, formado por monoptongación del diptongo inicial. Var. Olaya, Olaria.

C. **Olalla, Olaia, Olaria**.

Olegario/Olegaria *6/3* *m/f*

Del germánico *helig*, «saludable» (v. Olga), y *gair*, «lanza». O de *ald-gard*, «pueblo ilustre». Sinónimo: Teobardo.

C. **Olegari/Olegària, Oleguer/Oleguera**; G. **Olegario/Olegaria**.
San Olegario, eclesiástico catalán (1060?-1137), primer obispo de Tarragona restaurada.

Olga *11/7 f*

C. G. **Olga**; R. **Olga**; S. **Helga**.
Olga Constantinovna, reina de Grecia, esposa de Jorge I (s. XIX-XX).
Olga Alexandrovna Romanov, hija del zar Alejandro III (s. XIX-XX).
Olga Koklova, esposa de Picasso (s. XX).

Forma rusa de Helga (v.). Santa Olga se convirtió al cristianismo adoptando el nombre de Elena, por lo que algunos santorales consideran ambos nombres como equivalentes.

Olimpio/Olimpia *15/4 m/f*

C. **Olimpi/Olímpia**; G. It. **Olimpio/Olimpia**; F. In. **Olympie**.
Olimpia Brown, política y sufragista estadounidense (1835-1926).
Olimpia, esposa de Filipo II, reina de Macedonia y madre de Alejandro Magno.

Del griego Olympios, «de Olimpia», lugar de la Élida donde se celebraban los juegos llamados por esta causa *Olímpicos*. O a un monte de Tesalia, el Olimpo, en cuya cumbre se situaba la residencia de los dioses. Posiblemente el nombre procede de la raíz *lamp*, «brillante». Formas masculinas: Olimpio, Olimpo. Var. Olimpíades, Olympia. Sinónimos: Aurelio, Berta (v.).

Olindo/Olinda *m/f*

C. **Olind/Olinda**.

Nombre medieval germánico, composición de Olaf (*ano-leifr*, «legado de los antepasados») con la terminación feminizadora *lind*, «dulce» (v. Linda).

Oliverio/Oliveria *12/7 m/f*

C. **Oliver/Olivera**, **Oliveri/Olivèria**; G. **Oliverio/Oliveria**; F. **Olivier**; In. A. **Oliver**; It. **Oliviero/Oliviera**; Por **Oliveros/Olivera**.
Oliver Twist, protagonista de la novela homónima de Charles Dickens (1838).
Oliver Cromwell, político inglés (1599-1658).
Oliver Stone, director cinematográfico estadounidense (1946).

Del noruego *Oláfr*, escrito *Olâver* en danés y sueco antiguo (v. Olaf). O de *alfihari*, «ejército de elfos». Transformado ya en la Edad Media a la forma actual por influencia de Olivo/Olivia, que aluden al huerto de los olivos de la Pasión.

Olivo/Olivia *5/3 m/f*

C. **Oliu/Oliva**, **Olívia**; G. A. It. **Olivia**; F. **Olive**; In. **Olive**, **Olivia**.
Oliva Sabuco de Nantes, filósofa y médica española (1562-1622).

Del latín *oliva*, aceituna», especialmente aludiendo al huerto de los olivos de la Pasión. Var. Oliva. Forma masculina: Olivo (impropiamente, Oliverio).

Olvido Gara, «Alaska», cantante española (s. xx).

Olvido *8/9 f*
Advocación de la Virgen de este nombre. Del latín *oblitus*.

C. G. **Omar/Omara**; A. **Ömer**.
Omar Bradley, general estadounidense, comandante de las fuerzas norteamericanas en el desembarco de Normandía (1893-1981).
Omar Torrijos (1929-1981), militar y político panameño.
Omar Khayyam, poeta, astrónomo y matemático persa (1050?-1122).

Omar/Omara *16/11 m/f*
Nombre árabe, evocador de uno de los primeros califas musulmanes (*«Umar*). Significa «el constructor» (*amara*, «construir, edificar»). Concurre, sin embargo, con el germánico Audomar (*audo-maru*, «ilustre por la riqueza») y con Gómaro (*guma-maru*, «hombre insigne»). Sin olvidar el antecedente hebreo *omar*, «elocuente». Su más famoso portador fue el poeta Omar Khayyam (s. xii); modernamente el actor Omar Shariff. Var. Omaro, Omero.

Ompión *Scc. Sacramento f*
Nombre de origen caló, equivalente a Sacramento.

C. **Ona**.

Ona *f*
Hip. de diversos nombres femeninos: Mariona, Ramona, etc. O, directamente del catalán *ona*, «onda, ola».

C. **Ondina**.

Ondina *f*
Nombre de la mitología germánica, aplicado a unos espíritus acuáticos similares a las náyades. Procede de la palabra latina *unda*, que significa «onda».

Onel/Onela *m/f*
En lengua maya, se aplicaba el calificativo a los unidos por una misma línea de parentesco. Var. Onely.

C. **Onèsim/Onèsima**; G. **Onésimo/Onésima**; F. **Onesime**.
San Onésimo, obispo de Soissons (s. iii-iv).
Onésimo Redondo, político español (1905-1936).

Onésimo/Onésima *16/2 m/f*
Nombre del Nuevo Testamento, portado por un personaje de las epístolas de San Pablo. Del griego *onésimos*, «útil, favorable, servicial» (v. Ofelia).

C. **Onfàlia**; F. **Onphalie**; It. **Onfale**.
Onfalia, en la mitología griega, reina de Lidia, a la que Hércules sirvió como esclavo.

Onfalia *f*

Del griego *Onphále*, y éste de *onphálos*, «ombligo». Se puede traducir por «mujer con un bello ombligo».

C. **Onofre, Nofre**; G. **Onofre**; F. **Onfroy**; It. **Onofrio** (hip. **Nòferi, Nofri**).
San Onofre, anacoreta egipcio vestido sólo con la barba y los cabellos. Patrón de los tejedores.

Onofre *12/6 m*

Uno de los pocos nombres egipcios hoy todavía en uso: *Unnofre*, «el que abre lo bueno». Aunque también puede haber sido influido por el germánico *Unn-frid*, «el que da la paz». Considerado a veces abusivamente equivalente a Humphrey.

C. **Oració**; E. **Arrene**.

Oración *f*

Nombre cristiano piadoso. Del latín *os, oris*, «boca», de ahí *oralis* «oral».

Orbelio, personaje de Lope de Vega en *Los terceros de San Francisco*.

Orbelio *m*

Nombre de fantasía, creado por Lope de Vega. Formado con *orbis*, «el mundo».

Orchilí *Scc. Atanasia f*

Nombre caló, equivalente a Atanasia.

B. **Ordoñi**; C. **Ordonyo, Fortuny**; G. **Ordoño**.
Cuatro reyes de Asturias y León, entre ellos Ordoño I de Asturias (?-866), sucesor de Ramiro I.

Ordoño *23/2 m*

Nombre hoy en desuso, pero portado por numerosos reyes asturianos y leoneses en la alta Edad Media. Del germánico *ort-huni*, «espada de gigante». Concurrente con Fortunio (v.).

C. **Orenç/Orença, Orenci/Orència**; E. **Orentzi/Orentze**; G. **Ourente/Ourenta**.
San Orencio, oscense, obispo en Auch (Armagnac) (?-446).

Orencio/Orencia *10/8 m/f*

Del latín *Orentius*, y éste de *oriens*, «oriente»: «oriental, que viene del este». Por similitud fonética es asimilado a veces con Oroncio (v.).

C. **Orestes**.
Orestes, héroe mitológico griego, hijo de Agamenón y Clitemnestra, vengador del asesinato de su padre.

Orestes *13/12 m*

Nombre mitológico. Del griego *orestés*, «montañés» (*oros*, «montaña»).

C. **Orfelí/Orfelina**.

Orfelino/Orfelina *m/f*

Del francés *orphelin*, «huérfano», a su vez del griego *orphanós*. Aplicado como calificativo a algún hijo póstumo.

C. **Orfeu**.
Orfeo, personaje de la mitología griega, hijo de Eagro y una musa, que descendió a los infiernos en busca de su esposa Eurídice.

Orfeo *m*

Personaje mitológico, extraordinario cantor predilecto de Apolo. Origen del nombre desconocido: quizá relacionado con *orphanós*, «huérfano».

C **Òria**.
Santa Oria, quien pidió auxilio a santo Domingo para vencer al diablo (s. XI).

Oria *11/4 f*

Variante de Áurea.

C. **Orià/Oriana**.
Oriana, amada del protagonista de la novela de caballerías *Amadís de Gaula* (s. XVI).

Oriano/Oriana *Scc. Oria m/f*

Gentilicio de Oria (v.).

C. **Orígenes**.
Orígenes, exégeta, pensador y escritor cristiano helénico (186?-253?).

Orígenes *m*

Nombre griego. Significa «nacido en Horus», la divinidad egipcia.

C. **Oringa**.
Santa Oringa, de Toscana (?-1310).

Oringa *4/1 f*

Nombre germánico. Procede de *horing*, «obediente». Se identifica con Cristiana por haber sido el primitivo nombre de esta santa antes de su entrada en la clausura.

C. **Oriol/Oriola**.
Oriol Bohigas, arquitecto y urbanista catalán (1925).
Oriol de Bolós, botánico catalán (1924).
Oriol Martorell, director musical, pedagogo e historiador catalán (1927).

Oriol/Oriola *23/3 m/f*

En la Edad Media se registran en Cataluña algunos *Auriol*, *Oriollus*, todos ellos derivados del latín *aurum*, «oro». Pero la popularidad actual del nombre arranca de San José Oriol, místico y taumatúrgico personaje en la Barcelona del s. XVIII, cuyo apellido procedía en realidad del nombre catalán de la oropéndola, *oriol*.

C. F. **Orland/Orlanda**;
G. In. A. It. **Orlando/**

Orlando/Orlanda *20/5 m/f*

Del germánico *ort-land*, «espada del país».

Orlanda.
Orlando, protagonista del *Orlando furioso*, del italiano Ludovico Ariosto.
Ernest Orlando Lawrence (1901-1958), físico norteamericano, premio Nobel de Física en 1939.

Identificado posteriormente con Rolando, del cual es considerado su forma italiana, pues aparece por primera vez con el protagonista del *Orlando furioso*.

C. **Oronci/Oròncia.**
Oronce Fine, matemático y cartógrafo francés, autor del primer mapa de Francia (1494-1555).

Oroncio/Oroncia *22/1* *m/f*

Nombre griego antiguo, derivación del nombre del río Orontes, en Siria. V. Orencio.

C. **Orquídea.**

Orquídea *f*

Nombre de flor, usado como patronímico femenino. Del griego *orchidos*, falso genitivo de *orchis*, «testículo», aludiendo a la forma de los tubérculos de la planta.

Orson Welles («George Orson Welles»), actor y director cinematográfico estadounidense (1915-1985).

Orson *m*

Apellido anglosajón, identificado con Orsborn u Osborn, que tradicionalmente se traduce por «llegado desde el este», aunque es anterior a la conquista normanda, probablemente de origen escandinavo. Expandido por la popularidad del actor y director cinematográfico Orson Welles.

C **Òscar, Oscar**; G. **Oscar.**
Oscar Wilde, dramaturgo, poeta, novelista y ensayista irlandés (1854-1900).
Oskar Kokoshka, pintor y escritor austríaco (1886-1980).
Oscar Luigi Scalfaro, presidente de la República italiana (s. XX).

Oscar *3/2* *m*

Del germánico *Osovan*, nombre de una divinidad, y *gair*, «lanza»: «lanza de Dios». Portado por el santo evangelizador de Suecia y Dinamarca (s. IX), y por el imaginario bardo creado por el poeta Macpherson en sus apócrifos cantares gaélicos. Sinónimos: Anscario (v.), Gusil, Vandregisilo.

Osinissa *m*

Nombre guanche. Sin traducción.

Osiris, dios del más allá en la religión egipcia.

Osiris *m*

Nombre de una divinidad egipcia. Origen desconocido.

Osmín *4/12 m*

Osmín Aguirre Salinas, político y militar salvadoreño, presidente de su país de mayo a octubre de 1944.

Procede del germánico Osmundo. *Os*, nombre de un dios, y *mund*, «protección» y el apelativo *osmanlí*, aplicado al imperio turco.

Ostelinda *Scc. María f*

Nombre caló, equivalente a María.

Osvaldo/Osvalda *29/2 m/f*

C. **Osvald**; G. **Oswaldo**; F. In. A. **Oswald**; It. **Osvaldo**. Eric Oswald von Stroheim, realizador y actor cinematográfico estadounidense de origen austríaco (1885-1957). Osvaldo Soriano, escritor argentino (1944-1997).

Nombre germánico: *ost-wald*, «pueblo brillante» (del *ost*, oriente, de donde procede la luz del día). Es usada también la variante Oswaldo, en grafía original. Sinónimos: Clotaldo, Eudaldo, Gamberto, Valdemaro.

Otelo *m*

C. **Otel·lo**; In. **Othello**; It. **Otello**; Por. **Othello**. Othello, personaje de la obra homónima shakespeariana.

Nombre creado por Shakespeare. Verosímilmente inspirado en Oto (v.).

Otger *9/9 m*

Otger Cataló, legendario fundador de Cataluña (s. VIII), con los Nueve Barones de la Fama.

Forma catalana de Ogerio, del germánico *aut-gar*, compuesto de *audo*, «riqueza», y *gair*, «lanza». Var. Oger.

Otilio/Odilia *14/2 m/f*

B. G. **Otilio/Odilia**; C. **Odiló/Odília**; F. In. **Odile**; A. **Odila**; It. **Ottìlia**.

Forma femenina de Odón y de Odín, nombre del dios germánico. Es usada también como variante de Obdulia. Otras formas: Odila, Otilia. Var. Odilón, Odilona, Otilia.

Oto/Oda *Scc. Otón m/f*

C. **Ot/Oda**; A. **Otto**; It. **Ottone**. Otto Preminger, director cinematográfico austríaco-estadounidense (1906-1986)

Variante de Otón.

Otón/Oda *16/1 m/f*

C. **Odó/Oda, Otó/Odila**; G. **Otón/Oda**; F. **Otto/Odile** (hip. **Odette**); In. **Odo, Otto/Ottilia**; A. **Otto/Oda, Odilie**; It. **Ottono** (hip. **Ottorino**). Otón, emperador

Familia de nombres en torno a la raíz germánica *od, audo*, «riqueza, joya, tesoro», y, por evolución, «propiedad, dueño». Existen gran variedad de formas análogas: Oto, Otto (por influencia de la grafía ale-

romano (s. I).
Otón I *el Grande*, emperador romano-gemánico (912?-973).
Otón I (1886-1913), rey de Baviera, hermano y sucesor de Luis II.

mana), Odón, Oda. Entre los derivados femeninos, la terna Odila-Odilia-Odelia, inspirados en el francés Odile. Sinónimos: Abundancio, Alodio, Betsabé, Crisóforo, Habencio, Próspero, Rimano.

C. **Otoniel**.
Otoniel, hijo de Qenaz, en la Biblia, Jos. 15, 16-19; Jue. 1, 12-15.

Otoniel *m*

Nombre hebreo: «león de Dios», para otros equivalente a Amiel. En realidad el nombre es Otniel, pero ha sido atraído por Oto (v.).

Ou *Scc. Eudaldo* *m*

Hip. catalán de Eudald (v. Eudaldo), frecuente en Ripoll. Evolución: Eudald, Oudald, Ou.

C. **Ovidi/Ovídia**; G. **Ovidio/Ovidia**.
Ovidi Montllor, cantautor valenciano (1942-1995).
Publio Ovidio Nasón, poeta y retórico romano (43 a. de C.-18 d. de C.).

Ovidio/Ovidia *23/8* *m/f*

Nombre del más famoso poeta latino, autor de las *Metamorfosis*. Del latín *ovidus*, «óvido, relativo a la oveja, pastor».

Oxomoco *m*

Nombre del autor del calendario maya, llamado *Tonalpohualli*.

C. **Ozies**.

Ozías *Scc. Eleazar* *m*

Variante de Eleazar (v.).

P

B. **Pablo**; C. **Pau/Paula**; G. **Paulo/Paula**; E. F. In. A. **Paul**; It. **Paolo/Paola**; R. y Ch. **Pavel**; Hun. **Pal**.
Pablo Ruiz Picasso, pintor, dibujante, grabador, escultor y ceramista (1881-1973).
Pau Casals, compositor, director y violoncelista catalán (1876-1973).
Pau Vila, pedagogo y geógrafo catalán (1881-1980).
Paul Cézanne, pintor provenzal (1839-1906).
Paul Newman, actor y realizador cinematográfico estadounidense (1925).
Paulette Goddard («Marion Levy»), actriz cinematográfica estadounidense (1911-1990).

Pablo/Paula *29/6 m/f*
Pablo, ap., 29/6 (Conversión, 25/1); Pablo Miki, pr., mr., 6/2.
Saulo de Tarso (hebreo *sha'ul*, «solicitado»), modificó, tras su conversión al cristianismo en el camino de Damasco, su nombre en el latino *Paulus*, «pequeño», más como muestra de humildad que como alusión física (se dice en catalán *més alt que un Sant Pau*). El patronímico se ha convertido en uno de los más universales, como testifican en el presente los tres hispanos Pablo Ruiz Picasso, Pau Casals y Pablo Neruda, y los tres últimos pontífices. Var. Paulo, revigorizada con el papa Paulo VI, que deseó seguir con esta antigua forma del nombre. Forma femenina: Paula. Derivados: Paulino, Paulilo.

Pacuarí *Scc. Perfecta f*
Nombre caló, equivalente a Perfecta.

Pacuaró *Scc. Perfecto m*
Nombre caló, equivalente a Perfecto.

Pajabí *Scc. Tecla f*
Nombre caló, equivalente a Tecla.

C. **Palmir/Palmira**.
Palmiro Togliatti, político italiano (1893-1964).

Palmira/Palmiro *Domingo de Ramos f/m*
Aunque existe una Palmira, ciudad fortificada por Salomón en el desierto árabe-sirio (hebreo *Tadmor*), el nombre es una derivación de Palma, alusivo al domingo de Ramos en recuerdo de las palmas que los jerosolimitanos agitaban para dar la bienvenida a Jesús.

Paloa *f*

Para los mayas el *paloa* era el mar, con su contenido de inmensidad y fuerza vital.

B. **Palomba**; C. **Colom/Coloma**; G. **Pombo/Pomba**; E. **Usoa**; F. A. It. **Colombo/Columba**; In. **Colum**, **Colm**.
Paloma Díaz Mas, escritora española (1954).
Paloma Picasso («Paloma Ruiz Gilot»), diseñadora francesa de joyas y perfumes (1949).
Paloma San Basilio, cantante y actriz española (1947).

Palomo/Paloma *31/12 m/f*

Del latín *palumba*, «pichón salvaje», distinto del doméstico (*columba*, v. Coloma) por su color pálido. Nombre alegórico de la dulzura y suavidad femeninas, incorporado por el cristianismo como símbolo del Espíritu Santo. Sinónimos: Jonás, Perístera. Equivalentes: Coloma, Columba, Colombina, Columbano, apóstol de Irlanda.

C. G. **Pamela**.
Pamela, protagonista de la novela homónima de Samuel Richardson (1740).
Pamela Anderson, actriz canadiense (1967).
Pamela Harriman («Pamela Digby»), diplomática y política británica (1920-1997).

Pamela *f*

Nombre forjado por el poeta inglés Felipe Sidney en su poema *Arcadia* (1580), y retomado por Samuel Richardson. Seguramente inspirado en el griego *pan-meli*, «todo miel», es decir, «dulce» (v. Melitón).

Pancho *Scc. Francisco m*

Hip. de Francisco, corriente en México. Verosímilmente a través de la evolución Paco, Panco, Pancho.

C. **Pancraç/Pancràcia**, **Brancat**; G. **Pancracio/Pancracia**; E. **Pangartzi/Pangartze**.
San Pancracio, discípulo de san Pedro, mártir (s. I).

Pancracio/Pancracia *12/5 m/f*

Del griego *pan-kration*, «todo fuerza, muy fuerte».

C. G. **Pandora**.
Personaje de la mitología griega, primera mujer mortal.

Pandora *f*

Mitológico nombre de la mujer que imprudentemente abrió la caja que contenía «todos los dones» (*pan-dóron*) de los dioses: todos escaparon, excepto la Esperanza.

Pánfilo/Pánfila *21/9 m/f*

Del griego *pam-philos*, «amigo total». Pánfilo de Narváez, gran figura en la conquista de Centroamérica, émulo y rival de Hernán Cortés, fue el más famoso portador de este nombre.

C. **Pàmfil**; G. **Pánfilo**; E. **Panbil**; It. **Pànfilo**. Pánfilo de Narváez, conquistador español (1470-1528). Pánfilo Natera, revolucionario mexicano (1882-1951).

Pantaleón *27/7 m*

Del griego *Pantaleón*, «todo-león», es decir, «de valor y firmeza leoninos». El napolitano San Pantaleón (s. IV) vio cambiado su nombre a Pantaleemón (*panta-eleémon*, «todo afecto») por sus virtudes cristianas.

C. **Pantaleó**; G. **Pantaleón**; E. **Pandalone**; It. **Pantaleone**. San Pantaleón, médico del emperador Galerio (s. IV). Su sangre se licúa en Ravallo una vez al año.

Paracelso *m*

Latinización del apellido de Teophrastus Hohenheim («lugar elevado»).

C. **Paracels**. Paracelso («Teophrastus Hohenheim»), médico y alquimista suizo (1493-1541).

Paratató *Scc. Consuelo f*

Nombre caló, equivalente a Consuelo.

Paris *m*

Nombre mitológico griego. Quizá de *paris*, «igual, equivalente», aunque probablemente es un nombre prehelénico.

C. In. A. **Paris**. Paris, en la mitología griega, hijo de Príamo y Hécuba, dotado de singular belleza, que raptó a Helena, esposa de Menelao, ocasionando la guerra de Troya.

Parménides *m*

Nombre griego, gentilicio de Parmenio. Éste, a su vez, de *para-meno*, «fiel, que permanece fiel».

C. **Parmènides**. Parménides, filósofo griego de la escuela de Elea (540?-470 a. de C.)

Parmenio/Parmenia *22/4 m/f*

Del griego *para-meno*, «fiel». Var. Pármeno.

C. **Parmeni/Parmènia**. San Parmenio, mártir en Cordula, Persia (255).

Parsifal *m*

Nombre de un antiguo héroe de romances bretones. Del gaélico *Peredur*, (para algunos, «loco puro»), adaptado al francés del s. XII por Chrétien de Troyes en el romance inacabado *El cuento del Grial* (1180?).

C. **Perceval**; F. **Parsifal**; A. **Parzival**. Perceval de Cagny, testigo en el proceso contra santa Juana de Arco (s. XV). Percy Shelley, poeta y pensador inglés (1792-1822).

Parvati, la virtuosa diosa esposa de Shiva, el destructor.

Parvati *f*

Nombre indio, asimilado a «virtud» en hindi. V. también Durga, Kali. Var. Shivani (por ser esposa de Shiva).

C. **Pascasi/Pascàsia**; E. **Paskasi/Paskase**; A. **Paschasius**. San Pascasio Radberto (?-865).

Pascasio/Pascasia *26/4 m/f*

Nombre cristiano-romano (*Paschasius*), de origen griego, evocador de la festividad religiosa de la Pascua (v. Pascual).

C. **Pasqual**; G. **Pascoal**; E. **Bazkoare**, **Pazkal**; F. In. **Pascal**; A. **Paschal**; It. **Pasquale**. Pasqual Calbo, pintor y arquitecto mallorquín (1752-1817). Pasqual Maragall, político catalán (1941).

Pascual/Pascuala *17/5 m/f*

La Pascua judía conmemoraba el «paso» (*pesakh*) del pueblo hebreo por el desierto del Sinaí. El nombre fue incorporado por el cristianismo a la conmemoración de la resurrección del Salvador, de donde la adjetivación latina *pasqualis*, «relativo, nacido en la Pascua». Var. Pascasio, Pascualino.

C. **Pàstor**, **Pastor/Pastora**; G. **Pastor/Pastora**; E. **Artzai**, **Unai/Unaisa**. Pastora Imperio («Pastora Rojas Monje»), cantaora y bailaora española (1889-1979). Pastora Vega, actriz y presentadora de televisión.

Pastor/Pastora *6/8 m/f*

Nombre evocador de Jesucristo (*Pastor*, uno de los títulos que le atribuyen los Evangelios). En femenino corresponde a la advocación mariana de la Divina Pastora. Var. Pástor.

Pat Nixon, esposa del presidente estadounidense Robert Nixon.

Pat *Scc. Patricio m*

Hip. anglosajón de Patricio/Patricia.

C. **Paterní/Paternina**; F. **Paternin/Paternine**. San Paterniano, obispo de Boloña (s. v.).

Paternino/Paternina *12/7 m/f*

Del latín *Paterninus*, gentilicio de Paterno (y éste de *paternus*, «paternal»). Var. Paterniano/Paterniana.

Patoja *f*

Nombre de la flor del loto en lengua azteca. Var. Pathoja.

C. **Patrici/Patrícia**; F. **Patrice/Patricia**: In. **Patrick/Patricia** (hip. **Pat**, **Patsy**);

Patricio/Patricia *17/3 m/f*

El latino *patricius* designaba, en la antigua Roma, a los «hijos de padre» en el sentido estricto, es decir, «de padre rico y noble»

A. **Patrizius/Patricia**; It. **Patrizio/Patrizia**. Grace Patrice Kelly, actriz cinematográfica estadounidense y princesa de Mónaco (1928-1982). Patricia Highsmith, escritora estadounidense (1921-1995).

(el adjetivo sigue designando la minoría autóctona y aristocrática de una ciudad). El nombre, siempre muy popular en Irlanda en memoria de su evangelizador (s. v), conoce en su forma femenina una popularidad extraordinaria hoy en España.

Sor Patrocinio («María de los Dolores Rafaela Quiroga»), la «monja de las llagas», ejerció una gran influencia sobre la reina Isabel II (s. XIX).

Patrocinio *Scc. Patricio*

Nombre cristiano, por lo común femenino, derivado del latín *patrocinium*, «patrocinio, amparo» (de *patronus*, «padre, protector, patrón»). El nombre deriva de las fiestas religiosas del Patrocinio de Nuestra Señora y del de san José.

C. **Pol**. Paul Cézanne, pintor provenzal (1839-1906). Paul Gauguin, pintor francés (1848-1903). Paul McCartney, músico británico, miembro del conjunto The Beatles (1942). Paul Valéry, escritor francés (1871-1945).

Paúl *Scc. Pablo m*

Variante de Pablo, probablemente a través de su forma francesa, Paul. Evoca también a san Vicente de Paúl, santo francés (s. XVI-XVII) protector de los necesitados.

C. G. **Paulino/Paulina**; F. **Pauline** (hip. **Paulette**); A. **Paulina**; In. **Pauline**; It. **Paolino/Paolina**. San Paulino de Nola («Meropio Poncio Anicio Paulino»), poeta y obispo de Nola (355-431). Paulina Bonaparte (1780-1825), princesa Borghese, hermana de Napoleón I.

Paulino/Paulina *Scc. Pablo m/f*

Del latín *Paulinus*, gentilicio de Paulo, o sea Pablo (v.). Famoso por san Paulino de Nola (s. v), y popularizado en el s. XIX por Paulina Bonaparte, disoluta hermana del emperador francés. El hip. francés Paulette ganó popularidad por la actriz Paulette Godard.

C. **Pausànies**. Pausanias, regente de Esparta (s. v. a. de C.). Pausanias, historiador griego (s. II).

Pausanias *m*

Nombre griego, posiblemente de *payo*, «interrumpir», a su vez de *paysis*, «pequeño». Aplicado a alguien nacido en parto prematuro.

Pavel *Scc. Pablo m*

Variante rumana, rusa y servocroata de Pablo.

Paxia *f*

Nombre de la Luna, la diosa del conocimiento, para los anymaras-incas.

C. **Pau**; G. **Paz**; E. **Gentzane**.
Maria de la Pau Janer, escritora mallorquina (1966).
Paz Padilla, prersentadora de televisión y humorista (1964).

Paz *24/1 m*

Del latín *pax*, «paz», usado especialmente como advocación mariana (Nuestra Señora de la Paz), aunque también es nombre masculino. Var. Päce. Sinónimos: Irene, Frida, Salomé.

B. **Perico/Perica**; C. **Pere/Petra**; G. **Pedro/Petra**; E. **Kepa, Pello**; F. **Pierre**; In. **Peter**; A. **Petrus/Petra**; It. **Pietro/Pietra, Piero/Piera**; Hol. **Pieter, Piet**; Nor. **Peer**; R. **Pyotr**; Fi. **Pekka**.
Pedro Laín y Entralgo, médico y escritor aragonés (1908).
Pedro Calderón de la Barca, autor dramático castellano (1600-1681).
Pier Luigi Nervi, ingeniero italiano (1891-1979).
Piero della Francesca, pintor italiano (1420?-1492).
Pierre Simon Laplace, astrónomo, físico y matemático francés (1749-1827).

Pedro/Petra *29/6 m/f*

Pedro, ap., 29/6 (Cátedra en Roma, 18/1; Cátedra en Antioquía, 22/4)

Simón (v. Simeón), hermano de Andrés, fue nombrado conductor de la Iglesia con las palabras de Jesucristo «Tú eres piedra, y sobre esta piedra edificaré mi iglesia». Así, el que después sería el primer papa pasaba a ser designado con el nombre arameo de *Kefas*, «piedra». Traducido al griego como *Pétros*, al latino como *Petra* y masculinizado más tarde a *Petrus*, el nombre es hoy uno de los primeros de la cristiandad, aunque por respeto no lo haya adoptado ningún otro papa (la apócrifa profecía de san Malaquías enlaza el fin del mundo con el inminente Pedro II). Sobradamente compensan esta omisión onomástica papal otros ciento quince santos, cuatro reyes de Aragón, dos de Castilla, dos emperadores del Brasil, tres zares de Rusia, dos reyes de Chipre y Jerusalén, un rey de Bulgaria e innumerables personajes de la ciencia, las letras, el arte y cualquier actividad. Sinónimos: Chantal, Lavinia. Var. Petronio, Petronila (cofundadora, por su matrimonio don Ramón Berenguer IV, de la Corona de Aragón), Petronaco, Petroquio. Hip. Perico.

Pehuén Naranjo, músico folclorista argentino (1945).

Pehuén *m*

Nombre araucano. Corresponde al de una planta andina.

C. **Pelagi/Pelàgia**; E. **Pelagi/Pelage**; G. **Pelaxio/Pelaxia, Payo/Paya**; F. **Pélage**; In. A. **Pelagius**; It. **Pelagio/Pelagia**.
San Pelagio I, papa de 556 a 561.

Pelagio/Pelagia *8/10 m/f*

Del latín *Pelagius*, y éste del griego *pelágios*, «marino, hombre de mar». *Morgan*, «marino» en lengua céltica, latinizó su nombre a *Pelagius* y protagonizó una famosa herejía (s. IV). Sinónimos: Mar, Muiredac, Poncio. Var. Pelayo.

C. **Pellai/Pellaia, Pelai/Pelaia**; G. **Payo/Paya, Paio/Paia**.
Pelayo I, primer rey de Asturias (?-737), iniciador de la Reconquista asturiana

Pelayo/Pelaya *26/6 m/f*

Forma actual de Pelagio, célebre por el vencedor de la primera batalla contra los árabes en Covadonga (718). Nombre muy popular en la Edad Media, hoy algo en desuso.

C. **Peleas**.
Peleas, rey legendario de los mirmidones.

Peleas *20/2 m*

Variante de Peleo, nombre mitológico portado por el padre de Aquiles (del griego *peleus*, «que vive en el barro»). La forma Peleas es famosa por la ópera de Claude a Debussy *Peleas y Melisandra*.

Pelinor *m*

Nombre guanche: «el luchador».

C. **Penèlope**; G. F. **Pénélope**; In. A. It. **Penelope**.
Penélope, en la mitología griega, esposa de Ulises, famosa por su paciente espera del héroe.
Penélope Cruz, actriz cinematográfica española (1975).
Penelope Ann Miller, actriz cinematográfica estadounidense (1964).

Penélope *1/11 f*

Compuesto del griego *pene*, «hilo», y *lopia*, «hinchazón», aludiendo a la tela que tejía el personaje mitológico de día y destejía de noche para engañar a sus pretendientes. Otra versión la relaciona con *penelopes*, «flamenco», aunque lo más probable es que proceda de una voz prehelénica.

C. F. **Perceval**; In. **Percival**.
Perceval de Cagny, testigo en el proceso contra santa Juana de Arco (s. XV).
Percy Shelley, poeta y pensador inglés (1792-1822)

Percival *m*

Forma antigua de Parsifal. Var. Perceval.

B. **Pelegrino/Pelegrina**; C. **Peregrí/Peregrina**,

Peregrino/Peregrina *16/5 m/f*

Evocación de las peregrinaciones medieva-

Pelegrí/Pelegrina; G. **Peleriño/Peleriña**; E. **Pelegin/Pelegiñe**. Pélerin de Maricourt, ingeniero y físico francés (s. XIII).

les. Del latín *per ager*, «(que va) por el campo». Var. Peregrino, Pelegrín.

C. **Pèricles**. Pericles, político ateniense (492?-429 a. de C.), protagonista de la época de máximo esplendor de la cultura griega clásica.

Pericles *m*

Del griego *pleri-klimenos*, «muy ilustre».

C. **Persèfone**. Perséfone, divinidad griega, diosa presagiadora de la muerte y la destrucción.

Perséfone *f*

Nombre griego, equivalente a Proserpina. Éste procede del latín *proserpere*, «brotar», parecido, por metátesis, con la forma griega *presepone*.

C. **Perseu**. Perseo, héroe griego, liberador de Andrómeda y ejecutor de la Medusa.

Perseo *m*

El héroe griego vencedor de la Medusa, presente en una constelación. Etimología del nombre desconocida, pero quizás presente en el nombre de Persia.

C. **Persi**. Persio, satírico romano (34-62).

Persio *m*

Del latín *persius*, gentilicio de Persia.

Petrona, personaje de Lope de Vega en *Santa Teresa de Jesús*.

Petrona *Scc. Petronio* *f*

Nombre de fantasía, creado por Lope de Vega. Var. de Petronia (v.).

C. **Petronil/Peronella, Petronil·la**; G. **Petronelo/Petronela**. Petronila I, reina de Aragón y condesa de Barcelona, esposa de Ramon Berenguer IV de Barcelona (1136?-1173).

Petronilo/Petronila *31/5* *m/f*

Variante de Pedro, a través de Petronio.

C. **Petroni/Petronil·la**. Petronio, *arbitrus elegantium* y escritor romano (s. I). Petrone Philargès, monje griego, antipapa con el

Petronio/Petronila *6/9* *m/f*

Nombre latino, portado por un escritor satírico del s. I, árbitro de la elegancia romana. *Petronius*, significa «(duro) como la piedra», gentilicio de Pedro, y en la prác-

nombre de Alejandro V (1340-1410).

tica considerado como su equivalente. Var. Petronia.

C. **Petúnia**.

Petunia *f*

Nombre femenino, extraído del de la flor (y éste de *petún*, nombre del tabaco en Brasil).

Pialia *f*

Para los aztecas, «la que guarda».

C. **Pietat**; G. **Piedade**; It. **Pietà**.

Piedad *21/11 f*

Nombre cristiano, alusivo a uno de los atributos de la Virgen. Del latín *pietas*, «sentido del deber», y, de ahí, «devoción hacia los dioses» (v. Pío).

C. G. **Pilar**.
María del Pilar Cuesta («Ana Belén»), actriz y cantante española (1951).
Pilar Cernuda, periodista española.
Pilar Miró, directora cinematográfica española (1940-1997).

Pilar *12/10 f*

Nombre muy extendido en Aragón, alusivo a la Virgen María, quien según la tradición se apareció al apóstol Santiago en las márgenes del río Ebro sobre un pilar (latín *pila*) de ágata. Hip. Pili, Piluca.

Pina Bausch («Philippine Bausch»), bailarina y coreógrafa alemana (1940).

Pina *f*

Contracción del nombre alemán *Philippine*, «Filipina», portado por una célebre bailarina.

Pinabelo, personaje de Lope de Vega en *Lo fingido verdadero*.

Pinabelo *m*

Nombre de fantasía, creado por Lope de Vega. Probablemente elaborado a partir de *pinus*, «pino», y *bellus*, «bello»: *pinabellus*, «bosque de bellos pinos».

Pinardo, personaje de Lope de Vega en *Belardo furioso* (comedia pastoral).

Pinardo *m*

Nombre de fantasía, creado por Lope de Vega. Del latín *pinus*, «pino», con el sufijo germánico antroponimizador *-hard*, «fuerte».

C. **Píndar**.
Píndaro, poeta griego (520?-450? a. de C.)

Píndaro *m*

Derivación del nombre del monte griego en Tesalia Pindos («boscoso»), consagrado a las musas.

C. **Pindusa**.

Pindusa *f*

Por los montes *Pindus*, entre Tesalia y Macedonia. El nombre significa «boscosos», y ha sido trasladado a otros lugares, como las islas Baleares menores.

Pino *15/8 f*

Nombre abreviado de la Virgen del Pino, de mucha advocación en Teror (Isla de Gran Canaria).

C. In. A. **Pius/Pia**; G. **Pío/Pía**; E. **Pi/Pije**; F. **Pie/Pia**; It. **Pio/Pia**. Pío Baroja, novelista vasco (1872-1956). Pío XII (Eugenio Pacelli), papa de la Iglesia (1876-1958).

Pío/Pía *30/4 m/f*

Nombre adoptado por algunos papas, entre ellos san Pío V, comisario general de la Inquisición, Pío IX, proclamador del dogma de la Inmaculada Concepción, y el reciente Pío XII. En latín posee diversos significados: «venerador de los padres, benigno, humano, devoto...». Sinónimos: Rogacio, Sati, Satebo.

Pipindorio *Scc. Antonio m*

Nombre caló, equivalente a Antonio.

C. **Pipinus**; G. **Pipino**. Pipino I, *el Breve*, rey de los francos (714?-768).

Pipino *21/2 m*

Del latín *Pippinus*, forma de *pisinnus*, «niño pequeño».

Pirinda *f*

Nombre de una antigua tribu india cerca de Toluca, en Costa Rica.

C. **Pitàgores**. Pitágoras, filósofo y matemático griego (580?-497? a. de C.)

Pitágoras *m*

Nombre tomado por alusión a *Pythia*, sacerdotisa del ágora de Delfos, con el sufijo *agora*, «ágora, plaza, discurso»: «discurso, profecía de Pythia».

Pixan/Pixana *m/f*

Los mayas veneraban especialmente el *pixan*, el espíritu del Alma Superior que daba vida al hombre.

Pixantah

Para los mayas, «el o la que ha ganado la voluntad de otro con su amor».

C. **Plàcid/Plàcida**; G. **Plácido/Plácida**; E. **Palgide**, **Paketsun**. Plácido Domingo, tenor y director de orquesta (1941).

Plácido/Plácida *5/10 m/f*

Del latín *placidus*, «plácido, suave, tranquilo, manso» (*placeo*, «placer»). La forma femenina es célebre por Gala Placidia, esposa de Ataúlfo (v.).

Plasñí *Scc. Blanca f*

Nombre caló, equivalente a Blanca.

C. **Plató**; G. **Platón**. Platón, filósofo de la Antigüedad griega (426-347 a. de C.).

Platón *4/4 m*

El nombre del famoso filósofo griego fue transformado en el mote que le daban sus discípulos, *plato*, «ancho de espaldas».

C. **Plaute/Plauta**. Plauto, comediógrafo latino (251?-184? a. de C.). San Plauto, mártir en Grecia (primeros siglos).

Plauto/Plauta *29/9 m/f*

Del adjetivo latino *plautus*, «de orejas gachas», y también «de pies planos». El calificativo «plauto» era usado en la Umbría, lugar de donde procedía el comediógrafo de este nombre. Cf. Platón.

C. **Plini**; G. **Plinio**. Cayo Plinio Segundo (Plinio *el Viejo*), escritor romano, creador de la *Historia natural* (23-79).

Plinio *m*

Nombre de dos escritores latinos. Aunque ha sido relacionado con *plenus*, «lleno, grueso», parece más probable que derive del griego *plinthos*, «baldosa, losa», y por extensión, «herencia» (escrita en ésta en el uso de la época).

C. **Plutarc**. Plutarco, biógrafo y ensayista griego (50-120). Plutarco Elías Calles, militar y político mexicano (1877-1945).

Plutarco *28/6 m*

Nombre griego, derivado de *plutos archos*, «gobernante rico, plutócrata».

Pobeá *Scc. Jesús m*

Nombre caló, equivalente a Jesús.

Pol de Limburg, miniaturista flamenco (s. XV).

Pol *Scc. Pablo m*

Variante antigua de Pablo a través de la monoptongación de Paúl (v.).

Polahina *f*

En Laguna (México), «mariposa».

C. **Polià/Poliana**; In. **Polyanna**.

Poliano/Poliana *10/9* *m/f*

Derivación del griego *poly-ainos*, «digno de grandes elogios, célebre». Var. Poleno, Poliaineto.

C. **Polibi**. Polibio, soldado e historiador romano (209-127 a. de C.).

Polibio *m*

Del griego *poli-bios*, «de larga vida».

C. **Policarp/Policarpa**, **Policarpi/Policàrpia**; G. **Policarpo/Policarpa**; E. **Pollikarpa/Pollikarpe**. Ambrois Polycarpe de La Rochefoucauld-Doudeauville, político francés (1765-1841).

Policarpo/Policarpa *23/2* *m/f*

Del griego *pol'ykarpos*, «de muchos frutos, fructífero». Sinónimo de Fructuoso. Var. Policarpio.

C. **Policlet**. Policleto, *el Viejo*, escultor griego (s. v a. de C.)

Policleto *m*

Del griego *poli-cletos*, «llamado de muchas partes, célebre» (*poli*, «muchos»; *kletos*, «célebre»).

C. **Polímnia**. Polimnia, en la mitología, musa de los himnos.

Polimnia *f*

Nombre mitológico griego. De función definida por su nombre: *poli-hymnos*, «la de los muchos cánticos», o sea «la que canta abundantemente».

C. **Polinices**. Polinice, en la mitología, hijo incestuoso de Edipo y Yocasta, muerto en combate con su hermano Eteocles.

Polinice *m*

Nombre de la mitología griega. Derivado de *polinikés*, «gran victoria».

C. **Polixè/Polixena**. Polixena, en la mitología, hija de Príamo y esposa de Aquiles.

Polixeno/Polixena *23/9* *m/f*

Nombre mitológico femenino. Del adjetivo griego *polixenos*, «hospitalario» (*poli*, «muchos»; *xenos*, «extranjero»: «que recibe muchas visitas»).

C. **Pol/Pola**.

Polo/Pola *Scc. Pablo m/f*

Variante de Pablo (v.).

C. **Pomona**.
Pomona, en la mitología, diosa romana de los frutos, compañera de Flora. Protectora de flores y frutos, experimenta, como éstos, ciclos de envejecimiento y rejuvenecimiento.

Pomona *f*

Nombre mitológico. Del latín *poma*, «fruto».

C. **Pompeu**, **Pompei/Pompeia**; G. **Pompeyo/Pompeya**; E. **Ponbei**.
Pompeu Fabra, gramático, ingeniero y lexicógrafo catalán (1868-1948).

Pompeyo/Pompeya *8/5 m/f*

Del latín *pompeius*, «pomposo, fastuoso». En femenino es también advocación mariana, la Virgen de Pompeya (On. 10-4).

C. **Pompili**.
Numa Pompilio, legendario rey de Roma (s. VIII a. de C.).

Pompilio *15/7 m*

Del griego *pompé*, «solemnidad», aunque otros lo remiten al numeral sabino *pompe*, «cinco». Otros derivados de la misma raíz son Pompeyano, Pompeyo, Pompiano, Pomponio y Pomposo.

C. **Poncià**, **Ponçà/Ponciana**, **Ponçana**.
Ponciano Leiva, político hondureño, presidente de su país en 1874-1875 y 1891-1873.

Ponciano/Ponciana *13/8 m/f*

Gentilicio de Poncio (v.): «relativo, de la familia de Poncio».

C. **Ponç/Ponça**, **Ponci/Pòncia**; G. **Poncio/Poncia**; E. **Pontzen**.
Poncio Pilato, procurador romano en Judea en tiempos de Jesús (s. I).
Poncio I de Urgel (1211?-1243?), conde de Urgel antes y después de Aurrembiaya.
Ponce Denis Écouchard Lebrun, poeta francés (1729-1807).

Poncio/Poncia *14/5 m/f*

Aunque se ha señalado como origen de este nombre el latín *pontus*, «el mar», parece más probable el numeral *osco pontis*, análogo al latín *quinque*, «cinco». El significado, pues, sería análogo al de Quinto (v.). Var. Ponce. Nombre usado por bastantes condes catalanes medievales, y en la batalla de Santa Ponça (1301) se decidió el dominio de Sicilia por el rey aragonés Jaime II. Var. Ponciano, Póntico.

C. **Porci/Pòrcia**; In. **Portia**.
Porcia, personaje de

Porcio/Porcia *m/f*

Nombre de humildad cristiano, derivación

del latín *porcus*, «puerco». En Inglaterra, el apelativo es sinónimo de «abogada», por alusión al personaje shakespeariano.

renombrada astucia en *El mercader de Venecia*, de Shakespeare.

Porfirio/Porfiria *26/2 m/f*

C. **Porfiri/Porfíria**; G. **Porfirio/Porfiria**; E. **Porbiri/Porbire**. Porfirio, filósofo neoplatónico de origen sirio (s. III-IV). Porfirio Díaz (1830-1915), militar y político mexicano.

Nombre de un filósogo neoplatónico del s. III. Del griego *porphyrion*, «con color de pórfido», o sea «de púrpura, purpurado». Generalmente como alusión a la cara de los recién nacidos tras un parto difícil.

Poseidón *m*

C. **Posidó**. Poseidón, divinidad griega de los mares, identificada por los romanos con Neptuno.

Etimología desconocida, probablemente relacionada con la raíz *pot*, «poseer» (de donde «potencia, poder»). Cf. el griego *despotes* y el latino *potens*.

Poveka *f*

Entre los indios pueblo, la *povekah* era el lirio del estanque.

Práxedes/Praxedis *21/7 m/f*

B. **Praceres**; C. **Pràxedes/Praxedis**; G. **Práxedes**; E. **Partsede**; A. **Praxedis**. Práxedes Mateo Sagasta, político e ingeniero de caminos castellano (1827-1903).

Nombre griego, comúnmente masculino, aunque en las Islas Baleares goza de gran devoción santa Praxedis. De *prassein*, «practicar». Se puede traducir por «emprendedor, activo». Su más famoso portador fue el político decimonónico Práxedes Mateo Sagasta, jefe del Partido Liberal y presidente de gobierno en diversas ocasiones. Var. Praxedis.

Praxíteles *m*

C. **Praxíteles**. Praxíteles, escultor griego (s. IV a. de C.)

Del griego *prassein*, «practicar», y *telos*, «finalidad»: «el que practica con una buena finalidad».

Presentación *21/11 f*

C. **Presentació**; E. **Aurkene**.

Nombre mariano, evocador de la fiesta de la Presentación de la Virgen María en el templo. Del latín *praesens*, «presente» (*praesens*, «delante de los sentidos, a la vista»).

Príamo *28/5 m*

Nombre mitológico griego. Derivado de *priamai*, «comprar», aludiendo a la primitiva condición de esclavo del personaje mitológico, redimido por compra.

C. **Príam**. Príamo, en la mitología griega, rey de Troya, padre de Héctor y Paris.

Pricio/Pricia *24/11 m/f*

Variante de Proyecto, y éste del latín *proiectus*, «lanzado hacia delante, que avanza». También usado en la antigua Roma en el sentido de «niño abandonado, expósito».

C. **Projecte**, **Prici/Prícia**. San Pricio, mártir en Bitinia junto con el toledano san Tirso (s. III).

Primitivo/Primitiva *16/4 m/f*

Del latín *primitiuus*, «que está en primer lugar» (cf. Primo, Máximo).

C. **Primitiu/Primitiva**; G. **Primitivo/Primitiva**. San Primitivo, víctima de Daciano en Zaragoza por defender su fe (?-303).

Primo/Prima *9/6 m/f*

Del latín *primus*, «primero». Aplicado por lo común al hijo primogénito. Sinónimos: Proto, Protasio, Perfecto, Prisco, Primitivo, Procopio, Máximo. Var. Primael, Primemio, Primiano, Priminio, Primitivo, prior. Convertido en apellido, fue hecho famoso por el general Francesc Prim, quien destronó a Isabel II en 1868.

C. **Prim/Prima**; G. **Primo/Prima**. San Primo, mártir en Roma junto con el toledano san Feliciano (s. II). Primo Levi, escritor italiano (1919-1987).

Prisca *18/1 f*

Nombre latino, femenino de *Priscus*, «viejo, antiguo, venerable». Sinónimos: Aldo, Antico, Bartolomé, Canico, Crónides, Griselda, Macrobio, Polibio, Policronio, Presbítero, Seclina, Séneca. Var. Priscila, Prisciano.

C. **Prisca**. Santa Prisca, mártir romana, esposa de Áquilas, nombrada en Ac. 18, 2-3. Prisciliano, heresiarca (300?-385).

Priscilo/Priscila *16/1 m/f*

Se trata en realidad de un diminutivo (*priscilla*) de Prisca.

C. **Priscil/Priscil·la**; G. **Priscilo/Priscila**; F. In. It. **Priscilla**. Priscila, el mismo personaje llamado también Prisca en Ac. 18, 2-3. Priscilla Beaulieu, actriz estadounidense, esposa de Elvis Presley (1945).

C. **Probus/Proba**. Probo («Marco Aurelio P.»), emperador romano (232-282).

Probo/Proba *10/11 m/f*

Del latín *probus*, «excelente, honrado».

C. **Procopi/Procòpia**; G. **Procopi/Procopia**; E. **Porkopi/Porkope**. Procopio, historiógrafo griego bizantino (?-562?)

Procopio/Procopia *8/7 m/f*

Del griego *prokopé*, «el que marcha hacia adelante, que progresa».

C. **Prometeu**. Prometeo, personaje de la mitología griega, de la raza de los titanes. Héroe benefactor de la humanidad, castigado por este motivo por Zeus

Prometeo *m*

Nombre mitológico griego. Su nombre parece derivado del sánscrito *pramanta*, «fuego», aludiendo a la entrega que de éste hizo al hombre el personaje mitológico. Para otros intérpretes, procede del griego *prometis*, «el que toma consejo antes de obrar».

C. **Properci/Propèrcia**. Sexto Propercio, poeta elegíaco latino (47-14 a. de C.).

Propercio/Propercia *m/f*

Del verbo latino *propero*, «progresar, marchar aceleradamente hacia delante» «el que progresa».

C. **Prosèrpina**. Proserpina, nombre de la mitología griega. Reina de los infiernos tras ser raptada por Haides.

Proserpina *f*

Del latín *proserpere*, «brotar», parecido, por metátesis, a la forma griega Perséfone (ésta, de *Presepone*).

C. **Pròsper/Pròspera**; E. **Posper**; F. **Prosper**; It. **Prospero/Prospera**. Pròsper de Bofarull, archivero e historiador catalán (1777-1859). Prosper Mérimée, escritor francés (1803-1870).

Próspero/Próspera *25/6 m/f*

Del latín *prosperus*, «feliz, afortunado» (y no, como se ha dicho a veces, de *pro spes*, «conforme a la esperanza»). Sinónimos: Apatilo, Aser, Alipio, Beano, Beatriz, Eutiquio, Fausto, Félix, Gaudencio, Gaudioso, Macario, Maimón.

C. **Protàgores**. Protágoras, filósofo griego (475?-410? a. de C.).

Protágoras *m*

Del griego *protos*, «primero», y *agora*, «ágora, plaza»: «discurso primero», o «el primero en el ágora, elocuente».

C. **Prudenç/Prudença, Prudent, Prudenci/Prudència**;

Prudencio/Prudencia *28/4 m/f*

Del latín *prudens*, «prudente» en el sentido de «avisado, inteligente, despierto» (*pro-vi-*

G. **Prudencio/Prudencia**; E. **Purdentzi/Purdentze**; F. In. **Prudence**; A. **Prudens/Prudentia**. Aurelio Clemente Prudencio, poeta cristiano y apologista (348-405?). Prudenci Bertrana, escritor catalán (1867-1941).

dens, que ve hacia adelante, que prevé). Muy utilizado por los puritanos en su afán evocador de virtudes en onomásticos (Abstinencia, Silencio, Obediencia, Providente, etc.). Var. Prudente, Prudenciano. Sinónimos: Cómodo, Dafroso, Eudón, Froalengo, Frodoíno.

C. **Psiquis**. Psiquis, en la mitología, personaje famoso por su abnegado amor por Cupido.

Psiquis *f*

Nombre mitológico griego. *Psyché*, «aura que refresca», y, por derivación, «alma, espíritu». Var. Psique.

C. **Ptolomeu/Ptolomea**. Claudio Ptolomeo, astrónomo, matemático y geógrafo griego (90?-168?)

Ptolomeo/Ptolomea *20/12 m/f*

Nombre de un astrónomo, gentilicio de la Ptolomea, en la Tebaida, lugar de su nacimiento. El nombre de la ciudad deriva de *ptolémos*, «combate» (de donde «polémica»). Var. Ptolemeo.

C. **Publi/Públia**. Publio Ovidio Nasón, poeta y retórico romano (43 a. de C.-18 d. de C.). Publio Virgilio Marón, el más importante poeta de la latinidad clásica (70-19 a. de C.).

Publio/Publia *25/1 m/f*

Del latín *publius*, «del pueblo», o sea «que se dedica a la cosa pública, político».

Puñiés *Scc. Dolores f*

Nombre caló, equivalente a Dolores.

C. G. **Pura**. Pura Vázquez, poetisa gallega (s. xx).

Pura *8/12 f*

Atributo encomiástico mariano (latín *purus*, «puro, sin mácula, casto»). Usado habitualmente como sinónimo de Pureza, Purificación o Concepción. Sinónimos: Aretes, Febe, Castalia, Catalina, Inés, Inocencio, Leuco, Sereno, Simplicio, Zórico.

C. **Púria**.

Puria *Scc. Pura f*

Variante de Pura.

C. **Purificació**; G. **Purificación**; E. **Garbiñe**.

Purificación *2/2 f*

Nombre alusivo a la Purificación de la Virgen María, cuya fiesta se celebra cuarenta días después de la Natividad del Señor. Latín *purificatio* (*puri-fatio*, «hacer puro, purificar»).

Purilyn *f*

Nombre de fantasía, aglutinación de Pura (v.) y de Marilyn (v.).

Puruna *f*

En la lengua quechua de los incas, «pluma», y, por extensión, «ave magnífica y bella».

Pusaya *f*

Para los quechuas, «el guía».

Q

Quer *8/9 f*
Advocación mariana de la virgen del Quer (céltico *kar*, «roca, montaña»).

Queralt *8/9 f*
Advocación mariana de la virgen del Queralt (céltico *kar*, «roca, montaña», combinado con el posterior sufijo *-alt*, «alto»).

Quetzal/Quetzalli *m/f*
Para los aztecas, «el ave sagrada y magnífica» (el Quetzalcóatl era la serpiente con plumas, dios de la Creación). En femenino, se aplicaba a «la que se adorna con las sagradas plumas del quetzal».

Quetzalcóatl, divinidad de diversos pueblos precolombinos de Mesoamérica.

Quetzalcóatl *m*
Nombre azteca, identificado con la serpiente emplumada y con el rey de Tula del mismo nombre.

Quico *Scc. Francisco m*
Hip. de Francisco, propio de Andalucía. Verosímilmente a través de la evolución Francisco, Francisquico, Quico.

Quidicó *Scc. Casimiro m*
Nombre caló, equivalente a Casimiro.

Quim Monzó («Joaquim Monzó i Gómez»), escritor catalán (1952).

Quim/Quima *Scc. Joaquín m/f*
Hip. por aféresis de Joaquín en su forma catalana, *Joaquim*. V. Joaquín.

C. **Quintilià/Quintiliana**; It. **Quintiliano/Quintiliana**. Quintiliano, retor hispanolatino (35?-96?).

Quintiliano/Quintiliana *16/4 m/f*
Adjetivación de Quintín, con el sufijo latino *-anus*, «relativo, de la familia de».

C. **Quintí/Quintina**; G. **Quentín/Quentina**; F. **Quentin**; In. **Quentin, Quintin**; A. **Quintin**; It. **Quintino/Quintina**. Quentin Metsys o Massy, pintor, grabador y diseñador flamenco (s. XV-XVI). Quentin Tarantino, actor y director cinematográfico estadounidense (1963).

Quintín/Quintina *31/10 m/f*

Del latín *Quintus*, «quinto», aplicado al hijo nacido en este lugar (cf. Máximo, Primo, Segundo, etc.) Muy popular por una poderosa familia romana, lo que explica su gran cantidad de derivados: Quinciano, Quincio, Quintiliano, Quintilio, Quintilo, Quint.

C. **Quint/Quinta**; E. **Kindin/Kindiñe**; G. **Quinto/Quinta**; In. **Quentin, Quintin**; A. **Quintin**. Quinto Curcio, biógrafo romano (s. I). Quinto Tertuliano, escritor cristiano y apologista (160?-240?). Quinto Horacio Flaco, poeta latino (s. I a. de C.).

Quinto/Quinta *13/10 m/f*

Del latín *quintus*, «quinto», aplicado al hijo nacido en este lugar (cf. Máximo, Primo, Segundo, etc.). Muy popular por una poderosa familia romana, lo que explica su gran cantidad de derivados: Quinciano, Quincio, Quinidio, Quintiliano, Quintilio, Quintilo, Quintín.

C. **Quirze**; E. **Kirika/Kirike**. San Quirico, niño de pecho martirizado en Asia Menor (s. IV).

Quirico/Quirica *16/6 m/f*

Forma vulgar de Ciriaco (y éste del griego *kyrios*, «señor». Var. antigua: Quirce.

C. **Quirí/Quirina**. San Quirino de Siszeck, obispo de esa ciudad de Croacia (?-309).

Quirino/Quirina *4/6 m/f*

Nombre mitológico, dado a Rómulo, el fundador de Roma, después de su muerte, aludiendo a la *curis*, «lanza», con que era representado en las estatuas. También era sobrenombre de Marte y de Júpiter.

C. **Quitèria**; E. **Kitere**. Santa Quiteria, hija de un príncipe gallego, decapitada por su fe en el año 100.

Quiterio/Quiteria *22/5 m/f*

Nombre latino, portado por una santa muy venerada en Galicia. Parece de origen griego: *Cytherea*, epíteto de Venus, por *xiton*, nombre de una túnica corta (de donde, también, *Xitone*, nombre de la diosa de túnica corta, Artemisa).

Qutu/Qutua *m/f*

En lengua aymara-inca, el *qutu* era la constelación de las Pléyades.

R

Ra, divinidad egipcia, personificación del Sol.

Ra *m*

Nombre del dios supremo egipcio, identificado con el Sol.

Rabindranath Tagore, poeta, músico, pintor y filósofo bengalí (1861-1941).

Rabindranath *m*

Nombre indio: del hindi *rabia*, «famoso, célebre».

Radamés, protagonista de la ópera *Aída* de Verdi.

Radamés *m*

Nombre pseudoegipcio, creado por el libretista Piave para la ópera *Aida*. Inspirado en la raíz *Ra*, nombre del principal dios egipcio, y el sufijo *mes*, «hijo» (cf. Moisés, Radamés).

Rafa *f*

Nombre árabe: «felicidad, prosperidad».

C. **Rafel/Rafela, Rafael/Rafaela**; G. **Rafael/Rafaela**; E. **Errapel/Errapelle**; F. **Raphaël/Raphaëlle**; In. A. **Raphael**; It. **Raffaele, Raffaello/Raffaella**. Rafael («Rafaello Sanzio»), pintor italiano (1483-1520). Rafael Alberti, poeta y dramaturgo andaluz (1902-1999).

Rafael/Rafaela *29/9 m/f*

Nombre hebreo del AT, portado por el arcángel de Tobías. De *rapha-* o *repha-el*, «Dios ha sanado», aludiendo a la milagrosa curación del patriarca.

C. **Rada, Raida**.

Raida *28/6 m*

Del germánico *rad*, «consejo», frecuente como sufijo, especialmente feminizador. En principio masculino, aunque por concordancia es usado también como femenino. Var. Rada.

Raimón/Raimona *Scc. Ramón* *m/f*

Variante catalana de Ramón, por derivación de la forma antigua Raimundo (v.).

C. **Raimon/Raimona**. Raimon Obiols («Josep Obiols»), político (1941). Raimon («Ramon Pelegero»), cantautor valenciano-catalán (1940).

Raimundo/Raimunda *7/1 o 27/11* *m/f*

Forma antigua de Ramón (v.).

C. **Raimund/Raimunda**, **Raimon/Raimona**; G. **Raimundo/Raimunda**. Ray Charles, cantante de jazz, soul y blues estadounidense (1930).

Rainerio/Raineria *30/12* *m/f*

Forma italiana de un conocido nombre germánico: *Ragin-hari*, «consejero del pueblo». Var. Reinerio, Reynerio. V. Raniero.

C. **Rainer/Rainera**; E. **Errañeri/Errañere**; F. **Régnier/Regnière**, **Rainier/Rainière**; In. **Rayner**; A. **Rainer**; It. **Raineri**, **Ranieri/Raniera**. Rainer Rainerio Fassbinder, realizador, productor y guionista cinematográfico alemán (1946-1982). Rainer Maria Rilke, poeta checo en lengua alemana (1875-1926).

Raisa *f*

Nombre ruso. Significado desconocido.

Raisa Gorbacheva, esposa del político ruso Mijail Gorbachov (?-1998).

Rajema *f*

«Luz preciosa» en la lengua de los raramuri (México).

Ralph *Scc. Rodolfo* *m*

Hip. anglosajón de Rodolfo o Raúl (v.).

Ralph Waldo Emerson, escritor estadounidense (1803-1882). Ralph Richardson, actor cinematográfico británico (1902-1983).

Ramiro/Ramira *11/3* *m/f*

Nombre inmortalizado por una serie de reyes leoneses y aragoneses. Contracción de Ranimiro, procede del germánico *renamêrs*, «consejero ilustre». Ramires, usado también como apellido, es el protagonista de la novela de Eça de Queiroz *La ilustre casa de Ramires*, y ha sido considera-

C. **Ramir/Ramira**; G. **Ramiro/Ramira**; E. **Erramir/Erramire**. Ramiro II *el Monje* o *el Rey Cogulla*, rey de Aragón (1080-1157). Ramiro de Maeztu, escritor y ensayista español (1875-1936).

Ramiro Ledesma Ramos, político español (1905-1936).

do como un arquetipo del carácter portugués.

B. **Reimundo/Reimunda**; C. **Ramon/Ramona**; G. **Ramón/Ramona** (hip. **Moncho**); E. **Erraimundo/Erraimunde**; F. **Raymond/Raymonde**; In. **Raymond** (hip. **Ray**); A. **Raimunde**; It. **Raimondo/Raimonda**.
Ramón Gómez de la Serna, escritor castellano (1888-1963).
Ramon Llull, escritor, místico, filósofo y misionero mallorquín (1232-1316).
Ramón María del Valle-Inclán, escritor gallego en lengua castellana (1866-1936).
Ramón Menéndez Pidal, filólogo e historiador gallego (1869-1968).

Ramón/Ramona *31/8 m/f*

Ramón de Penyafort, pr., 7/1;
Ramón Llull, mr., 27/11;

Nombre muy popular, especialmente en Cataluña, donde dio nombre a varios condes de Barcelona, y conoce diversas formas que han trascendido al resto de España: Raimon, Raimund, Raimond, Remismund, etc. San Ramón Nonato, así llamado por haber nacido por cesárea, es el iniciador del nombre. Etimológicamente procede del germánico *ragin-mund*, «el que protege por el consejo». V. también Raimón y Raimundo. Formas antiguas: Raimundo, Remismundo.

C. **Ram**; E. **Abarne**.

Ramos *Domingo de Ramos f*

Nombre cristiano, evocador de la fiesta del Domingo de Ramos, en el que Jesús fue recibido triunfalmente en Jerusalén con palmas.

C. **Ramsès**.
Ramsés II, faraón egipcio de la XIX Dinastía (1304-1237 a. de C.).
Ramsés III, faraón egipcio de la XX Dinastía (1198-1166 a. de C.).

Ramsés *m*

Nombre egipcio antiguo: *Rám(as)sès*, «concebido por Dios», análogo a Radamés (v.). Portado por numerosos faraones.

Rania, reina de Jordania, esposa de Abdullah II.

Rania *f*

Nombre árabe (*Raniyah*): «encantadora, embrujadora».

B. **Nerio/Neria**; C. **Rainer/Rainera**; E. **Errañeri**.
Raniero III, príncipe de Mónaco (1923).

Raniero/Raniera *17/6 m/f*

Raniero o Rainiero son formas italianas del nombre germánico Rainerio, derivado de *ragin-hari*, «consejero del pueblo». Variante influida por la forma italiana: Rainiero. V. también Raniero.

C. **Raquel**; F. In. A. **Rachel**; It. **Rachele**.
Élisabeth Rachel Félix («Mademoiselle Rachel»), actriz trágica francesa (1821-1858).
Raquel Welch («Raquel Josefina Tejada»), actriz cinematográfica estadounidense (1940).

Raquel *15/1* *f*
Nombre del Antiguo Testamento, portado por la esposa predilecta de Jacob. Del hebreo *rahel*, «oveja». De popularidad renacida últimamente, aunque nada tiene que ver con el germánico Raquildis (v.).

Raquela, personaje de Lope de Vega en *La madre de la mejor*.

Raquela *Scc. Raquel* *f*
Nombre de fantasía, creado por Lope de Vega. Variante de Raquel (v.).

C. **Raquildis**, **Raquilda**.

Raquildis *23/11* *m*
Germánico: *rad-hild*, «consejo del guerrero».

Harun ar-Rashid, el califa de *Las mil y una noches* (765?-809).

Rashid *m*
Nombre árabe: «el que es guiado rectamente, el que profesa la fe verdadera».

C. **Raüll**, **Raül/Raüla**; G. **Raul/Raula**; F. **Raoul**; In. **Ralph**.
Ralph W. Lauren, diseñador de moda estadounidense (1939).
Ralph Waldo Emerson, poeta estadounidense (1803-1882).

Raúl/Raúla *30/12* *m/f*
Forma común en que se contraen los nombres Radulfo (*rad-wulf*, «consejo del lobo», o sea, metafóricamente, «del guerrero») y Rodulfo (v. Rodolfo). Presenta además el hip. Ruy, que se aplica también a Rodrigo.

Rayco *m*
Nombre guanche literario, inventado. Sin traducción.

Rayén *f*
Nombra araucano mapuche. Significa «estrella».

C. **Rea**; F. In. A. **Rhea**.
Rea, en la mitología griega, la diosa de la Tierra.

Rea *f*
Seguramente es metátesis de *era*, «tierra». Rea Silvia fue madre de Rómulo y Remo, los legendarios fundadores de Roma.

C. G. **Rebeca**; F. It. **Rebecca**; In. **Rebecca**, **Rebekah**.
Rebeca, personaje del Antiguo Testamento, mujer de Isaac.

Rebeca *25/3* *f*
Del hebreo *rivké*, «lazo» (o de *ribgah*, «vaca», animal que se ataba con un lazo), últimamente ha ganado mayor popularidad.

Recaredo/Recareda *m/f*

C. **Recared/Recareda**; G. **Recaredo/Recareda**. Recaredo I, rey visigodo (?-601), hermano de Hermenegildo e introductor del cristianismo en España.

Nombre germánico: *Recaredus*, derivado de *wrikan*, «perseguir, vengar», y *rad*, «consejo».

Refugio *13/8 f*

C. **Refugi**.

Advocación mariana, alusiva a la jaculatoria de las letanías *Refugium peccatorum*, «refugio de los pecadores». Latín *re-fugio*, «huir hacia atrás». Cf. Auxiliadora.

Regerio/Regeria *4/1 m/f*

C. **Regeri/Regèria**.

Del latín *rego*, «regir» (y éste a su vez del hebreo *raga*, «pasto»). *Regerius*, «el que rige, príncipe».

Reginaldo/Reginalda *4/8 m/f*

C. **Reinald/Reinalda**, **Renau**; F. **Renaud**; In. **Reginald**, **Reynold** (hip. **Rex**); A. **Reinald**, **Reinhold**; It. **Rainaldo**, **Rinaldo/Rinalda**; Nor. **Ragnwold**, Beato Reginaldo de San Gil, discípulo y compañero de santo Domingo de Guzmán (s. XIII).

Popularísimo nombre en la Edad Media: *ragin-ald* o *ragin-wald*, «el que gobierna por el consejo». Var. Reinaldo, Reinoldo.

Regino/Regina *16/6 m/f*

C. **Regí/Regina**; G. **Regino/Regina**; F. **Régis/Régine**. Jean Jacques Régis de Cambacérès, jurista y político francés (1753-1821). Regina Strinasacchi, violinista italiana (1764-1839). Regino Sáinz de la Maza, músico español (1897-1981). Régis Blanchère, orientalista francés (1900-1973).

Aunque el origen etimológico del nombre hay que buscarlo en la raíz latina *rex* (f. *regina*), «rey» (aludiendo especialmente a la Virgen María, *Regina Coeli*), parte de su popularidad se explica debido a su convergencia con los germánicos con el componente *ragin-*, «consejo» (por ejemplo, Reginaldo, cuyo hip. inglés Rex es aplicado también a nuestro nombre).

Régulo/Régula *30/3 m/f*

C. **Règul/Règula**; E. **Erregul/Erregulle**. San Régulo, obispo de Reims y político (s. VII).

Nombre de familia corriente en la antigua Roma, aplicado también a una estrella de la constelación del Escorpión. Del latín *regulus*, «reyecito» (*rex*, «rey»).

C. **Reinald/Reinalda**, **Reinals**; A. **Reinald**. Reinaldo Arenas, novelista cubano (s. xx).

Reinaldo/Reinalda *9/2 m/f*

Variante de Reginaldo (v..) Var. Reinoldo.

C. **Reinard/Reinarda**; A. **Reinar**.

Reinardo/Reinarda *Scc. Reinaldo m/f*

Del germánico *raginhard*, «consejo del fuerte». En la práctica, var. de Reinaldo.

C. **Rembert/Remberta**. Rembert Dodoens, médico y botánico holandés, considerado como uno de los fundadores de la patología (1518-1585).

Remberto/Remberta *4/2 m/f*

Del germánico *ragin-berht*, «famoso por el consejo». Contrajo su sílaba central de la primitiva forma Regimberto. En otras interpretaciones, de *hramn-berht*, «cuervo famoso», equivalente a Beltrán (v.).

Rembrandt («Harmensz van Rijn»), pintor holandés (1606-1669).

Rembrandt *m*

Sobrenombre de un célebre pintor flamenco. Tomado del germánico *ragin*, «consejo», y *bodo*, «valiente, audaz»: «el consejo del valiente». Equivale a Reginbaldo.

C. **Remei**; G. **Remedios**; E. **Osane**. Remedios Varo, pintora española (1908-1963). Remedios Amaya, cantaora y bailaora gitana española.

Remedios *3/2 f*

Advocación mariana, por Nuestra Señora de los Remedios. Del latín *remedium*, «medicina, remedio». Aplicado inicialmente como nombre masculino y confundido, por semejanza fonética, con Remigio.

Remi d'Auxerre, teólogo (s. IX-X). Remi Excelmans, mariscal y par de Francia (1775-1852).

Remi *Scc. Remigio m*

De *Rémy*, forma francesa de Remigio (v.).

C. **Remigi/Remígia**; G. **Remixio/Remixia**; E. **Erremigi**, **Remir/Remire**; F. **Rémi**.

Remigio/Remigia *22/3 m/f*

Del latín *remiguis*, «remero». O, quizá, derivado del nombre del pueblo de los *remi*, en la Galia, con capital en Reims.

C. **Renat/Renata**; F. **Réné/Rénée**. Renata Tebaldi, soprano italiana (1922). Renato I *el Bueno*, conde de Provenza (1409-1480).

Renato/Renata *19/10 m/f*

Del latín *renatus*, «renacido», aplicado especialmente a los catecúmenos cristianos en sentido espiritual.

René Descartes, filósofo y científico francés (1596-1650).
René Magritte, pintor belga (1898-1968).

René *Scc. Renato* *m*
Forma francesa de Renato (v.).

C. **Restitut/Restituta**; G. **Restituto/Restituta**.
Santa Restituta de Nápoles, virgen de Cartago, cuya barca incendiada llegó a la ciudad del Vesubio (s. III).

Restituto/Restituta *23/8* *m/f*
Nombre cristiano-romano, aplicado especialmente a conversos. Latín *restitutus*, «restituido» (a la gracia tras una vida pecadora).

C. **Resurrecció**; E. **Berbixe**.

Resurrección *Pascua de Resurrección* *f*
Nombre cristiano, evocador de este misterio religioso. Latín *resurgo*, «levantarse, resurgir».

C. **Rei/Reina**; E. **Erregiñe**; A. It. **Regina**.
Reine Gianoli, pianista francesa (?-1979).
Reyna Pastor de Togneri, historiadora hispano-argentina (1928).
Roy Boulting, cineasta inglés (1913).

Rey/Reina *22/8* *m/f*
La forma femenina es la más usada y equivale a Regina (latín *regina*, «reina»). Es también advocación mariana por las veces que la Virgen es llamada con este apelativo en las Letanías.

C. G. **Reis**.

Reyes *6/1* *f*
Nombre femenino, alusivo a la festividad de los Reyes Magos. Latín *rex* (v. Regina).

Rhonda Fleming («Marilyn Louis»), actriz cinematográfica estadounidense.

Rhonda *f*
Simplificación del topónimo galés *Rhondda*, dervado a su vez del río que da nombre al Rhondda Valley. Originalmente significa «el ruidoso».

C. **Ricard/Ricarda**; G. **Ricardo/Ricarda**; In. **Richard**.
Ricardo I Corazón de León, rey de Inglaterra (1157-1199).
Richard Wagner, compositor alemán (1813-1883).

Ricardo/Ricarda *3/4* *m/f*
Popularísimo en los países anglos (recuérdense los reyes de dinastías inglesas), derivado del germánico *rich-hard*, «fuerte por la riqueza».

C. **Riel**.

Riel *25/11 m*

Nombre bíblico: *ri-el*, que significa «alegría de Dios».

C. **Rigobert/Rigoberta**; G. **Rigoberto/Rigoberta**. Rigoberta Menchú (1959), apóstol guatemalteca de la causa indígena, premio Nobel de la Paz en 1992.

Rigoberto/Rigoberta *4/1 m/f*

Del germánico *ric-berht*, «famoso por la riqueza». Var. Riberto.

Rima *f*

Nombre árabe: «antílope blanco».

C. **Riquild/Riquilda**; G. **Riquildo/Roquilda**. Riquilda, condesa de Barcelona (s. x).

Riquildo/Riquilda *23/11 m/f*

Nombre germánico. De *ric-hild*, «guerrero poderoso». O quizá de *wrik-hild*, «guerrero vengador». Var. femenina: Riquildis.

C. G. **Rita**. Rita Hayworth («Margarita Cansino»), actriz cinematográfica estadounidense (1918-1987).

Rita *22/5 f*

Aféresis hip. de *Marsrida*, con que fue conocida la piadosa madre de familia y religiosa Margarita de Cassia (s. xv), invocada como «abogada de los imposibles».

C. F. A. **Robert/Roberta**; G. It. **Roberto/Roberta**; E. **Erroberta/Erroberte**; In. **Robert** (hip. **Robin**, **Rob**, **Bob**, **Bobby**). Robert De Niro, actor cinematográfico estadounidense (1943). Roberto Rossellini, director cinematográfico italiano (1906-1977).

Roberto/Roberta *30/4 m/f*

Popularísimo nombre en los países germánicos, derivado de *hrod-berht*, «famoso por la gloria». Var. Rodoberto, Ruperto. Hip: Beto. V. también Bob, Robín.

C. **Robín**; In. A. **Robin**. Robin Williams, actor cinematográfico estadounidense (1952).

Robín *Scc. Roberto m*

Hip. anglosajón de Roberto.

Robinson *m*

Inicialmente apellido inglés, *Robin-son*, «hijo de Robin o Roberto», Daniel Defoe lo convirtió en patronímico para el protagonista de su inmortal novela de aventuras.

Robustiano/Robustiana *24/5 m/f*

Gentilicio (*Robustianus*) del latín *Robustus*, «roble, fuerte como el roble» (por *robur*, «roble»).

B. **Rebustianu**; C. **Robustià/Robustiana**; G. **Robustiano/Robustiana**. Robustiano, mártir en Milán (s. III).

Roc *Scc. Roque m*

Forma catalana de Roque (v.).

Roch Ambroise Cucurron («Sicard»), pedagogo francés (1742-1822).

Rocío *Domingo de Pascua o 24/5 f*

Popular nombre andaluz, alusivo a la Virgen del Rocío. Latín *ros*, de donde *roscidus*, «rociado, cubierto de rocío». A veces ha sido cruzado con Rosa, que de hecho tiene el mismo origen.

G. **Rocío**. Rocío Jurado («Rocío Mohedano Jurado»), cantante folclórica española (1944). Rocío Dúrcal, cantante y actriz española (1943).

Rodolfo/Rodolfa *21/6 m/f*

Del germánico *hrod-wulf*, «lobo glorioso», es decir, «guerrero glorioso». Muy popular en los países germánicos y, en la Edad Media, también en España. Asimilado a Radulfo, en realidad distinto (*rad-wuldf*, «consejo del guerrero»). Var. Rodolfo, Rollo, V. también Raúl. Es usada también Rodolfina como forma femenina.

C. **Rodolf/Rodolfa**; G. It. **Rodolfo/Rodolfa**; E. **Errodulba/Errodulbe**; F. **Rodolphe**; In. **Rodolph** (hip. **Rolph**, **Ralph**, **Rolf**); A. **Rudolf** (hip. **Rudi**). Rodolph Valentino («Rodolfo Castellaneta»), actor (1895-1926). Rudolf Bultmann, teólogo y escriturista luterano alemán (1884-1976).

Rodrigo/Rodriga *13/3 m/f*

Nombre medieval, muy frecuente en España en la Edad Media. Del germánico *hrodric*, «rico en gloria». Formas antiguas: Roderico, Ruy.

B. **Roi**; C. **Roderic/Roderica**; G. **Rodrigo/Rodriga** (hip. **Roi**); E. **Edrigu**, **Errodeika**. Rodrigo, último rey de los visigodos (?-711) Rodrigo Díaz de Vivar, el Cid Campeador, guerrero castellano (1043?-1099). Rodrigo Rato, político español (1949).

Rogelio/Rogelia *30/12 m/f*

Nombre medieval: Rodegarius, derivado del germánico *hrod-gair*, «famoso por la lanza». Sinónimos: Angilberto, Gerberto, Geremaro, Ludgerio, Quintigerno. Var. Rogerio, Roger.

C. **Roger/Rogera**; G. **Roxelio/Roxelia**, **Roger**; F. **Roger/Rogère**; In. **Roger** (hip. **Hodege**, **Dodge**); A. **Rudiger**; It. **Ruggero/Ruggera**. Roger Van der Weyden, pintor flamenco (s. XV).

C. F. In. A. **Roger**. Roger Bacon, filósofo inglés franciscano (1214?-1294?).

Roger/Rogeria *Scc. Rogelio* *m/f*

Var. de Rogelio.

C. **Roland/Rolanda**. Rolando, sobrino de Carlomagno, muerto en Roncesvalles según *La canción de Roldán* (s. VIII). Roland Barthes, crítico y semiólogo francés (1915-1980).

Rolando/Rolanda *27/8* *m/f*

Forma evolucionada de Roldán (v.). Asimilado posteriormente a Orlando, en realidad distinto (v.).

C. **Rotllant, Roland/Roldana**; F. **Roland**; In. **Roland, Rowland**; A. **Roldan**; It. **Rolando/Rolanda**.

Roldán/Roldana *13/5* *m/f*

Nombre medieval, procedente del germánico *hrod-land*, «tierra gloriosa». Derivó posteriormente a Rolando (v.).

C. **Romà/Romana**; G. **Romano/Romana**. Romano, papa efímero en 897. Cuatro emperadores bizantinos, entre ellos Romano IV Diógenes (s. XI). Romain Rolland, escritor francés (1748-1828). Romano Prodi, economista y político italiano (1939).

Román/Romana *28/2* *m/f*

Gentilicio de Roma (*romanus*). A su vez, el nombre de esta antigua ciudad del Lacio, capital del antiguo Imperio, quizá se explica por el etrusco *rumi*, «popa de un barco», aludiendo a la situación avanzada de la urbe en el río Tíber, como un barco en el mar (v. Rómulo). Posteriormente, en España, pudo haber entrado en concurrencia con el nombre propio árabe *Rumman*, «romaní, que habla lengua romana», es decir, latín. Var. Romano, Romaniano.

Romel *m*

Variante de Romeo o Romeu.

C. **Romeu/Romea**; F. **Roméo**; G. It. **Romeo/Romea**. Romeo Montesco, héroe del drama de Shakespeare *Romeo y Julieta*, inspirado en una novela homónima de Bandello (s. XVI).

Romeo/Romea *21/11* *m/f*

Antiguo gentilicio de Roma (v. Román), que pasó a designar a los peregrinos medievales que a esa ciudad se dirigían en *romería*. La forma actual parece influida por el *Romeo* italiano, popularizado por el drama shakesperariano *Romeo y Julieta*.

C. A. **Romild/Romilda**. Romilda, condesa de Friul.

Romildo/Romilda *m/f*

Nombre germánico: *Hrom-hild*, «guerrero famoso».

C. **Romí/Romina**. Romina Power (1952), cantante estadounidense, hija del actor Tyrone Power.

Romino/Romina *Scc. Romeo m/f*
Del mismo origen que Romeo/Romea (v.), pero con la terminación gentilicia latina *-inus*, con lo que viene a significar «de la familia de Romeo».

C. **Romuald/Romualda**; E. **Erromolda/Erromolde**; F. **Romuald/Romualde**; G. **Romualdo/Romualda**. Egido Romuald Duni, compositor italiano (?-1775).

Romualdo/Romualda *19/6 m/f*
Nombre portado por un santo monje fundador de la orden de los Camaldulenses (s. IX). Germánico *hruom-wald*, «mando glorioso». Sinónimos: Clearco, Clotaldo, Eudaldo, Gamberto, Gualberto, Gundoaldo, Ibesaldo, Valdemaro.

C. **Ròmul/Ròmula**; G. **Rómulo/Rómula**; E. **Erromul/Erromulle**; F. **Romulus**; In. **Romola**; It. **Romolo/Romola**. Rómulo, mítico fundador de Roma y héroe epónimo de la ciudad. Rómulo Gallegos, escritor venezolano (1879-1969).

Rómulo/Rómula *6/7 m/f*
El fundador de Roma, por lo legendario, toma su nombre del de la ciudad y no al revés (v. Román). Pero también se ha señalado que la cabra que lo amamantó junto con su hermano Remo se llamaba *Rumina*.

C. **Ronald/Ronalda**. Ronald Reagan, político estadounidense, presidente de su país (1911). Ronaldo Nazario de Lima, futbolista brasileño (1976).

Ronaldo/Ronalda *m/f*
Nombre de origen germánico. Derivación de *hrod-ald*, que significa «gobernante glorioso».

C. **Roc**; E. **Erroka**; F. **Roch**; Hip. In. **Rocky**; It. **Rocco**. Roch Ambroise Cucurron («Sicard»), pedagogo francés (1742-1822).

Roque/Roquelia *16/8 m/f*
Nombre germánico: *hroc*, grito de guerra (*rohon*, «bramar»), aunque concurre con el latino *roca*, «roca» (cf. Pedro).

Roquelina *Scc. Roque f*
Variante de Roquelia, forma femenina de Roque muy usada en México.

C. G. In. A. It. **Rosa**; E. **Arroxa/Errose**; F. **Rose**. Rosa Luxemburg, dirigente revolucionaria y teórica marxista alemana de origen polaco (1871-1919). Rosa Maria Sardà, actriz catalana (1941). Rosa Montero, periodista y novelista española (1951).

Rosa/Roso *23/8* *f/m*

Nombre femenino, evocador de la flor. Del latín *rosa*, aunque ha concurrido con diversos nombres germánicos con la raíz *hrod*, «gloria». De ahí la proliferación de derivados: Rosalba, Rosalina, Rosalinda, Rosalía, Rosamunda, Rosana, Rosario, Rosaura, Rósula, Rosoínda.

C. A. **Rosalba**. Rosa Alba Carriera («Rosalba»), miniaturista, diseñadora y pastelista italiana (1675-1757).

Rosalba *Scc. Rosa* *f*

Derivado de Rosa (v.): *Rosa alba*, «Rosa blanca».

C. G. **Rosalinda**; F. **Rosalinde**; In. A. **Rosalind**. *Rosalinda*, personaje de la ópera de Johann Strauss II. Rosalynn Carter, esposa del presidente de estadounidense Jimmy Carter (s. XX).

Rosalinda *17/1* *f*

Del germánico *hrod-lind*, «gloriosa por su dulzura» (cf. Linda). Contribuyó a la difusión del nombre el parecido fonético con los nombres de origen latino Rosa (v.) y Rosalía (v.). Var. Rosalina.

C. G. **Rosalia**; E. **Errosate**. Rosalía de Castro, escritora gallega (1837-1885). Rosalie o Rosina Bernard («Sarah Bernhardt»), actriz francesa (1844-1923).

Rosalío/Rosalía *4/9* *m/f*

Nombre evocativo de las *rosalias*, fiestas romanas en que se arrojaban rosas sobre la tumba del difunto. Asimilado a Rosalina y Rosalinda. En Galicia, donde es muy corriente, difundió el nombre la poetisa R. de Castro.

C. **Rosamunda**; In. **Rosmund**, **Rosamond**; It. **Rosamunda**. Rosamond Nina Lehmann, novelista británica (1903).

Rosamunda *Scc. Rosa* *f*

Del germánico *Rosamund*, procedente de *hrod-mund*, «que protege por la fama». Identificado posteriormente con la expresión latina *rosa munda*, «rosa pura». Difundido por una ópera homónima de Schubert.

C. **Rosana, Rosanna**; G. In. **Rosana**; A. **Rosanna**. Rosanna Arquette, actriz y cineasta estadounidense (1959). Rossana Rossanda, política y periodista italiana (1923).

Rosana *22/5 f*
Del latín *roseanus*, «como la rosa, rosáceo». También es combinación de Rosa y Ana. Var. Rosanna.

Rosanio, personaje de Lope de Vega en *El inobediente*.

Rosanio *Scc. Rosana m*
Nombre de fantasía, creado por Lope de Vega. Sería el masculino de Rosana (v.).

Rosarda, personaje de Lope de Vega en *Lo fingido verdadero*.

Rosarda *Scc. Rosa f*
Nombre de fantasía, creado por Lope de Vega a partir de Rosa (v.), con el sufijo germánico *-hard*, «fuerte».

C. **Roser**; G. **Rosario**; E. **Agurtne, Agurtzane**. Charo López («María del Rosario López Piñuelas»), actriz española (1943). Rosario Flores, cantante y bailarina española (1964).

Rosario *7/10 f*
Nombre evocador de la devoción mariana del rosario (latín *rosarium*, «rosal, jardín de rosas»).

C. G. **Rosaura**. Rosaura, personaje de la zarzuela *Los Gavilanes*, de Jacinto Guerrero (1923).

Rosaura *Scc. Rosa f*
Del germánico *hrod-wald*, «gobernante glorioso» (cf. Romualdo). Identificado posteriormente con el latín *rosa aurea*, «rosa de oro».

Rosela, personaje de Lope de Vega en *San Nicolás de Tolentino*.

Rosela *Scc. Rosa f*
Nombre de fantasía, creado por Lope de Vega a partir de Rosa (v.), con el sufijo diminutivo latino *-ellus*.

Roselia, personaje de Lope de Vega en *La corona derribada*.

Roselia *Scc. Rosa f*
Nombre de fantasía, creado por Lope de Vega a partir de Rosa (v.), con el sufijo diminutivo latino *-elius*.

C. **Rossell, Rossend/Rossenda**; E. **Errosenda/Errosende**. San Rosendo, príncipe y monje en Galicia (s. x).

Rosendo/Rosenda *1/3 m/f*
Del germánico *hrod-sinths*, «que va en dirección a la fama». Forma antigua: Rudesindo.

Roser *Scc. Rosario* *f*

Forma catalana de Rosario.

Rosino/Rosina *19/10* *m/f*

C. **Rosí/Rosina**; G. **Rosiña**; In. A. **Rosina**. Rosalie o Rosina Bernard («Sarah Bernhardt»), actriz trágica francesa (1844-1923).

Del latín *rosinus*, derivado de *rosa*, «rosa». Difundido por la protagonista de varias óperas.

Rosvita *f*

C. **Rosvita**; A. **Roswitha**. Hrosvitha von Gandersheim, monja y poetisa alemana, viajera e informadora del califato de Córdoba (s. x).

Adaptación del nombre germánico medieval *Hroswitha*, «mujer gloriosa».

Roxana *Scc. Rosa* *f*

C. **Roxana**; F. **Roxane**; In. **Roxana**; It. **Rosanna**. Roxana, esposa de Alejandro Magno. Roxana, protagonista de la comedia de Rostand *Cyrano de Bergerac* (1897).

Del persa *Roakshna*, «la brillante». Por similitud ha sido confundido con Rosana (v.).

Ruaida *f*

Nombre árabe (*Ruwaydah*): «la que anda gentilmente».

Rubén *4/8* *m*

C. **Robèn**; G. **Rubén**; F. **Ruben**; In. **Reuben**; It. **Rùben**. Rubén Darío («Félix Rubén García Sarmiento»), periodista y diplomático nicaragüense (1867-1916). Rubén Blades, cantante de salsa panameño (1948).

Lía, madre del patriarca bíblico de este nombre, exclamó según la tradición al alumbrarlo: «Dios ha visto mi aflicción» (*raá beonyí*), y de ahí procede el onomástico. Todos los nombres de los hijos de Jacob contienen alusiones similares (v. Simeón, Dan, José, Benjamín). En otras interpretaciones, deriva de *raah-ben*, «veo un hijo».

Rucadán *m*

Nombre guanche. Sin traducción.

Rudyard *m*

Rudyard Kipling, escritor inglés (1865-1936)

Apellido convertido en nombre. Por *ryd*, «el que vive en un claro del bosque», y *gerd*, medida de tierra equivalente a treinta acres, que designa al poseedor de esta propiedad.

Rufino/Rufina *19/7 m/f*

C. **Rufí/Rufina**; G. **Rufino/Rufina**; F. **Rufin/Rufine**; It. **Ruffino/Ruffina**. Rufino Tamayo, pintor mexicano (1899-1991).

Se trata de un gentilicio (*Rufinus*) del latín Rufo (*rufus*, «rojo», de pelo rojo»), uno de los nombres más populares en la antigua Roma. Hoy muy corriente todavía en Andalucía.

Ruhollah *m*

Ruhollah Jomeiny, jefe espiritual iraní (1900-1989).

Nombre parsi. De la palabra *rayyah*, «saciado».

Ruperto/Ruperta *27/3 m/f*

C. In. A. **Rupert/Ruperta**; G. **Ruperto/Ruperta**. Rupert Chauner Brooke, poeta inglés (1887-1915).

Forma antigua de Roberto.

Russell *Scc. Rosendo m*

Russell Crowe, actor cinematográfico estadounidense. Russ Tamblyn, actor y bailarín estadounidense.

Forma inglesa de Rosendo (v.).

Rústico/Rústica *26/10 m/f*

C. **Rústic/Rústica**; E. **Errustika/Errustike**. San Rústico, obispo de Narbona, amigo de san Jerónimo y san León (?-461).

Del latín *rusticus*, «habitante del campo, campesino», y por extensión, «sencillo, ingenuo». *Rus*, «campo» (avéstico *ravo* y antiguo alto alemán *rum*, «espacio libre», de donde el alemán *Ramu* y el inglés *room*). El más famoso mártir de este nombre es el bergamasco Rústico, torturado en Verona (s. IV).

Rut *4/6 f*

C. G. It. **Rut**; F. In. A. **Ruth**;Por **Rute**. Rut, personaje del Antiguo Testamento, viuda que sigue a su suegra Noemí hasta Belén, donde se casa con Booz. Ruth Elisabeth Davis («Bette Davis»), actriz cinematográfica estadounidense (1908-1989). Ruth Gabriel, actriz cinematográfica española (1975).

Nombre bíblico del Antiguo Testamento. Del hebreo *ruth*, «amistad, compañía». Aunque parece que esta interpretación del nombre de la bisabuela de David es simbólica, aludiendo la historia del personaje. Más probablemente, el origen está en *ru'th*, «belleza». La popularidad del personaje fue tal en la Edad Media que Dante la situaba sentada a los pies de la Virgen María en *La Divina Comedia*. Var. Ruth. V. también Rutilio.

Rutilio/Rutilia *4/6 m/f*

C. **Rútil**; It. **Rutilio/Rutilia**. San Rutilio, mártir africano (s. III).

Del latín *rutilius*, «resplandeciente» (de *rutilo*, «brillar»). Asimilado a la forma masculina de Rut. Var. Rutilo.

Ruymán *m*

Nombre guanche literario, inventado. Sin traducción.

Ryan O'Neal, actor cinematográfico estadounidense (1941).

Ryan *m*

Corriente apellido irlandés, de origen incierto. Popularizado desde el filme *Love Story*, protagonizado por Ryan O'Neil (1970).

S

Sabas *23/4 m*

C. **Sabas**; E. **Saba**. San Sabas, eremita de la Capadocia, luchador contra la herejía monofisita (439-532).

Uno de los nombres mas enigmáticos, como evidencia la multitud de interpretaciones que se le han otorgado. Ha sido visto como una derivación de *sabaeus*, gentilicio de Saba, antiguo nombre de Arabia. También se ha citado el rey indio *Sabbas*. Influido posteriormente por *Sabazius*, frecuente entre los primitivos cristianos, que originó Sabacio. Es asimilado a veces con Julián por uno de estos protocristianos.

Sabiniano/Sabiniana *29/1 m/f*

C. **Sabinià/Sabiniana**. Sabiniano, papa toscano de 604 a 606. Savinien Cyrano de Bergerac, escritor francés (1619-1655).

Gentilicio latino de Sabino: *Sabinianus*, «relativo, de la familia de Sabino».

Sabino/Sabina *30/1 m/f*

B. F. In. **Sabin**; C. **Sabí/Sabina**; G. **Sabino/Sabina**; E. **Sabin/Xabadin**; It. **Sabino, Savino/Savina**. Sabina, esposa del emperador Hadriano (s. II). Sabino de Arana, político vasco, fundador del nacionalismo vasco (1865-1903).

Alusivo al pueblo del mismo nombre, cuya unión con los latinos (simbolizada en el célebre rapto de las sabinas) dio origen a la ciudad de Roma. Derivado: Sabiniano.

Sabira *f*

Nombre árabe: «paciente».

Sabrino/Sabrina *Scc. Sabina m/f*

C. **Sabrí/Sabrina**; F. In. A. **Sabrina**. Sabrina, protagonista de un célebre filme homónimo de Audrey Hepburn y Humphrey Bogart (1954).

Del latín *severnius*, «que vive al lado de la frontera, fronterizo», por el nombre del río Severno, que durante mucho tiempo formó frontera entre el Imperio Romano y las tribus bárbaras (se ha relacionado el nombre del río con el de la legendaria doncella Sabra). Identificado a veces, por similitud, con Sabina o con Severina.

Sacha Distel, cantante francés.

Sacha *30/8* *m*
Hip. ruso de Alejandro (v.), popularizado en Francia.

C. **Sagrament**; E. **Graziturri**.

Sacramento *f*
Nombre cristiano. Del latín *sacramentum*, «depósito hecho a los dioses como garantía» (*sacer*, «sagrado»). Es indistintamente usado como masculino o femenino.

Saddam Hussein, político iraquí (1937)

Saddam *m*
Nombre árabe. Derivación de *sa'hd*, «buena suerte»: «el afortunado».

Sadi *m*
Nombre francés, probable hip. de Sadot.

C. **Sadoc**. Sadoc, sumo sacerdote hebreo, que unció como rey a Salomón.

Sadoc *2/6* *m*
Nombre bíblico (*Sadoq*), posiblemente relacionado con el de *tzadoq*, «justo».

Safir *f*
Forma catalana de Zafiro (v.).

C. **Safo**. Safo de Lesbos, poetisa griega (625-580 a. de C.)

Safo *f*
Nombre originario de la isla de Lesbos, de origen desconocido, quizá relacionado con *sappheiros*, «lapislázuli».

C. **Sagar**. Sagar, en la Biblia, cuarto hijo de Obed-Edom, I Crón 8,10.

Sagar *6/10* *m*
Nombre bíblico. Del hebreo *sage*, «errante». Var. Sakar.

C. **Sagrari**; G. **Sagrario**; E. **Sagari**, **Oteundegi**.

Sagrario *f*
Nombre femenino cristiano místico, alusivo al receptáculo del Santísimo Sacramento (*sacrarium*). Cf. Soro.

Cide Hamete Benengeli, imaginario autor de *El Quijote* según el propio Cervantes.

Said *m*
Del árabe *sa'id*, «feliz». Utilizado como título (Cid o Cide, «señor»). Var. Sidi.

Sainza *Scc. Sancha* *f*
Variante de Sancha.

Sajama *f*
Nombre de una divinidad aymara-inca.

C. **Saladí**.
Saladino I («Salah al-Din Yusuf»), sultán de Egipto y Siria, fundador de la dinastía ayyubí (1138-1193).

Saladín *m*
Del nombre árabe *Salah al-Din*, «recto en la fe». Var. Saladino.

C. **Salem**.

Salem *m*
Del árabe *xalem*, y éste del hebreo *scialom*, «paz» (v. Salomón).

Salicio, personaje de Lope de Vega en *La Arcadia*.

Salicio *m*
Nombre de fantasía, propio de las novelas pastoriles y utilizado por Lope de Vega. Por el latín *salix*, «sauce»: «relativo, que vive en un bosque de sauces».

Salim *m*
Nombre árabe: «seguro, que está a salvo». Posiblemente, fórmula natalicia.

Salima *f*
Nombre árabe (*Sálimah* o *Salímah*). Significa «segura, saludable».

Sally *Scc. Sara* *f*
Hip. anglosajón de Sara (v.).

Salma *f*
Nombre árabe: «pacífica» (v. Salomón).

Salman Rushdie, escritor angloindio (1947).

Salman *m*
Nombre árabe, variante de Salim.

C. **Salomó/Salomé**; G. **Salomé**; E. **Salome**, **Xalome**; F. **Salomon/Salomé**; In. **Salome**; A. **Salomone/Salome**; It. **Salomon/Salome**; Ár. **Suleiman**.

Salomé *22/10* *f*
Considerado como la forma femenina de Salomón (v.), es en realidad más bien una helenización del hebreo *shalem*, «completo, perfecto». Es muy conocida la adaptación de su forma árabe, Solimán.

Salomón *13/3 m*

C. **Salomó**; G. **Salomón**; F. **Salomon**; In. **Solomon**; A. **Salomone**; It. **Salomon**; Ar. **Suleiman**. Salomón, rey de Israel (1000?-932 a. de C.). Salomon R. Guggenheim, magnate y mecenas estadounidense (1861-1949).

Rey judío hijo de David, famoso por su sabiduría. Su nombre es derivación del hebreo *shelomó*, «pacífico» (como Casimiro, Federico, Ireneo, Manfredo, Onofre, Pacífico, Zulema).

Salud *8/9 f*

C. **Salud**; G. **Saúde**.

Nombre de la Virgen de numerosos santuarios, especialmente en Cataluña y el País Valenciano.

Salustiano/Salustiana *8/6 m/f*

C. **Sal·lustià/Sal·lustiana**; E. **Salusten**. San Salustiano, mártir sardo (s. IV).

Gentilicio (*Sallustianus*) del latino *Salustius* o *Sallustius*, «sano, saludable» (sinónimo de Higinio, Elvisa, Salonio, Salud, Valerio).

Salustio/Salustia *14/9 m/f*

C. **Salusti/Salústia**. Cayo Salustio Crispo, historiador y político latino (86-35 a. de C.).

Del latin *salus*, «salud». *Salustius*, «portador de salud, sano». Var. Salustiano.

Salvador/Salvadora *13/3 m/f*

C. G. **Salvador/Salvadora**. Salvador Allende, político chileno (1908-1973). Salvador Dalí, pintor, decorador y escritor catalán (1904-1989). Salvador de Madariaga, escritor y político gallego (1886-1978). Salvador Espriu, escritor y poeta catalán (1913-1985).

Nombre alusivo a Cristo (del cual es semánticamente equivalente), salvador de todos los hombres, usado en los primeros siglos cristianos en lugar de Jesús, cuyo uso era irreverente. Muy popular en España e Italia.

Salvagio *m*

Salvagio, personaje de Lope de Vega en *La hermosa Ester*.

Nombre de fantasía, creado por Lope de Vega. Del latín *salvus*, «sano, salvado».

Salvio/Salvia *10/9 m/f*

C. **Salvi/Sàlvia**; G. **Salvio/Salvia**. San Salvio, mártir en África (s. IV). Marco Salvio Otón, emperador romano (32-69).

Del latín *salvus*, «salvado», aplicado especialmente a los nacidos en un parto difícil. Var. Salviano, Salvino,

Sam *Scc. Samuel m*

Sam Peckinpah, director cinematográfico estadounidense (1925-1984).

Hip. anglosajón de Samuel y de Samson (Sansón).

Samal/Samala *m/f*

Para los mayas, el *samalla* era «la mañana, el amanecer, el día siguiente», y por tanto, «el futuro».

C. **Samanta**; F. In. A. **Samantha**.

Samanta *f*

Del arameo *samantha*, «que escucha». Para otros es simplemente la forma femenina de Samuel.

Samira *f*

Variante femenina fantasiosa de Samuel.

No varía en las lenguas próximas. Samuel Beckett (1906), novelista y dramaturgo irlandés, premio Nobel en 1969. Samuel Goldwyn, productor cinematográfico estadounidense (1882-1974). Samuel Langhorne Clemens, «Mark Twain», escritor estadounidense (1835-1910).

Samuel/Samuela *20/8* *m/f*

Popular nombre hebreo, hoy todavía de gran uso en los países anglosajones. El Tío Sam representa alegóricamente a los Estados Unidos de Norteamérica, aunque su creación se debió al juego de palabras U. S. (United States, asimilado a *Uncle Sam*). Etimológicamente parece derivado de *samu'el*, «Dios escucha». V. también Samanta.

C. **Sanç/Sança**. Sancho Panza, coprotagonista de la novela *El ingenioso hidalgo don Quijote de la Mancha*, de Cervantes. Sancho I *el Conquistador*, rey de Portugal (1154-1211). Sancho Gracia, actor español.

Sancho/Sancha *5/7* *m/f*

Derivación del latín *sanctus*, «santo». Popular en España en la Edad Media. Aunque había sido llevado por varios reyes de León y Castilla, fue realmente inmortalizado por Sancho Panza.

Sandor *Scc. Alejandro* *m*

Forma húngara (Sándor) de Alejandro (v.).

C. **Sandrí/Sandrina**.

Sandrino/Sandrina *2/4* *m/f*

Hip. de Alejandrino/Alejandrina. Muy popular en Francia hace unos años.

Sandro/Sandra *Scc. Alejandro m/f*

Hip. italiano de Alejandro, *Alessandro*. Es también forma hip. de Alexandra, muy corriente en Italia.

C. **Sandre/Sandra**; F. In. A. **Sandra**; It. **Sandro/Sandra**; G. **Xandro/Xandra**.
Sandra Bullock, actriz estadounidense (1971).
Sandro Botticelli («Mariano Filipepi»), pintor, dibujante y grabador italiano (1444-1510).

Sansón *28/7 m*

Nombre de uno de los más famosos jueces menores bíblicos, invencible por su fuerza aunque sometido al fin por la astucia de una mujer, Dalila. Seguramente procede de *samen*, «fuerte», o de *saman*, «destruir».

C. **Samsó**; G. **Sansón**; F. A. **Samson**; **Sampson**; It. **Sansone**.
Sansón Carrasco, personaje de la novela *El ingenioso hidalgo don Quijote de la Mancha*, de Cervantes.
Sansón, último de los siete jueces de Israel, héroe nacional de la lucha contra los filisteos.

Santiago/Santiaga *25/7 m/f*

Del grito de guerra medieval cristiano *Sancte Iacobe*, aludiendo al apóstol evangelizador de España. Su abreviatura *Sant Yago* o *Santo Yagüe* dio lugar por aglutinación al nombre actual (v. Jaime y Jacob).

B. **Jacobo/Jacoba**; C. **Santiago/Santiaga**; G. **Santiago/Santiaga**, **Iago/Iaga**; E. **Xanti**; Por. **Tiago**.
Santiago Carrillo, político español (1915).
Santiago Ramón y Cajal (1852-1934), médico español, premio Nobel de Medicina en 1906.

Santos *1/11 m*

Nombre evocador de la festividad de Todos los Santos (v. Sancho).

C. **Sants**; G. **Santos**; E. **Sandor**, **Deunoro**; F. **Toussaint**; It. **Ognissanti**.
José Santos Chocano, poeta peruano (1875-1934).

Sara *9/10 f*

Uno de los nombres más populares, ayer y hoy. Portado por la bíblica esposa de Abraham, llamada inicialmente *Saray* («querellante»), y cambiado a *Sarah*, «princesa» a propuesta de Jahvé.

C. G. It. **Sara**; F. A. **Sarah**; In. **Sarah** (hip. **Sally**).
Sara Montiel («María Antonia Abad»), actriz y cantante folclórica española (1928).
Sarah Vaughan, cantante de jazz estadounidense (?-1990).

C. **Sarai**.
Saray, nombre inicial de la esposa de Abraham (v.).

Saray *Scc. Sara* *f*
Variante de Sara (v.).

Sardañí *Scc. Gracia* *f*
Nombre caló, equivalente a Gracia.

Saskia van Uylenburgh, primera esposa de Rembrandt (?-1642).

Saskia *f*
Nombre neerlandés, famoso por la primera mujer del pintor Rembrandt. Del germánico *saks*, «cuchillo».

Satdiñela *Scc. Concepción* *f*
Nombre caló, equivalente a Concepción.

C. **Saturi/Satúria**; G. **Saturio/Saturia**.
San Saturio, ermitaño en el desierto de Castilla, patrón de su Soria natal (?-568).

Saturio/Saturia *2/10* *m/f*
Variante de Sáturo (y éste del latín *saturus*, «saciado, saturado»), famosa por un santo soriano compañero de san Polo... y por los paseos del poeta Antonio Machado hacia la ermita de ambos. Var. Saturino.

C. **Sadurní/Sadurnina**; E. **Saturnin, Zernin, Satordi, Zadornin/Zadorniñe**; G. **Sadurniño/Sadurniña**.
San Saturnino, primer obispo de Toulouse y mártir (s. III).

Saturnino/Saturnina *29/11* *m/f*
Del latín *saturninus*, gentilicio de Saturno, el dios mitológico equivalente al griego Cronos, mítico rey del Lacio devorador de sus hijos (a ello alude el nombre de *satur*, «tragón», cf. Saturio).

C. **Saturn/Saturna**: G. **Saturno/Saturna**.
Saturno, antigua divinidad latina, identificado con el Cronos griego.

Saturno/Saturna *Scc. Saturnino* *m/f*
Nombre mitológico equivalente al griego *satur*, «harto, saciado, saturado», aludiendo a que este dios (el *Kronos* griego) devoraba a sus hijos.

Ibn Saud, rey de Arabia Saudí (1902-1969).

Saud/Sauda *m/f*
Nombre árabe antiguo, de significado desconocido.

C. **Saül**; G. **Saúl**, In. A. **Saul**; It. **Sàul**.
Saul Bellow (1915), novelista estadounidense, premio Nobel de Literatura en 1976.

Saúl *Scc. Saulo* *m*
Nombre bíblico del Antiguo Testamento. *Sa'ul*, «el deseado», portado por el primer rey de Israel. Helenizado en Saulo, nombre originario de Pablo de Tarso, quien lo cambió a Pablo (*Paulus*), fonéticamente similar.

C. **Saví/Savina**.

Savino/Savina *11/7 m/f*

Nombre latino, frecuente en la Antigua Roma. De *savis*, forma arcaica de *suavis*, «suave, agradable».

Scott Fitzgerald («Francis Scott Fitzgerald»), novelista británico (1896-1940).

Scott *m*

Se trata de un apellido transformado más en nombre, equivalente a Escoto: *scott*, «escocés».

C. **Sebastià/Sebastiana**; G. **Sebastián/Sebastiana** (hip. **Bastián**); E. **Sebaste**; F. **Sébastien/Sébastienne** (hip. **Bastien**); In. A. **Sebastian**; It. **Sebastiano/Sebastiana** (hip. **Bastiano**). San Sebastián, mártir romano (s. III) muerto por asaetamiento en Roma en el s. III por Diocleciano. Sebastian Coe, atleta británico (1956).

Sebastián/Sebastiana *20/1 m/f*

Del nombre latino *Sebastianus*, derivado del griego *sebastós*, que significa «digno de respeto, venerable, majestuoso» (*sebas*, «veneración»), título que se daba al emperador. Este nombre ha sido muy popular en todas las épocas, como lo prueba su huella en la toponimia: Sebastopol (*Sebastos-polis*, «ciudad de Sebastián»), o nuestra San Sebastián, *Donostia* en la lengua original. Hip. Bastián.

C. **Seclina**; G. **Seculina**, **Segoiña**; F. **Ségolène**.

Seclina *f*

Procede del latín *Seclinus*, que es una deformación del nombre *Saeculinus*, «muy anciano, centenario» (*saeculum*, «siglo»). Var. Seculina.

C. **Secundí/Secundina**; G. **Secundino/Secundina**.

Secundino/Secundina *18/2 m/f*

El nombre latino *Secundus*, «segundo», era aplicado al hijo segundogénito. Conoce numerosos derivados, algunos de los cuales continúan siendo comunes hoy en día: Secundario, Secundiano, Secundilo, Secundio, Secundo, Secúndolo, Segundo, Segundino.

C. **Sèfora**. Séfora, esposa de Moisés (Ex. 1, 15).

Séfora *f*

Nombre bíblico (*Siphra*). Del hebreo *zipporah*, «ave».

C. **Segene**.

Segene *12/8 f*

Nombre germánico, con la raíz *sig*, «victorioso».

C. **Segimon/Segimona**; G. **Sexismondo/Sexismonda**, **Sismundo/Sismunda**; E. **Sekismunda/Sekismunde**; F. In. **Siegmund/Siegmunde**; A. **Sigmund**; It. **Sigismondo/Sigismonda**.
Segismundo, protagonista de *La vida es sueño*, de Calderón de la Barca.
Sigmund Freud, neurólogo y psiquiatra austríaco, fundador del psicoanálisis (1856-1939).

Segismundo/Segismunda *1/5 m/f*

Del germánico *seig-mund*, «el que protege por la victoria». Famoso especialmente en Centroeuropa, donde ha sido portado por emperadores, e introducido también en España. Var. Sigismundo, Sigmundo.

C. **Segon/Segona**; G. **Segundo/Segunda**.
Second Tranquilli («Ignace Silone»), escritor italiano (1900-1978).
Segundo de Chomón, pionero del cine español (1871-1929).

Segundo/Segunda *9/1 m/f*

Del latín *secundus*, «segundo», aludiendo al nacido en segundo lugar, y más genéricamente a los «segundones» (v. Máximo). Ello explica su gran difusión y abundancia de derivados: Secundo, Secundio, Secundino, Secundario, Secundiano, Secúndulo, Secundilo, Secúndolo.

C. **Selena**; A. **Selene**.
Selene, en la mitología griega, hermana de Helio (el Sol) y de Eos (la Aurora), amada de Endimión, con quien engendró cincuenta hijas.

Selena *f*

Nombre mitológico griego: *Selene*, «la Luna». Var. Selene.

C. **Salics**.
Selica Pérez-Carpio, actriz española (s. XX).

Selica *f*

Del nombre germánico masculino *Salicho*, de origen desconocido (quizá relacionado con el topónimo celta *Salica*).

C. **Selma**.
Selma Hayek, actriz cinematográfica mexicana (1967).

Selma *Scc. Anselmo f*

Hip. de Anselma. Muy en boga en América.

Selva *f*

Del latín *silva*, «bosque, selva». Cf. Silvia, Silvana.

C. **Semíramis**.
Semíramis, legendaria reina asiria (*Schamiram*), aficionada a la caza.

Semíramis *f*

Se ha relacionado el nombre con *shammuramat*, «amiga de las palomas».

C. **Semproni/Semprònia**; G. **Sempronio/Sempronia**. Santa Semproniana, hermana de Juliana, ambas de Mataró. Sempronio, compañero de Pármeno en la tragicomedia de Fernando de Rojas *La celestina* (1499).

Sempronio/Sempronia *27/7 m/f*

Del latín *Sempronius*, nombre de una familia romana que lo asimilaba a *sempiternus*, «eterno», aunque probablemente la palabra es de origen etrusco. Var. Semproniano/Semproniana.

C. **Sèneca**. Lucio Anneo Séneca, escritor, filósofo y político latino (4 a. de C.-65 d. de C.)

Séneca *m*

Posiblemente derivación del latín *senectus*, «viejo, venerable».

C. **Senén**, **Senent** (hip. **Nin**, usado en la expresión *sant Nin i sant Non*, «san Senén y san Abdón», muy populares en Barcelona); G. **Senin**, Senén, santo oriental, martirizado en Roma con san Abdón (v.) en 254.

Senén *30/7 m*

Las grafías antiguas (*Sennen*, *Sennis*, *Zennen*) sugieren una vinculación con *Zen*, sobrenombre de Júpiter en griego (*zoé*, «vida»). Otros intérpretes prefieren atribuirle un origen persa basándose en una tradición sobre ambos santos.

C. **Septimi/Septímia**. Lucio Septimio Severo, emperador romano (146-211).

Septimio/Septimia *10/10 m/f*

Nombre de una familia romana, de la que salió el emperador Lucio Septimio Severo. Del latín *septimus*, «séptimo» (hijo). Cf. Máximo, Primo. Var. Séptimo, Septimino, Septiminio.

C. **Serafí/Serafina**; E. **Serapin**; F. **Séraphin**; In. **Seraphin**; A. **Seraph**; It. **Serafino/Serafina**. Serafín Alvarez Quintero, escritor andaluz-castellano (1871-1938). Séraphine Louis («Séraphine»), pintora francesa (1864-1934).

Serafín/Serafina *12/10 m/f*

Uno de los nueve coros angélicos definidos por santo Tomás de Aquino. Del hebreo *saraf*, «serpiente» (plural *saraphim*). Alude a la serpiente de bronce usada como amuleto curativo por los judíos en el Arca de la Alianza.

C. E. **Serapi/Seràpia**; G. **Serapio/Serapia**. Serapio, alta divinidad egipcia trasplantada a los panteones griego y romano.

Serapio/Serapia *3/9 m/f*

Se trata de un nombre que deriva del latín *Serapion*, aludiendo al dios Serapis, divinidad procedente de Egipto. Adoptado finalmente por el cristianismo.

Serapis *Scc. Serapio 14/11* *m*

C. **Serapis**. Serapis, dios supremo del Egipcio ptolomaico, identificación de la divinidad Osiris-Apis con Serapio

Nombre de un dios griego, procedente de divinidades egipcias anteriores. Significado desconocido.

Sereno/Serena *28/6* *m/f*

C. **Serè/Serena**; G. **Sereno/Serena**. Serena Vergano, actriz cinematográfica hispano-italiana (1940). Serena Williams, tenista estadounidense (1981).

Del latín *serenus*, «sereno, claro, tranquilo» (de ahí su actual uso, en superlativo, como forma honorífica: «Su Alteza Serenísima»). Su popularidad ha renacido en los últimos años.

Serezade *f*

Serezade, heroína de la colección de cuentos árabes *Las mil y una noches*

Nombre árabe, escrito de multitud de formas: Serezade, Scherezade, Sarasad. Significa «hija de la ciudad».

Sergio *7/10* *m*

C. E. **Sergi**; G. **Serxio**; F. **Serge**; In. A. **Sergius**; It. **Sergio**; R. **Sergej**. Sergei Prokofiev, compositor ruso (1891-1953) Sergei Rajmaninov, compositor ruso (1873-1943). Sergi Bruguera, tenista catalán (1971). Sergio, patriarca de Constantinopla e inspirador del monoteísmo (s. VII).

De origen etrusco, originó el romano *Sergius*. De significado dudoso, aunque habitualmente es traducido como «guardián». Virgilio lo hacía proceder del nombre del guerrero troyano *Sergestus*. Muy utilizado siempre en la iglesia oriental, lo que ha inducido a considerarlo, erróneamente, como ruso. Sinónimos: Eduardo, Nidgaro.

Servando/Servanda *23/10* *m/f*

C. **Servand/Servanda**; G. **Servando/Servanda**. Jean Servais Stas, químico belga (1813-1891).

Nombre cristiano-romano: *Servandus*, «el que guarda u observa (la ley, la equidad)». Popular en España por dos santos: el mártir de Osuna y el obispo gallego de Iria. Var. Cervantes.

Servio/Servia *Scc. Servando* *m/f*

C. **Servi/Sèrvia**. Servio Tulio, quinto rey de Roma (s. VII a. de C.). Servio Sulpicio Galba, emperador romano (3? a. de C.-69).

Nombre latino. Servio Tulio, sexto rey de Roma. *Servius*, «el que observa», o «el que se conserva» (en el vientre de la madre fallecida, es decir, «nonato»).

Sesostris *m*

Sesostris III, faraón egipcio de la XII dinastía (s. XIX a. de C.)

Sesostris, nombre egipcio, de significado desconocido.

Setawa *f*

Los *setawa kaliana* eran los maestros shamanes (v. Medatia) que vivían en el segundo cielo o *Iadakuna* para el pueblo indio Orinoco. Nunca comían ni bebían y permanecían siempre sentados en la actitud del Pensador.

C. **Severià/Severiana**; E. **Seberin/Seberiñe**. Severiano Ballesteros, jugador de golf cántabro (1957).

Severiano/Severiana *9/9 m/f*

Gentilicio (*Severianus*) de Severo.

C. **Severí/Severina**; G. **Severino/Severina**; E. **Seberin/Seberiñe**; D. **Sören**. Severino, papa en 640. François Séverin Marceau, general francés (s. XVIII). Sören Kierkegaard, filósofo danés (1813-1855).

Severino/Severina *9/1 m/f*

Derivado de *severus*, en latín «severo, austero», que da Severo, portado por un emperador romano y un santo barcelonés. La forma danesa Sören ha sido extendida por el filósofo Sören Kierkegaard. Var. Severiano.

C. **Sever/Severa**. San Sever, obispo de Barcelona (s. VI-VII) Sebero Altube, escritor y lexicógrafo vasco (1877-1963). Severo Ochoa, científico asturiano-estadounidense, premio Nobel en 1959 (1905-1993).

Severo/Severa *6/11 m/f*

Del latín *severus*, «severo, austerio, serio». Nombre del patrón menos principal de la diócesis de Barcelona. Var. Severino, Severiano.

C. **Sextus, Sisè/Sisena**. Sexto Propercio, poeta elegíaco latino (47-14 a. de C.).

Sexto/Sexta *31/12 m/f*

Del latín *sextus*, aludiendo al sexto hijo nacido. Con el tiempo acabó confundiéndose con Sixto (v.), de distinto origen.

Shannon *f*

Río irlandés, el más largo del país, pasa por Limerick. Popularizado como nombre personal patriótico. Significa «el antiguo», esto es, alusivo a una divinidad.

Sheila Scott («Sheila Christine Hopkins»), aviadora británica (1927-1988).

Sheila *f*

Nombre irlandés. De *Sile*, antigua adaptación de Celia. Posteriormente asimilado a otros nombres afines: así, en la misma Irlanda, a Julia, y en Inglaterra a Shela. nombre bíblico citado en el Génesis (38,5).

Shiah *m*
«Regalo» en lengua maya.

Shirley Temple, actriz cinematográfica estadounidense, *La pequeña novia de América* (1928). Shirley MacLaine («Shirley MacLean Beaty»), actriz cinematográfica estadounidense (1934). Shirley Jones, actriz cinematográfica estadounidense.

Shirley *m*
En el siglo XIX era un nombre de varón, aunque la novela *Shirley*, de Charlotte Brontë, lo reorientó hacia las mujeres, y se ha consagrado en nuestro siglo con varias actrices cinematográficas. Del inglés antiguo *scirleah*, «prado brillante».

Shiva, miembro de la Trimurti (trinidad) hindú como «el destructor».

Shiva *m*
Dios del panteón hindú, asimilado al apasionamiento y la destrucción. Usado en la India como nombre propio.

C. **Sibil·la**; F. **Sybille**. Cybill Sheperd, actriz estadounidense (1950). Sibil·la de Fortià, reina de Aragón y condesa de Barcelona, esposa de Pedro IV *el Ceremonioso* (?-1406). Sibylle, reina de Jerusalén, esposa de Guillaume de Montferrat y de Guy de Lusignan (s. XII).

Sibila *Scc. Sibilina 19/3* *f*
Nombre procedente del de la profetisa adivina, especialmente la de Cumas. Del griego *Sybylla*, de *Siós* (forma dórica de «Júpiter, Dios»), y *bolla*, «voluntad»: «voluntad de Dios». Nombre de la mujer de Pedro IV *el Ceremonioso* (s. XIV).

C. **Sibina**, **Zebinas**.

Sibina *13/11* *f*
Parece del griego *sigyne*, «jabalina, dardo de cazador», que deriva a *Sibyne*, y de éste a *Zibyne*, dando finalmente *Zebyne*. Var. Zebina.

Sidy *f*
Grafía fantasiosa del árabe Sidi, «señor». Aplicado más como nombre femenino.

C. **Serf/Serva**.

Siervo/Sierva *7/12* *m/f*
Del latín *servus*, «siervo, esclavo», especialmente «de Dios», como en las formas ex-

plícitas Servideo o Servus-Dei. Sinónimos: Abdón, Abdiel, Teódulo.

C. **Sigfrid**; F. In. A. **Siegfried**; Nor. **Sigurd**. Siegfried Lenz, dramaturgo y narrador alemán (1926). Siegfried Wagner, hijo de Richard, compositor y director de orquesta alemán (1869-1930).

Sigfrido *22/8 m*

Nombre germánico, muy popular en los países nórdicos. De *sieg-frid*, «victorioso pacificador». Se ha extendido, en los últimos años la forma sincopada Sigrid (v.), aplicada en femenino. Var. Sifrido, Sigifrido, Sigfredo.

C. In. A. It. **Sigrid**. Sigrid, heroína de las aventuras de *El Capitan Trueno*. Sigrid Udset (1882-1949), novelista noruega, premio Nobel de Literatura en 1928.

Sigrid *f*

Variante sincopada de Sigfrido, usada especialmente como femenino.

C. **Sila** (de Cecília), **Sil·la**, **Sul·la**. Lucio Cornelio Sila, general y político romano (138-78 a. de C.)

Sila *m*

Nombre de un famoso general y dictador romano. Significado desconocido. Var. Sula. En femenino, es hip. de Cecilia (v.).

C. G. In. **Silas**; A. **Sile**. Silas (latinizado Silvano), personaje del Nuevo Testamento, profeta de la iglesia cristiana de Jerusalén (s. I).

Silas *13/7 m*

Forma aramea de Saúl, confundido en latín con Silvano (y éste, del mismo origen que Silvio, v.). Significa «el demandado».

Silás *Scc. Virtudes f*

Nombre caló, equivalente a Virtudes.

C. G. It. **Silvana**. Silvana Mangano, actriz cinematográfica italiana (1930-1989). Silvana Pampanini, actriz cinematográfica italiana (1925).

Silvano/Silvana *5/5 m/f*

Nombre originariamente italiano, muy extendido en España por el cine de ese país. Del latín *silvanus*, «de la selva o bosque, silvestre» (v. Silvia). Silvano era uno de los sobrenombres del dios Marte y uno de los aspectos de Fauno.

C. G. **Silvestre**. San Silvestre I, papa de 314 a 335.

Silvestre *31/12 m*

Del latín *silvestris*, «de la selva, silvestre» (v. Silvana). Portado por el papa Silvestre II

Silvestre II (938-1003), nombre adoptado por el francés Gerbert d'Aurillac, papa.
Silvestre Sawidsky, líder comunista ruso.
Sylvester Stallone, actor cinematográfico estadounidense (1946).

(Gerbert d'Aurillac), que vivió el «terror milenario» (pontificado entre 999-1008). La difusión actual arranca de una carrera pedestre que se celebra la noche de fin de año, festividad de san Silvestre, en la brasileña São Paulo y otras ciudades imitadoras.

C. **Silvi/Sílvia**; E. **Silbe**; G. A. It. **Silvia**; F. **Sylvie**; In. **Silvia/Sylvia**.
Santa Silvia (s. VI), madre del papa Gregorio el Grande.
Silvio Berlusconi, magnate de medios de comunicación y político italiano (1936).

Silvia/Silvio *21/4 f/m*

Del latín *silva*, «bosque». Aplicado como sobrenombre a la legendaria *Rea Silvia*, madre de Rómulo y Remo, fundadores de Roma (Cf. Rómulo, Silvana). Escrito a veces Sylvia por influencia de la raíz griega *xylos*, «madera, bosque».

C. **Silví/Silvina**.
Silvina Ocampo, escritora argentina, hermana de Victoria Ocampo (1903-1994).

Silvino/Silvina *28/9 m/f*

Gentilicio de Silvio/Silvia, con la terminación adjetivadora latina *-inus*: «de Silvio, relativo o pariente de Silvio».

C. **Simeó/Simeona** (hip. **Salo**); G. **Simeón/Simeona**; E. **Simone**; F. **Siméon/Siméone**; In. **Simeon**; It. **Simeone/Simeona**.
Simeón el Magnífico, zar de Bulgaria (s. X).
Simeón II, último rey de Bulgaria antes de la ocupación del país por la URSS en 1946.

Simeón/Simeona *1/6 m/f*

Nombre hebreo. La madre de este patriarca, Lía, dijo al alumbrarlo: «Dios me ha escuchado» (*samá*). Pero esta explicación parece una simple etimología popular, y el auténtico significado del nombre sería más bien «el que escucha, el que cumple un voto». Cf. Rubén, Estela, Estilita. Var. Simón (v.). Forma antigua: Ximeno, de ahí Jimeno.

C. **Simó/Simona**.
Shimon Peres, político israelí (1923).
Simón Bolívar, militar y político sudamericano (1783-1830).
Simone de Beauvoir, escritora francesa (1908-1986).

Simón/Simona *Scc. Simeón m/f*

Variante de Simeón, portada por el apóstol a quien Jesús cambió el nombre a Pedro (v.), primer pontífice de la Iglesia.

C. **Simplici/Simplícia**.
San Simplicio, papa de 468 a 483.

Simplicio/Simplicia *20/11 m/f*

Del latín *Simplicius*, «sin artificio, simple», o sea «sin malicia». Sinónimo de Acacio.

Simprofié *Scc. José* *m*
Nombre caló, equivalente a José.

C. **Simforós/Simforosa**; G. **Sinforoso/Sinforosa**. Santa Sinforosa, patrona de Tívoli, martirizada en Roma con sus siete hijos (s. II).

Sinforoso/Sinforosa *2/7* *m/f*
Del griego *symphorá*, «que va junto, acompañante», o sea «útil» (cf. Onésimo). Interpretado a veces como «desgraciado» (v. Desdémona) por la forma latina *Sinforosus*.

C. **Sió**, **Sion**.

Sión *f*
Antiguo nombre de Jerusalén, usado como antropónimo. Inicialmente designaba la montaña sobre la que se asienta la ciudad, sede de la primitiva fortaleza. La ciudad era por ello llamada «hija de Sión» (Is. 1,8 y otros).

Siralbo, personaje de Lope de Vega en *Belardo furioso* (comedia pastoral).

Siralbo *m*
Nombre de fantasía, creado por Lope de Vega aglutinando el nombre propio Siro (v.) con el sufijo latino *-albus*, «blanco».

Sirena, personaje de Lope de Vega en *La hermosa Ester*.

Sirena *f*
Nombre de fantasía, creado por Lope de Vega. Del latín *siren*, «sirena».

Sirma *m*
Nombre guanche: «hombre confuso».

C. **Sir/Sira**; G. **Siro/Sira**; A. It. **Sira**; E. **Sire**.

Siro/Sira *23/9* *m/f*
Nombre latino, procedente seguramente de *siren*, «sirena». Es también el femenino de Siro (de *Sirius*, «habitante de la Siria»), e identificado a veces con Cirano.

C. **Sisebut/Sisebuta**; G. **Sisebuto/Sisebuta**. Sisebuto, rey de los visigodos (?-621).

Sisebuto/Sisebuta *15/3* *m/f*
Nombre germánico. De *sisi*, «encantamiento», y *bodo*, variante de *bald*, «audaz» (cf. el inglés *bold*).

C. **Sisenand/Sisenanda**; G. **Sisenando/Sisenanda**. San Sisenando, mártir pacense decapitado en Córdoba (s. IX).

Sisenando/Sisenanda *m/f*
Germánico. Seguramente de *sigisnands*, «atrevido por la victoria». Var. Sisnando/Sisnanda.

Sisinio/Sisinia *11/5 m/f*

Nombre germánico, procedente de *isilus* (*is*, «hielo», y, por derivación, «reluciente, hierro»). Por reduplicación del tema y sustitución del sufijo hipocorístico *-ilus* por *-inius* pasa a *Sisinius*.

C. **Sisini/Sisínia**; E. **Sisiñi/Sisiñe**. San Sisinio, de Siria, fue papa a principios del s. VIII.

Sita *f*

Nombre indio. Significado desconocido.

Sita, una de las esposas de Rama, protagonista del poema *Ramayana*.

Sixto/Sixta *5/8 m/f*

Procede del greigo *systós*, «liso, pulido», aunque posteriormente ha sufrido la influencia del latino *sextus*, «sexto», aplicado al hijo nacido en ese lugar (cf. Máximo).

C. **Sixt, Sixte/Sixta**; G. **Sixto/Sixta**; E. **Sista/Siste**; F. **Sixte**; It. **Sisto/Sista**. Tres papas, entre ellos Sixto IV, que construyó la Capilla Sixtina en 1473, decorada con frescos de Miguel Ángel

Socorro *8/9 f*

Advocación mariana: Nuestra Señora del Perpetuo Socorro (latín *sub-corro*, «correr por debajo, so-correr»). Sinónimo: Auxiliadora.

C. **Socors**; E. **Sorospen**; G. **Socorro**. Socorro, nombre de la santa catalana del s. XIII, María de Cervelló. Corín Tellado («María del Socorro Tellado»), popular escritora de novela rosa española (1926).

Sócrates *19/4 m*

Nombre griego, compuesto de *soos*, «sano», y *kratos*, «fuerza»: «sano y fuerte».

C. **Sòcrates**. Sócrates, filósofo griego (470?-399 a. de C.). Sócrates, futbolista brasileño.

Sofía *25/5 f*

Nombre nuevamente en auge en España, donde ha aparecido por primera vez en la Casa Real. Del griego *sophia*, «sabiduría».

C. G. It. **Sofia**; S. **Sope**; F. **Sophie**; In. **Sophia, Sophe, Sophy**; A. **Sophia**. Sofía Loren («Sofia Scicolone»), actriz cinematográfica italiana (1934). Sofía de Grecia, reina de España (1938).

Sófocles *m*

Del griego *sophos-kles*, «glorioso por la sabiduría».

C. **Sòfocles**. Sófocles, dramaturgo griego de la Antigüedad (496-406 a. de C.).

C. G. **Sol**; E. **Eguzki**. Doña Sol, una de las hijas del Cid (s. XI-XII), azotada con su hermana Elvira en el robledo de Corpes (v. Elvira).

Sol *3/12* *m*
Del latín *Sol*, el astro y dios. Es por ello nombre en principio masculino, aunque en España ha ido feminizándose por la Virgen del Sol (Soledad), en Andalucía.

C. **Solange**. Solange Pradel, actriz francesa (s. XIX).

Solange *10/5* *f*
Forma francesa de Solemnia (latín *Solemnis*, de *solus-amnis*, «una sola vez al año, solemne»), que ha llegado a desplazar incluso entre nosotros la forma original.

C. **Soledat**; G. **Soledade**; E. **Bakarne**. Soledad Gustavo, maestra, periodista y anarquista española (1866-1939). Soledad Puértolas, escritora española (1947).

Soledad *11/10* *f*
Advocación mariana, alusiva a la soledad en que se encontró la Virgen en la Pasión de su Hijo. Hip. Chole.

Solimán I *el Magnífico*, sultán otomano (1494-1566).

Solimán *m*
Variante de Soleimán, forma yiddish de Salomón. Famoso por los sultanes turcos que lo portaron.

C. **Soló**. Solón, político ateniense, famoso legislador, uno de los siete sabios de Grecia (640-560 a. de C.),.

Solón *m*
Quizás es contracción de *soloikos*, «que habla mal».

C. **Sònia**; E. **Xonia**. Sonia Braga, actriz cinematográfica brasileña (1951). Sonia Delaunay Terk, pintora francesa *art-déco* de origen ucraniano (1885-1979).

Sonia *Scc. Sofía* *f*
Hip. ruso de Sofía (original Sonja), que se ha convertido en la práctica en nombre independiente.

Sonsiray *f*
Nombre tupí. En algunas interpretaciones, «fresca, tierna».

Sonsoles *8/9* *f*
Nombre de la Virgen patrona de Ávila, muy usado en esa zona como patronímico femenino. Es deformación de *San Zoles*, forma antigua de Zoilo.

Soraya *f*

C. **Soraia**. Soraya Esfandari (1930), esposa del sha de Persia Reza Pahlavi.

Nombre parsi, hecho famoso por una de las esposas del Sha de Irán. De *sorah*, «excelente».

Sören *m*

Sören Kierkegaard, filósofo danés (1813-1855).

Forma danesa de Severino.

Soro/Sora *1/2 m/f*

C. **Soros/Sora**.

Probablemente del griego *sorós*, «urna, sagrario». V. Sagrario.

Sotero/Sotera *22/4 m/f*

C. **Soter/Sotera**; E. **Xoter/Xotera**. San Sotero, papa de 166 a 175.

Nombre de origen griego, cristianizado posteriormente. De *soter*, «salvador» (cf. Cristo, Salvador), aplicado inicialmente a Júpiter, y después, por extensión, a Jesucristo.

Spencer *m*

Spencer Tracy, actor cinematográfico estadounidense (1900-1967).

Apellido anglosajón adoptado como nombre por algunos célebres portadores, especialmente el filósofo inglés Herbert Spencer (1820-1903). Derivación de *dispenser*, «dispensador (de provisiones)».

Stanley *m*

Stanley Kubrick, director cinematográfico estadounidense (1928). Stan Laurel, actor cinematográfico estadounidense (1890-1965).

Apellido anglosajón adoptado como nombre por la popularidad del explorador estadounidense Henry Morton Stanley (1841-1904). Derivación de *Stanlake*, «el que vive junto al arroyo pedregoso». Hip. Stan.

Stella *Scc. Estela f*

Stella Sierra, poetisa panameña (1910)

Forma latina de Estela.

Suetonio/Suetonia *m/f*

C. **Suetoni/Suetònia**. Suetonio, erudito e historiador romano (69-141).

Del latino *suetum*, «hábito»: «el habitual».

Suevia *f*

Nombre puesto en boga últimamente en Galicia. Recuerda a los suevos, pueblo bárbaro procedente de la zona del Rin, Danubio y Elba, afincados en dicha región.

Suja *f*

Nombre árabe, dado a una estrella.

Sulamita *f*

Nombre bíblico citado en el *Cantar de los Cantares*. Significado sujeto a controversia: para unos es gentilicio de Sunem, para otros la forma femenina de Salomón.

C. **Sulpici/Sulpícia**; E. **Sulbiki/Sulbike**. San Sulpice, obispo francés (s. VII). Servio Sulpicio Galba, emperador romano (3? a. de C.-69).

Sulpicio/Sulpicia *20/4* *m/f*

Nombre romano, portado por ilustres oradores y tribunos. *Sulpicius*, de origen incierto, quizá relacionado con Sula o Sila, el dictador, o con *sulphur*, «azufre».

Sumak/Sumaka *m/f*

«Belleza» en la lengua quechua de los incas. Cf. Imasumak, Yma Sumak.

Sun Yatsen, revolucionario y nacionalista chino (1866-1925).

Sun *m*

Nombre chino: «fuerte, excelente».

C. **Susagna, Susanna**; G. **Susana**; E. **Xusana**; F. **Suzanne**; In. **Susan, Susannah** (hip. **Susie, Sue**); A. It. **Susanna**; Hún. **Zsuzsa**. Susan Sarandon, actriz (1946). Susan Sontag, escritora y directora cinematográfica (1933).

Susana *11/8* *f*

Siempre popular, este nombre se ha situado en los primerísimos lugares actualmente. Del hebreo *shushannah*, «lirio gracioso», de ahí quizá la historia apócrifa sobre la casta doncella bíblica falsamente acusada de adulterio.

Suyay *f*

En lengua quechua de los incas, «esperanza».

Svante August Arrhenius, químico sueco (1859-1927).

Svante *m*

Nombre escandinavo, originado en la voz *svan*, «cisne».

Svetlana Stalin, hija del dictador ruso, refugiada en Estados Unidos en 1967.

Svetlana *20/3* *f*

Nombre con que es venerada en Rusia la samaritana del Evangelio de san Juan (4,9). Del ruso *swjet*, «luminosa, brillante». Sin relación con Silvio/Silvia.

C. A. **Syra**.

Syra *Scc. Sira* *f*

Variante de Sira.

T

Tabaré *m*

Tabaré Vázquez (s. xx), médico, líder del Frente Amplio de Uruguay. Tabaré Abayubá Silva, estrella del fútbol uruguayo (1974).

Nombre tupí laba. Significa «el que vive solo, alejado del pueblo».

Tabita *25/10 f*

C. **Tabita**; In. A. **Tabitha**. Tabita, cristiana de Joppé «rica de las buenas obras y las limosnas que hacía», resucitada por san Pedro (Ac. 9, 36-41).

Del arameo *tabitha*, «gacela». Var. Dorcas.

Taciano/Taciana *12/1 m/f*

C. **Tacià/Taciana**. Taciano, escritor eclesiástico sirio del s. II, discípulo de Justino el Mártir.

Gentilico de Tacio, legendario rey de los sabinos, que reinó con Rómulo. Procede de la voz infantil *tata*, «padre».

Tácito/Tácita *Scc. Taciano, 24/8 m/f*

C. **Tàcit/Tàcita**. Cornelio Tácito, historiador romano (55-120). Claudio Tácito, emperador romano (200-276).

Del latino *tacitus*, «callado, lacónico».

Tadeo/Tadea *28/10 m/f*

C. **Tadeu/Tadea**; G. **Tadeo/Tadea**; E. **Tada/Tade**; F. **Thaddée**; In. **Thaddaeus** (hip. **Thady**); A. **Thaddaeus**; It. **Taddeo/Taddea**; Ir. **Thadys**. Judas Tadeo, apóstol (s. I).

Nombre de uno de los doce apóstoles. *Taddeus*, «el que alaba».

Taganana *f*

Nombre guanche. Sin traducción.

Tahami *f*

Nombre de una tribu india en el río Mearim (Maranhao, Brasil). Var. Tahamy.

Taíno/Taína *m/f*
Nombres usados en Hispanoamérica, gentilicios del pueblo antillano taíno, hoy extinto.

Takiya *f*
En la lengua quechua de los incas, «canción», y, por extensión, «el que ama las canciones, el cantador».

C. **Tales**.
Tales de Mileto, pensador griego (630-546 a. de C.)

Tales *m*
Nombre de uno de los siete sabios de Grecia. Origen incierto: quizá relacionado con *thalein*, «florecer, germinar».

Taliri *f*
Nombre de un shaman aymara (v. Medatia). Var. Taliry.

C. **Tàmar, Tamar, Tamara**; G. **Tamara**.
Tamar, en el Antiguo Testamento, hija de David, violada por su hermano Amón.

Tamar *1/5 f*
Nombre bíblico. Del hebreo *thamar*, «palmera» (cf. Palmira). Muy corriente en Rusia en la forma Tamara, en honor de una santa de la iglesia oriental, que reinó en Georgia desde 1184 y murió en Tiflis, hoy venerada allí de un modo similar a la Virgen entre nosotros.

C. **Tamara**.
Tamara Karsavina, bailarina británica de origen ruso (1885-1978).
Tamara Lempicka, pintora polaca (1898-1980).

Tamara *Scc. Tamar f*
Variante de Tamar, muy frecuente en los países del Este.

C. **Tamerlan**.
Tamerlán («Timur Lang», Timur *el Cojo*), soberano de Transoxiana, invasor de Europa (1336?-1405).

Tamerlán *m*
Famoso invasor asiático. Significado literal: «Timur el cojo» (*Timur*, nombre tártaro, literalmente significa «hierro»).

Tamika *f*
Variante de Tammy (v.).

Tammy *f*
Nombre aparecido súbitamente en EE.UU. en 1957, quizá por una canción de la épo-

ca titulada *Tammy*. Su éxito fue fulminante y duró varios años.

C. **Tancred/Tancreda**; In. A. **Tancred**; F. **Tancrede**; It. **Tancredi**. Tancredo, príncipe normando de Sicilia, modelo de caballeros en *Jerusalén libertada* (?-1112). Tancredo de Lecce, rey de Sicilia (?-1194).

Tancredo/Tancreda *9/4 m/f*

Nombre medieval, portado por un famoso cruzado del s. XI-XII. Del germánico *thankrad*, «el del consejo inteligente». El *Don Tancredo*, figura de los antiguos toros, lleva el nombre de su primer practicante.

C. **Tània**. Tania, personaje de *Eugenio Oneguin*, de Pushkin. Tanya Tucker, actriz y modelo estadounidense (1958).

Tania *12/1 f*

Forma familiar sincopada de Tatiana, grafía rusa de Taciana. También es gentilicio de Tacio, el legendario rey de los sabinos que reinó con Rómulo (de la voz infantil *tata*, «padre»). Muy popular en Rusia (recuérdese el personaje de *Eugene Onegin*).

C. **Tarasi/Taràsia**; G. **Tarasio/Tarasia**. San Tarasio, autoridad en Constantinopla (?-806).

Tarasio/Tarasia *m/f*

Nombre de un adivino griego. De la raíz *Thariasios*, que hallamos en Teresa (v.). Según parece, procedería de *thereios*, «animal salvaje», lo que hace que sea interpretado como «cazador». Otros lo ven como el gentilicio de Tarasia, ilustre personaje originario de Tarento.

Tariaca *f*

Nombre de una antigua tribu india cerca de Limón (Costa Rica).

Tarif, caudillo árabe (s. VII-VIII).

Tarif *m*

Nombre árabe: «raro, desconocido».

Tarik, caudillo árabe (s. VII-VIII).

Tarik *m*

Nombre árabe, *Tariq*, tomado del de una estrella.

C. **Tarquini**. Lucio Tarquinio, último rey de Roma (s. VI a. de C.)

Tarquinio *m*

Nombre latino, portado por dos legendarios reyes romanos (Tarquino el Mayor y Tarquino el Soberbio). Var. (Tarquinia, ciudad de Etruria). Var. Tarquino.

C. **Tarsici/Tarsícia**. San Tarsicio, acólito del papa Dámaso, lapidado en Roma (s. III).

Tarsicio/Tarsicia *14/8 m/f*
Del griego *tharsíkios*, «valiente». Sinónimo de numerosísimos nombres: Agenor, Alquimio, Audecto, Badilón, Baldo, Balterio, Baudilio, Bega, Caleb, Cunón, Curcio, Epaminondas, Eupsiquio, Modán, Nerón, Timón, Trasilio, Verembaldo, Voto y muchos más.

C. **Tàrsila**. Tarsila do Amaral, escritora, pintora y escultora brasileña (1910).

Társila *24/12 f*
Como Tarsicio, procede del griego *tharsos*, «valor», quizás en diminutivo latino (*Tarsilla*).

Tatevali *f*
Nombre del Espíritu de la Curación, aliado con el shaman (v. Medatia). Usado en Huichol (México). Var. Tatevaly.

C. G. F. It. **Tatiana**; A. R. **Tatjana**. Santa Tatiana, mártir romana (?-230). Tatiana Marlom, modelo rusa. Tatiana Riabuchinska, bailarina estadounidense de origen ruso (1916).

Tatiana *12/1 f*
Forma rusa de Taciana, fiel a la grafía original (*Tatiana*, gentilicio de *Tatius*, rey de los sabinos, quizás a su vez de la voz infantil *tata*, «padre»). Hip. Tania.

Tatich *m*
En lengua maya, nombre del Creador. Literalmente, «el primero, el antiguo».

Tatoany *m*
Para los aztecas, el «tatoany» era «el director, el guía, el sabio».

Tayera *m*
En la tribu warao, en el Amazonas, «ser fuerte».

Tayika *f*
En la lengua quechua de los incas, «brillar, irradiar».

C. It. **Tecla**; G. **Tegra**; E. **Tekale**; In. A. **Thekla**. Santa Tecla, una de las

Tecla/Teclo *23/9 f/m*
Santa Tecla, convertida por san Pablo y varias veces sometida a tormento por su fe,

religiosas deportadas a Mosul, hoy patrona de Tarragona (s. IV).

alcanzó sin embargo los noventa años. Su nombre nada tiene que ver con la *tegula* («tecla») latina, sino que procede del griego *Théos-kleos*, «gloria de Dios».

Ted *Scc. Eduardo* *m*
Hip. angosajón de Edward (Eduardo). Var. Ed.

Tejina *f*
Topónimo guanche. Sin traducción.

B. **Foro/Fora**; C. **Telesfor/Telesfora**; E. **Telespor/Telespore**; It. **Telèsforo/Telèsfora**. San Telesforo, papa de 125 a 136.

Telesforo/Telesfora *5/1* *m/f*
Nombre griego. De *telesphoron*, «portador a distancia, mensajero».

C. **Elm/Elma**; G. **Telmo/Telma**. San Telmo o Pedro González (s. XV). Telmo Zarraonaindía, «Zarra», futbolista español (1921).

Telmo/Telma *14/4* *m/f*
Sobrenombre primero de san Erasmo y después de san Pedro González: *Sant-Elmo* (v. Elmo).

Telva *Scc. Etelvina* *f*
Forma asturiana de Etelvina.

Tematea *Scc. María* *f*
Nombre caló, equivalente a María.

C. **Temístocles**. Temístocles, político ateniense (523?-464 a. de C.)

Temístocles *m*
Nombre griego, derivación de *themis*, «justicia», de ahí el nombre de *Themisto*, diosa de la Justicia. Terminación *-kles*, «gloria»: «gloria de *Themisto*».

Tennessee Williams («Thomas Lanier Williams»), dramaturgo, novelista y poeta estadounidense (1911-1983).

Tennessee *m*
Nombre de pila seudónimo adoptado por el célebre dramaturgo Thomas Lanier Williams. Tomado del estado norteamericano de Tennessee, originado en la aldea india cherokee *Tinase*, que dio nombre al río y al Estado.

C. **Teu/Tea**, **/Teia**. San Teo, mártir en Gaza (Palestina), s. III. Tea Leoni, actriz estadounidense, esposa de David Duchovny (1966).

Teo/Tea *m/f*

Nombre germánico: de *theud*, «pueblo». También es hip. de Doroteo, Teodoro, Teofrasto, etc.

C. **Teobald/Teobalda**, **Tubau**; E. **Tobalda/Tobalde**, **Tibalt**; G. **Teobaldo/Teobalda**; F. **Thibault**; In. A. **Theobald**; It. **Tebaldo**, **Tibaldo**. Theobald Hock, poeta alemán (s. XVII). Theobald von Bethmann-Hollweg, político alemán (1856-1921).

Teobaldo/Teobalda *13/9* *m/f*

Del germánico *theud-bald*, «pueblo valiente». Sinónimo de Aribaldo, Leobaldo, Leopoldo, Timolao. Var. Teodobaldo. También se toma como tal, impropiamente, Teobardo (en realidad de *theud-berht*, «pueblo famoso»).

C. **Teòcrit/Teòcrita**. Teócrito, poeta bucólico griego (300?-250? a. de C.)

Teócrito/Teócrita *m/f*

Del adjetivo griego *theokritos*, «juzgado y elegido por Dios» (*Theos*, «Dios»; *krinein*, «juzgar, decidir»).

C. **Teodard/Teodarda**.

Teodardo/Teodarda *10/9* *m/f*

Del germánico *theud-hard*, «pueblo fuerte».

C. **Teodomir/Teodomira**; E. **Todomir**; G. **Teodomiro/Teodomira**. Teodomiro, rey de los suevos de 559 a 570. Todmir, deformación árabe aplicada a Teodomiro, nombre de un noble visigodo que constituyó un pequeño reino independiente en el interior de la España musulmana (s. VIII).

Teodomiro/Teodomira *25/7* *m/f*

Del germánico *theud-miru*, «pueblo insigne». Corriente en la Edad Media, y diversificado en multitud de variantes: Teomiro, Todemario, Todmir. Forma antigua: Tomé, célebre por la iglesia toledana que alberga el cuadro *El entierro del Conde de Orgaz*, de El Greco.

C. **Teodoric/Teodorica**, **Todolí**; F. **Thierry**; In. **Theodoric**, **Terry** (hip. **Derek**, **Derrick**); A. **Theoderich**, **Dietrich**. Derek Jacobi, actor cinematográfico y teatral británico (1938). Derek Walcott, poeta antillano en lengua inglesa (1930).

Teodorico/Teodorica *15/10* *m/f*

Del germánico *theud-ric*, «pueblo poderoso». Sin relación con Teodoro (v.).

Teodoro/Teodora *20/4 m/f*

C. **Teodor/Teodora**; E. **Todor/Todore**; F. **Théodore**; In. **Theodore** (hip. Teddy); A. **Theodor**; It. **Teodoro/Teodora**; R. **Feodor**. Feodor Dostoievski, escritor ruso (1821-1881). Teodora Lamadrid, actriz española (1821-1896). Theodor W. Adorno («Theodor Wiesengrund»), filósofo y musicólogo alemán (1903-1969). Theodore Roosevelt, político estadounidense, presidente de su país (1858-1919).

Del griego *Theodoros*, «don de Dios» (cf. con Doroteo, formado por los mismos elementos en orden inverso, y sus sinónimos). Nombre popularísimo en la Edad Media, portado por treinta y un santos, además de emperadores y reyes, especialmente en Rusia, donde el nombre es modificado a Feodor. Deriva también del mismo origen el apellido Tudor, portado por una dinastía inglesa en el s. XVI, y los hip. Doro, Dora, Teo.

Teodosio/Teodosia *25/10 m/f*

C. **Teodosi/Teodòsia**; G. **Teodosio/Teodosia**. Teodosio I *el Grande*, emperador romano (347?-395).

Del mismo significado que Teodoro (v.): griego *Theodósios*, «dádiva de Dios». Es también equivalente a Teódoto.

Teófanes/Teófana *12/3 m/f*

C. **Teòfanes**; E. **Topan**; A. **Theophano**; It. **Teòfane**. Teófanes el Griego, pintor de iconos (s. XIV-XV). Teófana, emperatriz alemana, esposa de Otón II y regente durante la minoría de edad de Otón III (s. X).

Nombre de un historiador y poeta griego del s. I a. de C. De *Theos-phanein*, «resplandor, manifestación de Dios». La palabra *theophania* originaba una fiesta en Delfos, en la que se exponían todas las estatuas de los dioses. Var. Teofanio, Teofanto. V. Tiffany.

Teófilo/Teófila *4/2 m/f*

C. **Teòfil/Teòfila**; E. **Topil/Topille**; G. **Teófilo/Teófila**; F. **Théophile**; In. A. **Theophilus**; It. **Teofilo/Teofila**. Teófilo, jurista bizantino (s. VI). Teófilo, emperador bizantino e iconoclasta implacable (s. IX). Théophile Gautier, escritor francés (1811-1872).

Nombre muy frecuente en otras épocas, hoy casi olvidado. Del griego Téophilos, «amigo de Dios». El tema es frecuente como generador de nombres: son sinónimos Alvino, Amideo, Bogomil, Filoteo (con los mismos elementos en orden inverso), Godovino, Osvino.

Teofrasto/Teofrasta *m/f*

C. **Teofrast/Teofrasta**. Teofrasto, filósofo de la Antigüedad griega (370-287 a. de C.). Teophrastus Hohenheim, «Paracelso», médico y alquimista suizo (1493-1541)

Del griego *theophrastos*, «ligado con Dios», o también «que habla con Dios».

C. **Teòtim/Teòtima**.

Teótimo/Teótima *5/11 m/f*

Nombre griego. Compuesto de *Theos*, «Dios», y *tymos*, «alma». Se puede traducir por «espíritu, impulso divino».

C. **Terenci/Terència**, **Trens**; E. **Terentzi/Terentze**; G. **Terencio/Terencia**; F. **Terence** (hip. **Terry**); In. **Terence** (hip. **Terry**); It. **Terencio/Terencia**. Publio Terencio Afer, comediógrafo latino (195?-159? a. de C.). Terenci Moix («Ramon Moix i Messeguer»), escritor catalán (1942).

Terencio/Terencia *10/4 m/f*

Del latín *Terentius*, portado por una familia romana. Aludía al *terentum*, lugar del campo de Marte destinado a la celebración de Juegos (y este nombre de *teres*, «delicado, fino, tierno).

B. **Taresa**; C. It. **Teresa**; G. **Tareixa**, **Tereixa**; E. **Terese**; **Trexa**; F. **Thérèse**; In. **Teresa**, **Theresa** (hip. **Tessa**, **Tess**, **Tessie**, **Terry**); A. **Theresia**, **Therese** (hips. Rese, Resi). Madre Teresa de Calcuta («Agnes Gonxha Bojaxhiu»), misionera macedonia de origen albanés en la India (1910-1997). Santa Teresa de Jesús («Teresa de Cepeda y Ahumada»), religiosa fundadora, escritora mística castellana (1515-1582).

Teresa *15/10 f*

Aunque el nombre fue siempre usado en Castilla, con la santa abulense Teresa de Jesús conoció expansión universal, redoblada por otra santa francesa, Teresita del Niño Jesús (v.). El significado no está claro: es habitual considerarlo forma femenina del nombre del adivino mitológico *Tharesios* (v. Tarasio). Hip. Teresina, Teresita, Tete, Teta.

Terrance *Scc. Terencio m*

Variante de Terence (Terencio) entre las familias negras de Estados Unidos.

C. **Tertul·lià/Tertul·liana**; E. **Tertulen**; It. **Tertulliano/Tertulliana**. Tertuliano, escritor cristiano y apologista (160?-240?).

Tertuliano/Tertuliana *29/4 m/f*

Nombre portado por un filósofo y apologista romano de los s. II-III. Gentilicio de Tértulo (y éste, forma arcaica de *tersus*, «limpio, puro»).

C. **Teseu**. Teseo, héroe mítico griego, matador del Minotauro gracias al hilo de Ariadna.

Teseo *m*

Nombre mitológico. Héroe ateniense. De *Theos*, «Dios», por creérsele hijo de Neptuno.

Tessa *Scc. Teresa* *f*
Hip. Anglosajón de Teresa (v.).

Teul/Teula *m/f*
Para los aztecas, los *teul* eran «los dioses, las divinidades, los poderes sobrenaturales».

C. **Thaís**.
Santa Thais (s. IV), cortesana egipcia convertida al cristianismo, anacoreta, inspiradora de una novela a Anatole France (1890) y una ópera a Jules Massanet en 1894. Thais, amante de Alejandro Magno, después de Ptolomeo (s. IV a. de C.).

Thais *8/10* *f*
Cortesana egipcia, que alcanzó la santidad tras su arrepentimiento. Nombre de origen oscuro, quizá derivado de *thais*, especie de vendaje para la cabeza.

Thelma Ritter, actriz cinematográfica estadounidense (1905-1969).

Thelma *f*
Nombre al parecer inventado por Marie Corelli para la heroína de su novela *Thelma: una nueva sociedad* (1887). Muy usado desde entonces en los países anglosajones.

Thierry *Scc. Teodorico* *m*
Forma francesa de Teodorico, muy popular en dicho país.

C. **Tiberi/Tibèria**; It. **Tiberio/Tiberia**; Hún. **Tibor**.
Tiberio («Claudio Nerón T.»), emperador romano (42 a. de C.-37 d. de C.).

Tiberio/Tiberia *10/11* *m/f*
Nombre de un emperador romano. Del latino *tiberius*, «del Tíber», río de Roma.

Tibiabin *f*
Nombre guanche. Sin traducción.

Tibor *Scc. Tiburcio* *m*
Derivación de Tiburcio (v.).

C. **Tiburci/Tibúrcia**; E. **Tiburtzi/Tiburtze**; It. **Tiburzio/Tiburzia**.
San Tiburcio, hermano de Valeriano, marido de santa Cecilia, mártir (?-180).

Tiburcio/Tiburcia *14/4* *m/f*
Nombre romano gentilicio. *Tibures*, habitante del *Tibur*, antiguo barrio de Roma en la colina del mismo nombre, hoy Tívoli.

C. **Ticià/Ticiana**; F. **Titien/Titienne**; It. **Tiziano/Tiziana**. Tiziano Vecellio, pintor italiano (1488?-1576).

Ticiano/Ticiana *11/5* *m/f*

Nombre latino, considerado como gentilicio romano. Origen incierto, quizá relacionado con el *Tibur* (Tívoli, barrio de Roma en la colina del mismo nombre). O más bien gentilicio de Tito.

Tico *m*

En náhuatl, el *tikole* era «el valiente». Nombre común entre los aztecas.

Tiffany's, famosa joyería en Nueva York, que tomó el nombre de la esposa del dueño.

Tiffany *Scc. Teofanto* *m*

Hip. anglosajón de Teófana (v.). Aumentó su popularidad desde la película *Desayuno con diamantes* (1961). En Inglaterra es nombre masculino, en Estados Unidos, femenino.

Tiguafaya *f*

Nombre guanche. Sin traducción.

Tijama *m*

Nombre guanche: «He aquí el sufridor».

Tika *f*

«Flor» en la lengua quechua.

Tim *Scc. Timoteo* *m*

Hip. anglosajón de Timoteo (v.).

Timaloa *f*

Entre los aztecas, «glorificar, exaltar, alabar».

C. **Timó/Timona**.

Timón/Timona *19/4* *m/f*

Del griego *thymos*, «corazón, ánimo, empuje, valor», con el sufijo *-on*, «ser, persona»: «valeroso».

C. **Timoteu/Timotea**; G. **Timoteo/Timotea**; E. **Timota/Timote**; F. **Timothée**; In. **Timothy** (hip. **Tim**); A. **Timotheus**; It. **Timoteo/Timotea**. Timoteo, personaje del Nuevo Testamento, bautizado por san Pablo, lapidado en Éfeso (?-97).

Timoteo/Timotea *26/1* *m/f*

Nombre griego (*timao-Theos*, «amor, adoración a Dios»), conocido por un discípulo y compañero de san Pablo, destinatario de dos de sus epístolas. Con los mismos elementos que Teótimo (v.), en orden inverso. Sinónimo además de Amadeo, Ciriaco, Froiliuba (v. También Teófilo).

Tinerfe *m*
Nombre guanche. Sin traducción.

Tinguaro *m*
Topónimo guanche. Sin traducción.

Tininabuna *f*
Nombre guanche: «inquieta».

Tina Turner («Annie Mae Bullock»), cantante estadounidense (1938).

Tino/Tina *m/f*
Hip. de variados nombres: Constantino/Constantina, Cristino/Cristina, etc.

Tinoco Granados, político costarricense, presidente de su país en 1917-1920.

Tinoco *m*
Hip. centroamericano de Antonio.

C. **Tirs/Tirsa**.
Tirso de Molina («Fray Gabriel Téllez»), autor dramático castellano (1484-1648).

Tirso/Tirsa *24/1* *m/f*
Nombre latino de la palabra griega *thyrsos*, bastón guarnecido de hojas de parra y utilizado con carácter mágico-religioso en las bacanales, simbolizando al dios Baco.

C. A. **Tirza**.
Tirza, una de las hijas de Celophehad en el Antiguo Testamento

Tirza *f*
Nombre hebreo. De *tirtzah* «delicia» (cf. Noemí).

C. **Tisbe**.
Tisbe, en la mitología, protagonista de un desdichado amor con Píramo.
Tisbe, personaje de la ópera *La cenicienta*, de Rossini.

Tisbe *f*
Nombre de la mitología griega (Thisbe). Significado desconocido (quizá de *this*, «cerro»).

C. **Titus/Tita**; E. **Tita/Tite**; G. **Tito/Tita**.
Tito Livio, historiador romano (50 a. de C. -17 d. de C.).
Tito Plauto, poeta cómico latino (254-184 a. de C.).
Tito Flavio Vespasiano, emperador romano (9-79).

Tito/Tita *26/1* *m/f*
Nombre de una familia romana, de donde salió un emperador. Aunque dicha familia pretendía asimilarlo a la voz *tites*, «protegido, honrado», en realidad su origen es etrusco, y su significado incierto.

C. **Tobies**; E. **Tobi**; In. **Tobias**; A. **Tobie**; It. **Tobìa**. Tobías, dos piadosos personajes bíblicos, padre e hijo, que protagonizaron un gran episodio de amor filial.

Tobías *2/11* *m*

Del hebreo *tobi-iah*, «mi bien es Jahvé».

Tom *m*

Hip. anglosajón de Thomas, o sea Tomás.

Tomaira *f*

Nombre de un shaman (v. Medatia) en la tribu yupa (Venezuela).

C. **Tomàs/Tomasa**; E. **Toma, Tomax**; G. **Tomás/Tomasa**; F. A. **Thomas**; In. **Thomas** (hip. **Tom, Tommy**); It. **Tommaso/Tomasa** (hip. **Maso**). Thomas Alva Edison, inventor estadounidense (1847-1931). Thomas Hobbes, filósofo inglés (1588-1679). Thomas Jefferson, político estadounidense (1743-1826).

Tomás/Tomasa *21/12* *m/f*

En el Nuevo Testamento, *Thoma* era el nombre de uno de los doce apóstoles famoso por su incredulidad («gemelo, mellizo»), y fue helenizado en *Didymos*. El patronímico ha sido siempre muy usado, desde santo Tomás de Aquino a Tomás Beckett y Tomás Moro.

Tonátiuh, nombre que los aztecas dieron al conquistador español Pedro de Alvarado (1485-1541).

Tonátiuh *m*

Nombre náhuatl, significa «el sol».

C. **Toni/Tònia, Tonya**. Toni Miró, diseñador de moda español (1947).

Toni/Tonia *Scc. Antonio* *m/f*

Hip. de Antonio.

C. **Tonyo/Tonya**.

Toño/Tona *Scc. Antonia* *m/f*

Variante de Antonio/Antonia.

C. **Torquat/Torquata**; G. **Torcado/Torcada**; E. **Torkora**; It. **Torquato/Torquata**. Torquato Tasso, poeta italiano (1544-1595). Torcuato Luca de Tena, escritor español (1923). Torcuato Fernández Miranda, político español (1915-1980).

Torcuato/Torcuata *15/5* *m/f*

Del latín *torquatus*, «adornado con un collar» (*torquis*, «collar», por *torqueo*, «torcer»). Aplicado a un guerrero romano que se adornó con el collar de un galo a quien matara en combate.

C. **Toribi/Toríbia**.
Santo Toribio de Mogroviejo, arzobispo de Lima y primado de Perú (?-1606).

Toribio/Toribia *23/3 m/f*

Del griego *thoríbios*, «ruidoso, estrepitoso, movido» (epíteto infantil).

Tracy Tupman, personaje de la novela *Los papeles del club Pickwick*, de Dickens.

Tracy *m*

Topónimo normando utilizado como nombre de persona para ambos sexos, especialmente el femenino en los últimos años.

C. **Trajà**.
Marco Ulpio Trajano, emperador romano (53-117). Decio («Mesio Quinto Trajano Decio»), emperador romano (201-251).

Trajano *m*

Nombre latino de origen oscuro: quizás de *traharius*, «carretero».

C. **Tranquil·lí/Tranquil·lina**; E. **Tangillin/Tangilliñe**; It. **Tranquillino/Tranquillina**.
San Tranquilino, mártir romano en el s. II.

Tranquilino/Tranquilina *6/7 m/f*

Nombre de familia romano: *Tranquillinus*, gentilicio de Tranquilo («sereno, tranquilo», v. Serena). Corriente en Italia.

C. **Trànsit**; E. **Igaro, Igarotze**.

Tránsito *13/8 f*

Nombre cristiano, conmemorativo de Tránsito de la Virgen María (latín *trans-eo*, «ir a través, pasar».

C. **Transverberació**.

Transverberación *27/8 f*

Nombre alusivo a la Transverberación (traspaso) del corazón de santa Teresa de Jesús.

Trejú *Scc. Cruz f*

Nombre caló, equivalente a Cruz.

Triana *8/9 f*

Nombre de un barrio sevillano, del que lo tomó una Virgen venerada en él, muy popular en la ciudad.

C. **Trici/Trícia**.

Tricio/Tricia *Scc. Patricia m/f*

Variante de Patricia.

Trifuscó *Scc. Paz f*

Nombre caló, equivalente a Paz.

Trimurti *Scc. Trinidad* *f*
Nombre caló, equivalente a Trinidad.

C. **Trinitat**; E. **Irune**; G. **Trinidade**.
Trini López, cantante latinoamericano (1934).
Trinidad Cabañas, político hondureño, presidente de su país en 1852-1856.

Trinidad *m/f*
Nombre místico, evocador de la «reunión de tres» (latín *trinitas*) en que se resuelve el Dios cristiano, según el Nuevo Testamento. Hip. Trini. Utilizado indistintamente como masculino y femenino, especialmente en Hispanoamérica.

C. **Tristany/Tristanya**; G. **Tristán/Tristana**; F. **Tristan/Tristanne**; In. **Tristram**; A. **Tristan**; It. **Tristano/Tristana**.
Tristan Bernard, novelista y autor dramático francés (1866-1947).
Tristan Tzara, escritor francés de origen rumano (1896-1963).
Tristán, protagonista de la ópera Tristan y Isolda, de Wagner.

Tristán/Tristania *12/11* *m/f*
Nombre muy controvertido. Para unos es celta, de *drest*, «ruido, tumulto», o de *trwst*, «mensajero, heraldo». Para otros germánico, derivación del nombre de Thor, dios de la guerra, con *stein*, «piedra»: «gema de Thor». Injertado posteriormente de otras influencias: un hijo de san Luis de Francia fue llamado así por la «tristeza» de su madre en los días del nacimiento. Su máxima celebridad arranca del romance *Tristán e Isolda*.

C. **Tròfim/Tròfima**; F. **Trophime**.
Trofime Lyssenko, botánico y genetista ruso, protagonista de un sonado escándalo científico (1898-1976).

Trófimo/Trófima *29/12* *m/f*
Nombre griego: «que alimenta, fecundo» (*trophimos*).

Truman Capote («Truman Strekfus»), escritor estadounidense (1924-1984).

Truman *m*
Apellido anglosajón, convertido en nombre de pila por el prestigio de algunos portadores, especialmente el presidente norteamericano Harry S. Truman (1884-1972). *True man*, «hombre de la verdad, hombre en quien se puede confiar».

Trygve Haavelmo (1911), economista noruego, premio Nobel de Economía en 1989.

Trygve *m*
Nombre noruego, derivación del antiguo *Tryggvi*, a su vez del adjetivo *tru*, «verdadero, auténtico».

C. **Tubal**.
Tubal, personaje bíblico, hijo de Lamek y Cilla, «precursor de todos los forjadores de cobre y acero» (Gen. 4-22).

Tubal *m*
Nombre bíblico, alusivo al pueblo de los tibarenos.

Tucapel Jiménez, sindicalista chileno (?-1982).

Tucapel *m*
Nombre sudamericano. Significado desconocido.

C. **Tucídides**.
Tucídides, historiador de la guerra del Peloponeso (460-400 a. de C.).

Tucídides *m*
Nombre griego. De *tyche*, «fortuna» (cf. Tycho).

C. **Tuies**.

Tula *Scc. Gertrudis f*
Hip. de Gertrudis, popularizado por la novela *La tía Tula*, de Miguel de Unamuno.

C. **Tul·li/Túl·lia**.
Servio Tulio, legendario quinto rey de Roma (s. VII).
Marco Tulio Cicerón, filósofo, político y orador romano (106-43 a. de C.).

Tulio/Tulia *m/f*
Histórico nombre romano, portado por una ilustre *gens*. Del latín *tulius*, «portado, traído», aplicado tal vez como fórmula natalicia.

Túpac Amaru («José Gabriel Condorcanqui»), mártir de la resistencia inca contra los conquistadores españoles (1740?-1783).

Túpac *m*
Nombre dado por sus seguidores a un caudillo inca. El preexistente calificativo *Amaru* era una mítica figura de gran poder.

Tura *8/9 f*
Nombre de la Virgen patrona de Olot. Al parecer deriva de *tura*, «colina, montaña», de origen incierto.

Tutankamón, faraón egipcio de la XVIII dinastía (s. XV-XIV a. de C.)

Tutankamón *m*
Nombre egipcio. «Gloria de Amón», el dios más importante del panteón egipcio.

Tuthmosis III, faraón egipcio de la XVIII dinastía (s. XVI-XV a. de C.)

Tuthmosis *m*
Nombre egipcio. Significado desconocido.

Tycho Brahe, astrónomo danés (1546-1601).

Tycho

m

Nombre cultista, tomado del griego *tyché*, «fortuna». Tycho, «el afortunado» (cf. Tucídides).

U

Ubaldo/Ubalda *16/5 m/f*

C. **Ubald/Ubalda**; G. **Ubaldo/Ubalda**; E. **Ubalda/Ubalde**; It. **Ubaldo/Ubalda**. San Ubaldo, obispo de Gubbio (?-1160).

Nombre germánico, popular en Italia. De *hug-bald*, «de espíritu audaz». Hip. Baldo.

Uchó *Scc. Rocío f*

Nombre caló, equivalente a Rocío.

Ugranfir *m*

Ugranfir, caudillo palmero, pariente de Tanausú (s. XV).

Nombre guanche. De la voz *ankra-fil*, «hombre de pies contrahechos».

Ujaranza *Scc. Esperanza f*

Nombre caló, equivalente a Esperanza.

Ulises *m*

C. **Ulisses**; G. **Ulises**; F. **Ulysse**; In. **Ulysses**; It. **Ulisse**; Gae. **Ulick**. Ulises (Odiseo), héroe mítico griego, protagonista de la *Odisea*, de Homero. Ulysses Grant, presidente estadounidense (1822-1885).

Nombre mitológico. Procede de la forma griega original *Odysseus* (para éste se ha propuesto *odios*, «camino, que hace camino», aludiendo a su largo regreso al hogar, y también *odyssesthay*, «colérico», por su carácter).

Ulpiano/Ulpiana *23/9 m/f*

C. **Ulpià/Ulpiana**; G. **Ulpiano/Ulpiana**. Domocio Ulpiano, jurisconsulto romano (s. III).

Nombre latino. De *ulpicum*, «ajo». Otros ven en él la raíz *vulpes*, «zorra», lo que lo haría sinónimo de Vulpiano.

Ulpio/Ulpia *m/f*

C. **Ulpi/Úlpia**. Marco Ulpio Trajano, emperador romano (53-117).

Nombre latino. De *vulpes*, «zorra», o quizá de *ulpicum*, «ajo».

Ulrico/Ulrica *19/4 m/f*

C. **Ulric/Ulrica**; F. **Ulric/Ulrique**; In. **Ulric**, **Ulrick**; A. **Ulrich/Ulrike**;

Nombre germánico, en el cual concurren posiblemente varias fuentes distintas. De *ulda-ric*, «voluntad poderosa», o de *ald-ric*,

It. **Ulrico/Ulrica**. Huldrych Zwingli, reformador suizo (1484-1531). Ulrika Johansson, («Mina Canth»), autora dramática y novelista finesa.

«gobernante poderoso». O, quizá, transliteración de *udal-ric*, «patria poderosa». Var. Uldarico, Udalrico.

C. G. **Ultreia**.

Ultreya *25/7 f*

Nombre femenino, usado en Galicia. Evoca el canto de *Ultreja*, entonado en la Edad Media por los peregrinos ante el sepulcro de Santiago. De *eultreja*, «adelante».

C. **Umbert/Umberta**; It. **Umberto/Umberta**. Umberto Eco, semiólogo y escritor italiano (1932).

Umberto/Umberta *5/8 m/f*

Grafía italiana (con pérdida de la h inicial) de Humberto.

C. **Urbà/Urbana**; G. **Urbano/Urbana**; E. In. **Urban**; F. **Urbain/Urbaine**; A. **Urbanus/Urbana**; It. **Urbano/Urbana**. Cinco papas, entre ellos Urbano IV («Jacques Pantaleon»), 1200-1264.

Urbano/Urbana *30/7 m/f*

Nombre latino, frecuente entre papas. Del latín *urbanus*, «de la ciudad» (*urbs*), en el sentido de «pulido, bien educado», que se contrapone a «rústico, del campo» (*rus*). Cf. Rústico. Var. Urbe, Úrbez, Úrbico, Urbicio.

San Urbez, retirado desde Burdeos a Huesca para llevar vida de contemplación (s. VIII).

Urbez *30/7 m*

Variante de Urbano o Urbicio de Huesca, popular en Aragón.

C. **Uries**; F. It. **Urias**; In. **Uriah**. Urías, en la Biblia marido de Betsabé (v.).

Urías *Scc. Uriel m*

Del hebreo *ur-iah*, «luz de Dios» (*ur*, «luz», el sufijo *-iah* alude perifrásticamente a Dios, cuyo nombre era impronunciable por respeto).

C. F. In. A. **Uriel**; It. **Uriele**. Uriel, en la Biblia, un levita del clan de Qehat, antepasado de Samuel (Crón I, 6,9).

Uriel/Uriela *1/10 m/f*

Nombre hebreo, del mismo significado que Urías: *ur-eil*. El sufijo *-iel* es análogo a *-iah* (cf. Elías).

Urko *m*

Nombre vasco, donde se descubre la raíz *ur*, «agua». Según Narbarte Iraola, significaría «prójimo».

Urraca I, reina de Castilla-León, de Galicia, de Aragón y de Navarra (1080-1126).

Urraca *Scc. María* *f*

Nombre femenino, frecuente en la Edad Media en Castilla. Origen incierto, probablemente del germánico *ur*, «uro». Es asimilado habitualmente con María.

C. **Ursí/Ursina**; E. **Urtsin/Urtsiñe**. Ursino, antipapa de 366 a 367.

Ursino/Ursina *9/11* *m/f*

Del latín *Ursinus*, gentilicio de Urso (éste, de *ursus*, «oso»). Famoso por la dama francesa Anne-Marie de la Trémoille, princesa de los Ursinos (1672-1742), que ejerció gran influencia en la política española hasta ser expulsada por Isabel Farnesio.

C **Úrsula**; E. **Urtsule**; F. **Ursule**; In. A. It. **Ursula**. Santa Úrsula, martirizada en Colonia con «las once mil vírgenes», famosa leyenda medieval (s. VI). Ursula Bloom, novelista y autora dramática británica (1892-1984). Ursule Mirouet, heroína de balzac en *La comedia humana* (1841).

Úrsula *21/10* *f*

Es uno de los muchos derivados de Urso (latín *ursus*, «oso»). *Ursula*, «osita». Otros: Urséolo, Ursino, Ursicio, Ursicino, Ursinaro, Ursión, Ursmaro, Ursmero, Ursulina. Su nombre es siempre asociado a las once mil vírgenes (cuyo número real parece que sería simplemente once) exterminadas con ella en Colonia por los hunos. Sinónimos: Arcelia, Bera, García.

V

Václav Havel, dramaturgo y político checo (1936)

Václav *m*

Forma checa de Venceslao (v.).

Vaí *Scc. Eva* *f*

Nombre caló, equivalente a Eva.

C. **Valdemar/Valdemara.** Valdemar Poulsen, ingeniero de sonido danés (1869-1942).

Valdemaro/Valdemara *m/f*

Nombre germánico popularizado por algunos reyes daneses. Equivalente a Galdomiro, de *waldomir*, «gobernante insigne». Var. Valdemar, Waldemar/Waldemara.

C. **Valent/Valenta, Valenç/Valença**; A. It. **Valente.** Valente, emperador romano del s. IV.

Valente/Valencia *26/7* *m/f*

Del latín *valens*, «que vale», o sea «que tiene salud, sano». El sentido de «valeroso, decidido» apareció posteriormente, por influencia del inglés *valiant*.

B. **Valiente**; C. **Valentí/Valentina**; G. **Valentín/Valentina, Ventín/Ventina**; E. **Balendin/Balendiñe**; F. In. **Valentine**; A. **Valentin**; It. **Vallentino**; R. **Valentin/Valentina.** Valentí Almirall, político y escritor catalán (1841-1904).

Valentín/Valentina *14/2* *m/f*

Nombre latino, en boga últimamente entre nosotros por la tradición anglosajona que lo hace patrón de los enamorados. Gentilicio de Valente, sinónimo de Vital.

C. **Valerià/Valeriana**; E. **Baleren/Balereñe**; G. **Valeriano/Valeriana**; San Valeriano, mártir en Roma (s. III).

Valeriano/Valeriana *28/11* *m/f*

Gentilicio de Valerio (latín, *Valerianus*).

C. **Valeri/Valèria**; G. It. **Valerio/Valeria**; E. **Baleri/Balere**; F. **Valéry, Valère/Valérie**; In. **Valerie**; A. **Valerius/Valeria.**

Valerio/Valeria *28/4* *m/f*

Del latín *valerus*, «que vale, sano» (cf. Valente, Valentín). Sinónimo de Valero. Var. Valeriano, Valentín, Valentiniano, Valente.

V. **Valfrid/Valfrida**. San Valfrido, apóstol de los rebabos, estilita como san Simeón (s. VI).

Valfrido/Valfrida *12/10 m/f*

Variante de Galofrido o Gualfredo. Del germánico *wald-frid*, «gobernante pacificador». Es también identificado, por similitud fonética, con Wilfrido. Var. Valfredo/Valfreda, Walfrido/Walfrida.

C. **Vallivana**.

Vallivana *8/9 f*

Nombre de una Virgen de gran popularidad en la comarca del Maestrazgo. Al parecer, de *vallis Ivanae*, «valle de Ivana» (v. Iván).

C. **Vallvanera**.

Valvanera *f*

Advocación mariana, originado en el topónimo «valle de las Veneras».

Vandalino, personaje de Lope de Vega en *San Segundo*.

Vandalino *Scc. Vandelino m*

Nombre de fantasía, creado por Lope de Vega. Equivalente a Vandelino (v.).

Vandelino/Vandelina *20/4 m/f*

Del latín *vandelinus*, «vándalo, relativo a los vándalos», uno de los pueblos invasores bárbaros. El nombre de éstos parece proceder de la raíz *wan*.

En otras lenguas, Vanessa. Vanessa Bell, pintora inglesa, hermana de Virginia Woolf (1879-1961). Vanessa Redgrave, actriz cinematográfica inglesa (1937).

Vanesa *Scc. Verónica 4/2 f*

Nombre creado por el poeta Jonathan Swift como hip. para Esther Vanhomringh, fundiendo la primera sílaba del apellido con un hip. de Esther. Algunos naturalistas lo aplicaron luego a ciertos géneros de lepidópteros, y ha ganado fama por la actriz cinematográfica Vanesa Redgrave. Identificado a veces, por similitud fonética, con Verónica.

C. **Vasc/Vasca**. Vasco da Gama, navegante portugués (1469?-1524). Vasco Núñez de Balboa, descubridor extremeño (1475-1517).

Vasco/Vasca *m/f*

Nombre ibero gentilicio: «perteneciente al grupo étnico de los vascones», pueblo bárbaro que dio nombre a los actuales vascos. Es también contracción de Velasco, usada especialmente en Galicia y Portugal.

C. **Velasc/Velasca**; G. **Vasco/Vasca**.

Velasco/Velasca *m/f*

Nombre medieval, al parecer derivado de Blasco o Balasco (y éstos del germánico *bela*, «cuervo»). Otros le asignan origen euskérico: *belas-ko*, «del prado». Originador del apellido Velázquez, del más famoso pintor español.

C. **Vèlia**.

Velia *m*

Topónimo prerromano, aplicado a lugares elevados. Dio nombre a algunas ciudades, y más tarde fue tomado como onomástico femenino.

C. **Venanç, Venanci/Venança, Venància**. Venancio Flores, político uruguayo, presidente de su país en 1854-1855, 1854-1855 y 1865-1868.

Venancio/Venancia *18/5 m/f*

Nombre latino. De *Venantium*, derivación de *venatium*, y éste a su vez de *venator*, «cazador». Var. Venacio/Venacia.

C. **Venceslau**; E. **Benceslas**; G. **Venceslao**; A. **Wenzel**; R. **Wjacheslaw**. Venceslao IV de Bohemia (s. XVIII).

Venceslao/Venceslava *28/9 m/f*

Del antiguo checo *veçeslav*, literalmente «muy glorioso». Popular por un santo cristianizador de Bohemia (s. x). Var. Wenceslao/Wenceslava.

C. **Veneri/Venèria**.

Venerio/Veneria *13/9 m/f*

Nombre originado en un gentilicio del nombre de la diosa Venus (latín *Venere*, «gracia»). Se puede traducir como «gracioso, agraciado».

C. G. **Ventura**. Ventura Rodríguez, arquitecto español (1717-1785), remodelador de la basílica del Pilar en Zaragoza.

Ventura *3/5 m*

Nombre de buen agüero natalicio (latín *venturum*, «lo que ha de venir»). Usado también como hip. de Buenaventura.

C. **Venusi/Venus**; G. **Venus**. Venus, divinidad itálica asimilada a Afrodita, diosa del amor y la belleza

Venusio/Venus *Scc. Venusto 6/5 m/f*

En femenino es el nombre de la diosa latina del amor, equivalente a la Afrodita griega. Etimología discutida: para unos significa «ornamento», otros la ven como una derivación de *venire*, «venir», en el sentido de «desear, deseable» (sánscrito *van*, «desear»).

C. **Vanustià/Venustiana**. Venustiano Carranza, político y militar mexicano (1859-1920).

Venustiano/Venustiana *30/12 m/f*

Del latín *Venustianus*, «de la familia de Venusto». Y éste de *venusto*, «adornar», por *veneres*, «gracia», relacionado con *Veneris*, nombre de la diosa Venus.

C. **Veríssim/Veríssima**. Annio Vero Verísimo, nombre de nacimiento del emperador romano Marco Aurelio (121-180).

Verísimo/Verísima *1/10 m/f*

Superlativo de Vero/Vera (v.).

C. **Verneri/Vernèria**. San Vernerio, agricultor renano, martirizado en el s. XIII.

Vernerio/Verneria *Scc. Guarnerio m/f*

Variante de Guarnerio.

C. **Ver/Vera**; G. **Vero/Vera**. Marco Aurelio Antonino Vero, filósofo, escritor y emperador romano (121-180).

Vero/Vera *1/8 m/f*

Del latín *verus*, «verdadero» (cf. Alicia), aplicado especialmente por alusión a la Vera Cruz. En ruso, la misma palabra significa «fe».

C. **Verònic/Verònica**; E. **Beronike**; F. **Véronique**; In. **Veronia**; A. **Veronika**; It. **Veronica**. Louise Veronica Ciccone, *Madonna*, cantante de rock estadounidense (1958). Verónica Forqué, actriz cinematográfica española (1955).

Verónico/Verónica *4/2 m/f*

Nombre portado por la piadosa mujer que limpió la cara de Jesucristo en la Pasión (de ahí la legendaria interpretación *vera-eikon*, en griego «auténtica imagen»). En realidad es una deformación de Berenice (v.).

C. **Vespasià/Vespasiana**. Vespasiano («Tito Flavio Vespiano»), emperador romano (9-79).

Vespasiano/Vespasiana *m/f*

Gentilicio latino de *vespa*, «avispa», que dio nombre a una *gens* romana.

C. **Vicenç/Vicença**, **Vicent/Vicenta**; G. **Vicenzo/Vicenta**; E. **Bingen**, **Bikendi/Bikende**, **Mikeldi**, **Bixintxo**, **Bixente**; F. In. A. **Vicent**; It. Vicente Aleixandre, poeta castellano (1898-1984). Vincent van Gogh, pintor y dibujante holandés (1853-1890).

Vicente/Vicenta *22/1 m/f*

Del latín *vincens*, «vencedor». Alrededor de esta palabra se han formado numerosos nombres: Vicencio, Víctor, Victores, Victorio, Victorino, Victoriano, Victoricio, Victricio, Victuro. Sinónimo de Almanzor, Aniceto, Esteban (v.), etc.

Víctor/Victoria *8/5 m/f*

Del latín *víctor*, «vencedor». Sinónimo de Almanzor, Aniceto, Berenice, Droctoveo, Esteban, Eunice, Laureano, Lauro, Nicanor, Nicasio, Niceas, Nicetas, Niké, Segene, Sicio, Siglinda, Suceso, Victricio. Var. Victorio, Vitores. Femenino: Victoria. En interpretación cristiana primitiva, significó «victoria de Jesucristo sobre el pecado», lo que lo hizo muy frecuente. En nuestra época, popular por la reina Victoria de Inglaterra y varios reyes de la casa de Saboya (particularmente Víctor Manuel II).

C. **Víctor/Victòria**; G. **Víctor/Victoria**; E. **Bitor/Bittori, Garaiñe**; F. **Victor/Victoria**; It. **Vittore/Vittoria**. Víctor Balaguer, político, historiador, poeta y dramaturgo catalán (1824-1901). Victor Hugo, poeta, novelista, dramaturgo, ensayista y pintor francés (1802-1885). Víctor Manuel, cantautor español (1950). Victoria Abril («Victoria Mérida»), actriz española (1959).

Victoriano/Victoriana *23/3 m/f*

Gentilicio de Víctor. Var. Victorián.

C. **Victorià/Victoriana**; E. **Bittoren**; A. **Victorien/Victorienne**. Victorien Sardou, autor dramático francés (1831-1908).

Victoria/Victorio *17/11 f/m*

En femenino, advocación mariana, y también forma femenina de Víctor o Victorio, y éste del latín *Victorius*, «victorioso» (v. Vicente).

C. **Victori/Victòria**; G. **Victorio/Victoria, Vitoiro**. Vittorio de Sicca, actor y director cinematográfico italiano (1901-1974). Vittorio Gassman, actor y director cinematográfico italiano (1922-2000).

Vidal *4/11 m*

Del latín *vitalis*, «vital, que tiene vida, sano», aludiendo quizás a la vida sobrenatural. Var. Vital. Sinónimos: Elvisa, Salustio, Salomé, Salud, Valente. V. también Zoé.

C. G. F. **Vidal**; E. **Bidal**; It. **Vitale**. San Vidal de Roma, padre de San Gervasio y san Protasio, abogado de los mareos (s. IV).

Vigor *1/11 m*

En latín, literalmente, «fuerza, vigor». Nada tiene que ver con Vigo, germánico derivado de *wiga*, «combate, contienda».

C. **Vigor**. San Vigor, obispo de Bayeux (s. VI).

Vilma *Scc. Guillermo f*

Hip. de Guillerma, propio de los países anglosajones.

C. **Vilma**. Vilma, personaje de la serie televisiva de dibujos animados *Los Picapiedra*.

Vinicio/Vinicia *m/f*

Nombre romano, originado quizás en *venire*, «venir» («el que viene», aplicado a recién nacidos).

C. **Vinici/Vinícia**; It. **Vinìcio/Vinìcia**. Vinicius de Moraes, escritor y diplomático brasileño (1913)

Violante *28/12 f*

Del germánico *wioland*, «riqueza, bienestar», atraído posteriormente por Vila (v. Violeta) a la forma actual.

C. **Violant**. Violant d'Hongria, reina de Aragón (1216-1251), esposa de Jaume I *el Conquistador*, rey de la Corona de Aragón.

Violeta *3/5 f*

Del latín *viola*, «violeta», a través del nombre Viola. Alude a la virtud cristiana de la modestia, simbolizada en la flor. Muy popular en Escocia. Sinónimos: Io, Iola, Ione.

C. **Violeta**; F. **Violette**, **Yolette**; In. **Violet**; It. **Violetta**. Violeta Barrios de Chamorro, política nicaragüense (1919). Violeta Parra, cantautora, poeta y pintora chilena (1917-1966).

Virgelina *f*

Variante de Virginia, construida con el sufijo adjetivador latino *-inus*, análogo al germánico *-lind*, «dulde».

Virgilio/Virgilia *26/6 m/f*

Nombre romano (Virgilius), portado por el poeta autor de la *Eneida* (s. I a. de C.). Quizá de la forma *virgis*, «virga, rama», aludiendo las de los laureles que abundaban en su lugar natal.

C. **Virgili/Virgília**; G. **Virxilio/Virxilia**. Publio Virgilio Marón, el más importante poeta de la latinidad clásica (70-19 a. de C.). Narciso Virgilio Díaz de la Peña, pintor y litógrafo francés de origen español (1808-1878).

Virginio/Virginia *14/8 m/f*

Nombre fundamentalmente femenino. Del latín *virginius*, «virginal». Alude también al estado homónimo de EE.UU., cuyo nombre procede de Isabel I de Inglaterra, llamada «la reina virgen» por su soltería.

C. **Virgini/Virgínia**; F. **Virginie**; In. **Virginia** (hips. **Virgy**, **Ginger**); It. **Virginio/Virginia**. Virginia, la heroína de la novela idílica de Bernardin de Saint-Pierre (1787). Virginia Woolf («Virginia Stephen»), novelista y ensayista inglesa, miembro del «Grupo de Bloomsbury» (1882-1941).

C. **Viriat**.
Viriato, pastor y caudillo lusitano, guerrillero contra Roma (?-139? a. de C.)

Viriato *m*
Nombre de un famoso caudillo lusitano. Procede de la antigua voz ibérica *viria*, «brazalete», aludiendo a sus ornamentos.

C. **Virili/Virília**.

Virilio/Virilia *26/10* *m/f*
Del latín *virilis*, «viril» (*vir*, «varón»).

C. **Virtut**; E. **Kemen**.

Virtudes *f*
Nombre femenino, procedente del latín *virtus*, «valor, mérito, perfección moral».

Vishnú, dios conservador en la religión hindú. Miembro de la Trimurti (trinidad).

Vishnú *m*
Nombre indio, aplicado a uno de sus divinidades (v. Shiva, Brahma). Usado habitualmente en la India como nombre. Var. Visnú.

C. **Visitació**; E. **Ikerne**.

Visitación *3/5* *f*
Advocación mariana, alusiva al misterio del Rosario correspondiente.

C. A. **Vital/Vitàlia**; It. **Vitale**.
San Vital de Boloña, que tuvo por maestro a Agrícola.

Vital/Vitalia *Scc. Vidal* *m/f*
Variante antigua de Vidal.

C. **Vitalià/Vitaliana**; It. **Vitaliano/Vitaliana**.
San Vitaliano, papa de 657 a 672.

Vitaliano/Vitaliana *17/7* *m/f*
Gentilicio latino (*Vitalianus*) de Vital (v.).

C. **Vitel·li/Vitèl·lia**.
Aulo Vitelio, emperador romano (15-69).

Vitelio/Vitelia *m/f*
Del gentilicio latino *vitellus*, «relativo al ternerito» (ternero, *vitulus*). Corriente en la antigua Roma.

C. **Vitiza**.
Vitiza, rey visigodo (?-710).

Vitiza *m*
Nombre germánico, derivación de *wisa*, «sabio». Var. Witiza.

Vit/Vita.
Vitus Bering (s. XVIII), explorador danés, descubridor del estrecho de su nombre.

Vito/Vita *15/6* *m/f*
Del latín *vitus*, «vivo, vital» (*vita*, «vida»). Confundido a veces popularmente con Víctor.

Viviano/Viviana *28/8 m/f*

C. **Vivià/Viviana**; E. **Bibiñe**; F. **Vivien/Viviane**; It. **Viviano/Viviana**. Viviane Romance, actriz francesa (1912-1991). Vivien Leigh («Vivian Mary Hartley»), actriz inglesa (1913-1967). Vivienne Westood, diseñadora de moda británica (1941).

Del latín *Vivianus*, al parecer gentilicio relacionado con *vivus*, «vivo, vital». La *Vivien* inglesa tiene otro origen: es el hada de la Tabla Redonda. Var. femenina cacográfica: Bibiana.

Vladimiro/Vladimira *15/7 m/f*

C. It. **Vladimir**; A. **Wladimir**. Vladimir Ilich Ulianov, *Lenin*, revolucionario ruso (1870-1924). Vladimir Nabokov, escritor y entomólogo estadounidense de origen ruso (1899-1977).

Del eslavo *vladi*, «señor» y *mir*, «mundo»: «señor del mundo». Introducido en el resto de Europa por san Vladimiro, apóstol de los rusos en el s. x.

W

C. **Walbert/Walberta**; F. **Waldebert**; A. **Waldbert**.

Walberto/Walberta *18/9* *m/f*

Nombre germánico *wahl-berht*, «extranjero ilustre». O *wald-berht*, «gobernante ilustre». Var. Gualberto, Valberto.

C. **Waldetrudis**; A. **Waltrude**.

Waldetrudis *9/4* *m*

Del germánico *wald-trudi*, «gobernante fuerte». Var. Valdetrudis.

C. **Wald/Walda**; G. **Waldo/Walda**. Ralph Waldo Emerson, filósofo y poeta estadounidense (1803-1882).

Waldo/Walda *Scc. Ubaldo* *m/f*

Del germánico *wald*, forma de *ald*, «viejo, canoso», y por extensión, «gobernante, caudillo» (v. Aldo).

C. **Walfrid/Walfrida**; A. **Walfried**.

Walfredo/Walfreda *12/10* *m/f*

Del germánico *wald-frid*, «caudillo pacificador». Var. Walfrido, Valfrido, Valfredo, Gualfredo.

C. **Walter/Waltera**, **Gualter/Gualtera**; F. In. It. **Walter**. Walt Whitman, poeta estadounidense (1819-1892) Walter Scott, novelista, novelista escocés (1771-1832).

Walter/Walteria *2/8* *m/f*

Del germánico *wald-hari*, «caudillo del ejército». Var. Gualterio, Gutierre.

Wanda Landowska, clavecinista francesa (1877-1959).

Wanda *f*

Del germánico *wand*, raíz designadora de uno de los pueblos bárbaros, los vándalos. Parece significar «bandera, insignia».

Wang Wei, poeta chino (699-759).

Wang *m*

Nombre chino, significado desconocido.

C. **Wenceslau/Wenceslava**; G. **Wenceslao/Wenceslava**.

Wenceslao/Wenceslava *Scc. Venceslao* *m/f*

Variante de Venceslao.

Wendy, personaje del cuento infantil *Peter Pan* (1904) de J. M. Barrie. Wendy Wilson, actriz cinematográfica británica (1969).

Wendy *f*
Nombre de origen anglosajón, inventado por el escritor J. M. Barrie. Deriva de un juego de palabras: *Friendly* («amistoso») se convirtió posteriormente en Friendly-Wendy.

C. **Werner**. Wernher von Braun, físico germano-estadounidense (1912-1977). Werner Heisenberg (1901-1976), físico alemán, premio Nobel en 1932.

Werner *18/4* *m*
Nombre germánico: de *warin*, nombre de una tribu, y *hari*, «ejército». Equivalente a Wernerio. Var. Guarnerio.

C. **Werneri/Wernèria**.

Wernerio/Werneria *18/4* *m/f*
Variante de Verner (v.).

C. **Guifre/Guifreda**. Wifredo *el Velloso*, conde de Barcelona (840?-897)

Wifredo/Wifreda *12/10* *m/f*
Nombre germánico, equivalente a Guifré, Walfrido y Jofre. Este último, forma primitiva de todos ellos, deriva de *Gaut*, nombre de una divinidad (de la cual se derivan apellidos como Godón y Gaudí), con la terminación *frith*, «paz».

C. **Wilfrid/Wilfrida**; A. **Wilfried**. Wilfrid Ivanhoe, héroe de la novela histórica de Walter Scott (1819).

Wilfredo/Wilfreda *29/4* *m/f*
Nombre germánico: *will-frid*, «pacificador decidido». Var. Wilfrido, Vilfredo, Vilfrido, Wilferdo.

Bill Clinton, expresidente de Estados Unidos (1946). Bill Gates, magnate de la industria informática estadounidense (1955). Billy Wilder, cineasta estadounidense de origen austríaco (1906).

William *Scc. Guillermo* *m*
Forma anglosajona de Guillermo (v.). V. también Wim.

Wim Wenders, director cinematográfico alemán (1945).

Wim *m*
Hip. de un nombre muy común en alemania *Wilhelm*, Guillermo (v.).

Winston *m*

Winston Churchill, político y escritor inglés (1874-1965). Winston Bogarde, futbolista holandés (1970).

Apellido convertido en nombre. Deriva de la antigua voz anglosajona *wins*, «trabajador en la granja», seguido de *ton*, «población, poblado».

Witardo/Witarda *m/f*

C. **Witard/Witarda, Guitart/Guitarda**; A. **Wito**.

Del germánico *wit-hard*, «duro como la madera». Var. Guitardo.

Witesindo/Witesinda *15/5 m/f*

C. **Witessind/Witessinda**.

Nombre germánico, formado con la raíz *wit*, «mujer», presente en muchos onomásticos (v. Guiomar), con la terminación *-ind*, «sol, mediodía, verdadero, franco»: «mujer sincera».

Wolfango/Wolfanga *31/10 m/f*

C. **Wolfang/Wlofanga**; A. **Wolfgang**. Wolfgang Amadeus Mozart, compositor austríaco (1756-1791). Johann Wolfgang Goethe, escritor alemán (1749-1832).

Nombre germánico, aparentemente compuesto de las voces *wulf*, «lobo, guerrero»; *fil*, «lleno total», e *ingas*, nombre de un pueblo, los Anglios. La etimología popular ve en él el significado literal: *wulf-gang*, «paso del lobo».

Woody *m*

Woody Allen («Allen Stewart Konigsberg»), director y actor de cine estadounidense (1935)

Nombre adoptado por el conocido director, guionista y actor cinematográfico Woody Allen. Del inglés *wood*, «madera, bosque». *Woody*, «de madera, del bosque».

X

C. **Xantipa**.
Xantipa, colérica amante de Sócrates (?-399 a. de C.).

Xantipa *23/9 f*
Nombre griego, portado por la colérica mujer de Sócrates. De *xanthós*, «amarillo, rubio», y *hippos*, «caballo»: «caballo bayo».

C. **Xènia**.
Santa Xenia, mística rusa (s. XIX).

Xenia *24/1 f*
Del griego *xenos*, «extranjero, huésped». Es interpretado como «la que recibe extranjeros, hospitalaria». Sinónimo de Gastón, Gustavo, Hospicio, Vaast. Y también femenino de *Xènius*, forma catalana de Eugenio, hecho famoso como apodo del escritor y filósofo Eugeni d'Ors (1882-1954), autor de *La ben plantada*.

Xerac *m*
Nombre inspirado en el topónimo valenciano Xaraco, de etimología obscura, quizás del árabe *xara*, «bosque, mata».

Xerach *m*
Nombre guanche. Sin traducción.

Xesco Boig, cantante de rock catalán (1954). Cesc («Francesc Vila Rufas»), ilustrador y humorista gráfico catalán.

Xesco/Xesca *Scc. Francisco m/f*
Hip. de Francisco, usado en Cataluña.

C. **Ximeno/Ximena**; F. **Chimène**. V. Jimeno/Jimena.

Ximeno/Ximena *Scc. Jimeno m/f*
Grafía antigua de Jimeno/Jimena (v.), corriente en la Edad Media.

Y

C. In. **Jael**.
Yael, en la Biblia, mujer de Heber, que mató a Baraq durante el sueño de éste.

Yael *f*
Del hebreo *jaalahm*, «cabra montesa», o, para otros, «antílope». Var. Jael.

C. G. It. **Iago/Iaga**.
Yago, retorcido personaje del drama Otelo de Shakespeare.
Yago Lamela, atleta español en salto de longitud (1977).

Yago/Yaga *Scc. Jaime* *m/f*
Variante de Jacobo por sonorización de la oclusiva (Jacob, Jaco, Jago, Yago). *Sant Yago*, patrón de los ejércitos cristianos durante la Reconquista, aparecido milagrosamente en diversas batallas, fundió las dos palabras en Santiago. Var. antigua: Yagüe, hoy sólo vigente como apellido.

Yakira *f*
Del hebreo *yakirah*, «valiosa, preciosa».

Yanaina *Scc. Ana* *f*
Nombre de fantasía, formado duplicando Aina o Ana.

C. **Janira**.

Yanira *f*
Variante de Janira (v.).

C. F. In. A. **Jasmina**.

Yasmina *f*
Nombre árabe, de significado «jazmín». Derivado del persa *yasaman*.

Yásser Arafat («Muhammad Abd Aruf Arafat»), líder palestino (1929)

Yásser *m*
Nombre árabe, *Yasar* o *Yasir*: «saludable».

Yeray *m*
Adjetivo guanche («el grande»), usado como antropónimo.

C. **Iocasta, Jocasta.**
Yocasta, en la mitología griega, madre de Edipo.

Yocasta *f*

Nombre mitológico (*Iocasté*). Origen oscuro: quizás en relación con los nombres *Io* y *kastos*, «casta»: «de la casta de Io». Io, nombre también mitológico griego, de *ion*, «violeta». Var. Iocasta, Jocasta.

C. **Joel/Joela.**

Yoel/Yoela *Scc. Joel* *m/f*

Variante de Joel (v.).

C. **Iola.**
Yola, en la mitología griega, amante de Hércules, causante de su ruina por los celos de Deyanira.

Yola *Scc. Violeta o Yolanda* *f*

Del griego *io*, «violeta». Var. Yole.

C. G. **Iolanda**; F. **Yolande.**
Yolanda Bedregal, escritora boliviana (1918-1996).
Yolanda Oreamuno, escritora costarricense (1916-1956).

Yolanda *17/12* *f*

Variante de Violante (v.), popularizada por una hija del rey italiano Víctor Manuel III. Se usa también como variante de Elena.

Yukio Mishima («Hiraoka Kimitake»), novelista y dramaturgo japonés (1925-1970)

Yukio *m*

Nombre japonés, tomado de *yuko*, «nieve».

Yuri Gagarin, primer astronauta ruso (1934-1968).

Yuri *Scc. Jorge* *m*

Forma rusa de Jorge (v.).

Yuroslau *Scc. Jorge* *m*

Nombre eslavo, formado a partir de Yuri (Jorge, v.) y la terminación *-slav*, «gloria».

Yusuf ibn «Abd al-Rahman al-Fihri» (Abderramán I), emir cordobés (?-759)

Yusuf *Scc. José* *m*

Forma árabe de José (hebreo *Yosef*).

Z

Zacarías *5/11 m*

C. **Zacaries**; E. **Zakari**: F. **Zacharie**; In. **Zachariah**, **Zachary** (hip. **Zacky**); A. **Zacharias**; It. **Zaccaria**; S. **Sakarias**.
San Zacarías, papa de 741 a 752.
Zachary Taylor, presidente de Estados Unidos (1784-1850).

Nombre portado por numerosos patriarcas bíblicos, el más famoso de ellos condenado a la mudez temporal por incrédulo. Del hebreo *Zejaryah*, «Dios se acuerda». De una abreviatura de su nombre, *Zakkay*, se formó el también popular Zaqueo.

Zache *Scc. Félix m*

Nombre caló, equivalente a Félix.

Zaid/Zaida *f*

C. In. **Zaida**.
Zaida, doncella mora, hermana de Zoraida y de san Bernardo de Alcira, todos ellos martirizados en Valencia en el s. II.

Nombre árabe, derivado del verbo *zaado*, «crecer»: «la que crece, la desarrollada». Var. Zaída.

Zaina *f*

Nombre árabe: «bella».

Zaira *f*

C. **Zaïra**.

Nombre árabe (*Zahirah*): «brillante, luminosa», y también «florida». Var. Zajra.

Zaratustra *m*

Zaratustra, religioso fundador del mazdeísmo (s. VII a. de C.).

Nombre persa, dios supremo en el maniqueísmo.

Zeferino/Zeferina *22/8 m/f*

C. **Zeferí/Zeferina**; E. **Tsepirin/Tsepiriñe**, **Kollerin**; It. **Zefirino/Zefirina**, **Zeffirino/Zeffirina**.
San Zeferino, poco conocido papa de 198 a 217.

Del latín *Zeferinus*, gentilicio del zéfiro o céfiro, viento de poniente.

Zelfa *f*
Nombre de fantasía, creado por Lope de Vega.

Zelfa, personaje de Lope de Vega en *El robo de Dina.*

Zenaida *5/6 f*
Del griego *Zenaïs*, «hija de Zeus» (cuyo sobrenombre era Zen, relacionado con *zoé*, «vida», v. Zoé). Var. Zenaides, Zeneida.

C. **Zenai.** Zenaida Volkonska, poetisa rusa (1792-1862).

Zenobio/Zenobia *20/2 m/f*
Del griego *Zenóbios*, «el que recibe vida de Zeus» (*Zen*, «Zeus»; *bios*, «vida»).

C. **Zenobi/Zenòbia.** Zenobia Jiménez de Camprubí (?-1967), esposa de Juan Ramón Jiménez y traductora de Rabindranath Tagore al castellano.

Zenón/Zenona *14/2 m/f*
Del griego *Zénon*, y éste de Zeus, nombre del Dios de los dioses.

C. **Zenó/Zenona**; It. **Zeno.** Zenón de Elea, filósofo griego discípulo de Parménides (490?-430 a. de C.). Zenón, emperador de Oriente (426-491).

Zeus *m*
Nombre del dios supremo griego. Emparentado con la voz *zen*, «vida».

C. **Zeus.** Zeus, dios de la mitología griega, dios supremo.

Zeusis *m*
Derivado del verbo griego *zeuxo*, «juntar». Para otros, es una mera derivación de Zeus (v.).

C. **Zeuxis.** Zeusis, pintor griego (450?-394? a. de C.).

Zhou *m*
Nombre chino, significado desconocido.

Zhou Enlai («Chu En Lai»), político chino (1898-1976)

Ziboris *Scc. Milagros f*
Nombre caló, equivalente a Milagros.

Zita *27/4 f*
Nombre de una santa italiana, tomado de una antigua palabra toscana que significa «muchacha, doncella soltera». Precisamente es la patrona de las empleadas de hogar, por la fidelidad con que su portadora sirvió toda su vida a sus amos. Es usado a veces como hip. de Teresa o Rosa.

C. **Zita.** Santa Zita, servidora de la familia de los Fatinelli. Zita de Borbón-Parma, emperatriz de Austria y reina de Hungría (1898-1989).

C. **Zoè**; F. **Zoé**.
Zoë Atkins, actriz y autora dramática estadounidense (1886-1958).
Zoé Oldenburg, escritora alemana (s. XX).
Zoé Valdés, escritora cubana (1959).

Zoé *2/5* *f*
Nombre de origen griego (*zoe*, «vida»), con que fue traducido a veces el de Eva (v.). Var. Zoe, Zoa.

C. **Zoel/Zoela**.

Zoel/Zoela *24/5* *m/f*
Nombre hebreo, quizá contracción de Zorobabel (éste de *zarub-Babel* o *zar-Babili*, «hijo de Babel)». Var. Zoelo.

C. **Zoil**, **Zoile/Zoila**; E. **Zoil/Zoile**.
Zoilo (*Homeromastix*, «el azote de Oriente»), sofista griego (s. IV a. de C.).

Zoilo/Zoila *27/6* *m/f*
Nombre de un antiguo retórico. Del griego *zoïlos*, «vital» (*zoé*, «vida», v. Zoé). Sinónimos: Vital, Eva, Zoé, Zósimo.

Zonzamas *m*
Nombre guanche. Sin traducción.

C. **Zoraida**.
Zoraida, doncella mora, hermana de Zaida y de san Bernardo de Alcira, todos ellos martirizados en Valencia en el s. II.

Zoraida *Scc. Gracia* *f*
De origen árabe, procedente de *zarádat*, «argolla», de ahí metafóricamente, «mujer cautivadora», o sea «graciosa». Por ello es identificado entre los cristianos con Gracia.

Zujaila *f*
Nombre árabe (*Suhaylah*): «suave, fluyente, lisa».

Zujenia *Scc. Marta* *f*
Nombre caló, equivalente a Marta.

C. **Zuleica**.

Zuleica *f*
Nombre árabe: *zuleika*, «gordita, robusta», de acuerdo con un modelo de belleza femenina. Var. Zuleika, Zulaica.

C. **Sulema**, **Zulema**.
Zulma Carraud, pedagoga, amiga de Balzac (1796-1889).

Zulima *f*
Nombre de origen árabe, derivación de *Suleiman* (v. Salomón). Var. Zulema.